会计数据科学

主　编：许松涛
副主编：戴雯杰　熊剑春

中国财经出版传媒集团
中国财政经济出版社

图书在版编目（CIP）数据

会计数据科学 / 许松涛主编；戴雯杰，熊剑春副主编．--北京：中国财政经济出版社，2023.2（2025.8重印）
ISBN 978-7-5223-1888-2

Ⅰ.①会…　Ⅱ.①许…②戴…③熊…　Ⅲ.①会计－数据处理　Ⅳ.①F232

中国国家版本馆 CIP 数据核字（2023）第 018375 号

责任编辑：彭　波　　　　责任印制：史大鹏
封面设计：卜建辰　　　　责任校对：张　凡

中国财政经济出版社 出版
URL：http://www.cfeph.cn
E-mail：cfeph@cfeph.cn

社址：北京市海淀区阜成路甲 28 号　邮政编码：100142
营销中心电话：010-88191522
天猫网店：中国财政经济出版社旗舰店
网址：https://zgczjjcbs.tmall.com
北京中兴印刷有限公司印刷　各地新华书店经销
成品尺寸：185mm×260mm　16 开　23 印张　555 000 字
2023 年 2 月第 1 版　2025 年 8 月北京第 2 次印刷
定价：62.00 元
ISBN 978-7-5223-1888-2
（图书出现印装问题，本社负责调换，电话：010-88190548）
本社质量投诉电话：010-88190744
打击盗版举报热线：010-88191661　QQ：2242791300

前言

本教材的撰写源于第四次工业革命的兴起，大数据、人工智能等技术正深入影响到经济发展、商业模型和组织治理。数字技术，从网站和社交媒体到云计算、传感器、人工智能和连接设备，使整个经济社会快速进入数据化时代。会计作为提供受托责任和决策有用性的工具，亦受此影响。在可预见的未来，传统的会计核算大部分业务将被效率更高的人工智能所取代，而利用海量结构化和非结构化会计及相关数据，开展业财融合，服务于组织战略、业务发展与外部利益相关者决策，则成为会计人员未来转型的重点。

会计数据科学是将数据科学技术和方法应用于会计领域的一门新兴课程。它涉及使用数据采集、数据分析、统计建模、机器学习等方法来获得商业和治理洞察力，进行预测并解决与会计相关的问题。数据科学与会计学的整合旨在增强会计人员的业财融合能力、辅助决策能力，并为优化财务业务，提升财务报告质量作支撑。为了使会计学专业本科生更好地适应技术变更和实务界需求，我们组织编写了《会计数据科学》教材，为推动会计学专业的数字化转型，做出应有的探索和贡献。

目前国内高校在会计数字化转型教学改革主要从三种路径推进：第一条路径是以规划设计为主导的路径，注重会计数据系统构建和程序设计，具有高代码特征；第二条路径是利用企业开发的会计数据系统、财务共享系统和财务机器人系统等，进行操作层面讲解，具有低代码特征；第三条路径处于上述两种路径之间，重点利用 Python 语言，全流程介绍会计数据采集、清洗、建模、分析和可视化，并结合开放数据平台，开发会计数据应用场景，旨在培养会计学专业学生的数据思维和处理分析能力，具有中度代码特征。本教材即属于第三种路径，适应于应用型本科层次的应用与创新要求。本教材基于公开数据和开放式 API 接口，一方面能使学生较快掌握最新的大数据技术，培养其会计数据思维能力，又能一定程度上降低高代码编程难度要求，使学生将主要精力用于会计数据分析与决策中，具有非常重要的现实意义，适应于应用型本科会计学专业学生的学习，亦可作为各级各类会计学专业学生进行会计数字化转型的学习教材。

本教材融合了会计学、统计学、数据科学、计算机科学等领域的专业知识，选择Python作为分析工具，系统地讲解了会计数据科学的内涵和主要内容。本书的主要特点如下：（1）注重会计数据科学的理论基础。将数据库基础、数据结构与算法、数理基础与常用软件等进行简要介绍，使学生初步形成大数据会计处理与决策的思维；（2）注重会计定量信息与文本信息并重的数据处理与分析能力。以Python语言为基础，培养学生会计文本信息与定量信息的数据获取处理技术。让学生基本掌握会计文本信息的可读性、情感分析，文本分类、文本聚类等分析，以及定量分析、因果推断及可视化操作；（3）充分利用现有公开的财经大数据API接口和深度学习平台，推动学生前沿性地掌握会计数据驱动决策的最新发展工具，摆脱受各类企业用户级平台使用限制的约束；（4）注重教材的实际应用性。通过校企合作，与江西威特科技有限公司联合开发会计数据应用场景，真实体验企业会计数据决策的场景。

本教材的编写安排如下：许松涛负责全书的统筹与第1、16、17、18和20章；唐佚凡负责第2和15章；熊建春负责第3和19章；欧阳满花负责第4、5、6、7、8和9章；刘婷负责第10、11和12章；戴雯杰负责第13和14章。本教材的编写历时近两年，为了保证质量，所有代码均进行了运行验证。但限于作者的水平，难免会存在不足之处，恳请广大读者批评指正。

最后，对中国财经出版传媒集团（中国财政经济出版社）为本教材出版所做的大量认真细致的工作，表示由衷的感谢！

编　者

目录

第一篇　大数据原理与架构

第二篇 Python 基础语法

第三篇　数据挖掘

第四篇　数据可视化

第五篇　主要财经数据库和接口

第六篇 场景应用

第一篇

大数据原理与架构

本篇“大数据原理与架构”作为理论与实践技术的融合剂，好的架构可以更好地支持业务对技术的需求。本篇重点围绕大数据原理、数据库及其架构等基本理论知识进行理论知识，给学员更加直接的“大数据”感受，对大家学习掌握数据库设计与架构起到更好的引导作用。

第一章
引　　言

随着第四次工业革命的兴起，大数据、人工智能等技术正深入影响到经济发展、商业模型和组织治理。以提供受托责任和决策有用信息为主要职责的会计师，亦面临着技术冲击。根据 IFAC（2021）的研究报告，2020 年全球数据信息容量为 40 泽字节，而在 2010 年为 1.2 泽字节，预计数据信息容量每两年将增加一倍。企业的数据特征亦从数据缺乏、结构单一向数据海量、结构多样化的转变，80% ~90% 的新生成数据为非结构化数据。这种指数级数据增长让组织领导者急需知道如何管理大数据，并进行数据驱动的业务决策。97% 的组织为此进行了大数据和人工智能方面的投资，数据驱动决策能力已成为企业管理人员的重要能力（MGI，2016）。但基于财务数据进行的分析决策，依然是目前会计师的主流工作方式。如何采集挖掘结构化和非结构化数据并进行分析，让数据可视化等用于会计决策，已经成为困扰会计发展的核心问题之一（Gamage，2016）。基于上述考虑，本书从会计大数据、人工智能等技术现状趋势，探讨了其对会计业务的影响，并提出会计师的未来会计数据驱动决策能力发展方向。

第一节　技术变革对会计业务的影响与挑战

安永会计师事务所 2018 年对超过 1000 名 CFO 和财务总监的调查研究发现，在 2018 年对财务工作影响最大的三个技术分别是机器人 RPA（52%）、人工智能 AI（48%）和区块链技术（0），而预期 5 年后影响最大的技术分别是 AI（44%）、RPA（32%）和区块链技术（24%）（EY，2018）。对于会计职业而言，财务机器人主要替代传统的会计核算业务，通过电子化交易或经营活动数据的自动采集、会计科目与账簿人工智能算法，实现业务端与核算端同步，动态实时地呈现财务报表和各类财务分析。财务机器人实现的前提条件是企业内部经营活动数据采集及时化和数据格式标准化、企业与外部交易凭证电子化，以及相关人工智能算法的发展。根据对国内部分开发财务机器人的公司调研，现有会计核算业务的机器人处理准确率最高已达95%。可预计未来会计核算业务需要人工干预比例将非常化，绝大多数会计师将会与核算业务无关。

会计人工智能的核心是机器学习，是让机器模仿会计师特别是会计师的思维方式。会计人工智能除推动会计核算业务的自动化处理外，还进行了决策支撑系统，包括业财融合、投融资以及风险管理。其实质是通过系统的帮助收集并分析更多数据，增加预测、判断、决策的信息来源，并提高分析准确度。考虑到决策业务的复杂性，这将是最难以替代会计师的业务。

区块链技术是一个共享数据库，存储于其中的数据或信息，具有不可伪造、全过程留痕、可以追溯、公开透明和集体维护等特征。每一个区块包含前一个区块的用区块链技术所串接的分散式账本能让两方有效记录交易，可永久查验此交易。目前区块链技术最大的应用是数字货币，其对会计师的影响在于核算业务，以及相对应的审计业务。随着区块链技术的发展，基于虚假数据的会计盈余管理和纳税行为已不具有空间。对审计业务而言，未来可能更多的是基于财务机器人人工智能算法和内部控制等方面的审计。

事实上，无论是机器人、人工智能还是区块链技术，其前提基础均为大数据。只有有效的数据采集，才能有效地服务于会计决策支持业务。而业财融合、投融资和风险管理等会计决策支持业务所需要的数据并不局限于传统的会计财务数据，还应包括所有与业务具有相关或因果关系的其他各类数据，即会计大数据。

第二节　CFO视角下的会计业务发展方向

安永会计师事务所在2021年对CFO和财务总监的调查研究发现，新增的财务工作要求主要集中在前瞻性财务分析与预测（66%受访者，下同），公司治理、风险和合规性分析（62%），客户分析（61%），实时财务业绩报告（61%），地缘政治数据与分析（57%），竞争对手信息（57%），非财务信息和ESG业绩信息（55%）等方面。且有67% CFO表示，已花费更少的时间在传统财务职责方面，而将更多时间投入驱动企业数字化转型和增长方面（EY，2021）。其中前瞻性财务分析与预测主要集中在销售收入、成本、融资和投资的预测分析，需考虑宏观经济、法律政策、货币政策、客户偏好与变化、市场环境等多重因素，并需借助回归分析和模拟仿真等模型进行评判；公司治理、风险和合规性分析则与法律政策与社会趋势变化有关；客户分析主要基于交易数据作用户画像分析，为商业信用和交易决策提供参考；实时财务业绩报告则涉及公司数字治理和财务机器人；地缘政治数据与分析主要为跨国公司政治法律和社会习俗分析；竞争对手信息涉及行业或相关企业生产、经营、投融资、研发、并购等多视角分析；非财务信息，主要包括平衡记分卡中除财务之外的客户、内部运营、学习与成长信息；ESG业绩信息则包括环境业绩、社会责任业绩和公司治理情况等。

从上述 CFO 的调查结果可知，其会计业务主要服务于公司战略与公司运营决策，其涉及的数据已远超越于传统的会计数据，涵盖到更多的行业数据、市场数据、竞争对手数据、客户数据、法律政策数据、公司治理与内部控制数据等。这其中既包括结构化数据，也包括非结构化数据。

第三节 会计大数据的范畴

会计大数据旨在服务于会计核算、监督、管理和决策支撑的各类数据，包括结构化数据（如宏观经济变量、公司财务报表等信息）和非结构化数据（如文本、图像、视频音频和知识图谱等信息）。目前，学术界已广泛地使用结构化数据的会计及相关数据，对会计信息质量、财务管理、风险管理、审计、内部控制等领域进行了深入研究，其基本逻辑思维为因果推断。通过因果推断进行预测、决策和管理分析。此逻辑思维可为实务界的业财融合决策服务提供借鉴。

文本分析则是计算语言学、自然语言处理、内容分析等领域的交叉学科，文本分析通常包括文本采集、文本解析和挖掘、量化指标构建。其中文本采集主要通过三种方法获取：（1）借助专业的数据公司（如 CSMAR 和 WIND 公司）平台下载；（2）通过爬虫技术手段批量下载；（3）传统的手工下载。目前，通过专业数据公司和爬虫技术批量下载已成为主要的文本信息采集手段，具有完整性和效率高等特点。特别是对于爬虫技术而言，可较快地完整解析 PDF 公司年报、各类公告等文本信息，便于后续的文本挖掘。文本挖掘则主要使用正则表达式、分词和词袋技术等技术，获取文本中的关键目标信息，并根据需要予以量化处理。量化指标构建则根据管理需要，借鉴相关的研究结果，搭建可供数据分析的指标，如量化公司信息可读性、创新、竞争力、风险、战略等指标，以及法律政策文本关键词和情感倾向指标，并与财务指标相结合，进行业财融合决策分析、投融资决策分析和风险管理等。

相对于会计大数据，传统会计数据主要依托于内外部交易或生产经营活动等货币化数据。数据范围受货币的可量化限制，使该数据与经济活动的其他数据相分隔，人为切断事物因果关系，难以有效支撑会计的决策有用性目标。

第四节 会计师数据驱动决策能力发展的路径选择

会计数据驱动决策能力，指依托结构化与非结构化会计相关数据，使用相关模型或分析方法，为业财融合、投融资决策分析和风险管理等业务提供决策的能力。无论是进行业财融合、投融资还是风险管理，会计师均需要进行相关数据采集、清理、分析和可视化等阶段流程的操作，需要发展上述阶段的能力。而数据分析能力是会计师的核心能力，需要从会计专业视角进行因果判断、预测与分析，是其他专业人士特别是信息技术专业人士难以替代的能力。但遗憾的是，在大数据时代，有49%的CFO在数据采集和清理过程中所花费的时间，超过数据分析所花费的时间（EY，2018）。究其原因，在于现有会计师普遍缺乏信息技术处理能力，如Python编程能力和SPSS或Stata统计分析能力，难以胜任会计大数据的采集和数据清洗业务，导致手工数据采集与清洗业务耗费时间过长，或甚至是无法跟进大数据时代的会计转型发展。

就发展数据采集能力而言，会计师可选择的路径如下：（1）培养自身的编程能力。对于信息技术基础较好的会计师而言，培养Python语言编程能力，将有助于其从相关公开网站上获取结构化或非结构化数据。对于部分宏观、行业和微观公司层面数据，可借助于CSMAR、WIND等数据库进行下载，或通过Akshare等免费API接口下载。而非结构化数据则需要通过网络爬虫进行下载和整理。（2）数据采集阶段寻求相关信息技术专业人士的帮助。考虑到编程能力的培养并非适合每一个会计师，可借助信息技术专家或市场化第三方力量，获取批量结构化数据和文本数据，将减少会计师的数据采集工作量。

就发展数据清洗能力而言，主要包括将非结构化数据转化为结构化数据，或将相关数据类型进行转换。对会计师而言，其可选择的路径如下：（1）充分利用Excel的函数功能，特别是条件判断、数据类型转换等函数，将原始数据转换为可供使用的数据；（2）寻求相关信息技术专业人士的帮助，构建文本数据转化为结构化数据的模型，其主要涉及正则表达式和数据挖掘。

就数据分析能力而言，会计师主要依托于因果推断与相关性分析，以作合理性和预测性分析。数据分析能力的核心在于会计大数据的思维能力，会计师需要综合考虑宏观政策、经济、市场环境、行业、标杆企业、自身企业内部等特征因素，并建立上述因素与业财融合、投融资和风险管理等业务之间的因果或相关关系。在此基础上，基于重要文献、研究报告和经验，建立分析比较模型。为此会计师可选择的路径如下：（1）拓展知识面，积极跟进宏观政策经济、行业、公司金融和风险管理等领域的重要文献和研究报告，并与自身经验相结合，拟出业财融合、投融资和风险管理等业务关键核心指标与影响或相关因素，建立分析模拟。（2）运行Stata、SPSS或Excel等统计软件进行上述模型的因果或相关性分析，分析弹性变化和仿真预测。相对而言，学习使用统计软件的难度较低，建议会计师可根据工作需要进行学习使用。（3）使用人工智能算法，对上述模型进行不断迭代升级，提高预测分析和因果判断的准确性。此部分难度较高，可寻求相关信息技术专业人士的帮助。

就数据可视化能力而言，是指借助可视化软件或工具，将数据特征、趋势和分析结果以图表形式呈现在管理层或会计师面前，帮助其更轻松地查看模式、流程、结果、变化、不规则和异常等情况。这些工具的使用，能帮助管理层和会计师查看以前使用传统方法无法实现的方式查看数据，并且更容易地将来自不同来源的数据链接在一起，为会计业务报告提供新的见解。对于会计师而言，结果的呈现是数据驱动决策能力的最终体现，亦是管理沟通环节的重点，需要引起高度重视。会计师可通过学习使用 Excel 图表，Python 的 Matplotlib 库、Plotly 库，或 Tableau、FineBI、Smartbi 等专业可视化工具，快速把握会计数据可视化能力。

第五节　会计师传统业务职责定位的重塑

会计师传统业务主要集中在财务会计、管理会计等领域。如前所述，在大数据、人工智能等技术发展下，会计师通过数据驱动决策能力的培养和应用，可在以下传统业务方面重塑主要职责定位。

在财务会计方面，通过财务机器人、云会计以及大数据方法的应用，能集成会计大数据，汇总相关部门和区域内所有客户的数据，从而得出有意义的绩效基准，能更好地服务于会计受托责任目标，提升其评价职责。

在管理会计方面，会计师可结合传统财务数据与其他部门及行业数据，对生产业务、研发、销售业务进行分析预测，更好地服务于业财融合，推动会计师从记账员到战略业务合作伙伴的转变，强化了会计师更强的商业意识，以及提供改进业务流程、效率和管理决策的建议，使会计师有机会在公司中扮演更具战略性和面向未来的角色，财务部门亦将从服务部门发展为关键业务部门。

第六节　会计数据科学概述

会计数据科学是基于会计、信息和技术的交叉融合，培养会计学专业本科生会计数据科学思维与能力数据的一门课程，具有理论的创新性和人才培养的实践价值。

本书首先介绍会计与数据科学的发展历程、数智时代的会计定位，并由此提出会计数据科学的理论基础与实践路径，为学生会计数据科学思维奠定基础。在此基础上，依次讲解会计数据科学的信息理论基础，即大数据原理与架构简介；会计数据科学的技术基础，包括 Python 基础、网络爬虫、数据预处理、数据挖掘与自然语言处理、数据可视化等；进一步地，结合本科生的人才培养需求以及未来职业环境的现状，阐述开放式 API 接口和平台在会计数据科学中的应用；最后，根据上述学习内容，在会计基础工作数据处理、财务分析与可视化、业财融合数据分析、宏观政策文本与量化分析等会计应用场景进行示例，旨在深化学生的会计数据驱动分析与决策能力的培养。

第二章
数据库与 SQL

【本章学习目标】

1. 掌握数据、信息、大数据的基本概念和内涵；
2. 熟练掌握数据模型中实体与关系基本概念；
3. 了解数据库系统的模式、外模式、内模式三级模式结构；
4. 了解数据库系统的体系结构：单用户、主从式、分布式、客户/服务器、浏览器/服务器；
5. 掌握数据表的基本概念及基本操作；
6. 了解结构化查询语言 SQL；
7. 了解大数据分析与数据库方法的应用要点。

【本章学习重点】

1. 数据模型中实体与关系；
2. 数据表的基本概念、结构、功能；
3. 结构化查询语言 SQL。

【本章学习难点】

1. 数据库系统的三级模式与体系结构；
2. 数据表的操作；
3. 大数据与数据库。

本章主要介绍数据库、数据库系统、数据库管理系统、关系模型、关系数据库标准语言 SQL 和大数据分析的基本概念和方法，以期起到一个抛砖引玉的作用。数据库与 SQL 的语句格式和功能都非常丰富，要想更好地掌握 SQL 语言，读者应多加练习。

第一节 数据库基础

数据库是 20 世纪 60 年代末发展起来的一项重要技术，20 世纪 70 年代以来数据库技术得到迅猛发展，已经成为计算机科学与技术的一个重要分支。数据库技术和系统已经成为信息基础设施的核心技术和重要基础。数据库技术主要是用来解决数据处理的非数值计算问题，数据处理的主要内容是数据的存储、查询、修改、排序和统计等。

一、数据与数据处理

数据（data）是对事实、概念或指令的一种表达形式，可由人工或自动化装置进行处理。数据经过解释并赋予一定的意义之后，便成为信息。数据处理（data processing）是对数据的采集、存储、检索、加工、变换和传输。现实世界中的数据往往是原始的、非规范的，但它是数据的原始集合，对这些原始数据进行处理，才能产生新的数据（信息）。这一处理包括对数据的收集、记录、分类、排序、存储、计算/加工、传输、制表和递交等操作。从数据处理的角度来说，信息是一种被加工成特定形式的数据，这种数据形式对于数据接受者来说是有意义的。因此，人们时常说起的“数据处理”，其真正含义应该是为了产生信息而处理数据。

二、数据与信息

数据是描述客观事物及其活动并存储在某一种媒体上能够被识别的物理符号，它可以是数字、字母、声音、文字、图形、图像、绘画、视频等多种形式。信息则泛指通过各种方式传播的可被感受的声音、文字、图像、符号等所表示的某一特定事物的具有一定价值或作用的消息、情报或知识。

一方面，信息是以数据的形式表示的，即数据是信息的载体；另一方面，信息是抽象的，不随数据设备所决定的数据形式而改变，而数据的表示方式是可选择的。

三、数据库管理系统

数据库（DataBase，DB），是以一定的组织方式将相关的数据存放在计算机外存储器上，并能为多个用户共享，且与应用程序彼此独立的一组相关数据的集合，它不仅包括描述事物的数据本身，而且包括相关事物之间的联系。

数据库管理系统（DataBase Management System，DBMS），是为数据库的建立、使用和维护而配置的软件，它提供了安全性和完整性等统一控制机制，方便用户管理和存取大量的数据资源。

数据库管理系统的主要功能包括以下几个方面：

（1）数据定义功能：DBMS 提供数据定义语言（Data Definition Language，DDL），通过它可以方便地定义数据库中数据对象的逻辑结构。

（2）数据操纵功能：DBMS 提供数据操纵语言（Data Manipulation Language，DML），通过它可以操纵数据库中的数据，如对数据库中的数据进行查询、插入、删除、修改等操作。

（3）数据库的运行管理：数据库在建立、运行和维护时，由数据库管理系统统一管理和控制，以保证数据的安全性、完整性、多用户对数据的并发使用及发生故障后的系统恢复。

（4）数据库的建立和维护：包括数据库初始数据的输入、转换功能，数据库的转储、恢复、重组织性能监视及分析功能等，这些功能通常由一些实用程序完成。

第二节　数据模型

数据模型是数据库系统的核心，它规范了数据库中数据的组织形式，表示数据与数据之间的联系，是数据库管理系统用来表示实体及实体间联系的方法。一个具体的数据模型应当正确地反映数据之间存在的整体逻辑关系。任何一个数据库管理系统都是基于某种数据模型的。

一、数据处理的三个世界

现实世界是指客观存在的世界中的事物及其联系。目前的数据库方法先将现实世界中的客观事物抽象成信息世界的实体，再将实体描述成数据世界的记录。现实世界中的一切信息都可以用数据来表示。

信息世界是现实世界的事物在人们头脑中的反映。客观事物在信息世界中称为实体，实体是彼此可以明确识别的对象，可分成对象与属性两大类。例如，“学生”属于对象，而表示对象的“学生”的属性有学号、姓名、性别、政治面貌、出生日期等多方面的特征，属性是客观事物性质的抽象描述。

数据世界可称作计算机世界，是在信息世界基础上的进一步抽象。在数据世界中用数据模型描述现实世界中的事物及其联系。

从现实世界、信息世界到数据世界是一个认识的过程，也是抽象和映射的过程，与此相对应，设计数据库也要经历类似的过程，即数据库设计的步骤包括用户需求分析、概念结构设计、逻辑结构设计和物理结构设计 4 个阶段。其中，概念结构设计根据用户需求设计的数据库模型，也称概念模型，概念模型可用实体联系模型（E－R 模型）表示；逻辑结构设计将概念模型转换成某种数据库管理系统（DBMS）支持的数据模型；物理结构设计为数据模型在设备上选定合适的存储结构和存储方法，以获得数据库的最佳存取效率。

二、实体间的联系

现实世界中的事物是彼此关联的，任何一个实体都不是独立存在的，因此，描述实体的数据也是互相关联的。实体之间的对应关系称为联系，它反映了现实世界事物之间的相互关联。

1. 实体（Entity，E）。

实体是信息世界中描述客观事物的概念，可以是人、物或抽象的概念，也可以指事物本身或事物之间的联系。例如，一个人、一件物品、一个部门都可以是实体。

2. 属性（Attribute）。

属性是指实体具有的某种特性，用来描述一个实体。例如，学生实体可由学号、姓名、出生日期、性别等属性来刻画。

3. 联系（Relationship，R）。

在信息世界中，事物之间的联系有两种：一种是实体内部的联系，反映在数据上是记录内部即字段间的联系；另一种是实体与实体间的联系，反映在数据上是记录间的联系。尽管实体间的联系很复杂，但经过抽象化后，可把它们归结为三类：即一对一联系（简记为1∶1）、一对多联系（简记为1∶n）或多对多联系（简记为n∶n）。

（1）一对一联系。若一个实体型中的一个实体只与另一个实体型中的一个实体发生关系，同样，另一个实体型中的一个实体只与该实体型中的一个实体发生关系，则这两个实体型之间的联系被称为一对一联系。例如，学校和校长之间是一对一联系，每个学校只有一个校长，每个校长也只允许在一个学校任职。

（2）一对多联系。若一个实体型中的一个实体只与另一个实体型中的任意多个实体发生关系，同样，另一个实体型中的一个实体至多与该实体型中的一个实体发生关系，则这两个实体型之间的联系被称为一对多联系。例如，学校和教师之间是一对多联系，每个学校包含多位教师，而每位教师只能属于一个学校。

（3）多对多联系。若一个实体型中的一个实体只与另一个实体型中的多个实体发生关系，同样，另一个实体型中的一个实体只与该实体型中的多个实体发生关系，则这两个实体型之间的联系被称为多对多联系。例如，学生与所选课程之间是多对多联系，每个学生允许选修多门课程，每门课程也允许多个学生选课。

实体间的联系可用实体联系模型（E－R）表示，这种模型直接从现实世界中抽象出实体及实体间的联系。在模型设计中，首先根据分析阶段收集到的材料，利用分类、聚集、概况等方法抽象出实体，并一一命名，再根据实体的属性描述它们之间的各种联系。E－R 图如图 2－1 所示。

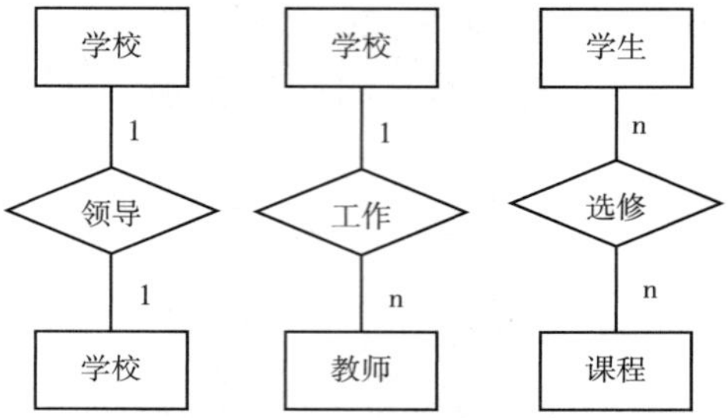

图 2－1　E－R 图表示实体间的三类联系

图中矩形表示实体，菱形表示实体之间的关系，用无向边把实体与属性联系起来。为了简明起见，图 2－1 中未画属性。

E－R 图所表示的概念模型与具体的 DBMS 所支持的数据模型相互独立，是各种数据模型的共同基础，是抽象和描述现实世界的有力工具。

三、数据模型的分类

数据模型是对客观事物及其联系的数据化描述。在数据库系统中，对现实世界中数据的抽象、描述及处理等都是通过数据模型实现的。数据模型是数据库系统设计中用于提供信息表示和操作手段的形式架构，是数据库系统实现的基础。目前，在实际数据库系统中支持的数据模型主要有层次模型、网状模型、关系模型和面向对象模型。

（一）层次模型

层次数据模型是数据库系统使用最早的一种数据模型，它的数据结构是一颗有向树，其特点如下：

- 有且仅有一个节点无父节点，这个节点为树的根，称为根节点；
- 其余的节点有且仅有一个父节点。

（二）网状模型

网状模型是用网状结构表示实体及实体之间联系的一种模型，也称为网络模型。网络中的每一个节点代表一个记录型，其特点如下：

- 可以有一个以上节点无父节点；
- 至少有一个节点有多于一个的无父节点。

（三）关系模型

关系模型是把数据的逻辑结构归结为满足一定条件的二维表的模型。在关系模型中，每一个关系是一个二维表，用来描述实体与实体之间的联系（见表2－1）。

表2－1　　关系S（学生表）

学号	姓名	性别	出生日期	政治面貌
201007001	孙庆梅	女	1991－6－7	共青团员
201007002	李林桐	男	1990－12－20	共青团员
201007003	王立辉	男	1991－11－3	中共党员

表2－1表示一个关系模型。关系中的每一个数据都可看成独立的数据项，它们共同构成了该关系的全部内容；关系中的每一行称为一个元组，它相当于一个记录值，用以描述一个个体；关系中每一列称为一个属性，其取值范围为域。

关系模型中的关系性质有：

- 在一个关系中，每一个数据项不可再分，是最基本的数据单位；
- 在一个关系中，每一列数据项要具有相同的数据类型；
- 在一个关系中，不允许有相同的属性名；
- 在一个关系中，不允许有相同的元组；
- 在一个关系中，行和列的次序可以任意调换，调换不影响信息内容。

（四）面向对象模型

面向对象模型是数据库系统中继层次、网状、关系等传统数据模型之后得到不断发展的一种新型的逻辑数据模型，是数据库技术与面向对象程序设计方法结合的产物。面向对象模型表达信息的基本单位为对象，每个对象包含记录的概念，但比记录含义更广泛、更复杂，它不仅要包含所描述对象（实体）的状态特征（属性），而且要包含所描述对象的行为特征。

对象具有封装性、继承性和多态性，这些特征是传统数据模型中的记录所不具备的，是面向对象模型区别于传统数据模型的本质特征。

第三节　数据库系统体系结构

从最终数据库应用系统的作用范围和模式来看，数据库应用系统的体系结构可以分为单用户结构、主从式结构、分布式结构和客户/服务器结构等。

一、单用户数据库系统

单用户数据库系统是一种最简单的数据库系统。在单用户系统中，整个数据库系统包括应用程序、DBMS、数据等，都装在一台计算机上，由一个用户独占，如图 2－2 所示，不同计算机之间不能共享数据。

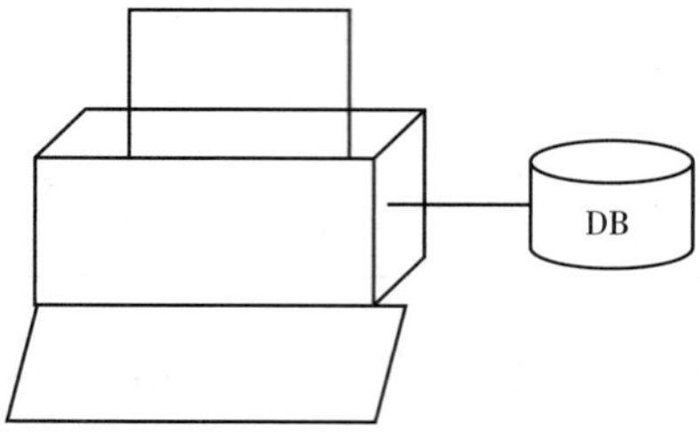

图 2－2 单用户数据库系统

二、主从式的数据库系统

主从式结构是指一个主机带多个终端的多用户结构。在这种结构中，数据库系统包括应用程序、DBMS、数据等，都集中存放在主机上，所有处理任务都由主机完成，各个用户通过主机的终端并发地存取数据库中的数据，共享数据资源，如图 2－3 所示。

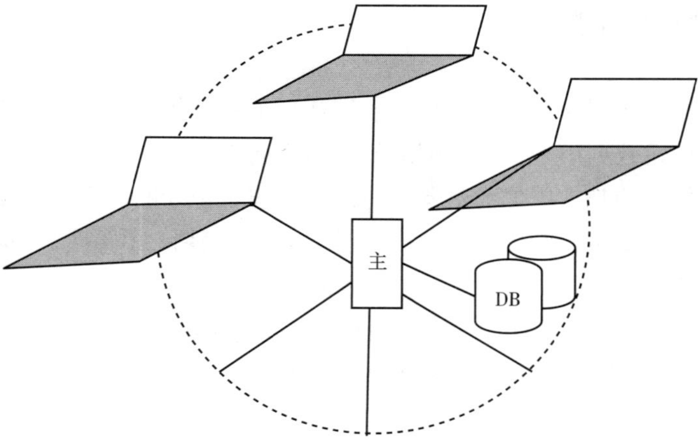

图 2－3 主从式数据库系统

主从式结构的优点是简单，数据易于管理与维护；缺点是当终端用户数目增加到一定程度后，主机的任务会过于繁重，成为“瓶颈”，从而使系统性能大幅度下降，另外，当主机出现故障时，整个系统不能使用，因此系统的可靠性不高。

三、分布式结构的数据库系统

分布式结构的数据库系统是指数据库在逻辑上是一个整体，但物理地分布在计算机网络的不同节点上，如图 2－4 所示，网络中的每个节点都可以独立处理本地数据库中的数据，执行局部应用，也可以同时存取和处理多个异地数据库的数据，执行全局应用。

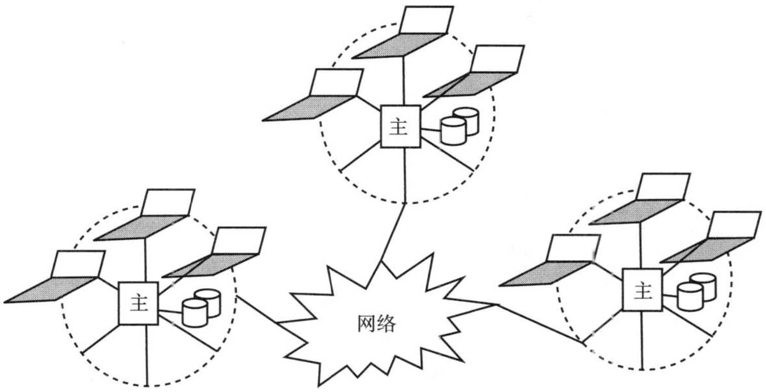

图 2－4　分布式数据库系统

分布式结构的数据库系统是计算机网络发展的必然产物，它适应了地理上分散的公司、团体和组织对于数据库应用的需求。但数据的分布存放给数据的处理、管理与维护带来困难。此外，当用户需要经常访问远程数据库时，系统效率会明显地受到网络交通的制约。

四、客户/服务器结构的数据库系统

主从式数据库系统中的主机和分布式系统中的每个节点都是一个通用计算机，既执行 DBMS 功能，又执行应用程序。随着工作站功能的增强和广泛使用，人们开始把 DBMS 功能和应用分开，网络中某个（些）节点上的计算机专门用于执行 DBMS 功能，称为数据库服务器，简称服务器；其他节点上的计算机安装 DBMS 的外围应用开发工具，支持用户的应用，称为客户机，这就是客户/服务器（Client/Server，C/S）结构的数据库系统。

在 C/S 结构中，客户端的用户请求被传送到数据库服务器，数据库服务器进行处理后，只将结果（而不是整个数据）返回给用户，从而显著减少了网络上的数据传输量，提高了系统的性能、吞吐量和负载能力。

另外，C/S 结构的数据库往往更加开放。客户与服务器一般都能在多种不同的硬件和软件平台上运行，可以使用不同厂商的数据库开发工具，应用程序具有更强的可移植性，同时也可以减少软件维护开销。

C/S 数据库系统可以分为集中的服务器结构（见图 2－5）和分布的服务器结构（见图 2－6）。集中的 C/S 服务器结构中数据存放在一台数据库服务器中，多台客户机通过网络与数据库服务器相连，共享数据库服务器中的数据，但当数据库系统前端站点较多，处理业务较复杂时，服务器往往成为系统“瓶颈”，制约系统性能。分布的服务器结构中可以有多台数据库服务器，数据处理被分散在不同的服务器上，适用于业务上相互关联而地理上分散的数据库的处理，但同时也给数据的处理、管理与维护带来困难。

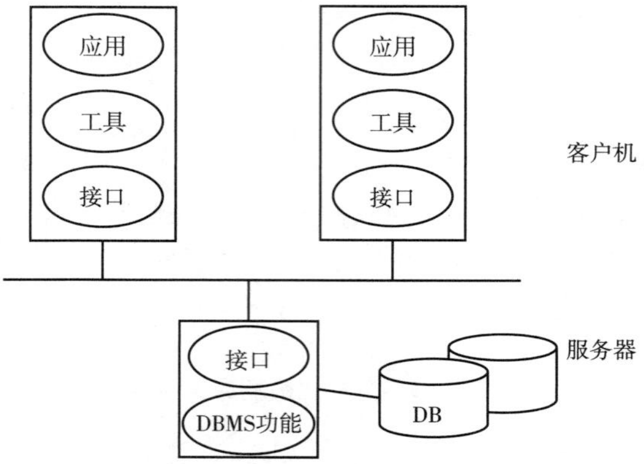

图 2-5　集中的客户/服务器结构

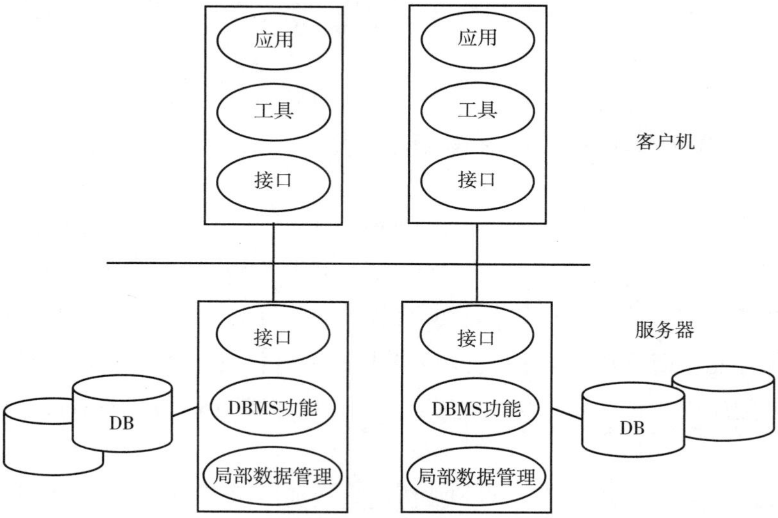

图 2-6　分布的客户/服务器结构

五、浏览器/服务器结构的数据库系统

浏览器/服务器（Browser/Server，B/S）结构的数据库系统在 C/S 结构的基础上，将客户端的应用程序全部移到服务器端，前端采用浏览器即可方便地调用后台的数据库处理程序。

第四节 数据表与结构化查询语言 SQL

一、数据表

建立数据库应用的第一步就是设计和创建数据库。设计和创建数据库，即创建和管理关系型数据库和数据表，包括数据表的创建，字段属性的设置，索引的建立及对数据表记录的增、删、改等有关操作。

数据表（Table）是构成数据库的基本元素之一，是数据库中组织并存储数据的单元。数据库可由多个数据表组成，从用户实际使用的角度来看，关系模型的逻辑结构就是一张二维表，它由行和列组成。关系模式对应一个二维表的表头。关系（Relationship）对应通常所说的二维表，如表 2 - 2 所示的学生情况表。其中每一列指明学生的一种属性，属性的名称如学号、姓名、性别等在每一列的顶端标出，每一行则给出某个学生的具体属性值。

表 2 - 2　　学生情况表

学号	姓名	性别	出生日期	班级	联系方式
2001501	冯小亮	男	02/07/1984	机械 1 班	2330123
2001307	王金科	男	03/11/1984	计算机 2 班	2330787
2001203	刘丽丽	女	08/27/1983	国贸 1 班	2330890
2001405	王海	男	11/20/1984	计算机 1 班	2330348
2001421	李晓华	女	12/15/1983	计算机 2 班	2330005
2001508	赵文娟	女	09/23/1983	机械 1 班	2330397
2001209	张强	男	05/18/1984	国贸 1 班	2330566

数据表中的一行称为一条记录（Record）或一个元组，表示数据表中一组相关联的信息。数据中的一列称为一个字段（Field），字段反映了某个主题的信息，数据表字段的取值范围为域（Domain），如性别的域是（男、女），所在班级的域是一个学校所有班级名的集合等。

关系数据库要求关系中的每一个元组具有唯一性，即关系中没有相同的元组。因此，对于关系中的某一个属性或属性组，若它的值能唯一地标识出一个元组，则称该属性或属性组为候选键（Candidate Key）。在一个关系中可能有多个候选键，可选择其中的一个作为主键（Primary Key），也称为关键字。在一个关系中只能有一个主键。假设表 2 - 2 中没有相同姓名的学生，则学号和姓名都分别是该关系的候选键，可以取学号作为主键。

数据库可包含多个数据表，每一个数据表对应一组相关主题信息。例如，学生选课数据库系统可以包含学生情况数据表、课程情况数据表和学生选课数据表等，这几个表之间是相互独立又相互关联的。关系数据库的关系就体现为二维数据表的结构及表之间的联系。它允许用户不仅能从当前选定表中访问数据，而且可以通过当前选定表访问其他表中的数据。在某个关系 R 中可能有这样一组属性 A，它不是关系 R 的主键，但它是另一个关系 S 的主键，则属性组 A 称为关系 R 的外键（Foreign Key）。

主要术语有以下几个。

（1）数据库：保存有组织的数据的容器。

（2）表：某种特定类型数据的结构化清单。

（3）模式：关于数据库和表的布局及特性的信息。

（4）关系。一个关系就是一张二维表，关系可以用关系模式来描述，其格式为：

关系名（属性 1，属性 2，…，属性 n）。

例如，表 2－2 所表示的“学生表”关系的关系模式可表示为：

学生表（学号，姓名，性别，出生日期，政治面貌）。

（5）列或属性。二维表中垂直方向的列称为属性，每一列有一个属性名，所有表都是由一个或多个列组成的。属性是表中的一个字段，是数据库中可以命名的最小逻辑数据单位。例如，学生有学号、姓名、性别、出生日期、政治面貌等属性。

（6）行或元组。在一个二维表中，水平方向的行称为元组，每一行是一个元组。元组对应存储文件中的一个具体记录。例如，“学生表”和“成绩表”两个关系各包括多个元组。

（7）域。域是属性的取值范围，即不同元组对同一个属性的取值所限定的范围。

（8）数据类型：所允许的数据的类型，每个表的列都有相应的数据类型，它限制（或允许）该列中存储什么样的数据。

（9）主关键字。一列（或一组列），其值可以唯一标识关系中每一个行。例如，学生的学号可以作为“学生表”关系的主关键字。一般情况下，任意两行都不具有相同的主键值；每一行都必须具有一个主键值（主键值不允许为空）；主键列中的值不允许修改或更新；主键值不能重用（如果某行从表中删除，它的主键不能赋给以后的新行）。

（10）外部关键字。用于连接另一个关系，并且在另一个关系中为主关键字。例如，“成绩表”关系中的课程号可以看作外部关键字。

一个关系型数据库系统可以包含多个数据表，数据表之间存在相互关系，所有的表通过关系可以联系在一起，用户可以通过关系来查找信息。数据表之间的关系有临时关系和永久关系两种，临时关系是在使用时创建的。关闭其中的一个表，关系就自动解除，表之间的临时关系通常用于通过一个表记录指针的移动来控制其子表记录指针的移动；而永久关系则是随着数据库的打开而被打开，通过链接不同表的索引来建立表之间的关系。这些永久关系将作为表之间的默认链接。在永久关系的基础上可以建立参照完整性，用来保证表中相关数据的一致性。

二、结构化查询语言 SQL

在实际应用中，数据表中的记录往往比较多且相互关联，让用户手动操作数据库的方法是不可行和不安全的，SQL 是对数据库定义、查询、操纵和控制的强大工具和标准。

（一）SQL 概述

结构化查询语言（Structured Query Language，SQL），是 1974 年由 Boyce 和 Chamberlin 提出的。1975～1979 年 IBM 公司 San Jose Research Laboratory 研制了著名的关系数据库管理系统原型 System R 并实现了这种语言。

SQL 是操作和检索关系型数据库事实上的标准语言。SQL 语言的功能有：Query（查询）、Manipulation（操纵）、Definition（定义）、Control（控制）。SQL 语言既可以作为独立语言使用，也可以嵌入其他高级语言中使用。

1986 年 10 月美国国家标准（American National Standard Institute，ANSI）的数据库委员会批准了 SQL 作为关系数据库语言的美国标准。1987 年国际标准化组织（International Organization for Standardization，ISO）通过了这一标准。

（二）语言使用方式

SQL 语言有两种使用方式：一种是面向集合的描述性语言，是非过程性的，即作为独立语言在终端交互方式下使用，语句的执行都是独立的，与上下文无关；另一种是嵌入式 SQL（Embedded SQL），即将 SQL 语言嵌入某种高级语言中使用，利用高级语言的过程性结构来弥补 SQL 语言实现复杂应用方面的不足，嵌入的高级语言称为主语言或宿主语言。

为了能够区分 SQL 语句与宿主语言的语句，在嵌入式 SQL 中，所有 SQL 语句都必须加前缀 EXEC SQL。SQL 语句的结束标志则随宿主语言的不同而不同。

例如，一条交互形式的 SQL 语句：

DROP TABLE 学生情况表

嵌入 C 程序中，应写作：

EXEC SQL DROP TABLE 学生情况表

SQL 语言与宿主语言具有不同的数据处理方式。SQL 语言是面向集合的，一条 SQL 语句原则上可以产生或处理多条记录；而宿主语言作为高级语言，是面向记录的，一组主变量一次只能存放一条记录。所以仅使用主变量并不能完全满足 SQL 语句向应用程序输出数据的要求，为此嵌入式 SQL 引入了游标的概念，用游标来协调这两种不同的处理方式。

游标，是系统为用户开设的一个数据缓冲区，存放 SQL 语言的执行结果。每个游标区都有一个名字，用户可以用 SQL 语句逐一从游标中获取记录，并赋给主变量交由宿主语言进一步处理。

（三）SQL 命令

与关系型数据库有关的 SQL 命令包括 CREATE、SELECT、INSERT、UPDATE、DELETE、DROP 等，根据其特性，可以将它们分为以下几个类别。

（1）数据定义语言（Data Definition Language，DDL）

对数据的结构和形式进行定义，一般用于数据库和表的创建、删除、修改等（见表 2－3）。

表 2－3　SQL 语言 DDL 命令

命令	说明
CREATE	用于在数据库中创建一个新表、一个视图或者其他对象
ALTER	用于修改现有的数据库，如表、记录
DROP	用于删除整个表、视图或者数据库中的其他对象

（2）数据处理语言（Data Manipulation Language，DML）

对数据库中的数据进行处理，一般用于数据项（记录）的插入、删除、修改和查询（见表 2－4）。

表 2－4　SQL 语言 DML 命令

命令	说明
SELECT	用于从一个或者多个表中检索某些记录
INSERT	插入一条记录
UPDATE	修改记录
DELETE	删除记录

（3）数据控制语言（Data Control Language，DCL）

控制数据的访问权限，只有被授权的用户才能进行操作（见表 2－5）。

表 2－5　SQL 语言 DCL 命令

命令	说明
GRANT	向用户分配权限
REVOKE	收回用户权限

第五节　大数据与数据库

一、大数据

“大数据”（big data），或称巨量数据、海量数据、大资料，指超过传统数据库系统处理能力的数据。大数据的数据规模和传输速度要求更高，需要新处理模式才能获得满足要求的信息资产。

大数据可以概括为 5 个 V：

➢ Volume（数据量大）：海量数据，包括采集、存储和计算的量都非常大。大数据的起始计量单位至少是 PB 级别（1PB = 1024TB）或 EB 级别（1EB = 1024PB）甚至 ZB 级别（1ZB = 1024EB）。

➢ Variety（类型多）：指海量数据的种类和来源多样化，包括结构化、半结构化和非结构化数据，具体表现为网络日志、音频、视频、图片、地理位置信息等多类型的数据。多类型的海量数据对数据的处理能力和数据库技术提出了更高的要求。

➢ Value（价值密度低）：指多类型的海量数据价值密度相对较低。随着互联网以及物联网的广泛应用，信息感知无处不在，信息海量，单条数据价值低，因此大数据价值密度较低。大数据最大的价值在于从大量不相关的各种类型的数据中，通过强大的机器算法、人工智能学习或数据挖掘方法结合业务逻辑进行深度分析，挖掘出对经营管理和领导预决策有价值的数据，并发现新规律和新知识。

➢ Velocity（速度快）：指数据增长速度快，处理速度也快，时效性要求高。大数据分析可从各种类型的数据中快速获得高价值的信息，其 1 秒定律指在秒级时间范围内分析结果，超出这个时间，数据就失去价值了。如搜索引擎要求几分钟前的数据能够被用户查询到，个性化推荐算法尽可能要求实时完成推荐。

➢ Veracity（真实性高）：大数据中的数据来源于现实世界，与客观现象的发生和规律息息相关的，数据的准确性、可信赖度和真实性较高。因此大数据是真实有效的，能反映真实情况。

二、结构化数据与 MySQL 关系型数据库

结构化数据也称为行数据，是由二维表结构来逻辑表达和实现的数据，严格地遵循数据格式与长度规范，主要通过关系型数据库进行存储和管理。关系数据库将数据保存在不同的表中，而不是将所有数据放在一个大仓库内，这样就增加了速度并提高了灵活性。

MySQL 是一个关系型数据库管理系统，是最好的 RDBMS（Relational Database Management System，关系数据库管理系统）应用软件之一。MySQL 所使用的 SQL 语言是用于访问数据库的最常用标准化语言。MySQL 因其体积小、速度快、开放源码、可靠性高、适应性好、总体拥有成本低而备受关注。

三、非结构化数据与 HBase 非关系型数据库

非结构化数据是数据结构不规则或不完整，没有预定义的数据模型，不方便用数据库二维逻辑表来表现的数据。包括所有格式的办公文档、文本、图片、HTML、各类报表、图像和音频/视频信息等。

计算机信息化系统中的数据分为结构化数据和非结构化数据。非结构化数据其格式非常多样，标准也是多样性的，而且在技术上非结构化信息比结构化信息更难标准化和理解。因此，支持非结构化数据的数据库采用多值字段和变长字段等机制进行数据项的创建，并利用更加智能化的 IT 技术，如海量存储、智能检索、知识挖掘、内容保护、信息的增值开发利用等进行检索、发布和管理。

非关系型数据库主要有四种数据存储类型：键值对存储（key - value）——Redis，文档存储（document store）——MongodDB，基于列的数据库（column - oriented）——HBase，还有就是图形数据库（graph database）——Neo4j。每一种都会解决相应的问题，这些问题是关系型数据库所不能解决的，而在实际应用中都会将这几种情况结合起来实现相应的功能。

HBase（Hadoop Database）是 Google Big Table 的开源实现，模仿并提供了基于 Google 文件系统的 BigTable 数据库的所有功能。HBase 是一个分布式海量列式非关系型数据库系统，可以提供超大规模数据集的实时随机读写。HBase 列式存储以流的方式在列中存储所有的数据。对于任何记录，索引都可以快速地获取列上的数据；列式存储从每个列获取匹配的列值，并重新组成行来支持行检索。

HBase 是一个高可靠性、高性能、面向列、可伸缩的分布式存储系统，利用 HBase 技术可在廉价 PC Server 上搭建起大规模结构化存储集群。HBase 可以直接使用用本地文件系统或者 Hadoop 作为数据存储方式，不过为了提高数据可靠性和系统的健壮性，发挥 HBase 处理大数据量等功能，需要使用 Hadoop 作为文件系统。但 HBase 仅能通过主键（row key）和主键的 range 来检索数据，仅支持单行事务，主要用来存储非结构化和半结构化的松散数据。

四、数据仓库及其工具 Hive

数据仓库，英文名称为 Data Warehouse，可简写为 DW 或 DWH，是一个面向主题的（Subject Oriented）、集成的（Integrated）、相对稳定的（Non - Volatile）、反映历史变化

（Time Variant）的数据集合，用于支持管理决策（Decision Making Support）。数据仓库是一个很大的数据存储集合，主要功能是将组织通过资讯系统之联机事务处理（OLTP）经年累月所累积的大量资料，通过数据仓库理论所特有的资料储存架构，做有系统的分析整理，以利于各种分析方法如联机分析处理（OLAP）、数据挖掘（Data Mining）的进行，并进而支持如决策支持系统（DSS）、主管资讯系统（EIS）的创建，帮助决策者能快速有效地从大量资料中分析出有价值的资讯，以利于决策拟订及快速回应外在环境变动，帮助建构商业智能（BI），指导业务流程改进、监视时间、成本、质量以及控制。

数据仓库将各个异构的数据源数据库的数据统一管理起来，并且完成了质量较差的数据的剔除、格式转换，最终按照一种合理的建模方式来完成源数据组织形式的转变，以更好地支持到前端的可视化分析。数据仓库的输入是各种各样的数据源，最终的输出用于企业的数据分析、数据挖掘、数据报表等方向。

注意数据仓库并不是数据库，数据仓库的出现也不是要取代数据库。数据库是面向交易的处理系统（业务系统），它是针对具体业务在数据库联机的日常操作，通常对记录进行查询、修改。用户较为关心操作的响应时间、数据的安全性、完整性和并发支持的用户数等问题。传统的数据库系统作为数据管理的主要手段，主要用于操作型处理，也被称为联机事务处理 OLTP（On – Line Transaction Processing）。数据仓库一般针对某些主题的历史数据进行分析，支持管理决策，又被称为联机分析处理 OLAP（On – Line Analytical Processing）。

Hive 是一个数据仓库工具，底层封装了 Hadoop，使用类 SQL 的 HiveSQL 语言实现大规模数据的存储、提取、转化、加载、查询和分析。所有 Hive 的数据都存储在 Hadoop 兼容的文件系统（例如，Amazon S3、HDFS）中，在加载数据过程中不会对数据进行任何的修改，只是将数据移动到 HDFS 中 Hive 设定的目录下。Hive 能将结构化的数据文件映射为一张数据库表，将 SQL 语句转换为 MapReduce 统计分析任务运行，提供丰富的 SQL 查询方式来分析存储在 Hadoop 分布式文件系统中的数据。这套 SQL 简称 Hive SQL，使不熟悉 mapreduce 的用户可以很方便地利用 SQL 语言查询、汇总和分析数据。因此 Hive 的学习成本低，不必开发专门的 MapReduce 应用程序，十分适合对数据仓库进行统计分析。

五、大数据分析与可视化工具 Tableau

大数据分析是指不采用随机分析法（抽样调查）而采用所有数据进行分析处理。对于大数据而言，随着云计算、分布式处理技术、存储技术和感知技术等技术的发展，这些原本很难收集和使用的数据开始变得容易利用起来了。

大数据分析包含六个基本方面：

➢ Analytic Visualizations（可视化分析），指形象直观地展示数据，让数据自己说话，让观众看到结果；

➢ Data Mining Algorithms（数据挖掘算法），指机器采用集群、分割、孤立点分析等算法，深入海量数据内部，高速加工处理，挖掘出数据价值；

➢ Predictive Analytic Capabilities（预测性分析能力），指数据使用者根据可视化分析和数据挖掘的结果做出一些预测性的判断或方案；

➢ Semantic Engines（语义引擎），指对非结构化数据采用一系列的工具去解析、提取、分析数据，从“文档”中智能提取信息；

➢ Data Quality and Master Data Management（数据质量和数据管理），指通过标准化的流程和工具对数据进行处理，保证一个预先定义好的高质量的分析结果；

➢ Data Warehouse（数据仓库），指按特定模式将业务系统的多维多角度数据进行整合，建立存储仓库，为数据抽取、转换和加载（ETL），或按主题对数据进行查询和访问、联机数据分析和数据挖掘提供数据平台。

可视化（Visualization）是利用计算机图形学和图像处理技术，将数据转换成图形或图像在屏幕上显示出来，再进行交互处理的理论、方法和技术。数据可视化的工具 Tableau 是一款可视化的分析和商业智能软件，是目前全球最易于上手的报表分析工具，并且具备强大的统计分析扩展功能，可以帮助个人或公司组织更善于利用数据来做决策；充分利用人类天生就能快速发现视觉图案的特点，以可视化辅助随心所欲的数据探索，以交互式仪表板帮助用户即时发现隐藏的见解。

Tableau 可直接连接报表系统和各类常用数据库（sql、aws、hadoop、SAP HANA 等），实现全部报表定时自动从元数据更新。Tableau 自动化 data preparation 产品可以做到几秒内 ingest 百万级的数据处理和展示，还可以很轻易地添加 user，设置 user group，且可通过 tabcmd 在 terminal 中自动完成用户管理，网页、手机、tablet 间实现跨平台的高安全性的数据处理和可视化操作。因此，Tableau 不仅是一款可视化软件，还具备强大的数据连接、元数据更新、数据处理和展示自动化、数据跨平台等功能。

本章习题

1. 请结合会计实务，说明会计信息系统中的会计数据、会计信息和会计大数据概念、内涵和特征。
2. 请结合会计信息系统，说明会计数据模型中的数据表特征与结构。
3. 请结合关系数据库原理，进行会计账务的数据库结构设计。
4. 请结合实例，说明数据库技术在会计中的具体应用。

▶▶ 第三章 数理基础

【本章学习目标】

1. 了解统计与计量经济学的基本概念和相关逻辑；
2. 了解统计软件的基本功能。

【本章学习重点】

1. 统计软件的安装与使用；
2. 数据分析的基本逻辑框架。

【本章学习难点】

1. 概率分布及样本统计量；
2. 假设检验的基本逻辑；
3. 向量、矩阵的相关概念。

Python 的应用非常广泛，不管是 Web 开发、科学计算还是人工智能等领域，都要有一定的相关专业知识储备。本章将简单介绍学习 Python 应有的数理基础与相关软件，如统计学相关概念、Stata 软件与 Spss 软件。

第一节 统计学相关概念

一、统计学相关内容概述

在统计学的具体应用中，我们要做描述性分析和推断统计。

描述性分析又称为叙述统计，是统计学中用于描述和总结所观察到对象的基本统计信息，是对当前已知的数据进行描述和刻画，分析已知数据，通过一些数理统计方法来反映数据的特点，如集中度（平均数、中位数、几何平均数、算术平均数等均值）和离散度（方差、标准差、四分位差等）及分布特点（偏度、峰度、正态分布、二项分布、泊松分布、卡方分布、F 分布），并通过图表形式对所收集的数据进行必要的可视化，综合概括和分析得出数据的客观规律。借助与 Python 语言，通过 pandas、numpy 等数据分析工具进行数据分析，通过 matplotlib 等图形分析工具做可视化。描述性统计分析有两个作用：一个是在统计推断或因果分析之前，发现、界定或详细讨论要研究的问题；另一个是在一定程度上验证假说。

推断统计，是统计学中研究如何用样本数据来推断总体特征的一门学科。推断统计学是在对样本数据描述的基础上，对总体的未知数据做出以概率形式来描述的推断。推断统计的结果通常是为了得到下一步的行动策略。在回归分析中，我们会根据小概率事件不容易发生的原理来做有效的统计推断。例如，在机器学习中，我们会根据数据进行分类或者聚类，无论是 logistic 回归还是 lasso 回归或者是匹配，都要做有效性和无偏性的分析，这些都需要在一定的概率保证下来说明结论的可靠性。

在做回归分析的过程中，有很多的软件可以协助完成我们想要做的工作，对于主要是数值型的数据，我们可以用 Stata 或者 Spss 等软件有效地完成工作。借助 Python 语言基础上建立的 stats models 库也可以完成相关工作。

二、向量和矩阵的相关知识介绍

在会计数据科学的方法中，我们可能要做大量的文本处理的工作，如文本聚类的研究分析工作中，我们还需要运用一些功能好的向量化工具；比如说我们要对不同的企业进行分类，以找到他们分类背后的规律，如果企业发展的好坏存在诸多影响因素，我们还要对变量进行主成分分析，这就需要对数据进行降维（矩阵求特征值和特征向量）。特别是在高维数据的情况下，如何对可能的回归方程进行求解，就需要有一个有效的矩阵求解过程（矩阵分解）。由于这部分的内容相对比较高深，因而我们要掌握比较好的线性代数相关的知识，而基于 Python 基础上的 numpy 可以带来快捷和有效的矩阵运算手段。

（一）向量与矩阵及行列式的概念

从概念上说，在数学中向量是指具有大小和方向的量。与向量对应的量一般称为标量，标量只有大小，没有方向。在数学中，矩阵（Matrix）是一个按照长方阵列排列的复数或实数集合，矩阵是高等代数学中的常见工具，也常见于统计分析等应用数学学科中。矩阵行列式是指矩阵的全部元素构成的行列式，设 $A=(a_{ij})$ 是数域 P 上的一个 n

阶矩阵，则所有 $A=(a_{ij})$ 中的元素组成的行列式称为矩阵 A 的行列式，记为 $|A|$ 或 $\det(A)$。若 A、B 是数域 P 上的两个 n 阶矩阵，k 是 P 中的任一个数，则 $|AB|=|A||B|$，$|kA|=k^n\times|A|$；$|A^*|=|A|^{n-1}$，其中 A^* 是 A 的伴随矩阵；若 A 是可逆矩阵，则 $|A^{-1}|=|A|^{-1}$。

（二）特征向量和特征值

特征值和特征向量确实有很明确的几何意义，矩阵乘以一个向量的结果仍是同维数的一个向量。因此，矩阵乘法对应了一个变换，把一个向量变成同维数的另一个向量。一个变换（或者说矩阵）的特征向量就是这样一种向量，它经过这种特定的变换后保持方向不变，只是进行长度上的伸缩而已。特征向量是指经过指定变换（与特定矩阵相乘）后不发生方向改变的那些向量，特征值是指在经过这些变换后特征向量的伸缩倍数。

（三）关于矩阵分解

向量与矩阵基本运算有矩阵乘法、矩阵转置、矩阵求逆等。所谓矩阵分解就是将矩阵拆解为数个矩阵的乘积，常见的有三种：（1）三角分解法（Triangular Factorization）；（2）QR 分解法（QR Factorization）；（3）奇异值分解法（Singular Value Decomposition）。而矩阵分解方法简化了理论和实际的计算。针对特定矩阵结构（如稀疏矩阵和近角矩阵）定制的算法在有限元方法和其他计算中加快了计算。在计算中，矩阵的维数影响矩阵计算的复杂度，因而可以通过矩阵分解，即，分解为两个维数较低的矩阵乘积，大大减少计算量。

三角分解法是将原正方（square）矩阵分解成一个上三角形矩阵或是排列（permuted）的上三角形矩阵和一个下三角形矩阵，这样的分解法又称为 LU 分解法。它的用途主要是简化一个大矩阵的行列式值的计算过程，求逆矩阵和求解联立方程组。不过要注意的是这种分解法所得到的上下三角形矩阵并非唯一，还可找到数个不同的一对上下三角形矩阵，此两三角形矩阵相乘也会得到原矩阵。

QR 分解法是将矩阵分解成一个正规正交矩阵与上三角形矩阵，所以称为 QR 分解法，与此正规正交矩阵的通用符号 Q 有关。

奇异值分解（singular value decomposition，SVD）是另一种正交矩阵分解法；SVD 是最可靠的分解法，但是它比 QR 分解法要花上近十倍的计算时间。$[U, S, V]=\mathrm{svd}(A)$，其中 U 和 V 分别代表两个正交矩阵，而 S 代表一对角矩阵。与 QR 分解法相同，原矩阵 A 不必为正方矩阵。使用 SVD 分解法的用途是通过最小平方误差法求解和压缩数据。

第二节　定量分析工具——Stata 介绍

在利用 Python 的数据分析方法之前，简单介绍一下其他的统计软件，以供大家参考使用。

一、Stata 软件介绍

（一）Stata 软件简述

Stata 是一个用于统计计量分析和管理数据的功能强大、操作简单的实用统计分析软件。从 1985 年至今 30 多年间，已连续推出了十几个版本，最新的是 Stata 17。随着版本的不断升级，其功能也越来越多。

Stata 软件尤其受到从事经济学经验研究或计量分析研究者的喜爱。这是因为，几乎所有的计量经济学中所提到的方法，在该软件中都可以找到相应的命令，而且新的计量方法一旦被验证较为成熟，就有人将该方法写成程序包，并对命令附详细的说明。在大部分命令的帮助文件中，甚至列出了该命令源自哪位经济学者的哪篇文献中提出的计量方法，并列出常用的代码实例，这给初学者提供了方便的途径。

（二）Stata 窗口构成

1. Command（命令，右下部分）窗口：用于向 Stata 键入需要执行的命令，回车后，相应的结果则会在结果窗口中显示出来。

2. Results（结果，右上部分）窗口：显示运行结果、所执行的命令以及出错信息等。窗口中会使用不同的颜色区分不同的文本，如白色表示命令、红色表示错误信息。

3. Variables（变量，左下部分）窗口：显示当前数据文件中的所有变量名。

4. Review（命令回顾，左上部分）窗口：所有执行过的命令会依次在该窗口中列出；选中某一行单击后命令即被自动拷贝到命令窗口中；如果需要重复执行，则用鼠标双击相应的命令行即可。

5. 窗口上方的工具栏列出了常用的管理文件和数据的命令，如打开文件、存储文件、数据管理窗口等。

6. 工具栏上方是菜单栏方式，方便大家使用。

（三）Stata 文件、命令和语句

若给出原始数据，则用 Stata 完成计量分析，要做的工作主要包括：把原始数据转

换成 Stata 格式的数据文件；根据任务写出 Stata 命令；Stata 命令运行后看分析结果，并把分析结果保存下来，或者以不同方式写入文本文件（如 Word 文件）。上述工作涉及 Stata 的文件、数据与命令。

1. Stata 文件。

Stata 文件主要有数据文件、Do－file 文件、Log 文件和程序文件。

（1）数据文件：即用来保存数据的文件，是 Stata 处理和分析的对象，扩展名“. dta”。数据的结构包括变量（每一列）和观测（每一行）。

（2）Do－file 文件：用来保存命令的文件，扩展名“. do”；该类文件的优点是把执行过的命令保存下来，以便以后再重新执行这些命令。

（3）Log 文件：用来直接保存分析结果的日志文件，扩展名“. log”；这类文件可以直接用文本编辑程序（如记事本、Word 等）直接打开。

（4）程序文件：是 Stata 命令的程序，扩展名“. ado”。除非要自己编写某个计量方法的 Stata 程序，一般来说，这类文件对于仅限于应用 Stata 做数据分析的人很少用到。

2. Stata 命令语句。

命令语句是用 Stata 做数据分析的指令，十分简单和灵活。要想做一个计量分析，首先要知道它在 Stata 中的基本命令名称是什么。如要描述某个变量的基本统计信息（平均值、最大值、最小值等），可以用的基本命令就是“summarize”；然后写成一个命令语句，对数据分析的所有要求都由命令语句来完成。命令语句的格式为：summarize varlist [if exp] [in exp] [weight] [, options]，如果不知道命令如何有效使用，可以用 help 加命令寻求帮助。

summarize 是基本命令，大部分基本命令都有简写形式，如该命令的简写就是 su，该项必不可少；varlist 是变量，实际命令语句里指数据文件中具体的变量名；[if exp] 和 [in exp] 是逻辑条件，可以用来限定分析的观测是哪个范围内的；[weight] 表示加权，加权的方式有多种，可查看 help 文件关于加权的说明；[, options] 是选项，可以用来对你想要的结果进行定义。加 [ ] 项为可有可无项。

（四）Stata 常用基本操作

1. 图形分析（散点图基本命令：scatter）。

键入 scatter rjgdp rjcap 回车（以第一个变量 rjgdp 为纵轴，以第二个变量 rjcap 为横轴）→打开绘图窗口，显示散点图→点击绘图窗口工具栏中的保存图标保存图→file 菜单 Open Graph 选中打开图。

2. Stata 数据管理。

在对数据进行分析时，经常会遇到这些事情：合并两个文件；删除某个变量；重新生成一个新变量；计算某个变量的函数值等。这些事情的处理就是数据管理，可参考

Stata 帮助文件或 User's Guide。

3. 回归分析。

简单回归分析的 Stata 基本命令是 regress y x。

以 y 为被解释变量，x 为解释变量进行普通最小二乘（OLS）回归。regress 命令可简写为横线上方的三个字母 reg。

4. 利用 Stata 也可以爬取网站的数据，但基于 Python 语言的爬虫更为普遍。

第三节 定量分析工具——SPSS 介绍

现在常见的统计软件有 SAS、SPSS、MINITAB、EXCEL 等。这些统计软件的功能和作用大同小异，各自有所侧重。其中的 SAS 和 SPSS 是目前在大型企业、各类院校以及科研机构中较为流行的两种统计软件。SPSS（Statistical Product and Service Solutions）是世界上最早的统计分析软件，也是世界三大著名统计分析软件之一，全称为“统计产品与服务解决方案”软件。SPSS 由美国斯坦福大学的三位研究生 Norman H. Nie、C. Hadlai（Tex）Hull 和 Dale H. Bent 于1968 年研究开发成功，2009 年7 月28 日由 IBM 公司收购，如今 SPSS 已出至版本 27.0。

SPSS 是世界上最早采用图形菜单驱动界面的统计软件，它最突出的特点就是操作界面极为友好，它将几乎所有的功能都以统一、规范的界面展现出来，使用 Windows 的窗口方式展示各种管理和分析数据方法的功能，对话框展示出各种功能选择项，功能强大。用户只要掌握一定的 Windows 操作技能，具备基本的统计分析知识，就可以进行统计分析和计算，其统计过程包括常用的、较为成熟的统计过程，完全可以满足非统计专业人士的工作需要，操作简单，易学易会。SPSS 包含几乎全部尖端的统计分析方法，具备完善的数据定义、操作管理和开放的数据接口以及灵活而美观的统计图表制作。SPSS 主要用于统计学分析运算、数据挖掘、预测分析和决策支持任务。在国际学术界有条不成文的规定，即在国际学术交流中，凡是用 SPSS 软件完成的计算和统计分析，可以不必说明算法，由此可见其影响之大和信誉之高。

SPSS 除了可以通过菜单和对话框完成大部分的统计分析方法外，也可以直接编写程序语句来完成，可以满足不同层次用户的需要。其主界面如图 3－1 所示。

SPSS 的基本功能包括数据管理、统计分析、图表分析、输出管理等。SPSS 统计分析过程包括描述性统计、均值比较、一般线性模型、相关分析、回归分析、对数线性模型、聚类分析、数据简化、生存分析、时间序列分析、多重响应等几大类，每类中又分成几个统计过程，如回归分析中又分为线性回归分析、曲线估计、Logistic 回归、Probit 回归、加权估计、两阶段最小二乘法、非线性回归等多个统计过程，而且每个过程中又允许用户选择不同的方法及参数。SPSS 也有专门的绘图系统，可以根据数据绘制各种图形，如图 3－2 所示。

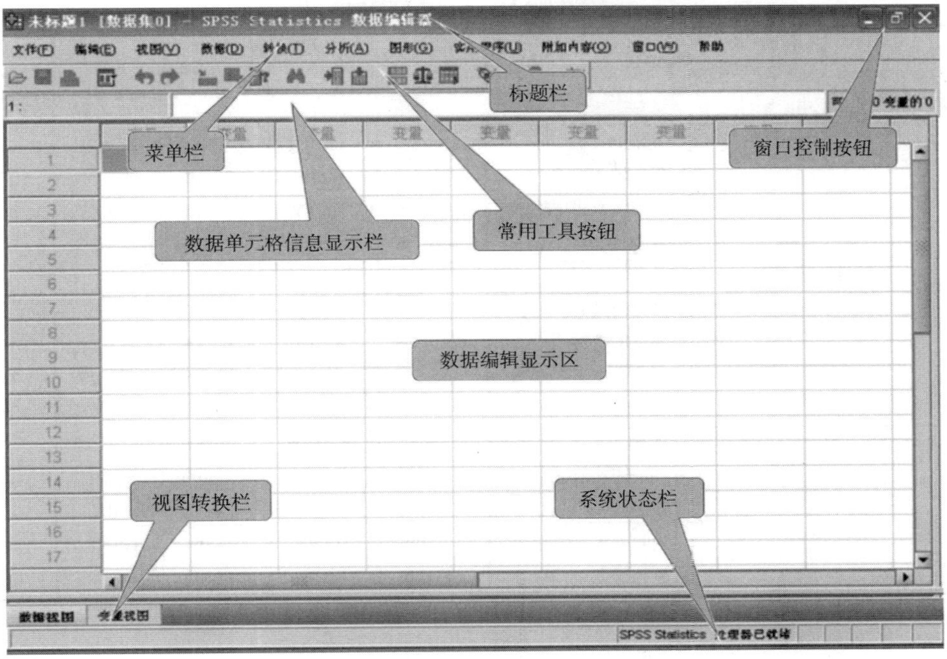

图 3-1 SPSS 主界面

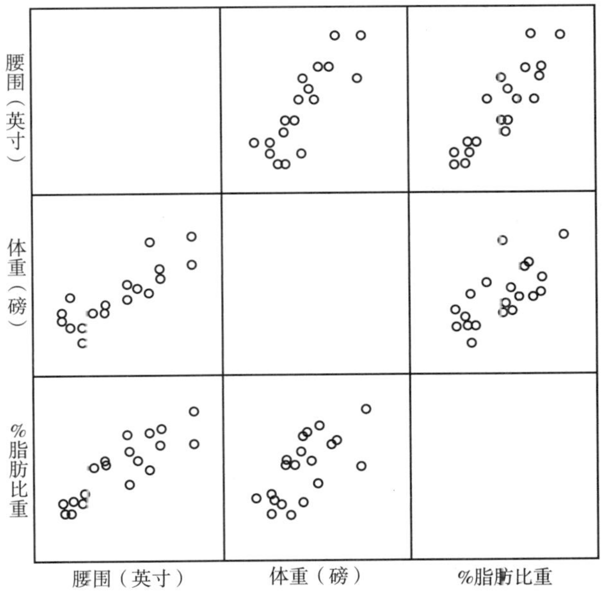

图 3-2 散点图矩阵

SPSS 具有和多种软件的数据转换接口，可以直接读取 EXCEL 及 DBF 数据文件，输出结果清晰、直观、美观，且可以直接拷贝到 WORD 和 PPT 文档中，如图 3-3 所示。

SPSS 由于其操作简单、易学易用，已经在我国的社会科学、自然科学的各个领域

常住地* 月收入水平 交叉制表

			月收入水平				合计
			1	2	3	4	
常住地	沿海或中心繁华城市	计数	19	127	40	14	200
		期望的计数	35.5	116.3	35.5	12.8	200.0
		常住地中的 %	9.5%	63.5%	20.0%	7.0%	100.0%
		月收入水平中的 %	38.0%	77.4%	80.0%	77.8%	70.9%
		总数的 %	6.7%	45.0%	14.2%	5.0%	70.9%
	边远地区	计数	31	37	10	4	82
		期望的计数	14.5	47.7	14.5	5.2	82.0
		常住地中的 %	37.8%	45.1%	12.2%	4.9%	100.0%
		月收入水平中的 %	62.0%	22.6%	20.0%	22.2%	29.1%
		总数的 %	11.0%	13.1%	3.5%	1.4%	29.1%
合计		计数	50	164	50	18	282
		期望的计数	50.0	164.0	50.0	18.0	282.0
		常住地中的 %	17.7%	58.2%	17.7%	6.4%	100.0%
		月收入水平中的 %	100.0%	100.0%	100.0%	100.0%	100.0%
		总数的 %	17.7%	58.2%	17.7%	6.4%	100.0%

图 3－3　列联分析的输出结果

发挥了巨大作用。该软件还可以应用于经济学、数学、统计学、物流管理、生物学、心理学、地理学、医疗卫生、体育、农业、林业、商业等各个领域。

本章习题

1. 了解统计与计量经济学的基本概念和相关逻辑。
2. 了解统计软件的基本功能。
3. 掌握相关数学知识。

第二篇

Python基础语法

本篇通过走进Python、Python语言基础、运算符与表达式、流程控制语句、列表与元组、字典与集合、字符串、函数、异常处理等内容的介绍并结合大量的图示、举例、视频、财务或会计应用等使您快速掌握Python语言，为后续学习奠定坚实的基础。

▶▶第四章 Python 介绍

【本章学习目标】

1. 了解编程语言 Python 特点和安装环境要求；
2. 掌握 Python 程序软件的安装；
3. 掌握 Python 语言的语法特点；
4. 掌握 Python 语言中变量命名规则、变量类型；
5. 掌握财务会计常见变量的 Python 实现；
6. 掌握 Python 基本数据类型、数据类型转换；
7. 掌握 Python 输入输出 input( ) 和 print( ) 函数；
8. 掌握财务会计数据的 Python 应用。

【本章学习重点】

1. Python 注释、缩进、input( ) 输入函数和 print( ) 输出函数；
2. Python 变量规则与实现；
3. Python 字符串的拼接、截取、分割、合并和常用操作函数。

【本章学习难点】

1. 字符串的格式化；
2. 财务会计数据及其 Python 变量实现；
3. 财务会计常见变量的 Python 操作应用。

很多人想知道 Python 为什么这么火？Python 语言拥有成熟高效的资源库，Python 可以完成调用，大大提高开发效率。Python 应用范围广，在服务器上无须安装，作用更大。Python 是开源的，并且与 GPL 兼容。很多开源的人工智能框架都优先使用 Python。

Python 是很多领域的嵌入语言，能够很方便地与其他系统交互。在数据科学和 AI 中占据主导地位；拥有优质的文档和丰富的库，对于科学用途的广泛编程任务也很有用；设计非常好，快速，坚固，可移植，可扩展。

第一节 Python 初识

什么是 Python？Python 由 Guido van Rossum 于 1989 年底发明，第一个公开版发行于 1991 年。像 Perl 语言一样，Python 源代码同样遵循 GPL（GNU General Public License）协议。Python 是一种解释型、面向对象、动态数据类型的高级程序设计语言。目前，Python 在科学计算、机器学习、人工智能等领域得到了规范的应用。

【提示】www. python. org 是 Python 的官方网站，可在此获得 Python 的官方文档以及解释器（见图 4 –1）。

图 4 –1 Python 图标

一、Python 特点

➢ 易于学习：Python 有相对较少的关键字，结构简单，并且有一个明确定义的语法，学习起来更加简单。

➢ 易于阅读：Python 代码定义得更清晰。

➢ 易于维护：Python 的成功在于它的源代码是相当容易维护的。

➢ 一个广泛的标准库：Python 的最大的优势之一是丰富的库，跨平台的，在 UNIX、Windows 和 Macintosh 兼容很好。

➢ 互动模式：互动模式的支持，您可以从终端输入并获得结果的语言、互动的测试和调试代码片断。

二、安装 Python 环境

对于初学者来说，在 Windows 系统中安装 Python 及一些科学包就足够满足需求了。

这里我们介绍一种集成的开发环境（Intergrated Development Environment，IDE）——Anaconda（见图4－2）。IDE 具有语法高亮显示、自动补全、错误突出显示和检查等功能，使用 IDE 开发代码的效率会更高。

图4－2　Anaconda 图标

Anaconda 安装步骤如下：

第一步：根据计算机的操作系统和系统位数，可通过官网下载地址：https：//www. anaconda. com/download 下载 Python3 的匹配安装文件。

第二步：在安装 Anaconda 时根据提示，依次单击“Next”按钮即可完成安装。

【注意】这里说明两个安装中的注意事项：一是选择目标文件夹，即选择希望安装到哪个文件夹下（选择的文件夹需为空文件夹），如图4－3 所示；二是在安装前，需要勾选如图4－4 所示的选项。

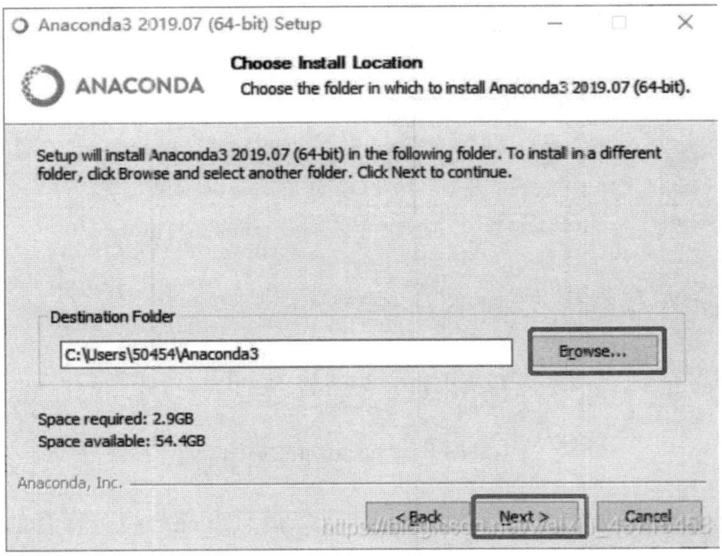

图4－3　Anaconda 安装目录

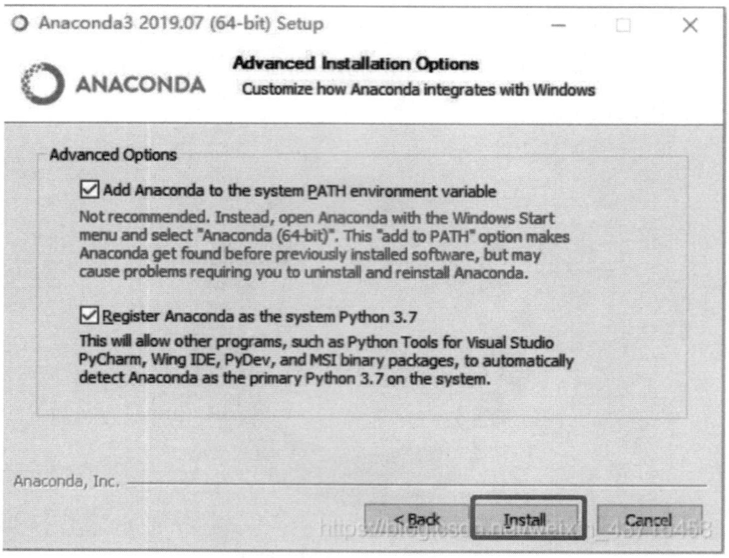

图 4－4　Anaconda 安装选项

第三步：安装完成后，在 cmd 命令行中输入“Anaconda”，即可打开 Anaconda，双击其中 Jupyter 图标，Jupyter 会在默认的网络浏览器中打开，地址是 http：//localhost：8888/tree（见图 4－5）。

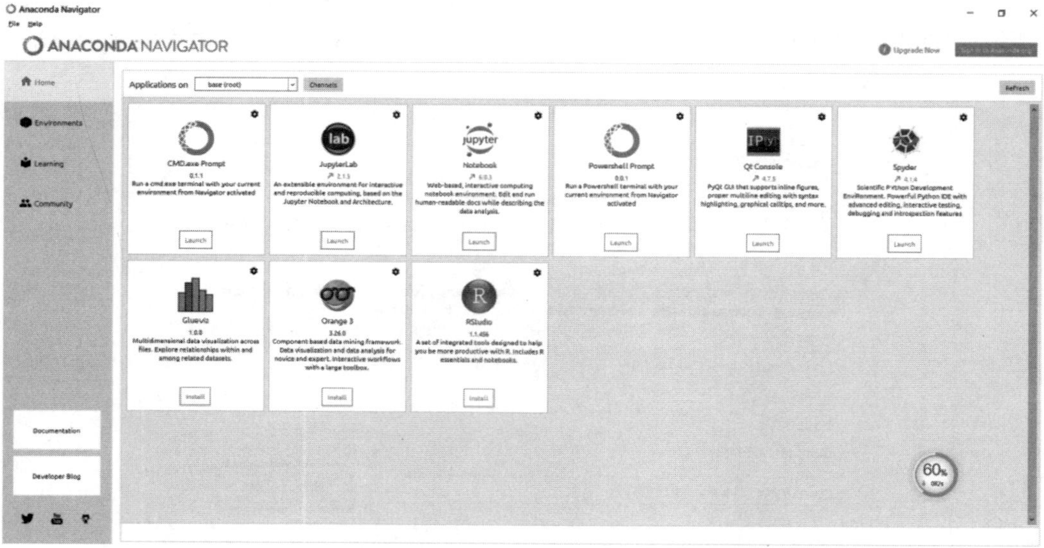

图 4－5　Anaconda 主界面

【提示】Jupyter 是交互式笔记本，能提供强大的交互能力，其保存的文件扩展名为 . ipynb 的代码文件。计算机通过这样的扩展名能识别出该文件是专有的 Jupyter 文件，而不是普通的文本文件（见图 4－6）。

图 4－6 Jupyter 主界面

第二节 Python 语法特点

一、Python 注释规则

井号（#）常被用作单行注释符号，在代码中使用#时，它右边的任何数据都会被忽略，当作是注释。

【示例】Python 单行注释

```
print（"会计人生，快乐一生!"）；    # second comment
```

结果：

```
会计人生，快乐一生!
```

【示例】Python 可以多条单行注释

```
name = "会乐社区真快乐!" #这是一条评论。
# 这条评论很正面。
#这条评论很多人点赞。
```

在 python 中也会有注释有很多行的时候，这种情况下就需要批量多行注释符了。多行注释是用三引号''' '''包含的。

【示例】Python 多行注释

```
name = "会乐社区真快乐!"
''' 这是一条评论。
这条评论很正面。
这条评论很多人点赞。'''
```

【示例】Python 中文注释方法

```
#coding = utf - 8
或者：
#coding = gbk
```

【提示】以上两种都可以代表中文注释，使用 utf-8 这种的比较多。

二、代码缩进

学习 Python 与其他语言最大的区别就是，Python 的代码块不使用大括号（{}）来控制类、函数以及其他逻辑判断。Python 最具特色的就是用缩进来写模块。

Python 中实现对代码的缩进，可以使用空格或者 Tab 键实现，通常情况下都是采用 4 个空格长度作为一个缩进量（默认情况下，一个 Tab 键就表示 4 个空格）。

【示例】Python 缩进

```
inflation =0.04   #温和的通货膨胀，每年物价上升比例在3%～6%之间；
if inflation  <0.06：#下面 2 行同属于 if 分支语句中包含的代码，因此属于同一作用域
    print（"通货膨胀率为" + str（inflation））#输出温和的通货膨胀率
    print（"通货膨胀温和"）
```

结果：

```
通货膨胀率为 0.04
通货膨胀温和
```

三、编码规范

（一）Python 空行

空行与代码缩进不同，空行并不是 Python 语法的一部分。书写时不插入空行，Python 解释器运行也不会出错。但是空行的作用在于分隔两段不同功能或含义的代码，便于日后代码的维护或重构。

（二）同一行显示多条语句

Python 可以在同一行中使用多条语句，语句之间使用分号（；）分割。

【示例】Python 同一行显示多条语句

```
import sys；x = '"会" 人一步，"计" 高一筹。'；sys. stdout. write（x + '\n'）
```

结果：

```
"会" 人一步，"计" 高一筹。
```

【注意】语句中包含 [ ]、{ } 或（）括号就不需要使用多行连接符。如：

```
accounts = ['资产类科目','负债类科目','共同类科目','所有者权益类科目',
        '成本类科目','损益类科目']
```

（三）多行语句

Python 语句中一般以新行作为语句的结束符。但是我们可以使用斜杠（\）将一行的语句分为多行显示。

【示例】Python 多行语句

```
total = "杜邦分析法" + \
"是一种" + \
"综合分析法。"
print(total)
```

【程序运行结果】

```
杜邦分析法是一种综合分析法
```

（四）Python 引号

Python 接收单引号（'）、双引号（"）、三引号（''' """）来表示字符串，引号的开始与结束必须是相同类型。其中三引号可以由多行组成，编写多行文本的快捷语法，常用于文档字符串，也可以当做多行注释。

```
word = '会计'
sentence = "经济越发达，会计越重要"
paragraph = """传统财务评价指标多从某一特定角度反映企业的财务状况及经营成果，
难以做到全面评价，而仅靠观察财务报表又无法洞察企业财务状况的全貌。
因此，需要运用一种方法，将相互关联的指标同财务报表结合起来，进行综合分析评
价。"""
```

【提示】print() 函数输出字符需要用引号括起来，print() 可以接受多个文本输出，文本之间用逗号“,”隔开，print 会依次打印每个文本，遇到逗号“,”会输出一个空格。

【示例】输出多个文本

```
print('年初货币资金为','2000','元')
```

结果：

```
年初货币资金为 2000 元
```

【提示】print 函数也可以输出数字或计算结果。

第三节　变量

变量（Variable）可以看成一个小箱子，专门用来“盛装”程序中的数据。每个变量都拥有独一无二的名字，通过变量的名字就能找到变量中的数据，或者变量存储在内存中的值。这就意味着在创建变量时会在内存中开辟一个空间。基于变量的数据类型，解释器会分配指定内存，并决定什么数据可以被存储在内存中。因此，变量可以指定不同的数据类型，这些变量可以存储整数、小数或字符。与变量相对应的是常量（Constant），它们都是用来“盛装”数据的小箱子，不同的是：变量保存的数据可以被多次修改，而常量一旦保存某个数据之后就不能修改了。

变量在 Python 内部是有类型的，如 int、float 等，但是我们在编程时无须关注变量类型，所有的变量都无须提前声明，赋值后就能使用。另外，可以将不同类型的数据赋值给同一个变量，赋值新类型的数据后，变量的类型也相应发生改变。

一、Python 变量的赋值

在编程语言中，将数据放入变量的过程称为赋值（Assignment）。Python 使用等号 = 作为赋值运算符，具体格式为：

name = value

其中，name 表示变量名；value 表示值，也就是要存储的数据。

注意，变量是标识符的一种，它的名字不能随便起，要遵守 Python 标识符命名规范，还要避免和 Python 内置函数以及 Python 保留字重名。

【示例】Python 变量的赋值

```
nper =5 #将整数 5 赋值给期数变量 nper，从此以后，nper 就代表整数 5，使用 nper 也就是使用 5。
iRate =0.07    #将利率值赋值给变量 iRate
accountHttp = " http://www.fincode.com.cn/"    #将财码 Python 网址字符串赋值给变量 accountHttp
real = True    #将布尔值赋值给变量 real
```

【注意】变量的值不是一成不变的，它可以随时被修改，只要重新赋值即可；另外，你也不用关心数据的类型，可以将不同类型的数据赋值给同一个变量。

【示例】Python 变量的值修改

```
nper = 10    #将 10 赋值给期数变量 nper
nper = 15    #将 15 赋值给期数变量 nper
interestRate = 0.05    #将小数赋值给利率变量 interestRate
interestRate = 0.03    #将小数赋值给利率变量 interestRate
accountHttp = "http://bbs.canet.com.cn/"    #将会计社区网址字符串赋值给变量 accountHttp
```

【注意】变量的值一旦被修改，之前的值就被覆盖，不复存在，再也找不回了。换句话说，变量只能容纳一个值。

除了赋值单个数据外，也可以将表达式的运行结果赋值给变量。

【示例】Python 将表达式的运行结果赋值给变量

```
interest = 100 × 0.42 × 1    #将乘法运算的结果赋值给变量    #利息 = 本金 × 利率 × 时间。
mRate = iRate/12    #将年利率 iRate 除以 12 后赋值给月利率变量
aHttp = "财码社区" + "http://bbs.canet.com.cn/"    #将字符串拼接的结果赋值给变量 aHttp
```

【示例】创建金额变量

```
#创建一个变量 amount 接收金额
amount = 200000
#输出语句
print('本年净利润为', amount,'元')
```

结果：

```
本年净利润为 200000 元
```

二、Python 变量的使用

使用 Python 变量时，只要知道变量的名字即可。如果想让用户输入本年净利润的金额 amount，可以使用 input() 函数，用于接受一个标准输入数据，返回的数据类型为字符串。

【示例】Python 标准输入函数 input()

```
#创建一个变量 amount 接收用户输入的金额
amount = input()
#输出语句
print(amount)
```

结果：

```
7788
7788
```

当运行 amount = input( ) 时，Python 交互式命令行就在等待你的输入，输入任意字符后按回车完成输入，输入的内容就赋值给变量 amount，通过打印 amount 即可查看输入内容。input( ) 可以在函数里写入文本用于输入提示。

【示例】Python 含提示信息的输入函数 input( )

```
#创建一个变量 amount 接收用户输入的金额
amount = input('请输入本年净利润金额：')
#输出语句
print('本年净利润为：', amount,'元')
```

结果：

```
请输入本年净利润金额：6677
本年净利润为：6677 元
```

三、Python 标识符与变量命名

现实生活中，人们常用一些名称来标记事物，例如，每种水果都有一个名称来标识。同理，若希望在程序中表示一些事物，需要开发人员自定义一些符号和名称，这些符号和名称称为标识符。例如，变量名、函数名等都是标识符。在 Python 里，标识符由字母、数字、下划线（_）组成，其命名方式需要遵守以下规则：

➢ Python 标识符由字母、下划线和数字组成，且不能以数字开头。例如，nper12 是合法的标识符，但 12nper 是不合法的标识符。

➢ Python 中的标识符是区分大小写的。例如，nper 和 Nper 是不同的标识符。

➢ Python 标识符不能使用关键字。例如，if 不能作为标识符。

➢ 以下划线开头的标识符是有特殊意义的。以单下划线开头（_foo）的代表不能直接访问的类属性，需要通过类提供的接口进行访问，不能用"from xxx import *"而导入；以双下划线开头的（_foo）代表类的私有成员；以双下划线开头和结尾的（_foo_）代表 Python 里特殊方法专用的标识，如_init_( ) 代表类的构造函数。

【提示】Python 变量的命名可以考虑驼峰命名法，也就是第一个字母小写，后续如果有新的单词来进行构成，后续单词的第一个字符都大写。例如，净资产收益率变量可以命名为 returnOnEquity，或者简写为 ROE。

四、Python 保留字

保留字不能用作常数或变数，或任何其他标识符名称。所有 Python 的保留字只包含小写字母（见表4－1）。

表 4－1 Python 保留字符表

and	exec	not	def	if	return
assert	finally	or	del	import	try
break	for	pass	elif	in	while
class	from	print	else	is	with
continue	global	raise	except	lambda	yield

第四节 基本数据类型

在内存中存储的数据可以有多种类型。例如，一个人的年龄可以用数字来存储，他的名字可以用字符来存储。Python 定义了一些标准类型，用于存储各种类型的数据。基本数据类型包括三类：Numbers（数字）、String（字符串）和布尔类型（bool）。

一、Python 数字

数字数据类型用于存储数值。它们是不可改变的数据类型，这意味着改变数字数据类型会分配一个新的对象。当指定一个值时，Number 对象就会被创建，如代码 var1 = 16，创建了数字类型变量 var1，值为 16。

Python 支持四种不同的数值类型：int（有符号整型）、long（长整型，也可以代表八进制和十六进制）、float（浮点型）和 complex（复数），如表 4－2 所示。

表 4－2 Python 数字类型实例表

int	long	float	complex
10	51924361L	0.0	3.14j
100	-0x19323L	15.20	45.j
-786	0122L	-21.9	9.322e-36j
080	0xDEFABCECBDAECBFBAEl	32.3+e18	.876j
-0490	535633629843L	-90.	-.6545+0J
-0x260	-052318172735L	-32.54e100	3e+26J
0x69	-4721885298529L	70.2-E12	4.53e-7j

长整型也可以使用小写“L”，但还是建议您使用大写“L”，避免与数字“1”混淆。Python 使用“L”来显示长整型。Python 还支持复数，复数由实数部分和虚数部分构成，可以用 a + bj，或者 complex(a，b）表示，复数的实部 a 和虚部 b 都是浮点型。

Python 数字类型转换实例如表 4－3 所示。

表 4－3　Python 数字类型转换实例表

数字类型转换	功能
int(x[，base])	将 x 转换为一个整数
long(x[，base])	将 x 转换为一个长整数
float(x)	将 x 转换到一个浮点数
complex(real[，imag])	创建一个复数
str(x)	将对象 x 转换为字符串
chr(x)	将一个整数转换为一个字符
ord(x)	将一个字符转换为它的整数值
hex(x)	将一个整数转换为一个十六进制字符串
oct(x)	将一个整数转换为一个八进制字符串

【示例】会计分录输出

```
#输出会计分录
amount =30000.00 #定义金额变量并赋值
print('借：销售费用－工资'，amount)
print('      贷：应付职工薪酬－工资'，amount)
```

结果：

```
借：销售费用－工资                          30000.0
    贷：应付职工薪酬－工资                      30000.0
```

【提示】这笔分录的文字部分是字符串，数字部分是数值。

二、Python 字符串

（一）字符串基本含义

字符串（String）即“一串字符”，属于文本型数据，是 Python 中最常用的数据类型。字符串是以单引号''和双引号""括起来的任意文本，可由数字、字母、汉字、下划线等组成的一串字符。一般记为：s =“$a_1a_2\cdots a_n$”（n > =0），例如，“净资产收益率（简写 ROE）”和“ROE 指标为 98.6%”。

【注意】单引号和双引号只是一种表示方式，不是字符串的一部分；一个字符串使用哪种引号开头就必须以哪种引号结束；即使是数字，如果用引号引起来，那么也是字符串。

【说明】转义字符。如果字符串内部同时包含单引号‘’和双引号“”时，需要用到转义字符。转义字符用“\”标识，通过在某些字符前加上转义字符可以表示特别的含义（见表4－4）。

表4－4　转义字符表

转义字符（\）	表示	转义字符（\）	表示
\'	单引号'	\n	换行符
\"	双引号"	\r	回车符，光标移至本行最前
\t	制表符	\\	反斜杠

【示例】转义字符（\）

```
print('打印\'1 月份利润表\'')
```

结果：

```
打印'1 月份利润表'
```

如果字符串里出现了与转义字符一样的文本内容，若不加处理的话，计算机就会将其当成转义字符去理解。

【示例】文件路径

```
print('D:\teacher\note\data') #打印文件路径
```

结果：

```
D:	eacher
ote\data
```

【解决方法】：在字符串前面加 r，告诉 Python 程序，r 后面的字符串是纯字符串，不要转义。

```
#打印文件路径
print(r'D:\teacher\note\data')
```

结果：

```
D:\teacher\note\data
```

【说明】三引号字符串。若字符串中有许多需要换行的地方，使用换行符（\n）不便于阅读，这时可以使用三个单引号或三个双引号来标识字符串。

【示例】打印多行字符串

```
#方法一
print('利润表\n 资产负债表\n 现金流量表')
#方法二
print('''利润表
资产负债表
现金流量表''')
```

结果：

```
利润表
资产负债表
现金流量表
```

（二）字符串常规操作

Python 字符串是一个内置的类型序列。字符串可用于处理 Python 中的文本数据。Python 字符串是 Unicode 点的不可变序列。在 Python 中创建字符串是最简单易用的。要在 Python 中创建字符串，我们只需将文本括在单引号和双引号中。Python 对单引号和双引号语句的处理方式相同。

（三）字符串切片操作

如果要取得一段子串的话，就可以用冒号进行字符串切片操作。Python 截取字符串的“切片（slicing）”方法，格式为 string[start：end：step]。其中，start 为起点位置，子字符串的起始索引。该索引处的字符包含在子字符串中。start 为空时则默认为 0；end 为终点位置，子字符串的终止索引。该索引处的字符不包括在子字符串中 end 为空时，或者指定的值超过字符串的长度，则默认它等于字符串的长度；step 为步长，表示当前字符之后和目标字符之间的距离。step 为空时，则默认值为 1。例如，accountStr = '会计一生，快乐一生'，命令 accountStr[5：7] 的结果是：快乐；命令 len(accountStr) 的结果是：9；命令 accountStr[1：9：2] 的结果是取字符串下标的奇数位：计生快一。

【注意】Python 的字符串从左到右索引默认 0 开始的，最大范围是字符串长度减 1；从右到左索引默认 -1 开始的，最大范围是字符串开头。

（四）字符串连接操作

字符串与字符串进行连接，可以使用运算符：加号（+）。

Python 还使用星号（*）对某一字符串进行重复连接操作。

【示例】

表 4-5 字符串常规操作表

假设变量：a='应收账款'，b='坏账准备'

操作符	描述	实例	结果
+	字符串连接，注意只能将字符串与字符串拼接	a+b	'应收账款坏账准备'
*	重复输出字符串	a*2	'应收账款应收账款'
[]	通过索引获取字符串中字符	a[2]	'账'
[:]	截取字符串中的一部分（或者叫"切片"）	a[1:3]	'收账'

【注意】截取字符串时，截取区间前闭后开，即前面是闭区间，后面是开区间，前面包含，后面不包含。

【示例】Python 字符串基本操作

```
#coding = utf-8
str = '用有限的资金,创无限的利润!'
print(str)   # 输出完整字符串
print(str[0]) # 输出字符串中的第一个字符
print(str[2:5])# 输出字符串中第三个至第五个之间的字符串
print(str[2:]) # 输出从第三个字符开始的字符串
print(str * 2)# 输出字符串两次
print(str + "TEST") # 输出连接的字符串
```

结果：

```
用有限的资金，创无限的利润！
用
限的资
限的资金，创无限的利润！
用有限的资金，创无限的利润！用有限的资金，创无限的利润！
用有限的资金，创无限的利润！TEST
```

【注意】加号（+）运算符连接的对象必须都是字符串类型，字符串与其他类型用加号（+）无法连接，会报错。此外，字符串类型变量与字符串、字符串类型表达式与字符串的拼接，也必须使用加号（+）来进行拼接；字符串与字符串之间拼接可以使用加号，也可以不使用加号直接拼接。

【示例】Python 字符串连接操作

```
print("经济越发展" +"," +"会计越重要" +"!") #字符串与字符串用加号连接
print("经济越发展"  ","  "会计越重要""!") #多个字符串挨在一起就自动拼接，
#两个字符串之间（双引号之间）可以有单个空格或多个空格，都不影响字符串拼接
print("经济越发展"  ","  "会计越重要""!")
print("会计越重要!" +"666")
#print("会计非常重要!" +666) 报错，can only concatenate str (not "int") to str
acStr ="会计越重要!"
print("经济越发展," +acStr)
#print("经济越发展,"acStr) #报错，不能将变量和字符串直接拼接，必须用加号
print(("经济越发展," *3) +acStr)
#print(("经济越发展," *3) acStr) #报错，不能将表达式和字符串直接拼接，必须用
加号
ecStr ="经济越发展,"
print(ecStr, acStr)
acNum =666
print(acStr, acNum)
#print(acStr +acNum) 报错，加号连接符数据类型不匹配
```

结果：

```
经济越发展，会计越重要!
经济越发展，会计越重要!
经济越发展，会计越重要!
会计越重要! 666
经济越发展，会计越重要!
经济越发展，经济越发展，经济越发展，会计越重要!
经济越发展,会计越重要!
会计越重要!666
```

（五）字符串函数操作

字符串是基础数据类型之一，Python 提供了字符串操作函数，用来处理字符串非常之方便。字符串的函数操作主要有以下几类：改变类，针对字符串的输出形式修改，不改变原字符串；判断类，对字符串中字符的内容进行判断，判断类中有些字符判断如 isalpha 只是判断字母的，但是输入中文“你好”也能返回 True，这样我们需要通过转换为字节形式才能判断成功；查询类，对字符串字符内容以及索引值进行查询；编码格

式类，encode( ) 将字符串转换为指定编码格式的字节，decode( ) 将字节转换为指定编码格式的字符；其他处理类，如 split( ) 切割、strip( ) 清除空格等。

【注意】在使用字符串函数时，任何操作都不会对改变原来的字符串；因为字符串是一种不可变数据类型——这个根据 id 值判断。

表 4-6 字符串常用函数表

假设变量：a ='Title：利润表'

常用函数	描述	实例	结果
find( )	检测字符串是否包含子字符串，如果是返回开始的索引值，否则返回 -1	a. find('利润表')	6
join( )	用于将序列中的元素以指定分隔符连接成一个新字符串	'/'. join (a)	/T/i/t/l/e/：/利/润/表
lower( )/upper( )	用于将字符串大小写转换	a. lower( ) a. upper( )	title：利润表 TITLE：利润表
len( )	返回序列长度或项目个数	len(a)	9
replace( )	把字符串中的旧字符串替换成新字符串	a. replace('利润表','资产负债表')	Title：资产负债表
split( )	用来将字符串分割成序列，通过指定分隔符对字符串进行切片	a. split('：')	['Title','利润表']
startswith( )	是否以某字符开始	a. startswith('T')	True
endswith( )	是否以某字符结束	a. endswith('表')	True
count( )	统计字符出现过的次数	a. count('T')	1

【示例】字符串替换函数

```
#字符串 str1
str1 ='#营业收入为#：500    #万元#'
#使用 replace( ) 函数清除 str1 中的'#'及空格，并打印字符串。
str1 =str1. replace('#','') . replace(' ','')
# 输出字符串
print(str1)
```

结果：

```
营业收入为：500 万元
```

字符串的处理基本上在财会数据处理工作中占大头，以上字符串常用函数可以帮助我们更高效进行处理。当然除了这些常用函数外，还有一些比较冷门的字符串函数，我们可以在财会数据处理中不断积累。

（六）字符串格式化

如果想以一个固定的格式输出字符串（例如，本年××月份××科目发生额是××元），需要格式化字符串。格式化字符串指在创建字符串时使用占位符，然后再对占位符进行赋值。格式化字符串可以随着赋值内容的变化，重复输出固定格式但内容不同的文本。

格式化方式一：使用%进行占位。

常用的字符串格式化符号有:%s，在字符串中表示任意字符;%f，浮点数占位符;%d，整数占位符。

【提示】在会计核算中，金额一般要保留两位小数，实现方式:%.xf：表示精确至小数点后×位。

【示例】字符串%占位实现保留两位小数

```
print('本年%d月份%s科目发生额是%.2f元'%(3,'主营业务收入',20000.123))
```

结果：

```
本年3月份主营业务收入科目发生额是20000.12元
```

格式化方式二：使用{}进行占位

另一种格式化字符串的方法是str.format()函数，使用{}进行占位；在格式化时，可以指定参数名、索引、数字格式化等。

【示例】字符串{}占位

```
#不设置指定位置，按默认顺序
print('{}科目发生额是{}元'.format('主营业务收入',20000))
#设置指定位置，从0开始
print('{1}科目发生额是{0}元'.format(20000,'主营业务收入'))
#数字格式化
print('{}科目发生额是{:.2f}元'.format('主营业务收入',20000.123))
#设置关键字参数
print('{account}科目发生额是{amount}元'.format(account='主营业务收入',
amount=20000))
#设置关键字参数
print('{account}科目发生额是{amount:.2f}元'.format(account='主营业务收入',
amount=20000.123))
```

结果：

```
主营业务收入科目发生额是 20000 元
主营业务收入科目发生额是 20000 元
主营业务收入科目发生额是 20000.12 元
主营业务收入科目发生额是 20000 元
主营业务收入科目发生额是 20000.12 元
```

【示例】给字符串添加系统时间

```
import time    #引入时间模块
personA = "王会计"
sysTime = time.strftime('%Y%m%d%H%M%S', time.localtime(time.time()))
pesonTimeStamp = personA + sysTime
print(pesonTimeStamp)
```

结果：

```
王会计 20220807032653
```

三、Python 布尔类型

Python 提供了 bool 类型来表示真（对）或假（错），如常见的 5 > 3 比较算式，这个是正确的，在程序世界里称其为真（对），Python 使用 True 来代表；再如 4 > 20 比较算式，这个是错误的，在程序世界里称其为假（错），Python 使用 False 来代表。True 和 False 是 Python 中的关键字，当作为 Python 代码输入时，一定要注意字母的大小写，否则解释器会报错。

值得一提的是，布尔类型可以当作整数来对待，即 True 相当于整数值 1，False 相当于整数值 0。因此，下边这些运算都是可以的：False + 1，结果为 1；True + 1，结果为 2。

【示例】Python 布尔类型

```
iRate = 0.36    #年利率
mRate = 0.03    #月利率
print(iRate > mRate)
print(mRate > iRate)
var1 = False + 1
var2 = True + 1
print(var1, var2)
```

结果：

```
True
False
1 2
```

本章习题

1. 请结合财会工作金额数据的专有形式，对其进行格式化。
2. 请结合财会工作数据处理的实践，举例说明财会数据的变量设计与特点。
3. 请结合财会工作中字符串数据处理的实例，用 Python 进行字符串操作。

第五章 运算符与表达式

【本章学习目标】

1. 掌握 Python 常用运算符：算术运算符、比较运算符、赋值运算符及逻辑运算符；
2. 掌握 Python 其他运算符：位运算符、成员运算符及身份运算符；
3. 掌握 Python 运算符的优先级；
4. 掌握 Python 表达式概念、运算过程及结果；
5. 掌握 Python 运算符及表达式在财务会计中的简单应用。

【本章学习重点】

1. Python 算术运算符、比较运算符与赋值运算符；
2. Python 表达式的运算过程及结果分析。

【本章学习难点】

1. Python 逻辑运算符；
2. Python 运算符及表达式在财务会计中的简单应用。

运算符用于执行程序代码运算，会针对一个以上操作数项目来进行运算。例如，2+3，其操作数是 2 和 3，而运算符则是“+”。Python 语言为我们提供了品种繁多的运算符（大约 40 个），这个特点使它很难被完全精通。但是运算符和表达式的好处在于，它使用了数学的基本知识来处理数据，简单易懂。

第一节 常用运算符

一、算术运算符

算术运算符：主要用于两个对象算术计算（如加减乘除等运算），如表 5－1 所示。

表 5－1 算术运算符表（假设变量 a 为 10，变量 b 为 20）

运算符	描述	实例
加：+	两个对象相加或字符串连接	a + b 输出 30
减：-	一个数减去另一个数	a - b 输出 -10
乘：*	两个数相乘或是字符串被重复若干次	a * b 输出 200
除：/	x 除以 y	b/a 输出 2
取模:%	返回除法的余数	b% a 输出 0
幂：**	返回 x 的 y 次幂	a ** b 为 10 的 20 次方 即 100000000000000000000
取整除：//	返回商的整数部分	9//2 输出 4，9.0//2.0 输出 4.0

【示例】本月营业收入为 120000 元，营业成本为 80000 元。要求：计算并输出本月毛利，通过变量赋值接收营业收入、营业成本金额。

```
#创建变量 income 接收收入
income = float (input('输入营业收入'))
#创建变量 cost 接收成本
cost = float(input('输入营业成本'))
#计算毛利 grossProfit
grossProfit = income - cost
#输出毛利
print('本月毛利 =', grossProfit)
```

结果：

```
输入营业收入 120000
输入营业成本 80000
本月毛利 =40000.0
```

二、比较运算符

比较（关系）运算符：主要用于两个对象比较（判断是否相等，大于等运算）。所有比较运算符返回 1 表示真，返回 0 表示假。这分别与特殊的变量 True 和 False 等价，如表 5 -2 所示。

表 5 -2　　Python 比较运算符实例（a =16　b =32）

运算符	描述	实例
等于：= =	比较对象是否相等	（a = =b）返回 False
不等于：! =	比较两个对象是否不相等	（a! =b）返回 true
不等于：< >	比较两个对象是否不相等	（a < >b）返回 true 这个运算符类似! =
大于：>	返回 x 是否大于 y	（a >b）返回 False
小于：<	返回 x 是否小于 y	（a <b）返回 true
大于等于：> =	返回 x 是否大于等于 y	（a > =b）返回 False
小于等于：< =	返回 x 是否小于等于 y	（a < =b）返回 true

【示例】第 1 季度营业收入为 450000 元、毛利率为 20%，第 2 季度营业收入为 500000 元、毛利率为 18%。要求：采用比较运算符“ >”判断第 1 季度毛利是否大于第 2 季度毛利。

```
#创建一个变量 grossProfit1 接收第 1 季度毛利值
grossProfit1 =450000 * 0.2
#创建一个变量 grossProfit2 接收第 1 季度毛利值
grossProfit2 =500000 * 0.2
#比较 grossProfit1 是否大于 grossProfit2，并输出比较结果
print(grossProfit1 > grossProfit2)
```

结果：

```
False
```

三、赋值运算符

赋值运算符：主要用于对象的赋值，将运算符右边的值（或计算结果）赋给运算符左边，如表 5 -3 所示。

表 5－3 Python 赋值运算符表（假设变量 a 为 10，变量 b 为 20）

运算符	描述	实例
=	简单赋值运算符	c = a + b 将 a + b 的运算结果 30 赋值为 c
+ =	加法赋值运算符	c + = a 等效于 c = c + a
－ =	减法赋值运算符	c － = a 等效于 c = c － a
* =	乘法赋值运算符	c * = a 等效于 c = c * a
/ =	除法赋值运算符	c/ = a 等效于 c = c/a
% =	取模赋值运算符	c% = a 等效于 c = c% a
** =	幂赋值运算符	c ** = a 等效于 c = c ** a
// =	取整除赋值运算符	c// = a 等效于 c = c//a

【示例】截至本年 11 月公司累计营业收入为 880000 元，12 月营业收入发生额为 80000 元。要求：使用赋值运算符计算累计营业收入，并输出本年累计营业收入值。

```
#创建一个变量 income 接收 12 月营业收入值
income = 80000
#创建一个变量 accumulatedIncome 接收截止 11 月累计营业收入值(accumulatedIncome 第一次赋值)
accumulatedIncome = 880000
#计算累计营业收入(accumulatedIncome 第二次赋值)
accumulatedIncome + = income
#输出本年累计营业收入值
print('本年累计营业收入值:', accumulatedIncome)
```

结果：

```
本年累计营业收入值：960000
```

四、逻辑运算符

逻辑运算符：主要用于逻辑运算（与、或、非等），如表 5－4 所示。

表 5－4 Python 逻辑运算符表（假设变量 a 为 10，变量 b 为 20）

运算符	描述	实例
布尔“与”：and	如果 x 为 False，x and y 返回 False，否则它返回 y 的计算值	(a and b) 返回 true
布尔“或”：or	如果 x 是 True，它返回 True，否则它返回 y 的计算值	(a or b) 返回 true
布尔“非”：not	如果 x 为 True，返回 False。如果 x 为 False，它返回 True	not (a and b) 返回 false

【示例】第 1 季度营业收入为 450000 元、毛利率为 20%，第 2 季度营业收入为

500000 元、毛利率为 18%。要求：采用逻辑运算符判断第 1 季度毛利与第 2 季度毛利是否相等。

```
#创建一个变量 grossProfit1 接收第 1 季度毛利值
grossProfit1 =450000 * 0.2
#创建一个变量 grossProfit2 接收第 1 季度毛利值
grossProfit2 =500000 * 0.2
#比较 grossProfit1 与 grossProfit2 是否相等，并输出比较结果
print(not(grossProfit1 - grossProfit2))
```

结果：

```
False
```

第二节　其他运算符

一、位运算符

位运算符：对 Python 对象进行按照存储的 bit 位操作。按位运算符是把数字看作二进制来进行计算的，具体运算规则如下：

按位与运算：参与运算的两个值，如果对应位都为 1，则该位的结果为 1，否则为 0；

按位或运算：只要对应的两个二进制位有一个为 1，结果位就为 1，否则为 0；

按位异或运算：当两个对应的二进制相异时，结果为 1；

按位取反运算：对数据的每个二进制位取反，即把 1 变为 0，把 0 变为 1；

左移运算：运算数的各二进制位全部左移若干位，高位丢弃，低位补 0；

右移运算：运算数的各二进制位全部右移若干位，高位补 0，低位丢弃。

Python 位运算符如表 5-5 所示。

表 5-5　Python 位运算符表（a =60(二进制为 0011 1100)，b =13(二进制为 0000 1101)）

运算符	描述	实例
&	按位与运算符	(a & b) 输出结果 12，二进制解释：0000 1100
|	按位或运算符	(a | b) 输出结果 61，二进制解释：0011 1101
^	按位异或运算符	(a ^ b) 输出结果 49，二进制解释：0011 0001
~	按位取反运算符	(~a) 输出结果 -61，二进制解释：1100 0011，在一个有符号二进制数的补码形式
<<	左移动运算符	a <<2 输出结果 240，二进制解释：1111 0000
>>	右移动运算符	a >>2 输出结果 15，二进制解释：0000 1111

二、成员运算符

成员运算符：判断一个对象是否包含另一个对象，如表5－6所示。

表5－6 Python成员运算符表 a＝‘利润表和资产负债表’ b＝‘利润表’ c＝‘现金流量表’

运算符	描述	实例	结果
在序列中：in	如果在指定序列中找到值（x 在 y 序列中）返回 True，否则返回 False	(b in a)	True
不在序列中：not in	如果在指定序列中没有找到值（x 不在 y 序列中）返回 True，否则返回 False	(c not in a)	True

三、身份运算符

身份运算符：判断是不是引用自一个对象，主要用于比较两个对象的存储单元，如表5－7所示。

表5－7 Python身份运算符表

运算符	描述	实例
引自同一对象：is	判断两个标识符是否引用自一个对象	x is y，类似 id(x)＝＝id(y)，则引用的是同一个对象，is 返回 True 结果 1
引自不同对象：is not	判断两个标识符是否引用自不同对象	x is not y，类似 id(x)！＝id(y)，则引用的不是同一个对象，is not 返回 True 结果 1

注：id() 函数用于获取对象内存地址。

【注意】is 与＝＝的区别：is 是用于判断两个变量引用对象是否为同一个（同一块内存空间），＝＝用于判断引用变量的值是否相等。

四、特殊运算符

特殊运算符有小括号（）、中括号［］、逗号等。其中小括号（）可以改变优先级，有（）的情况优先计算（）中的部分，即（）将括号内部形成一个整体，优先运算，再将整体运算结果进行外部的运算。

中括号［］可以对字符串进行切片操作，语法格式为：字符串［开始索引：结束索引：步长］。［］指定区间属于左闭右开型，从下标为0的开始位开始，到结束位的前一位结束。例如：num＝"0123456789"；print(num[－1]，num[0]，num［：：］，[：6])，分别输出9，0，0123456789，012345。

逗号运算符用于把若干表达式组合成一个表达式（表达式1，表达式2）。求解过程是：先求解表达式1，再求解表达式2。整个逗号表达式的值是表达式2的值。注意：最右边的那个表达式的值将作为整个逗号表达式的值，其他表达式的值会被丢弃。例如，var = (count = 19，incr = 10，count + 1)；在这里，首先把 count 赋值为19，把 incr 赋值为10，然后把 count 加1，最后把最右边表达式 count + 1 的计算结果20赋值给 var。前面表达式中的括号是必须的，因为逗号运算符的优先级低于赋值操作符。

五、运算符优先级

所谓优先级，就是当多个运算符同时出现在一个表达式中时，先执行哪个运算符。假设 a = 16，b = 2，c = 4，则对于表达式 a + b * c，Python 会先乘后加：b * c 结果为8，a + 8 结果为24，所以表达式运算的最终结果为24。先计算 * 再计算 +，说明 * 的优先级高于 +。

在一个表达式中可能包含多个有不同运算符连接起来的、具有不同数据类型的数据对象；由于表达式有多种运算，不同的运算顺序可能得出不同结果甚至出现错误运算，因为当表达式中含多种运算时，必须按一定顺序进行结合，才能保证运算的合理性和结果的正确性、唯一性。

优先级从上到下依次递减，最上面具有最高的优先级，逗号操作符具有最低的优先级。表达式的结合次序取决于表达式中各种运算符的优先级。优先级高的运算符先结合，优先级低的运算符后结合，同一行中的运算符的优先级相同（见表5-8）。

表5-8　**Python 运算符优先级（高到低）和结合性表**

运算符类别	Python 运算符	结合性方向
小括号	()	左到右
乘方	**	
按位取反	~	
符号运算符	+（正号）、-（负号）	
乘除	*、/、//、%	
加减	+、-	
位移	>>、<<	
位运算符	&、^、|	右到左
比较运算符	>、>=、<、<=、==、!=、<>	左到右
赋值运算符	=、%=、/=、//=、-=、+=、*=、**=	右到左
身份运算符	is、is not	左到右
成员运算符	in、not in	
逻辑运算符	not、and、or	右到左

例如，表达式 4 +4 < <2 的结果分析如下：+的优先级高于位移运算符 < <，先执行 4 +4，得到结果 8，再执行 8 < <2，得到结果 32，这也是整个表达式的最终结果。注意：可以使用（）改变程序的执行顺序，例如，4 +（4 < <2），则先执行 4 < <2，得到结果 16，再执行 4 +16，得到结果 20。

【说明】当一个表达式中出现多个运算符时，Python 会先比较各个运算符的优先级，按照优先级从高到低的顺序依次执行；当遇到优先级相同的运算符时，再根据结合性决定先执行哪个运算符：如果是左结合性就先执行左边的运算符，如果是右结合性就先执行右边的运算符。

【示例】Python 运算符优先级实例

```
a =20
b =10
c =15
d =5
e =0
e =(a +b) * c/d          #(30 * 15)/5
print ("(a +b) * c/d 运算结果为：",  e)
e =((a +b) * c)/d       # (30 * 15)/5
print ("((a +b) * c)/d 运算结果为：",  e)
e =(a +b) * (c/d);       # (30) * (15/5)
print ("(a +b) * (c/d) 运算结果为：",  e)
e =a +(b * c)/d;         #  20 +(150/5)
print ("a +(b * c)/d 运算结果为：",  e)
```

结果：

```
(a +b) * c/d 运算结果为： 90.0
((a +b) * c)/d 运算结果为： 90.0
(a +b) * (c/d) 运算结果为： 90.0
a +(b * c)/d 运算结果为： 50.0
```

【提示】运算优先级：从左往右看，括号优先算，先乘除后加减，再比较，再逻辑。

第三节　表达式

表达式是将不同类型的数据（常量、变量、函数等）用运算符按照一定规则连接起来的式子。典型的表达式一般由运算符和操作数/操作对象组成。其中，运算符是对操作数/操作对象进行运算处理的符号；操作数/操作对象是运算符处理的数据。

在程序中，表达式是用于计算求值的基本单位，可以简单地将表达式理解为计算的公式。它是由运算符（如＋、－、＊、/）、运算量和括号组成的式子。符合语法规则的表达式可以被编译系统理解、执行或计算，表达式的值就是对它运算后所得的结果。

一、算数表达式及值

算术表达式是由常量、变量、函数、圆括号、运算符等组成。一个常量、一个变量（已赋过值）、一个函数都是合法的表达式，是表达式的简单情况。例如，5.0 + sqrt(4.0)，其中 sqrt 是函数，功能是求参数的平方根，sqrt（4.0）的值是 2.0。

算术表达式的运算过程和数学中的规则一样，有括号先做括号内的子表达式。有多层括号，先运算最里层的。同一层，负号优先运算，再接下来运算乘除，再加减；同一优先级从左到右进行运算。

算数表达式的运算结果为数值型，可将非零值看作 True，零值看作 False，即也可以看作布尔运算的结果。

二、关系表达式及值

关系表达式是指计算机程序中用关系运算符将两个表达式连接起来的式子。关系表达式的值是逻辑值“真”或“假”。当关系表达式成立时，表达式的值为 True，否则表达式的值为 False。Python 在关系表达式求解时，以“非 0 数字”或“非空对象”等代表“真”，以“数字 0”“空对象”或“特殊对象 None”代表“假”。

用两个等号比较两个操作数是否相等，结果将得出 True 或者是 False。例如，3 = = 3，结果为 True；3 = =4，结果为 False。

进行比较的两个对象可以是数值、字符串、列表、字典等。例如，"abc" = = "abc"，结果为 True；a =[1，2，3]　b =[1，2，3]　a = =b，结果为 True。

用! =表示不等号。例如，3 = =3，结果为 True；3! =3，结果为 False；3! =4，结果为 True。

三、测试表达式

我们在编程时处理一个对象时，需要对对象进行测试，只有符合要求的才采取操作处理；这样做的好处是避免程序出错以及无谓地消耗系统资源，这个测试的对象可以是文件、字符串、数字等。

(一) 成员测试

成员测试使用运算符 in 和 not in，在表达式中返回逻辑值。例如，a =[1，2，3]，1 in a 结果为 True；5 in a 结果为 False；5 not in a 结果为 True。又如 s = "abcde"，"a" in s 结果为 True；"ab" in s 结果为 True；"ac" in s 结果为 False。

(二) 同一性测试

同一性测试使用运算符 is 和 not is，在表达式中返回逻辑值。例如，a =[1，2，3] b =a，a = =b 结果为 True，因为 a，b 引用相同对象，所以相同。又如，a =[1，2，3] b =[1，2，3]，a = =b 结果为 True，但 a is b 结果为 False，因为 a，b 引用不同对象，虽然相等，但并不相同。

四、逻辑表达式

Python 的逻辑运算符，可以用来操作任何类型的表达式（不局限于 Bool 类型），且运算后的结果也不一定是 Bool 类型的，而是其左右其中一个表达式的值。

(一) 表达式 1 and 表达式 2

对于逻辑与（and）连接的表达式，例如，“表达式 1 and 表达式 2”，Python 不一定会去计算左右两边的表达式的值，某些情况其只会计算左边表达式，而不会计算右边的表达式。对于 and 逻辑运算符，两边都为真，则结果才为真；而只要第一个表达式的结果为假，则整个逻辑表达式的结果就是假，不需要再去计算后面的表达式的结果。表达式 1 为 True 时，逻辑表达式的结果为 表示式 2；表示式 1 为 False 时，逻辑表达式的结果为 表达式 1。

(二) 表达式 1 or 表达式 2

对于逻辑或（or）逻辑运算符，当两边的表达式都为假时则整个逻辑表达式的结果为假，而当表达式 1 的结果为真时，则整个逻辑表达式的结果就是为真，此时 Python 不会再去计算表达式 2 的值。表达式 1 为 True 时，逻辑表达式的结果为表示式 1；表达式 1 为 False 时，逻辑表达式的结果为表示式 2。

（三）not 表达式

not（逻辑非）时，Python 对表达式求反，逻辑表达式运算结果的值为布尔型。如果值为假整个表达式结果为 True，否则结果为 False。Python 中表达为假（False）的值有以下这些：为 0 的数字，包括 0，0.0；空字符串，包括''，"" 这里指的是空字符串，不包括空字符串''，“”；表示空值的 None；空集合，包括（），[ ]，{ }。反之，则为真（True）。

在逻辑表达式中，运算符的优先级一般为：( ) > 关系运算符 > not > and > or，同一优先级下由左到右。例如，逻辑表达式 not x ** 2 > 5 or y < 6 and x * y > 8，先运算算术运算，即先计算 x ** 2 和（x * y），再运算关系表达式，（x ** 2 > 5），（y < 6）以及（x * y > 8），最后再进行逻辑运算。又如，print(not 2 > 1 and 3 < 4 or 4 > 5 and 2 > 1 and 9 > 8 or 7 < 6）的结果为 False；print(8 or 4)；print(0 and 3)；print(0 or 4 and 3 or 7 or 9 and 6）的运算结果依次为：8　0　3。

逻辑表达式的运算结果可以是任意类型的。例如，print(100 and 200)；print(45 and 0)；print ("" or " http://c.biancheng.net/python/")；print (18.5 or " http://c.biancheng.net/python/"）的运算结果为：200 0 http://c.biancheng.net/python/ 18.5。

五、条件表达式

Python 中的条件表达式，也称为三元运算符、三目运算符。Python 中的条件表达式是基于真（True）假（False）的条件进行判断的。通俗来说，条件表达式即是把 if…else 语句弄成一个表达式来使用。

语法格式：返回值 1　if　条件表达式　else　返回值 2

这表示：当 if 后条件表达式成立时，条件表达式返回值 1，否则返回值 2。

或者：条件成立时执行的语句　if 条件 else 条件不成立时执行的语句。

【示例】Python 条件表达式实例

```
a = 99
b = 2 if a else 3
print(b)
a = 0
b = 2 if a else 3
print(b)
```

结果：

```
2
3
```

【示例】条件表达式与 if…else 语句比较：速动比率在 1 以下，被认为短期偿债能力偏低。

```
quickRatio =0.4
#if…else 语句
if quickRatio <1
        print("短期偿债能力偏低")
else
        print("短期偿债能力尚可")
#条件表达式
print("短期偿债能力偏低") if quickRatio <1 else print("短期偿债能力尚可")
```

【注意】条件表达式不能有改变判断条件的值的语句，否则会报以下错误：

```
SyntaxError: cannot assign to conditional expression
```

六、复合表达式

复合表达式指做一个判断需要考虑两个或两个以上的条件/因素时，则对条件进行合理的逻辑组合运算。复合表达式的混合运算，需要按照运算符的优先级顺序进行运算。

Python 可以使用复合布尔表达式表示复杂条件判定，其中复合布尔表达式计算采用短路规则，即如果通过前面的部分已经计算出整个表达式的值，则后面的部分不再计算。

```
a =0
b =1
if (a >0) and (b/a >2):     #判断 a >0 为错误后，则后面（b/a >2）不再判断
      print "yes"
else :
            print "no"                    #本段代码将正常执行不会报除零错误：
```

下面的代码执行后将会报错：

```
a =0
b =1
if (a >0) or (b/a >2):       #or 判断完（a >0）不成立，还要判断（b/a >2）
```

```
    print "yes"
else :
    print "no"
```

本章习题

1. 请结合会计核算中工资分配实例，进行工资分配中算术符及表达式的设计。
2. 请结合财会管理中财务风险的指标数值特征，进行风险评价的表达式设计。
3. 请结合个人所得税缴纳实例，用 Python 进行税收申报中运算符与表达式的设计。

第六章 流程控制语句

【本章学习目标】

1. 熟练掌握 Python 条件判断语句：if 语句、if…else 语句和 if…elif…else 语句；
2. 熟练掌握 Python 循环语句：固定次数循环 for 语句；
3. 熟练掌握 Python 循环语句：条件循环 while 语句；
4. 掌握 Python 循环中 break、continue、pass 语句的基本用法；
5. 掌握会计核算中 Python 流程语句的简单应用；
6. 掌握财务分析中 Python 流程语句的简单应用。

【本章学习重点】

1. if 语句、if…else 语句和 if…elif…else 语句的语法规则和运行效果；
2. Python 循环语句：for 语句和 while 的语法规则和运行效果；
3. break、continue、pass 语句的基本用法。

【本章学习难点】

1. if 语句、for 循环、while 循环的嵌套使用；
2. 会计核算中 Python 流程语句的简单应用；
3. 财务分析中 Python 流程语句的简单应用。

做任何事情都要遵循一定的原则。例如，到图书馆去借书，就必须有借书证，并且借书证不能过期，这两个条件缺一不可。程序设计也是如此，需要利用流程控制实现与用户的交流，并根据用户的需求决定程序“做什么”“怎么做”。如果没有流程控制语句，整个程序将按照线性顺序来执行，而不能根据用户的需求决定程序执行的顺序。

第一节 条件判断语句

在生活中，我们总是要做出许多选择，程序也是一样。Python 中选择语句主要有 3 种形式，分别为 if 语句、if…else 语句和 if…elif…else 多分支语句，下面将分别对它们进行详细讲解。

一、if 语句

Python 中使用 if 保留字来组成条件判断语句，其最简单的语法形式如下：

if 表达式：

  语句块

其中，表达式可以是一个单纯的布尔值或变量，也可以是比较表达式或逻辑表达式（例如，a > b and a! =c），如果表达式为真，则执行“语句块”；如果表达式的值为假，就跳过“语句块”，继续执行后面的语句，这种形式的 if 语句相当于汉语里的“如果……就……”。

【示例】Python 的 if 语句实例：如果资产负债比率达到 100% 或超过 100% 说明公司已经没有净资产或资不抵债。

```
asset_Liability_Ratio = 1.03
if asset_Liability_Ratio > 1:
    print("资产负债率为:", asset_Liability_Ratio * 100,"%, 资不抵债")
```

结果：

```
资产负债率为: 103.0 % , 资不抵债
```

二、if…else 语句

如果遇到只能二选一的条件，Python 用 if…else 语句解决此类问题，其语法格式如下：

if 表达式：

  语句块 1

else：

  语句块 2

使用 if…else 语句时，表达式可以是一个单纯的布尔值或变量，也可以是比较表达

式或逻辑表达式。如果满足表达式条件，则执行 if 后面的语句块，否则，执行 else 后面的语句块，这种形式的选择语句相当于汉语里的“如果……否则……”。

【技巧】if…else 语句可以使用条件表达式进行简化：

```
a = -9
if a >0:
  b = a
else:
  b = -a
```

可以简写成：

```
a = -9
b = a if a >0 else -a
print(b)
```

【示例】Python 的 if…else 语句实例：如果资产负债比率超过 100%说明公司资不抵债，风险非常大。

```
asset_Liability_Ratio =0.59
if asset_Liability_Ratio >1:
    print("资产负债率为:", asset_Liability_Ratio * 100,"%，资不抵债，风险非常大")
else:
    print("资产负债率为:", asset_Liability_Ratio * 100,"%，风险不是非常大")
```

结果：

```
资产负债率为:59.0%，风险不是非常大
```

三、if…elif…else 语句

在开发程序时，如果遇到多选一的情况，则可以使用 if…elif…else 语句。该语句是一个多分支选择语句，通常表现为“如果满足某种条件，进行某种处理，否则，如果满足另一种条件，则执行另一种处理……”。

if…elif…else 语句的语法格式如下：

```
if 表达式 1:
  语句块 1
elif 表达式 2:
   语句块 2
```

```
elif 表达式 3：
    语句块 3
……
else：
    语句块 n
```

使用 if…elif…else 语句时，表达式可以是一个单纯的布尔值或变量，也可以是比较表达式或逻辑表达式。如果表达式为真，则执行语句；而如果表达式为假，则跳过该语句，进行下一个 elif 的判断，只有在所有表达都为假的情况下，才会执行 else 中的语句。

【注意】if 和 elif 都需要判断表达式的真假，而 else 则不需要判断；另外，elif 和 else 都必须跟 if 一起使用，不能单独使用。

【示例】Python 中 if…elif…else 语句实例：根据资产负债率进行财务风险判定。

```
assetLiabiRatio = float(input("请输入两位小数的资产负债率:"))
if asset_Liability_Ratio > 1:
    print("资产负债率为:", assetLiabiRatio * 100,"%, 比率太高，风险非常大")
elif asset_Liability_Ratio > 0.6:
    print("资产负债率为:", assetLiabiRatio * 100,"%, 比率过高，风险较大")
elif asset_Liability_Ratio > 0.4:
    print("资产负债率为:", assetLiabiRatio * 100,"%, 比率合理，风险可接受")
else:
    print("资产负债率为:", assetLiabiRatio * 100,"%, 比率较小，风险较小")
```

结果：

```
请输入两位小数的资产负债率：0.78
资产负债率为：78.0%，比率过高，风险较大
```

【说明】资产负债率 = 负债总额/资产总额 ×100%，资产负债率是衡量企业负债水平及风险程度的重要标志。一般认为，资产负债率的适宜水平是 40% ~60%。当资产负债率大于 100%时，表明公司已经资不抵债，对于债权人来说风险非常大。

第二节 循环语句

循环主要有两种类型：

1. 重复一定次数的序号，称为计次循环，如 for 循环。

2. 一直重复，直到条件不满足时才结束的循环，称为条件循环。只要条件为真，

这种循环就会一直持续下去，如 while 循环。

一、for 语句

for 循环是一个计次循环，一般应用在循环次数已知的情况下。通常适用于枚举或遍历序列，以及迭代对象中的元素。语法如下：

for 迭代变量 in 对象：

　循环体

其中，迭代变量用于保存读取出的值；对象为要遍历或迭代的对象，该对象可以是任何有序的序列对象，如字符串、列表和元组等；循环体为一组被重复执行的语句。

（一）数值循环

在使用 for 循环时，最基本的应用就是进行数值循环。for 数值循环经常使用 range( ) 函数。该函数是 Python 内置的函数，用于生成一系列连续的整数。其语法格式如下：

range(start，end，step)

各参数说明如下：

➢ start：用于指定计数的起始值，可以省略。如果省略，则从 0 开始。

➢ end：用于指定计数的结束值（但不包括该值，如 range(7)，则得到的值是 0 ~ 6，不包括 7)，不能省略。当 range( ) 函数只有一个参数时，即指定计数的结束值。

➢ step：用于指定步长，即起始值与结束值之间的间隔，可以省略。如果省略，则步长为 1。

【注意】在使用 range( ) 函数时，如果只有一个参数，那么表示指定的是 end；如果有两个参数，则表示指定的是 start 和 end；只有 3 个参数都存在时，最后一个才表示步长。例如，range(1，7) 将得到 1，2，3，4，5，6。又如 range(1，10，2) 将得到 10 以内的所有奇数 1，3，5，7，9。

【示例】20 × 1 年 12 月 31 日，甲公司经批准发行 5 年期一次还本、分期付息的公司债券 10000000 元，债券利息在每年 12 月 31 日支付，票面年利率为 6%，债券发行时市场利率为 5%，债券实际发行总价为 10432700 元（即 20 × 1 年 12 月 31 日的摊余成本），公司采用实际利率法和摊余成本计算利息费用。

要求：采用 for 循环计算该应付债券 20 × 2 年至 20 × 6 年的年末摊余成本。

```
amortisedCost = 10432700     #创建变量接收摊余成本，期初摊余成本 = 发行总价
amortisedCostList = [ ]     #创建空列表存储计算结果：计算的摊余成本
for i in range(4):
```

```
        amortisedCost = round(amortisedCost + amortisedCost * 0.05 - 10000000 * 0.06, 2)
    #计算摊余成本
        amortisedCostList.append(amortisedCost)    #计算结果添加至列表
else:
        amortisedCost = 10000000    #最后一年年末摊余成本 = 债券面值
        amortisedCostList.append(amortisedCost)
print('应付债券 20×2 年至 20×6 年的年末摊余成本依次为:', amortisedCostList)
```

结果:

```
应付债券 20×2 年至 20×6 年的年末摊余成本依次为:[10354335.0, 10272051.75,
10185654.34, 10094937.06, 10000000]
```

【注意】round 函数:采用四舍六入五成双计数保留方法,是一种比较科学的计数方法。具体的保留方法:"四"是指 < =4 时舍去,"六"是指 > =6 时进上,"五"指的是根据 5 后面的数字来定,当 5 后有数时,舍 5 入 1;当 5 后无有效数字时,5 前为奇数,舍 5 入 1,5 前为偶数,舍 5 不进(0 是偶数)。

(二) 遍历循环

【示例】将横向显示的会计文化标语转换为带下标索引并纵向显示。

```
accountCultrueString = "会计人生!"
print(accountCultrueString)        #横向显示
for i, chr in enumerate(accountCultrueString):
        print(i, chr)    #带下标索引输出,#纵向显示
```

结果:

```
会计人生!
0 会
1 计
2 人
3 生
4 !
```

【注意】enumerate() 函数用于将一个可遍历的数据对象(如字符串、列表或元组)组合为一个索引序列,同时列出数据和数据下标,一般用在 for 循环当中。

二、while 语句

while 循环是通过一个条件来控制是否要继续反复执行循环体中的语句。语法如下：

while 条件表达式：

  循环体

【说明】循环体是指一组被重复执行的语句。条件表达式的返回值为真时，执行循环体中的语句，执行完毕后，重新判断条件表达式的返回值，直到返回结果为假时，退出循环。

【示例】本金 50000 元，利率为 3%，投资年限为 3 年，请用 while 循环输出终值 F。

```
P =50000          #本金现值
i =0.03           #利率
n =1              #期数，并赋初值为 1
while n <4:       #while 循环条件，变为 False 的代码 n > =4，否则，将产生死循环。
    F =P * (1 +i)
    P =F
    print(n,"期终值为:", round(F, 2)) #输出终值，公式 F =P * (1 +i)^n
    n + =1
```

结果：

```
1 期终值为：51500.00
2 期终值为：53045.00
3 期终值为：54636.35
```

第三节 break、continue 和 pass 语句

一、break 语句

break 的意思是打破，break 语句是中断并跳出当前循环（或最内层循环），执行下一条语句。break 语句的语法比较简单，只需要在相应的 while 或 for 语句中加入即可，一般在循环体中使用 if…break，意思是如果满足了某个条件，就提前结束循环。

在 while 语句中使用 break 语句的形式如下：

while 条件表达式 1：

  循环体

```
    if 条件表达式2：#条件表达式2用于判断何时调用break语句跳出循环。
      break
```

在 for 语句中使用 break 语句的形式如下：

```
for 迭代变量 in 对象：
    循环体
    if 条件表达式：#条件表达式用于判断何时调用break语句跳出循环。
      break
```

【示例】甲公司1～4月收入分别为12万元、15.5万元、14万元、17万元。要求：使用 for 循环与 break 语句筛选出收入额在15万元以上的第一个月份。

```
#创建一个字符串变量income包含1～4月收入
income = '1月：120000，2月：155000，3月：140000，4月：170000'
incomeM = income.split("，")    #split()分隔字符串，用逗号分隔income变量
for i in incomeM：
    incomeMM = i.split("：")    #用冒号分隔子字符串
    jj = int(incomeMM[1]) #通过下标索引，提取金额，并将字符串类型转换为整型
    if jj > 150000：    #金额判定条件，只有数值类型能进行数值大小比较
        print(incomeMM[0])    #通过下标索引，提取月份
        break  #跳出for循环
```

结果：

```
2月
```

二、continue 语句

continue 的意思是"继续"，continue 语句在满足某个条件时会被触发，跳过循环体中的后续语句，继续执行当前循环（或最内层循环）。continue 只能中止本次循环而提前进入下一次循环中。continue 语句的语法比较简单，只要在相应的 while 或 for 语句中加入即可。

在 while 或 for 语句中使用 continue 语句的形式类似 break 语句。

【示例】甲公司1～4月收入分别为12万元、15.5万元、14万元、17万元。要求：使用 for 循环与 break 语句筛选出收入额在15万元以上的所有月份。

```
#创建一个字符串变量income包含1～4月收入
income = '1月：120000，2月：155000，3月：140000，4月：170000'
incomeM = income.split("，")    #用逗号分隔字符串变量income
```

```
for i in incomeM：
    incomeMM = i. split(":")    #用冒号分隔子字符串
    jj = int(incomeMM[1]) #提取金额
    if jj < =150000：    #金额判定反条件
        continue   #跳出本次 for 循环，不进行对应月份输出
    print(incomeMM[0])    #输出对应月份
```

结果：

```
2 月
4 月
```

三、pass 语句

Python 中 pass 语句，表示空语句，不做任何事情，一般为了保持结构完整而占位。

【示例】电脑集团与手机集团三年财务绩效比较。

```
grossPL = [2.57，2.59，2.62] #电脑集团近三年的毛利率（%）
netPL = [1.34，1.35，1.38] #电脑集团近三年的净利率（%）
tAsseTurnL = [1.69，1.01，1.82] #电脑集团近三年的总资产周转率
grossPH = [32.58，39.89，40.14] #手机集团近三年的毛利率（%）
netPH = [8.78，9.92，9.27] #手机集团近三年的净利率（%）
tAsseTurnH = [1.20，1.31，1.10] #手机集团近三年的总资产周转率
#综合三项指标，对电脑集团和手机集团的盈利能力进行评价
for i in range（3）：
    if grossPL[i] < grossPH[i] and netPL[i] < netPH[i] and tAsseTurnL[i] > tAsse-
TurnH[i]：
        print（"第" + str(i+1) + "年，电脑集团盈利能力显著弱于手机集团!"）
    else：#没有显著弱
        pass
```

结果：

```
第 1 年，电脑集团盈利能力显著弱于手机集团!
第 3 年，电脑集团盈利能力显著弱于手机集团!
```

第四节　货币时间价值系数表循环输出

一、年金终值系数表

年金是每隔相等时间间隔收到或支付相同金额的款项，如每年年末收到养老金10000元，即为年金。年金终值也就是将每一期的金额，按复利换算到最后一期期末的终值，然后加总，就是该年金终值。年金终值系数（Future value of annuity factor）是指固定的间隔时间相等的期间（如以年为单位）分期支付（存入）1元金额，经过若干年后按复利计算的累计本利之和。利率为i，经过n期的年金终值系数，记作F/A =（F/A，i，n），$F/A=(F/A,i,n)=\frac{(1+i)^n-1}{i}$。

【示例】循环输出年金终值系数表。

```
iRate =0.01
print(' n',end ='')
for j in range(10):
    print(format('{:.0%}'.format (iRate),'^10'), end ='') #'{:.0%}'. format(iRate) 百分形式，format('', ^6') 6位居中对齐
    iRate + =0.01
print()
for n in range(1, 21):
    print('%2d'%n, end ='')
    iRate =0.01
    for j in range(10):
        i =(iRate +1) ** n
        k =round((i -1)/iRate, 4) #F/A =(F/A, i, n) 年金终值系数为[(1 +i)^n -1] /i
        print(format('%.4f'%k,'^10'), end ='')
        iRate + =0.01
    print()
```

结果：

n	1%	2%	3%	4%	5%	6%	7%	8%	9%	10%
1	1.0000	1.0000	1.0000	1.0000	1.0000	1.0000	1.0000	1.0000	1.0000	1.0000
2	2.0100	2.0200	2.0300	2.0400	2.0500	2.0600	2.0700	2.0800	2.0900	2.1000
3	3.0301	3.0604	3.0909	3.1216	3.1525	3.1836	3.2149	3.2464	3.2781	3.3100
4	4.0604	4.1216	4.1836	4.2465	4.3101	4.3746	4.4399	4.5061	4.5731	4.6410
5	5.1010	5.2040	5.3091	5.4163	5.5256	5.6371	5.7507	5.8666	5.9847	6.1051
6	6.1520	6.3081	6.4684	6.6330	6.8019	6.9753	7.1533	7.3359	7.5233	7.7156
7	7.2135	7.4343	7.6625	7.8983	8.1420	8.3938	8.6540	8.9228	9.2004	9.4872
8	8.2857	8.5830	8.8923	9.2142	9.5491	9.8975	10.2598	10.6366	11.0285	11.4359
9	9.3685	9.7546	10.1591	10.5828	11.0266	11.4913	11.9780	12.4876	13.0210	13.5795
10	10.4622	10.9497	11.4639	12.0061	12.5779	13.1808	13.8164	14.4866	15.1929	15.9374
11	11.5668	12.1687	12.8078	13.4864	14.2068	14.9716	15.7836	16.6455	17.5603	18.5312
12	12.6825	13.4121	14.1920	15.0258	15.9171	16.8699	17.8885	18.9771	20.1407	21.3843
13	13.8093	14.6803	15.6178	16.6268	17.7130	18.8821	20.1406	21.4953	22.9534	24.5227
14	14.9474	15.9739	17.0863	18.2919	19.5986	21.0151	22.5505	24.2149	26.0192	27.9750
15	16.0969	17.2934	18.5989	20.0236	21.5786	23.2760	25.1290	27.1521	29.3609	31.7725
16	17.2579	18.6393	20.1569	21.8245	23.6575	25.6725	27.8881	30.3243	33.0034	35.9497
17	18.4304	20.0121	21.7616	23.6975	25.8404	28.2129	30.8402	33.7502	36.9737	40.5447
18	19.6147	21.4123	23.4144	25.6454	28.1324	30.9057	33.9990	37.4502	41.3013	45.5992
19	20.8109	22.8406	25.1169	27.6712	30.5390	33.7600	37.3790	41.4463	46.0185	51.1591
20	22.0190	24.2974	26.8704	29.7781	33.0660	36.7856	40.9955	45.7620	51.1601	57.2750

二、年金现值系数表

年金是每隔相等时间间隔收到或支付相同金额的款项，如每年年末收到养老金10000元，即为年金。年金现值是指按照一定的市场利率把发生期收到的各期年金利息折成现值之汇总。

年金现值系数公式：$PVA/A=\frac{1}{i}-\frac{1}{i(1+i)^n}$，

其中 i 表示报酬率，n 表示期数，PVA 表示现值，A 表示年金。

【示例】循环输出年金现值系数。

```
iRate = 0.01
print('n', end='')
for j in range(10):
    print(format('{:.0%}'.format(iRate), '^10'), end='') #'{:.0%}'.format
(iRate) 百分形式，format('', ^6') 6位居中对齐
    iRate += 0.01
print()
for n in range(1, 21):
    print('%2d' % n, end='')
    iRate = 0.01
    for j in range(10):
        i = iRate + 1
        i **= n
```

```
        t = 1/iRate - 1/(iRate * i)
        k = round(t, 4)  #PVA/A    = 1/i - 1/[(i * (1 + i)^n]
        print(format('%.4f'%k,'^10'), end = '')
        iRate + = 0.01
    print()
```

结果：

n	1%	2%	3%	4%	5%	6%	7%	8%	9%	10%
1	0.9901	0.9804	0.9709	0.9615	0.9524	0.9434	0.9346	0.9259	0.9174	0.9091
2	1.9704	1.9416	1.9135	1.8861	1.8594	1.8334	1.8080	1.7833	1.7591	1.7355
3	2.9410	2.8839	2.8286	2.7751	2.7232	2.6730	2.6243	2.5771	2.5313	2.4869
4	3.9020	3.8077	3.7171	3.6299	3.5460	3.4651	3.3872	3.3121	3.2397	3.1699
5	4.8534	4.7135	4.5797	4.4518	4.3295	4.2124	4.1002	3.9927	3.8897	3.7908
6	5.7955	5.6014	5.4172	5.2421	5.0757	4.9173	4.7665	4.6229	4.4859	4.3553
7	6.7282	6.4720	6.2303	6.0021	5.7864	5.5824	5.3893	5.2064	5.0330	4.8684
8	7.6517	7.3255	7.0197	6.7327	6.4632	6.2098	5.9713	5.7466	5.5348	5.3349
9	8.5660	8.1622	7.7861	7.4353	7.1078	6.8017	6.5152	6.2469	5.9952	5.7590
10	9.4713	8.9826	8.5302	8.1109	7.7217	7.3601	7.0236	6.7101	6.4177	6.1446
11	10.3676	9.7868	9.2526	8.7605	8.3064	7.8869	7.4987	7.1390	6.8052	6.4951
12	11.2551	10.5753	9.9540	9.3851	8.8633	8.3838	7.9427	7.5361	7.1607	6.8137
13	12.1337	11.3484	10.6350	9.9856	9.3936	8.8527	8.3577	7.9038	7.4869	7.1034
14	13.0037	12.1062	11.2961	10.5631	9.8986	9.2950	8.7455	8.2442	7.7862	7.3667
15	13.8651	12.8493	11.9379	11.1184	10.3797	9.7122	9.1079	8.5595	8.0607	7.6061
16	14.7179	13.5777	12.5611	11.6523	10.8378	10.1059	9.4466	8.8514	8.3126	7.8237
17	15.5623	14.2919	13.1661	12.1657	11.2741	10.4773	9.7632	9.1216	8.5436	8.0216
18	16.3983	14.9920	13.7535	12.6593	11.6896	10.8276	10.0591	9.3719	8.7556	8.2014
19	17.2260	15.6785	14.3238	13.1339	12.0853	11.1581	10.3356	9.6036	8.9501	8.3649
20	18.0456	16.3514	14.8775	13.5903	12.4622	11.4699	10.5940	9.8181	9.1285	8.5136

本章习题

1. 复利终值系数（即复利）是指在每经过一个计息期后，都要将所生利息加入本金，以计算下期的利息。这样，在每一计息期，上一个计息期的利息都要成为生息的本金，即以利生利，也就是俗称的“利滚利”。复利的计算公式：F = P * (1 + i)^n，式中 (1 + i)^n 称为一次支付终值系数，可通过复利终值系数表查得。请用 Python 编程并输出复利终值系数表。

2. 复利现值的计算公式为：P = F × 1/(1 + i)^n 其中的 1/(1 + i)^n 就是复利现值系数。记作（P/F，i，n）。其中 i 是利率（折现率），n 是年数。它直接显示现值同已知复利终值的比例关系，与复利终值系数互为倒数。请用 Python 编程并输出复利现值系数表。

3. 请结合损益类科目期末结转本年利润的具体实例，用 Python 编程设计并实现。

▶▶第七章 组合数据类型

【本章学习目标】

1. 熟练掌握 Python 集合（set）数据类型基本语法及用法；
2. 熟练掌握 Python 列表（List）数据类型基本语法及用法；
3. 熟练掌握 Python 元组（tuple）数据类型基本语法及用法；
4. 熟练掌握 Python 字典（dict）数据类型基本语法及用法。

【本章学习重点】

1. Python 集合（set）、列表（List）和元组（tuple）之间的联系与区别；
2. Python 字典（dict）的键值对（key－value）；
3. Python 组合数据的操作过程和结果分析。

【本章学习难点】

1. 集合（set）、列表（List）、元组（tuple）和字典（dict）的推导式及其应用；
2. 会计核算中组合数据类型设计与转换的 Python 应用；
3. 财务分析中组合数据类型设计与转换的 Python 应用。

财务会计中的数据来源广泛，随着运营活动不断产生，数据量和数据容量越来越大，还具有连续性、系统性、周期性特点，存在于会计事项处理和财务分析活动中。财会数据是以“单、证、账、表”等形式表现的各种未曾加工的数字、字母与特殊符号的集合。这些财务会计数据仅依靠前面章节的单个变量进行表示和处理是远远不够的，需要将其组合起来，通过单一的表示使数据读取更容易、操作更有序、处理更批量。

组合数据类型能够将多个同类型或不同类型的数据组织起来，通过单一的表示使数据操作更有序更容易，使计算机对一组数据进行批量处理。根据数据之间的关系，组合数据类型可以分为三类：序列类型、集合类型和映射类型（见图 7－1）。

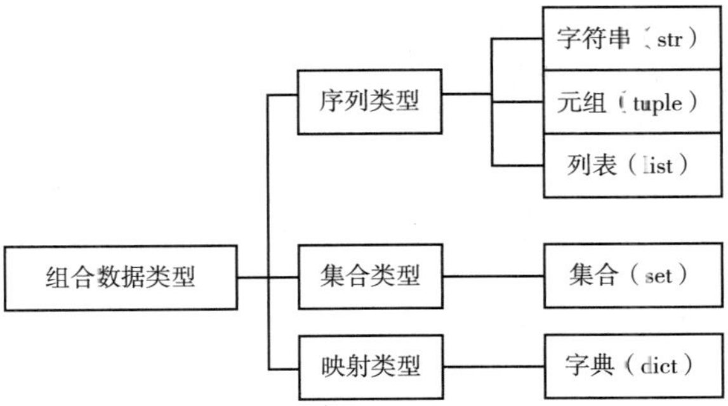

图 7－1　组合数据类型的分类

➢ 序列类型是一个元素向量，元素之间存在先后关系，通过序号访问。

➢ 集合类型是一个元素集合，元素之间无序，相同元素在集合中唯一存在。

➢ 映射类型是“键—值”数据项的组合，每个元素是一个键值对，表示为（key－value）。

本章讲述的组合数据类型有：集合是一个无序和无索引的集合，没有重复的成员；列表（List）是一种有序和可更改的集合，允许重复的成员；元组（Tuple）是一种有序且不可更改的集合，允许重复的成员；词典（Dict）是一个无序、可变和有索引的集合，没有重复的成员。

第一节　集合（Set）

本节所要介绍的 set 集合是无序可变序列，而另一种在本节不做介绍。在形式上，集合的所有元素都放在一行“{}”中，两个相邻元素间使用逗号“,”分隔。在内容上，集合里边的元素是不可重复的，并且集合内的元素还是无序的。

一般情况下集合常用的两个场景是：第一，去重（如：列表去重）；第二，关系测试（如：取交集、取并集、取差集等）。Python 程序开发实践中，集合最好的应用就是去重，因为集合中的每个元素都是唯一的，在创建集合时，若传入重复元素，将自动被过滤。

【示例】元素不重复集合。

```
#创建一个集合
set1 = {'销售费用','管理费用','管理费用', 1000, 2000, 1000}
#输出的集合是无序的
print(set1)
```

结果：

```
{1000, '管理费用', 2000, '销售费用'}
```

集合常用函数：添加元素 set. add （key）；删除元素 set. remove （key）。

【示例代码】

```
#创建一个集合
account = {'货币资金','应收票据','应收账款'}
#添加元素
account. add('应收票据及应收账款')
#分别删除应收票据、应收账款
account. remove('应收票据')
account. remove('应收账款')
#输出集合
print(account)
```

结果：

```
{'货币资金', '应收票据及应收账款'}
```

第二节　列表（List）

列表（list）：是一种有序可变的集合，允许重复的元素。在形式上，列表（List）的所有元素都被放在一对中括号“[]”中，两个相邻元素间使用逗号“,”分隔。在内容上，可以将整型、实型、字符串、列表、元组等任何类型的内容放入列表中，并且同一个列表中，元素的类型可以不同，因为它们之间没有任何关系。

与字符串一样，列表中的每个元素都对应一个索引号，可以对列表进行拼接、重复输出、获取、截取操作。由此可见，Python 中的列表是非常灵活的，这一点与其他语言是不同的。

表 7－1　列表的操作表（假设：list1＝[1，2，3，4]　list2＝[5，6，7]）

操作符	描述	实例	结果
+	拼接	list1 + list2	[1，2，3，4，5，6，7]
*	重复	list1 * 2	[1，2，3，4，1，2，3，4]
[]	获取	list1[3]	4
[:]	截取	list1[0:3]	[1，2，3]
in	成员运算符	i in list1	True
not in	成员运算符	5 not in list1	True

【示例】在现行会计准则下，存货发出计价方法有：先进先出法、移动平均法、月末一次加权平均法和个别计价法。

要求：1. 创建一个列表存储存货发出计价方法；

2. 使用成员运算符“in”判断在现行会计准则下是否允许使用后进先出法。

```
#创建一个列表存储存货发出计价方法
method = ['进先出法','移动平均法','月末一次加权平均法','个别计价法']
#成员运算符
'后进先出法' in method
```

结果：

```
False
```

表7－2　　列表常用函数表（list1＝['销售费用','管理费用','财务费用'] list2＝[12000，15000，2000]）

操作符	描述	实例	结果
len(list)	获取list中元素的个数	len(list1)	3
list. index(obj)	获取list中指定元素索引	list2. index(2000)	2
list. append(obj)	在列表末尾添加新的元素	list1. append（'投资收益'）	['销售费用','管理费用','财务费用'，投资收益']
list. remove(obj)	移除列表中某个元素的第一个匹配项	list2. remove(15000)	[12000，2000]

【示例】会计科目列表。

```
#创建一个列表存储会计科目
account = ['现金','银行存款','其他货币资金','应收票据','应收账款']
amount = [2000，3000，4000，20000，30000] #创建一个列表存储金额
accountAmount = [] ##括号中为空，创建一个空列表，即科目金额存储列表
for i in range(5):
    j = account[i] + '：' + str (amount[i])
    accountAmount. append(j)
print(accountAmount)
```

结果：

```
['现金：2000'，'银行存款：3000'，'其他货币资金：4000'，'应收票据：20000'，
'应收账款：30000']
```

第三节 元组（Tuple）

元组（tuple）是有序且不可更改的集合，安全性更高。Python 中的元组形式上是用圆括号（）标识或编写。与列表类似，不同之处在于元组的元素不能修改。

【注意】在定义时，元组中的元素即被确定，后续无法追加、插入、修改元素。

【示例代码】创建一级会计科目代码元组，在括号中添加元素，并用逗号隔开。

```
accountTup = (1001, 1002) #一级会计科目代码一般是唯一确定的，且不能修改
accountTup[1] = 1003#修改会计科目元组中的元素操作是非法的
```

结果：

```
TypeError: 'tuple' object does not support item assignment
```

【示例代码】创建空会计科目对应的金额元组。

```
amTup = ()   #创建一个空元组
amTup2 = (321.50,) #创建只有一个元素的会计科目对应的金额元组
amTup3 = (321.50) #元组创建错误
print(type(amTup), amTup, type(amTup2), amTup2, type(amTup3), amTup3)
```

结果：

```
<class 'tuple'> () <class 'tuple'> (321.5,) <class 'float'> 321.5
```

【注意】括号（）既可以表示元组，也可以表示数学公式中的小括号，定义只有 1 个元素的元组时，若直接使用 tup3 =(1)，将会产生歧义，计算机将按照小括号进行计算，tup3 返回的结果是数字 1；Python 在定义或显示只有 1 个元素元组时必须加一个逗号。

第四节 字典（Dict）

字典（dict）是一个无序、可变和有索引的集合。Python 中字典，用花括号 { } 标识，使用键—值（key - value）存储，相当于保存两组数据，其中一组数据是关键数据，被称为 key；另一组数据可通过 key 来访问，被称为 value。key 和 value 一一对应并使用冒号隔开。需要注意的是，字典是映射，不是序列，不能对字典做拼接、截取等操作。字典的常用操作如表 7 - 3 所示。

表 7-3　字典操作表（字典：D = {'销售费用'：12000,'管理费用'：15000}）

操作符	描述	实例	结果
dict[key]	访问字典里的值	D['管理费用']	15000
dict[key] =	修改值	D['管理费用'] = 14000	{'销售费用'：12000，'管理费用'：15000}
dict[key] =	添加键值对	D['财务费用'] = 2000	{'销售费用'：12000，'管理费用'：15000，'财务费用'：2000}
del dict[key]	删除键值对	del D['销售费用']	{'管理费用'：15000}
del dict	删除字典	del D	删除后，后续脚本引用变量时会报未定义错误

【示例】甲公司 1~4 月收入分别为 12 万元、15.5 万元、14 万元、17 万元。要求：使用 for 循环与 break 语句筛选出收入额在 15 万元以上的第一个月份。

```
#创建一个字典 income 接收 1-4 月收入
income = {'1 月'：120000,'2 月'：155000,'3 月'：140000,'4 月'：170000}
#break 语句
for key in income:
    if income[key] > 150000:
        print(key)
        break
```

结果：

```
2 月
```

【示例】字典推导式应用之字典的键值对交换。

```
dict1 = {'a'：1，'b'：2}
#方法一：
dict_new1 = {value: key for key, value in dict1.items()}
#方法二：
dict_new2 = {}
for key, val in dict1.items():
    dict_new2[val] = key
```

【示例代码】会计科目代码—名称—金额字典综合应用。

```
accDictL = {'6601'：'营业费用'，'6602'：'管理费用'} #科目代码：科目名称
accDictL['6603'] ='财务费用' #通过 Key 增加字典元素
```

```
print(accDictL)
accAmountDict = {'6601': 12000,'6602': 150,'6603': 12000} #科目代码：金额
print(accAmountDict)
accAmountDict['6603'] =12200  #修改字典的值：金额
accDictNew = {'6601':'销售费用','6801':'所得税费用'} #更新字典
accDict = {}#创建空字典（科目代码-科目名称），用于存储基本科目数据
accDict.update(accDictL)   #两次 update 方法将两个字典合并为一个字典（键相同）
accDict.update(accDictNew)
print(accDict)
accAmountDict['6801'] =1200 #通过 key 增加字典元素
print(accAmountDict)
#根据科目代码键，组合成新的字典（科目名称：金额）
accDict2 = {}#创建空字典（科目名称：金额）
for key in accDict:
    kk = accDict[key]
    mm = accAmountDict[key]
    accDict2[kk] = mm
print(accDict2)
```

结果：

```
{'6601':'营业费用','6602':'管理费用','6603':'财务费用'}
{'6601': 12000,'6602': 1500,'6603': 12000}
{'6601':'销售费用','6602':'管理费用','6603':'财务费用','6801':'所得税费用'}
{'6601': 12000,'6602': 150,'6603': 12200,'6801': 1200}
{'销售费用': 12000,'管理费用': 150,'财务费用': 12200,'所得税费用': 1200}
```

第五节　数据类型转换

计算机就是用来做数学计算的机器，因此，计算机程序理所当然地可以处理各种数值。但是，计算机能处理的远远不止数值，还可以处理文本、图形、音频、视频、网页等各种各样的数据，而处理不同的数据，需要使用不同的数据类型来进行表示。数字型：整型（int）、浮点型（float）、复数（complex）；布尔型：bool，只有两个值，True 和 False；字符串型：str；列表：list；元组：tuple；字典：dict；集合：set；字节：bytes；空值：None。

【提示】type() 函数可以查看变量或对象的类型。

一、基本数据类型及其转换

基本数据类型转换主要指数值与字符之间（见表7－4）、字符串数据之间（见表7－5）的转换。

（一）数值—字符之间的数据类型转换

表7－4　数值—字符之间的数据类型转换表

函数	功能	参数 x 要求	Pythcn 实例	
			（运行正常）	（运行报错）
int(x)	将 x 转换为整型	浮点型，布尔值或字符串　注意：字符串只能由正负号和数字组成，且正负号只在开头	print(int(132.45)) print(int("524")) print(int(" +524")) print(int(" -524"))	# print(int("True")) # print(int("4.56")) # print(int("afahg")) # print(int("52 +4"))
			（运行正常）	（运行报错）
float(x)	将 x 转换为浮点型	整型，布尔值或字符串　注意：字符串只能由正负号，小数点或数字组成，且正负号只在开头	print(float("524")) print(float("4.56")) print(float(".456")) print(float("456."))	# print(float("52 +4"))
			（运行代码）	（运行结果）
str(x)	将 x 转换为字符串	任意的数据类型	print(str(34.456)) print(str(True)) print(str([43,4,56])	34.456 True [43, 4, 56]
			（运行结果为 False）	（运行结果为 True）
bool(x)	将 x 转换为布尔值	任意的数据类型	print(bool(0)) print(bool("")) print(bool(False))	print(bool(67.8)) print(bool("faf")) print(bool(True))

（二）字符串数据的类型转换

表7－5　字符串数据的类型转换表（str1 = 'a b c'　strKey = "{'username':'admin', 'password': 123456 "）

函数及功能	Python 实例	运行结果
分隔字符串 split(x)	print(str1.split())	['a', 'b', 'c']
合并字符串 ''.join([str1, str2])	str2 = "是字母。" print("，".join([str1，str2]))	a b c，是字母
str.join(str1)	str3 = " -" seq = ("a", "b", "c") print(str3.join(seq))# seq 为字符串序列	a - b - c

续表

函数及功能	Python 实例	运行结果
字符串转列表 list(str1)，默认每个字符都是列表的一个元素 split(x) 以分隔符转换列表 list(str1. split(' '))	str4 = 'abc' print (list (str4))	['a', 'b', 'c']
	str5 = ' 1a1b1c' print(str5. split('1')) print (list (str5))	['', 'a', 'b', 'c'] ['1', 'a', '1', 'b', '1', 'c']
字符串转列表 eval( )	str6 = "['aaa', 'bbb', 'ccc', 'ddd']" list2 = eval(str6) print(type(list2), print(list2)	<class 'list'> ['aaa', 'bbb', 'ccc', 'ddd']
字符串转元组 tuple(x)	print(tuple(str1))	('a', 'b', 'c')
字符串转集合 set(x) #集合去重	print(set(str1))#无序，每次运行结果不同	{'a', 'c', 'b'}
	print(set(str5)) #无序，每次运行结果不同	{'c', 'a', 'b', '1'}
字符串转字典 eval(x)	dict1 = eval(strKey) print(type(dict1), dict1)	<class 'dict'> {'username': 'admin', 'password': 123456}
字符串转字典 dict(zip(a, b))	a = "a1b1c1" b = " * $ ¥" print(dict(zip(a, b))) #两个字符串	{'a': '*', '1': '$', 'b': '¥'}

二、组合数据类型及其转换

Python 中组合数据类型之间的联系和区别如下：列表（list）是长度可变有序的数据存储容器，可以通过下标索引取到相应的数据；元组（tuple）：固定长度不可变的顺序容器，访问效率高，适合存储一些常量数据，可以作为字典的键使用；集合（set）：无序，元素只出现一次，可以自动去重；字典（dict）：长度可变的 hash 字典容器，存储的方式为键值对，可以通过相应的键获取相应的值，key 支持多种类型，key 必须是不可变类型且唯一。组合数据类型转换如表 7 – 6 所示。

表 7 – 6　组合数据类型转换表（list1 = ['a', 'b', 'c', 'b'] set1 = {'a', 'b', 'c', 'd'} tuple1 = ('a', 'b', 'c', 'b') dict1 = {'a': 1, 'b': 2}）

函数	类型	Python 实例	运行结果
''. join(x) 转字符串 str. join (sequence) : str 为分隔符号，必须有	列表转	print(''. join(list1)) print('*'. join(list1))	abcb *a*b*c*b
	集合转	print(''. join(set1))	cabd
	元组转	print(''. join(tuple1))	abcb

续表

函数	类型	Python 实例	运行结果
str(x) 转字符串	列表转	str1 = str(list1) print(type(str1), str1)	<class 'str'> ['a', 'b', 'c', 'b']
	字典转	print(type(str(dict1)), str(dict1))	<class 'str'> {'a': 1, 'b': 2}
tuple(x) 转元组	列表转	print(tuple(list1))	('a', 'b', 'c', 'b')
	集合转	print(tuple(set1))#无序，每次结果不同	('c', 'a', 'b', 'd')
	字典转	print(tuple(dict1. keys())) print(tuple(dict1. values())) print(tuple(dict1. items()))#元组为单位	('a', 'b') (1, 2) (('a', 1), ('b', 2))
set(x) 转集合 #无序，每次运行顺序不同	列表转	print(set(list1))	{'c', 'a', 'b'}
	元组转	print(set(tuple1))	bac
	字典转	print(set(dict1. keys())) print(set(dict1. values())) print(set(dict1. items()))#元组为单位	{'b', 'a'} {1, 2} {('b', 2), ('a', 1)}

dict (x)
转字典
	列表转	list3 = [['01', 'a'], ['02', 'b']] #嵌套列表
		list4 = [('01', 'a'), ('02', 'b')] #嵌套列表
		print (dict (list3))
		print (dict (list4))
			{'01': 'a', '02': 'b'}
			{'01': 'a', '02': 'b'}

dict (zip (x1, x2))
字典的所有 key 和所有 value 就可以看成是两个一一对应关系的列表。通过 zip() 函数将两个列表关联起来组成字典
		list5 = ['01', '02', '03']
		list6 = ['a', 'b', 'c'] #两个列表长度相同
		print(dict(zip(list5, list6)))
			{'01': 'a', '02': 'b', '03': 'c'}

	集合转	set2 = {1, 2, 3, 4} dict(zip(set1, set2)) #无意义映射	{'c': 1, 'a': 2, 'b': 3, 'd': 4}

	元组转	tuple2 = (1, 2, 3, 4) #两个元组
		print(dict(zip(tuple1, tuple2)))
			{'a': 1, 'b': 2, 'c': 3, 'b': 4}

		tuple3 = (('a', 1), ('b', 2)) #嵌套元组
		print(dict(tuple3))
			{'a': 1, 'b': 2}

list (x) 转列表	集合转	print(list(set1)) #无序，每次运行顺序不同	['c', 'a', 'b', 'd']
	元组转	print(list(tuple1))	['a', 'b', 'c', 'b']
	字典转	print(list(dict1. keys())) print(list(dict1. values())) print(list(dict1. items()))#元组为单位	['a', 'b'] [1, 2] [('a', 1), ('b', 2)]

第六节 权益净利率因素分析中的数据类型设计

【场景应用】某公司权益净利率因素分析。

权益净利率 = 权益乘数 × 总资产周转率 × 销售净利率。为了查明权益净利率变动的根本原因，我们可采用因素分析法分别衡量销售净利率、总资产周转率和权益乘数各个影响因素对该指标的影响方向和影响程度。本场景应用中某公司相关财务比率数据如表 7 –7 所示。

表 7 –7　　某公司相关财务比率表

年份	权益净利率	权益乘数	总资产周转率	销售净利率
2018	1. 37%	1. 41	69. 3%	1. 4%
2017	0. 68%	1. 32	55. 6%	0. 93%
2016	2. 08%	1. 26	64. 6%	2. 56%

由表 7 –7 可知，2017 年比 2016 年权益净利率减少了 1. 4%，其中：

由于权益变动影响：权益净利率 =(1. 32 –1. 26)×64. 6% ×2. 56% =0. 0992% =0. 1%

由于总资产周转率变动影响：权益净利率 = 1. 32 ×(55. 6% –64. 6%) ×2. 56% = –0. 3041% = –0. 3%

由于销售净利率变动影响：权益净利率 = 1. 32 ×55. 6% ×(0. 93% –2. 56%) = –1. 1963% = –1. 2%

2018 年比 2017 年权益净利率增加了 0. 69%，其中：

由于权益变动影响：权益净利率 =(1. 41 –1. 32) ×55. 6% ×0. 93% =0. 0465% =0. 05%

由于总资产周转率变动影响：权益净利率 = 1. 41 ×(69. 3% –55. 6%) ×0. 93% = 0. 1796% =0. 18%

由于销售净利率变动影响：权益净利率 = 1. 41 ×69. 3% ×(1. 4% –0. 93%) = 0. 4593% =0. 46%

从以上因素分析可以看出，权益净利率 2017 年比 2016 年减少了 1. 4%，其中权益乘数影响权益净利率增加了 0. 1%；总资产周转率影响权益净利率减少了 0. 3%；销售净利率使权益净利率减少了 1. 2%；权益净利率 2018 年比 2017 年增加了 0. 69%，其中权益乘数影响权益净利率增加了 0. 05%；总资产周转率影响权益净利率增加了 0. 18%；销售净利率使权益净利率增加了 0. 46%。

【要求】请用 Python 实现上述分析过程与结果。

【示例代码】某公司权益净利率影响因素分析。

```
yearS = {2016, 2017, 2018} #年是主关键字，不能重复，可以设置集合变量
ROE = {2016: 0.0208, 2017: 0.0068, 2018: 0.0137} #权益净利率 – 年对应，设置字典变量
EM = {2018: 1.41, 2017: 1.32, 2016: 1.26} #权益乘数 – 年对应，设置字典变量
TAT = {2018: 0.693, 2017: 0.556, 2016: 0.646} #总资产周转率 – 年对应，设置字典变量
```

```
SNP = {2018: 0.0140, 2017: 0.0093, 2016: 0.0256} #销售净利率-年对应，设置字典变量
#输出公司财务比率表
print('*'*16,'公司财务比率表','*'*16)
print('年','   权益净利率','权益乘数','总资产周转率','销售净利率')
for i in yearS:
    print(i, format('{:.2%}'.format(ROE[i]),'^10'), EM[i], format('{:.2%}'.format(TAT[i]),'^16'),
          format('{:.2%}'.format(SNP[i]),'^8'))
print('*'*47)
#计算权益净利率、权益乘数、总资产周转率、销售净利率逐年变化
ROEbh = {}
EMbh = {}
TATbh = {}
SNPbh = {}
for i in yearS:
    if i == 2016:
        j = 2016
    else:
        j = i - 1
    ROEbh[i] = round((ROE[i] - ROE[j]), 4)
    EMbh[i] = EM[i] - EM[j]
    TATbh[i] = TAT[i] - TAT[j]
    SNPbh[i] = SNP[i] - SNP[j]
print('权益净利率逐年变化:', ROEbh)
print('权益乘数较上年变化:', EMbh)
print('总资产周转率较上年变化:', TATbh)
print('销售净利率较上年变化:', SNPbh)
print('*'*93)
##分析权益净利率影响因素产生的影响程度和影响方向
EMbhzT = []
TATbhzT = []
SNPbhzT = []
for i in yearS:
    if i == 2016:
```

```
        j = 2016
    else:
        j = i - 1
    EMbhz = EMbh[i] *TAT[j] *SNP[j]
    EMbhzT.append(EMbhz)
    TATbhz = EM[i] *TATbh[i] *SNP[j]
    TATbhzT.append(TATbhz)
    SNPbhz = EM[i] *TAT[i] *SNPbh[i]
    SNPbhzT.append(SNPbhz)
    print(i,'年相较于上年，权益、总资产周转率、销售净利率因素变动对权益净利
率产生的影响分别为:', format('{:.2%}'.format(EMbhz),'^7'),
          format('{:.2%}'.format(TATbhz),'^7'), format('{:.2%}'.format
(SNPbhz),'^7'))
    #三因素影响的验证
    if round(EMbhz, 4) + round(TATbhz, 4) + round(SNPbhz, 4) == round(ROEb
[i], 4):
        print(i,'年，三因素影响之和等于销售净利率变化值', format('{:.2%}'.
format(round(ROEb[i], 4)),'^7'),'，因素影响验证成功')
    else:
        print(i,'年，三因素影响之和不等于销售净利率变化值', format('{:.2%}'.
format(round(ROEb[i], 4)),'^7'),'，因素影响验证不成功')
#输出公司财务比率因素影响分析表
print('*'*36,'公司财务比率因素影响分析表','*'*36)
print('年','权益净利率','ROEyx','权益乘数','EMyx','总资产周转率','TATyx',
'销售净利率','SNPyx')
for i in yearS:
    j = i - 2016
    print(i, format('{:.2%}'.format(ROE[i]),'^10'), format('{:.2%}'.for-
mat(ROEbh[i]),'^8'),
          EM[i], format('{:.2%}'.format (EMbhzT [j]),'^15'),
          format('{:.2%}'.format (TAT [i]),'^7'), format('{:.2%}'.format
(TATbhzT [j]),'^13'),
          format('{:.2%}'.format (SNP [i]),'^8'), format('{:.2%}'.format
(SNPbhzT [j]),'^8'),)
print('*'*100)
```

结果：

```
**************** 公司财务比率表 ****************
年   权益净利率 权益乘数 总资产周转率 销售净利率
2016   2.08%    1.26      64.60%     2.56%
2017   0.68%    1.32      55.60%     0.93%
2018   1.37%    1.41      69.30%     1.40%
***********************************************
权益净利率逐年变化：{2016: 0.0, 2017: -0.014, 2018: 0.0069}
权益乘数较上年变化： {2016: 0.0, 2017: 0.0600000000000005, 2018: 0.0899999999999986}
总资产周转率较上年变化： {2016: 0.0, 2017: -0.0899999999999997, 2018: 0.1369999999999999}
销售净利率较上年变化： {2016: 0.0, 2017: -0.0163000000000002, 2018: 0.0047000000000001}
*****************************************************************************
2016 年相较于上年，权益、总资产周转率、销售净利率因素变动对权益净利率产生的影响分别为：  0.00%   0.00%   0.00%
2016 年，三因素影响之和等于销售净利率变化值  0.00%  ，因素影响验证成功
2017 年相较于上年，权益、总资产周转率、销售净利率因素变动对权益净利率产生的影响分别为：  0.10%  -0.30%  -1.20%
2017 年，三因素影响之和等于销售净利率变化值 -1.40%  ，因素影响验证成功
2018 年相较于上年，权益、总资产周转率、销售净利率因素变动对权益净利率产生的影响分别为：  0.05%   0.18%   0.46%
2018 年，三因素影响之和等于销售净利率变化值  0.69%  ，因素影响验证成功
*********************************** 公司财务比率因素分析表 ***********************************
年   权益净利率   ROEyx 权益乘数   EMyx   总资产周转率   TATyx   销售净利率   SNPyx
2016   2.08%    0.00%  1.26     0.00%     64.60%      0.00%     2.56%    0.00%
2017   0.68%   -1.40%  1.32     0.10%     55.60%     -0.30%     0.93%   -1.20%
2018   1.37%    0.69%  1.41     0.05%     69.30%      0.18%     1.40%    0.46%
*********************************************************************************************
```

【知识拓展】 ****************** **因素分析之连环替代法** ******************

因素分析法，又称经验分析法，是一种定性分析方法。因素分析法是利用统计指数体系分析现象总变动中各个因素影响程度的一种统计分析方法，包括连环替代法、差额分析法、指标分解法等。使用这种方法能够使研究者把一组反映事物性质、状态、特点等的变量简化为少数几个能够反映出事物内在联系的、固有的、决定事物本质特征的因素。

连环替代法。它是将分析指标分解为各个可以计量的因素，并根据各个因素之间的依存关系，顺次用各因素的比较值（通常即实际值）替代基准值（通常为标准值或计划值），据以测定各因素对分析指标的影响。

例如，设某一财务分析指标 M 是由相互联系的 A、B、C 三个因素相乘得到，报告期（实际）指标和基期（计划）指标为：报告期（实际）指标 $M1 = A1 \times B1 \times C1$；基期（计划）指标 $M0 = A0 \times B0 \times C0$。

在测定各因素变动指标对指标 R 影响程度时可按顺序进行：

基期（计划）指标 $M0 = A0 \times B0 \times C0$……（1）；第一次替代 $A1 \times B0 \times C0$……（2）

第二次替代 $A1 \times B1 \times C0$ ……（3）；第三次替代 $A1 \times B1 \times C1$……（4）

分析如下：(2) − (1) →A 变动对 M 的影响；(3) − (2) →B 变动对 M 的影响；(4) − (3) →C 变动对 M 的影响。

把各因素变动综合起来，总影响：$\Delta M = M1 - M0 = (4) - (3) + (3) - (2) + (2) - (1)$

差额分析。

它是连环替代法的一种简化形式，是利用各个因素的比较值与基准值之间的差额，来计算各因素对分析指标的影响。

****

本章习题

1. 双倍余额递减法，是在固定资产使用年限最后两年的前面各年，用年限平均法折旧率的两倍作为固定的折旧率乘以逐年递减的固定资产期初净值，得出各年应提折旧额的方法；在固定资产使用年限的最后两年改用年限平均法，将倒数第二年初的固定资产账面净值在这两年平均分摊。

（1）某医院有一台机器设备原价为600000元，预计使用寿命为5年，预计净残值24000元。要求计算第三年的折旧额是多少？最后一年的折旧额是多少？

年折旧率 = 2/5 = 40%

第一年应提的折旧额 = 600000 × 40% = 240000（元）

第二年应提的折旧额 =（600000 − 240000）× 40% = 144000（元）

第三年应提的折旧额 =（600000 − 240000 − 144000）× 40% = 86400（元）

第四、五年每年应提的折旧额 =（600000 − 240000 − 144000 − 86400 − 24000）/2 = 52800（元）

要求：用 Python 编程实现上述实例的场景应用。

2. 请结合科目余额表实例，用 Python 编程实现此类场景的应用。

3. 请结合银行对账实例，用 Python 编程实现此类场景的应用。

第八章 函数与类

【本章学习目标】

1. 熟练掌握 Python 自定义函数的创建方法、参数设置、return 返回及调用；
2. 熟练掌握存储并导入函数模块的方法；
3. 掌握嵌套函数的定义和简单应用；
4. 掌握局部变量和全局变量的区别；
5. 掌握函数的嵌套使用方法；
6. 掌握函数的参数传递；
7. 理解类与对象的概念；
8. 掌握 Python 类中的方法、属性、创建和实例化方法；
9. 了解 Python 类的继承、多态和导入；
10. 掌握财务会计函数的 Python 应用。

【本章学习重点】

1. Python 自定义函数的创建和参数设置；
2. Python 自定义函数的 return 返回、参数传递和调用；
3. Python 类的定义、创建和实例化对象应用。

【本章学习难点】

1. 函数参数的作用域及应用效果区分；
2. 嵌套函数；
3. 财务会计函数的 Python 应用。

计算机按照预定的步骤和要求进行数据处理，并输出运行结果。财务会计中的很多事务处理都是周期性的，计算机能够执行成千上万次相同操作而不感到厌烦和劳累，且处理速度极快，处理结果精确度高。

函数（function）是组织好的，可重复使用的，用来实现单一，或相关联功能的代码段。函数能提高应用的模块性和代码的重复利用率。类（classs）是用来描述具有相同的属性和方法的对象集合。它定义了该集合中每个对象所共有的属性和方法。对象是类的实例。

第一节　函数

在前面的章节中，所有编写的代码都是从上到下一次执行的，如果某段代码需要多次使用，那么需要将该段代码复制多次。这种做法势必会影响开发效率，在实际项目开发中是不可取的。那么如果想让某一段代码多次使用，应该怎么做呢？在 Python 中，提供了函数。我们可以把实现某一功能的代码定义为一个函数，然后在需要使用时，随时调用即可，十分方便。

一、函数概念

函数（function）：是指组织好、可重复使用的，用来实现单一或相关联功能的代码段。除了可以直接使用的标准函数外，Python 还支持自定义函数，即通过将一段有规律的、重复的代码定义为函数，来达到一次编写、多次调用的目的。

Python 中的函数可以分为以下几类：

内置函数：由 Python 提供，可以直接拿来使用的函数，如 input（）、print（）等；

自定义函数：用户根据需求自己定义的函数；

匿名函数：没有显式定义的函数，一般只有一行表达式，只能使用一次。

二、函数创建

创建函数，也称为定义函数，可以理解为创建一个某种用途的工具。使用 def 关键字创建函数，具体的语法格式如下：

```
def functionname([parameterlist]):
    ['''comments''']
    [functionbody]
    [return [expression]]
```

参数说明如下：

➢ functionname：函数名称，在调用函数时使用。

➢ parameterlist：可选参数，用于指定项函数中传递的参数。如果有多个参数，各参数间使用逗号“,”分隔。如果不指定，则表示该函数没有参数。在调用时，也不指定参数。

➢【注意】当函数没有参数时，必须保留一对空的小括号否则将显示语法错误：invalid syntax。

➢ '''comments'''：可选参数，表示为函数指定注释，注释的内容通常是说明该函数的功能、要传递的参数的作用等，可以为用户提供友好提示和帮助的内容。

➢ functionbody：可选参数，用于指定函数体，即该函数被调用后要执行的功能代码。如果函数有返回值，可以使用 return 语句返回。

【说明】如果想定义一个什么也不做的空函数，可以使用 pass 语句作为占位符。

【示例】简单的 Python 函数，它将一个字符串作为传入参数，再打印到标准显示设备上。

```
def printme(str):
    "学会计得学会有借必有贷，借贷必相等；做人得明白求人不如求自己!"
    print(str)
    return
```

三、函数调用

调用函数也就是执行函数。如果把创建的函数理解为创建一个具有某种用途的工具，那么调用函数就相当于使用该工具。

调用函数的基本语法格式如下：

functionname([parametersvalue])

参数说明如下：

➢ functionname：函数名称，在调用函数时使用。

➢ parametersvalue：可选参数，用于指定各个参数的值，如果需要传递多个参数值，则各参数值间使用逗号“,”分隔。如果该函数没有参数，则直接写一对小括号即可。

【示例】以前章节实现了每日一贴，但是这段代码只能执行一次，如果想要再次输出，还需要再重新写一遍。如果把这段代码定义为一个函数，那么就可以多次显示每日一贴了。

在 Jupyter 中创建一个名称为 function_tips. ipynb 文件，然后在该文件中创建一个名称为 function_tips 的函数，功能从励志文字列表中获取一条励志文字并输出，最后调用函数 function_tips()。代码如下：

```
#输出会计人每日一贴（共享版）
def function_tips()：
    '''功能：每天输出一条会计人的励志文字。
    '''
    import datetime        #导入时间日期类
    # 定义一个列报
        mot = ["用有限的资金，创无限的利润。",
               "不怕数字不识人，只怕人们不识数。",
               "“会”人一步，“计”高一筹。",
               "慎独则器自重——做会计的人犹要学会慎独。",
               "把好关，查好账，杜绝中国的“安然”。",
               "审计人要有荷花那样的品格，出淤泥而不染。",
               "客观公正，廉洁高效——审计事业发展的一对金翅膀。"]
    day = datetime.datetime.now().weekday()          #获取当前星期
    print(mot[day])                                  #输出每日一贴
function_tips()
```

结果：

```
“会”人一步，“计”高一筹。
```

四、参数传递

定义函数时，我们需要将函数参数的名字和位置确定下来，对于函数调用者而言，只需要了解如何传递正确的参数，以及函数将返回什么样的值就够了，函数内部的复杂逻辑被封装起来，调用者无须了解。

【示例】甲公司采用实际利率法和摊余成本计算利息费用，现有可选择发行以下两种债券：5 年期应付债券：面值 10000000 元，实际发行价格 10432700 元、票面利率 6%、市场利率 5%；

4 年期应付债券：面值 20000000 元，实际发行价格 18645200 元、票面利率 5%、市场利率 7%。

要求：自定义函数计算两种债券到期前各年年末摊余成本。

【示例代码】

```
#自定义摊余成本函数
def calcAmortisedCost(year, faceValue, issuePrice, couponRate, marketRate):
'''计算摊余成本
```

```
    year：债券期限；
    faceValue：债券面值；
    issuePrice：发行总价；
    couponRate：票面利率；
    marketRate：市场利率；
    '''
    #创建初始表达式
    i = 1
    #创建变量接收摊余成本
    amortisedCost = issuePrice    #期初摊余成本 = 发行总价
    #创建空列表存储计算结果
    amortisedCostList = []    #创建空列表存放计算的摊余成本
    #while 循环
    while i <= (year - 1):
        amortisedCost = round(amortisedCost + amortisedCost * marketRate - faceValue * couponRate, 2) #计算摊余成本
        amortisedCostList.append(amortisedCost)    #计算结果添加至列表
        i += 1
    else:
        amortisedCost = faceValue    #最后一年年末摊余成本 = 债券面值
        amortisedCostList.append(amortisedCost)
    #输出计算结果
    print('应付债券期末摊余成本依次为：', amortisedCostList)
#调用自定义函数
calcAmortisedCost(5, 10000000, 10432700, 0.06, 0.05)
calcAmortisedCost(4, 20000000, 18645200, 0.05, 0.07)
```

结果：

```
应付债券期末摊余成本依次为：[10354335.0, 10272051.75, 10185654.34, 10094937.06, 10000000]
应付债券期末摊余成本依次为：[18950364.0, 19276889.48, 19626271.74, 20000000]
```

第二节　类

面向对象（Object Oriented）的英文缩写是 OO，是一种设计思想。从 20 世纪 60 年

代提出面向对象的概念到现在，它已经发展成为一种比较成熟的编程思想，并且逐渐成为目前软件开发领域的主流技术。

对象，是一个抽象概念，英文称作“Object”，表示任意存在的事物。世间万物皆对象。现实世界中，随处可见的一个事物就是对象，对象是事物存在的实体，如一个人。

通常将对象划分为两个部分，即静态部分与动态部分。静态部分被称为“属性”，任何对象都具备自身属性，这些属性不仅是客观存在的，而且是不能被忽视的，如人的性别等。动态部分指的是对象的行为，即对象执行的动作，如人可以行走等。

【说明】在 Python 中，一切都是对象。即不仅是具体的事物称为对象，字符串、函数等也都是对象。这说明 Python 天生就是面向对象的。

一、创建类

类是封装对象的属性和行为的载体，反过来说，具有相同属性和行为的一类实体被称为类。在 Python 语言中，类是一种抽象概念，如定义一个职员类（Employee），在该类中，可以定义每个对象共有的属性和方法；而一位正在加班的全职职员则是职员类的一个对象（Fulltime Employee），对象是类的实例。职员类：{属性：全职、学历、性别、身份证号等}｛行为：工作、加班、休假｝；对象：一位正在加班的全职职员。

二、实例化类

在 Python 中，类的定义使用 class 关键字来实现，语法如下：

```
class ClassName:
    '''类的帮助信息'''        #类文档字符串
    statement               #类体
```

参数说明如下：

➢ ClassName：用于指定类名，一般使用大写字母开头，如果类名中包括两个单词，第二个单词的首字母也大写，这种命名方法也称为“驼峰式命名法”，这是惯例。当然，也可根据自己的习惯命名，但是一般推荐按照惯例来命名。

➢ '''类的帮助信息'''：用于指定类的文档字符串，定义该字符串后，在创建类的对象时，输入类名和左侧的括号“（”后，将显示该信息。

➢ statement：类体，主要由类变量（或类成员）、方法和属性等定义语句组成。如果在定义类时，没想好类的具体功能，也可以在类体中直接使用 pass 语句代替。

【示例】以财会职员为例声明一个类，代码如下：

```
class Accemployee:
    '''财会职员类'''
    pass
```

【示例】创建上节定义的 Accemployee 类的实例。代码如下：

```
regularEmployee = Accemployee()        #创建职员类的实例：正式财会员工
print(regularEmployee)
执行上面代码后，将显示类似下面的内容：
<__main__. Geese1 object at 0x000002724661FB80>
```

创建实例对象：要创建一个类的实例，可以使用类的名称，并通过__init__方法接受参数。

```
class Accemployee:
    '''职员类'''
    empCount = 0
    def __init__(self, name, salary):
        '''初始化'''
        self. name = name
        self. salary = salary
        Accemployee. empCount + = 1
    #def displayCount(self):
        #print "Total Employee %d" % Accemployee. empCount
    def displayEmployee(self):
        print "Name : ", self. name,    ", Salary: ", self. salary
# "创建 Accemployee 类的第一个对象"
emp1 = Accemployee("王出纳", 2000)
# "创建 Accemployee 类的第二个对象"
emp2 = Accemployee("张会计", 5000)
```

访问属性。使用点（.）来访问对象的属性。使用如下类的名称访问类变量：

```
emp1. displayEmployee()
emp2. displayEmployee()
print ("Total Employee %d" % Accemployee. empCount)
```

结果：

```
Name:    王出纳, Salary:    2000
Name:    张会计, Salary:    5000
Total Employee 2
```

三、继承

面向对象的编程带来的主要好处之一是代码的重用，实现这种重用的方法之一是通过继承机制。继承完全可以理解成类之间的类型和子类型关系。

需要注意的地方：继承语法 class 派生类名（基类名）：//... 基类名写作括号里，基本类是在类定义时，在元组之中指明的。

语法：派生类的声明，与他们的父类类似，继承的基类列表跟在类名之后，如下：

```
class SubClassName(ParentClass1[, ParentClass2, ...]):
    'Optional class documentation string'
    class_suite
```

【示例】类的继承

```
class Parent:              # 定义父类
    parentAttr = 100
    def __init__(self):
        print("调用父类构造函数")
    def parentMethod(self):
        print('调用父类方法')
    def setAttr(self, attr):
        Parent.parentAttr = attr
    def getAttr(self):
        print("父类属性 :", Parent.parentAttr)
class Child(Parent): # 定义子类
    def __init__(self):
        print("调用子类构造方法")
    def childMethod(self):
        print('调用子类方法 child method')
c = Child()              # 实例化子类
c.childMethod()          # 调用子类的方法
c.parentMethod()         # 调用父类方法
c.setAttr(200)           # 再次调用父类的方法
c.getAttr()              # 再次调用父类的方法
```

结果：

```
调用子类构造方法
调用子类方法 child method
调用父类方法
父类属性：200
```

四、导入

我们可以将类存储在模块中，然后在主程序中导入所需的模块，这样可以让文件尽可能保持整洁，从而实现更好的管理。导入类是一种很有效的编程方式。这样我们就可以把大部分逻辑存储在独立的文件中，然后在主程序编写高级逻辑。

假设有一个 User 类，文件名为 User. ipynb，这个待导入的文件，一般称为模块：

```
class User():
    '''账号信息'''
    def __init__ (self, name, pwd):
        '''初始化'''
        self.name = name
        self.pwd = pwd
  # 登陆次数
        self.login_count = 0
    def print_login_count(self):
        '''打印登陆次数'''
        print('登陆次数 = ' + str(self.login_count))
    def update_login_count(self, num):
        '''更新登陆次数'''
        self.login_count = num
    def valid(self):
        '''是否验证通过'''
        print(self.name + ' 验证通过')
```

我们再定义一个名为 deniro. ipynb 的文件，来导入刚刚定义的 User 类：

```
from User import User
deniro = User('deniro', '1')
print('账号名:' + deniro.name)
```

结果：

账号名：deniro

第三节　权益净利率因素分析中的函数与类设计

本节首先，将具有相同功能的代码改进设计为函数，将具有相同属性和行为的对象设计为类；其次，进一步增加“添加年度财务比率”功能和新年度权益净利率的影响因素分析；最后，输出包含新年度的权益净利率因素分析表。

【提示】首先，计算权益净利率、权益乘数、总资产周转率、销售净利率逐年变化的代码块可以改进为“逐年变化计算函数”；其次，分析影响权益净利率变化的三个因素产生的影响程度和影响方向的代码块可以改进设计为“三因素影响分析函数”；再次，输出公司财务比率因素影响分析表部分的代码块，可以改进为“resultPrint”类，用来输出分析结果表；最后，可以在原数据表基础上增加 input（）函数，接收新年度（例如 2019 年）数据，并调用对应函数和类，生成新表进行分析，并输出最新的结果分析表。

【注意】函数内的局部变量，函数外或其他函数需要使用其改变了的值，需要将其更改为全局变量，用 global 进行声明。否则，新年度数据的因素分析无法顺利进行。

【示例代码】改进的某公司权益净利率因素分析

```
yearS2 = {2016, 2017, 2018}
ROE2 = {2016: 0.0208, 2017: 0.0068, 2018: 0.0137}
EM2 = {2018: 1.41, 2017: 1.32, 2016: 1.26}
TAT2 = {2018: 0.693, 2017: 0.556, 2016: 0.646}
SNP2 = {2018: 0.0140, 2017: 0.0093, 2016: 0.0256}
#定义函数：输出公司财务比率原数据表
def oTablePrint(yearS, ROE, EM, TAT, SNP):
    print('*'*16,'公司财务比率表','*'*16)
    print('年','    权益净利率','权益乘数','总资产周转率','销售净利率')
    for i in yearS:
        print(i, format('{:.2%}'.format(ROE[i]),'^10'), EM[i], format('{:.2%}'.format (TAT [i]),'^16'),
              format('{:.2%}'.format (SNP [i]),'^8'))
    print('*'*47)
#调用原数据表输出函数
oTablePrint(yearS2, ROE2, EM2, TAT2, SNP2)
```

```
#定义逐年变化计算函数　方法三
def fsyyc (yearS, ROE, EM, TAT, SNP):
    '''
    本函数计算权益净利率、权益乘数、总资产周转率、销售净利率逐年变化。
    '''
    global ROEbh
    global EMbh
    global TATbh
    global SNPbh
    ROEbh = {}
    EMbh = {}
    TATbh = {}
    SNPbh = {}
    for i in yearS:
        if i ==2016:
            j =2016
        else:
            j =i -1
        ROEbh[i] =round((ROE[i] -ROE[j]), 4)
        EMbh[i] =EM[i] -EM[j]
        TATbh[i] =TAT[i] -TAT[j]
        SNPbh[i] =SNP[i] -SNP[j]
    print('权益净利率逐年变化:', ROEbh)
    print('权益乘数较上年变化:', EMbh)
    print('总资产周转率较上年变化:', TATbh)
    print('销售净利率较上年变化:', SNPbh)
    print('*'*93)
    return(ROEbh, EMbh, TATbh, SNPbh)
#调用逐年变化计算函数
fsyyc(yearS2, ROE2, EM2, TAT2, SNP2)
#定义三因素影响分析函数，分析权益净利率影响因素产生的影响程度和影响方向
def threeFactorAnalysis (yearS, EMbh, TAT, SNP, EM, TATbh, SNPbh):
    '''
    功能：分析影响权益净利率变化的三个因素产生的影响程度和影响方向
    '''
```

```
    global EMbhzT
    global TATbhzT
    global SNPbhzT
    EMbhzT = [ ]
    TATbhzT = [ ]
    SNPbhzT = [ ]
    global EMbhz
    global TATbhz
    global SNPbhz
    for i in yearS:
        if i == 2016:
            j = 2016
        else:
            j = i - 1
        print(EMbh[i], TAT[j], SNP[j])
        EMbhz = EMbh[i] * TAT[j] * SNP[j]
        EMbhzT.append(EMbhz)
        TATbhz = EM[i] * TATbh[i] * SNP[j]
        TATbhzT.append(TATbhz)
        SNPbhz = EM[i] * TAT[i] * SNPbh[i]
        SNPbhzT.append(SNPbhz)
        print(i,'年相较于上年，权益、总资产周转率、销售净利率因素变动对权益净利率产生的影响分别为:', format('{:.2%}'.format(EMbhz),'^7'), format('{:.2%}'.format(TATbhz),'^7'), format('{:.2%}'.format(SNPbhz), '^7'))
        #三因素影响的验证
        if round(EMbhz, 4) + round(TATbhz, 4) + round(SNPbhz, 4) == round(ROEbh[i], 4):
            print(i,'年，三因素影响之和等于销售净利率变化值', format('{:.2%}'.format(round(ROEbh[i], 4)),'^7'),'，因素影响验证成功')
        else:
            print(i,'年，三因素影响之和不等于销售净利率变化值', format('{:.2%}'.format(round(ROEbh[i], 4)),'^7'),'，因素影响验证不成功')
    return(EMbhzT, TATbhzT, SNPbhzT)
```

```
#调用三因素影响分析函数
threeFactorAnalysis(yearS2, EMbh, TAT2, SNP2, EM2, TATbh, SNPbh)
#定义类：公司财务比率因素影响分析表，输出分析结果表
class ResultPrint:
    '''输出分析结果表类'''
    printCount =0
    def __init__ (self, yearS, ROE, ROEbh, EM, EMbhzT, TAT, TATbhzT, SNP,
SNPbhzT):
        '''初始化'''
        self. yearS = yearS
        self. ROE = ROE
        self. ROEbh = ROEbh
        self. EM = EM
        self. EMbhzT = EMbhzT
        self. TAT = TAT
        self. TATbhzT = TATbhzT
        self. SNP = SNP
        self. SNPbhzT = SNPbhzT
        ResultPrint. printCount + =1
#def displayCount(self):
        #print "Total Employee %d" % Employee. empCount
    def printResult(self):
        print(' * ' * 36,'公司财务比率因素影响分析表',' * ' * 36)
        print('年','权益净利率','ROEyx','权益乘数','EMyx','总资产周转
率','TATyx','销售净利率','SNPyx')
        for i in self. yearS:
            j = i - 2016
            print(i, format('{: .2%}'. format(self. ROE[i]),'^10'), format('{:.
2%}'. format (self. ROEbh[i]),'^8'),
            self. EM[i], format('{: .2%}'. format(self. EMbhzT[j]),'^15'),
            format('{: .2%}'. format(self. TAT[i]),'^7'), format('{: .2%}'.
format(self. TATbhzT[j]),'^13'), format('{: .2%}'. format (self. SNP [i]),'^8'),
            format('{: .2%}'. format (self. SNPbhzT [j]),'^8'))
        print(' * ' * 100)
# " 创建的 ResultPrint 类第一个对象"
```

```
resultPrint1 = ResultPrint ( yearS2, ROE2, ROEbh, EM2, EMbhzT, TAT2, TATbhzT,
SNP2, SNPbhzT)
#访问方法，进行分析结果表输出
resultPrint1. printResult( )
```

【示例代码】更新添加新年度数据

```
#接收不重复的年度数值输入
yearA = int( input( "请输入新的年度:" ) )
if yearA in yearS2:
    print( "请输入不重复的年度" )
else:
    yearS2. add( yearA)
    # 接收新输入年度的'权益净利率','权益乘数','总资产周转率','销售净利率'
    #python 一行接收多个值输入：a, b, c = map( int, input( ) . split( ) )
    print( "请用空格隔开输入新年度的'权益净利率','权益乘数','总资产周转
率','销售净利率':" )
    ROEA, EMA, TATA, SNPA = map( float, input( ) . split( ) )
    ROE2[ yearA] = ROEA
    EM2[ yearA] = EMA
    TAT2[ yearA] = TATA
    SNP2[ yearA] = SNPA
#更新添加新年度数据后的因素分析及结果表输出
#调用原数据表输出函数，输出添加新年度数据的分析前表
oTablePrint( yearS2, ROE2, EM2, TAT2, SNP2)
fsyyc (yearS2, ROE2, EM2, TAT2, SNP2) #调用逐年变化计算函数#print( EMbh)
#调用三因素影响分析函数
threeFactorAnalysis( yearS2, EMbh, TAT2, SNP2, EM2, TATbh, SNPbh)
# "创建的 ResultPrint 类第一个对象"
resultPrint2 = ResultPrint ( yearS2, ROE2, ROEbh, EM2, EMbhzT, TAT2, TATbhzT,
SNP2, SNPbhzT)
#访问方法，进行分析结果表输出
resultPrint2. printResult( )
```

结果：

```
**************** 公司财务比率表 ****************
年   权益净利率 权益乘数 总资产周转率 销售净利率
2016   2.08%     1.26      64.60%       2.56%
2017   0.68%     1.32      55.60%       0.93%
2018   1.37%     1.41      69.30%       1.40%
************************************************
权益净利率逐年变化:{2016: 0.0, 2017: -0.014, 2018: 0.0069}
权益乘数较上年变化: {2016: 0.0, 2017: 0.06000000000000005, 2018: 0.08999999999999986}
总资产周转率较上年变化: {2016: 0.0, 2017: -0.08999999999999997, 2018: 0.13699999999999999}
销售净利率较上年变化: {2016: 0.0, 2017: -0.016300000000000002, 2018: 0.004700000000000001}
********************************************************************************
2016 年相较于上年,权益、总资产周转率、销售净利率因素变动对权益净利率产生的影响分别为:   0.00%    0.00%    0.00%
2016 年,三因素影响之和等于销售净利率变化值  0.00%  ,因素影响验证成功
2017 年相较于上年,权益、总资产周转率、销售净利率因素变动对权益净利率产生的影响分别为:   0.10%   -0.30%   -1.20%
2017 年,三因素影响之和等于销售净利率变化值 -1.40%  ,因素影响验证成功
2018 年相较于上年,权益、总资产周转率、销售净利率因素变动对权益净利率产生的影响分别为:   0.05%    0.18%    0.46%
2018 年,三因素影响之和等于销售净利率变化值  0.69%  ,因素影响验证成功
************************************** 公司财务比率因素影响分析表 **************************************
年   权益净利率   ROEyx  权益乘数   EMyx   总资产周转率   TATyx   销售净利率   SNPyx
2016   2.08%      0.00%   1.26      0.00%     64.60%      0.00%     2.56%     0.00%
2017   0.68%     -1.40%   1.32      0.10%     55.60%     -0.30%     0.93%    -1.20%
2018   1.37%      0.69%   1.41      0.05%     69.30%      0.18%     1.40%     0.46%
*********************************************************************************************************
请输入新的年度:2019
请用空格隔开输入新年度的'权益净利率','权益乘数','总资产周转率','销售净利率':
0.2365 1.3212 0.6878 0.0289
**************** 公司财务比率表 ****************
年   权益净利率 权益乘数 总资产周转率 销售净利率
2016   2.08%     1.26      64.60%       2.56%
2017   0.68%     1.32      55.60%       0.93%
2018   1.37%     1.41      69.30%       1.40%
2019   23.65%    1.3212      68.78%       2.89%
************************************************
权益净利率逐年变化:{2016: 0.0, 2017: -0.014, 2018: 0.0069, 2019: 0.2228}
权益乘数较上年变化: {2016: 0.0, 2017: 0.06000000000000005, 2018: 0.08999999999999986, 2019: -0.0887999999999999
9}
总资产周转率较上年变化: {2016: 0.0, 2017: -0.08999999999999997, 2018: 0.13699999999999999, 2019: -0.005199999999
999982}
销售净利率较上年变化: {2016: 0.0, 2017: -0.016300000000000002, 2018: 0.004700000000000001, 2019: 0.014899999999
999998}
********************************************************************************
2016 年相较于上年,权益、总资产周转率、销售净利率因素变动对权益净利率产生的影响分别为:   0.00%    0.00%    0.00%
2016 年,三因素影响之和等于销售净利率变化值  0.00%  ,因素影响验证成功
2017 年相较于上年,权益、总资产周转率、销售净利率因素变动对权益净利率产生的影响分别为:   0.10%   -0.30%   -1.20%
2017 年,三因素影响之和等于销售净利率变化值 -1.40%  ,因素影响验证成功
2018 年相较于上年,权益、总资产周转率、销售净利率因素变动对权益净利率产生的影响分别为:   0.05%    0.18%    0.46%
2018 年,三因素影响之和等于销售净利率变化值  0.69%  ,因素影响验证成功
2019 年相较于上年,权益、总资产周转率、销售净利率因素变动对权益净利率产生的影响分别为:  -0.09%   -0.01%    1.35%
2019 年,三因素影响之和不等于销售净利率变化值 22.28%  ,因素影响验证不成功
************************************** 公司财务比率因素影响分析表 **************************************
年   权益净利率   ROEyx  权益乘数   EMyx   总资产周转率   TATyx   销售净利率   SNPyx
2016   2.08%      0.00%   1.26      0.00%     64.60%      0.00%     2.56%     0.00%
2017   0.68%     -1.40%   1.32      0.10%     55.60%     -0.30%     0.93%    -1.20%
2018   1.37%      0.69%   1.41      0.05%     69.30%      0.18%     1.40%     0.46%
2019   23.65%    22.28%   1.3212   -0.09%      68.78%    -0.01%      2.89%     1.35%
*********************************************************************************************************
```

本章习题

1. 某企业固定费用为2700万元，产品单价为800元/台，总成本（固定成本+变动成本）600元/台。计算其盈亏平衡点。当年产量在12万台时，为实现目标利润40万元，最低销售单价应定在多少？

（1）盈亏平衡点：2700/(800－600)＝13.5（万台）

注：盈亏平衡点计算公式为：固定费用÷(产品单价－总成本)

（2）最低售价为 X：（27000000 + 40）/（X − 600）= 120000（台），解得 X = 828.33（元/台）。

注：实现目标利润的计算公式为：

销售数量 ×（产品单价 − 总成本）= 固定费用 + 目标利润

要求：请用 Python 编程实现上述实例应用。

2. 某公司 5 ~ 7 月水电费费用分别为 10000、8000、9500 元，管理部门，销售部门，生产部门按比例分摊水电费，分摊系数为 0.2、0.3、0.5。

【要求】请根据题目要求用 Python 函数及其他功能对水电总费用进行分摊，金额保留 2 位小数。计算结果放在字典 D3。比如 D3 = {'管理部门'：'2750.00'，'销售部门'：'8250.00'，'生产部门'：'16500.00'}。

3. 请结合某一财务管理函数，用 Python 进行实现。

第九章 异常处理

【本章学习目标】

1. 了解异常的概念、处理机制和常用的异常处理方式；
2. 异常处理语句 try…except 的基本语法及用法；
3. 异常处理语句 try…except…else 的基本语法及用法；
4. 异常处理语句 try…except…finally 的基本语法及用法；
5. 财务会计异常处理场景的 Python 应用。

【本章学习重点】

1. 异常产生的软件描述、名称和常见处理方式；
2. 异常处理语句 try…except、try…except…else、try…except…finally 的语法及应用；
3. 财务会计应用场景中的异常分析及处理。

【本章学习难点】

1. 异常处理语句 try…except、try…except…else、try…except…finally 的应用范围及效果差别；
2. 财务会计应用场景中异常处理的 Python 代码实现。

Python 执行程序检测到错误时，会触发异常，异常触发后且没被处理的情况下，程序就在当前异常处终止，后面的代码不会运行，严重影响用户体验，这时我们需要对这些异常进行处理，让程序能够顺利执行下去，提高程序的执行性和容错性。异常处理就是捕捉发生的错误，防止程序崩溃，并进行程序分流。除了 Python 检测到的异常外，我们还可以主动抛出异常。

第一节 异常概述

异常即是一个事件，该事件会在程序执行过程中发生，影响了程序的正常执行。一般情况下，Python 无法正常处理程序时就会发生一个异常。异常是 Python 对象，表示一个错误。当 Python 脚本发生异常时我们需要捕获处理它，否则程序会终止执行（见表 9－1）。

表 9－1 Python 标准异常表

异常名称	描述	异常名称	描述
ZeroDivisionError	除（或取模）零（所有数据类型）	SyntaxError	Python 语法错误
IOError	输入/输出操作失败	IndentationError	缩进错误
OSError	操作系统错误	TypeError	对类型无效的操作
KeyError	映射中没有这个键	ValueError	传入无效的参数

第二节 异常处理语句

Python 提供了异常处理功能来处理 Python 程序在运行中出现的异常和错误。你可以使用该功能来调试 Python 程序。

一、try…except 语句

在 Python 中，提供了 try…except 语句捕获并处理异常。在使用时，把可能产生异常的代码放在 try 语句块中，把处理结果放在 except 语句块中。这样，当 try 语句块中的代码出现错误，就会执行 except 语句块中的代码。如果 try 语句块中的代码没有错误，那么 except 语句块将不会执行。具体的语法格式如下：

```
try:
    block1
except [ExceptionName [as alias]]:
    block2
```

【示例】Python 打开一个文件，在该文件中的内容写入内容，且并未发生异常：

```
try:
    fh = open("testfile", "w")
    fh.write("This is my test file for exception handling!!")
```

```
except IOError:
    print ("Error: can\'t find file or read data")
else:
    print ("Written content in the file successfully")
    fh.close()
```

结果：

```
Written content in the file successfully
```

【示例】Python 打开一个文件，在该文件中的内容写入内容，但文件没有写入权限，发生了异常。

```
try:
    fh = open("testfile", "r")
    fh.write("This is my test file for exception handling!!")
except IOError:
    print ("Error: can\'t find file or read data")
else:
    print ("Written content in the file successfully")
    fh.close()
```

结果：

```
Error: can't find file or read data
```

二、try…except…else 语句

在 Python 中，还有另一种异常处理结构，它是 try…except…else 语句，也就是在原来 try…except 语句的基础上再添加一个 else 子句，用于指定当 try 语句块中没有发现异常时要执行的语句块。该语句块中的内容当 try 语句中发现异常时，将不被处理。

【示例】某企业一固定资产的原值为 10000 元，预计使用年限为 5 年，预计净残值 5%，按直线法计算折旧，截至上月，累计折旧为 8333.5 元。计算本月的固定资产折旧。

条件：当固定资产净值 >0 时，本月折旧 = 固定资产原值/使用期限（月），否则，本月折旧 = 固定资产原值 - 上月累计折旧 - 残值。

【提示】当使用年限输入为 0 时，程序运行异常，需要异常处理。

```
def fixed_assets_depreciation(amount, year, srate, depope):
    '''
```

```
    功能：直线法计提固定资产折旧
    amount：固定资产原值（整型）；
    year（使用年限，整型）；
    srate（年利率，浮点型）；
    depope（累计折旧，浮点型）。
    ,,,
    scrap = amount * srate   #残值
    depope = 8333.5   #期初累计折旧
    depinc = round(amount/(year * 12), 2)#本期折旧
    netamount = amount - depope - depinc - scrap#固定资产净值
    if netamount > 0:
        depinc = depinc
    else:
        depinc = amount - depope - scrap
    print("本月折旧额为:", depinc)
try:                                        #捕获异常
    amount, year = map(int, input("请输入固定资产原值和使用年限:").split())
    srate, depope = map(float, input("请输入年利率和残值:").split())
    fixed_assets_depreciation(amount, year, srate, depope)      #调用函数
except ZeroDivisionError:                    #处理 ZeroDivisionError 异常
    print("\n出错了~_~——使用年限不能为0!")
except ValueError as e:                      #处理 ValueError 异常
    print("输入错误:", e)                      #输出错误原因
else:
print("固定资产计提折旧顺利完成…")
```

结果 1：

```
请输入固定资产原值和使用年限：10000 0
请输入年利率和残值：0.05 8333.5

出错了~_~——使用年限不能为0!
```

结果 2：

```
请输入固定资产原值和使用年限：10000 5
请输入年利率和残值：0.05 8333.5
```

```
本月折旧额为：166.67
固定资产计提折旧顺利完成…
```

三、try…except…finally 语句

完整的异常处理语句应该包括 finally 代码块，通常情况下，无论程序中有无异常产生，finally 代码块中的代码都会被执行。

```
try:
    block1
except[ExceptionName[as alias]]:
    block2
finally:
    block3
```

对于 try…except…finally 语句的理解并不复杂，它只是比 try…except 语句多了一个 finally 语句。如果程序中有一些在任何情形中都必须执行的代码，那么就可以将它们放在 finally 语句的区块中。

【说明】使用 except 子句是为了允许处理异常。无论是否引发了异常，使用 finally 子句都可以执行清理代码。如果分配了昂贵或有限的资源（如打开文件），则应将释放这些资源的代码放置在 finally 块中。

【示例】某企业一固定资产的原值为 10000 元，预计使用年限为 5 年，预计净残值 5%，按直线法计算折旧，截至上月，累计折旧为 8333.5 元。计算本月的固定资产折旧。

条件：当固定资产净值 >0 时，本月折旧 = 固定资产原值/使用期限（月），否则，本月折旧 = 固定资产原值 - 上月累计折旧 - 残值。

【提示】当使用年限输入为 0 时，程序运行异常，需要异常处理。

```
def fixed_assets_depreciation (amount, year, srate, depope):
    '''
    功能：直线法计提固定资产折旧
    amount：固定资产原值（整型）；
    year（使用年限，整型）；
    srate（年利率，浮点型）；
    depope（累计折旧，浮点型）。
    '''
    scrap = amount * srate   #残值
```

```
    depope = 8333.5   #期初累计折旧
    depinc = round(amount/(year * 12), 2) #本期折旧
    netamount = amount - depope - depinc - scrap#固定资产净值
    if netamount > 0:
        depinc = depinc
    else:
        depinc = amount - depope - scrap
    print("本月折旧额为:", depinc)
try:                                          #捕获异常
    amount, year = map(int, input("请输入固定资产原值和使用年限:").split())
    srate, depope = map(float, input("请输入年利率和残值:").split())
    fixed_assets_depreciation(amount, year, srate, depope)      #调用函数
except ZeroDivisionError:                     #处理 ZeroDivisionError 异常
    print("\n 出错了 ~_~——使用年限不能为 0!")
except ValueError as e:                       #处理 ValueError 异常
    print("输入错误:", e)                      #输出错误原因
else:
    print("固定资产计提折旧顺利完成…")
finally:
print("进行了一次固定资产计提折旧操作。")        #无论是否抛出异常都执行
```

结果 1:

```
请输入固定资产原值和使用年限: 1000 0
请输入年利率和残值: 0.05 8333.5

出错了 ~_~——使用年限不能为 0!
进行了一次固定资产计提折旧操作。
```

结果 2:

```
请输入固定资产原值和使用年限: 10000 5
请输入年利率和残值: 0.05 8333.5
本月折旧额为: 166.67
固定资产计提折旧顺利完成…
进行了一次固定资产计提折旧操作。
```

第三节 固定资产计提折旧中 ValueError 异常处理

【应用场景】某企业一固定资产的原价为 10000 元，预计使用年限为 5 年，预计净残值 200 元，按照年数总和法计提折旧，年数总和法：年折旧率 = 尚可使用年限/预计使用年限总和。

那么每年的折旧额如何计算：预计使用年限总和 =5 +4 +3 +2 +1 =15（年）

第一年：折旧率 =5/15，折旧 =(10000 -200) *5/15 =3266.67

第二年：折旧率 =4/15，折旧 =(10000 -200) *4/15 =2613.33

第三年：折旧率 =3/15，折旧 =(10000 -200) *3/15 =1960

第四年：折旧率 =2/15，折旧 =(10000 -200) *2/15 =1306.67

第五年：折旧率 =1/15，折旧 =(10000 -200) *1/15 =653.33

五年累计计提折旧 =3266.67 +2613.33 +1960 +1306.67 +653.33 =9800（元）

【要求】请用 Python 设计上述固定资产折旧，并在输入非整数年限时进行异常处理。

【示例】年数总和法计提固定资产折旧

```
originalValue = float(input('请输入固定资产的原值:'))
try:                          #捕获异常
    nPer = int(input('请输入固定资产的使用年限:'))
    netSalvage = float(input('请输入固定资产的预计净残值:'))
    #计算年数总和
    sumNper =0
    for i in range(1, nPer +1):
        sumNper + =i
        #年数总和法计算固定资产折旧率及折旧额
    for i in range(nPer, 0, -1):
        yRate = i/sumNper
        yDepreciation = (originalValue - netSalvage) * yRate
        j =6 -i
        print('第', j,'年: 折旧率为:', round(yRate, 2),'折旧额为:', round
(yDepreciation, 2))
except ValueError:                    #处理 ValueError 数据类型异常
    print("\n 出错了 ~_~——使用年限不能为非整数!")
else:
```

```
    print("固定资产计提折旧顺利完成…")
finally:
    print("进行了一次固定资产计提折旧操作。")          #无论是否抛出异常都执行
```

结果1：

```
请输入固定资产的原值：10000
请输入固定资产的使用年限：5
请输入固定资产的预计净残值：200
第 1 年：折旧率为：0.33 折旧额为：3266.67
第 2 年：折旧率为：0.27 折旧额为：2613.33
第 3 年：折旧率为：0.2 折旧额为：1960.0
第 4 年：折旧率为：0.13 折旧额为：1306.67
第 5 年：折旧率为：0.07 折旧额为：653.33
固定资产计提折旧顺利完成…
进行了一次固定资产计提折旧操作。
```

结果2：

```
请输入固定资产的原值：10000
请输入固定资产的使用年限：5.5
出错了 ~_~——使用年限不能为非整数！
进行了一次固定资产计提折旧操作。
```

本章习题

1. 请结合会计工作中数据输入或输出中的人为错误，用 Python 编程进行异常处理。
2. 请结合费用分摊实例，用 Python 编程实现异常处理。
3. 请结合应收账款计提坏账实例，用 Python 编程实现异常处理。

第三篇

数据挖掘

“中国正迎来从IT时代到DT时代的变革”，DT就是大数据时代。数据就是隐藏的宝贵资源。本篇“数据挖掘”是实践篇，首先进行数据的收集，再通过应用数学、统计、计算机等技术抽取数据中有用信息，作出归纳性的推理，使数据产生价值，进而为后面的决策提供依据和指导方向。

第十章 正则表达式

【本章学习目标】

1. 了解正则表达式（re）的概念、特点、作用及模块调用；
2. 掌握正则表达式常用函数 match、search、findall、sub、split 和 compile；
3. 熟练掌握简单的正则表达式的语法和格式化模式；
4. 掌握元字符"[ ]"、" ^"、"( )"、" \ " 的使用方法；
5. 掌握预定义字符集' \b"、定位符" \A" 和" \Z"、分组元字符"( )"的具体应用；
6. 了解正则表达式匹配的贪婪与非贪婪模式（ * +?）。

【本章学习重点】

1. 正则表达式 re 模块中的常用查找操作函数 match、search、findall；
2. 正则表达式中字符串截取、分割、合并函数：split、join；
3. 正则表达式中元字符的应用。

【本章学习难点】

1. 财务会计数据清洗的正则表达式；
2. 财务会计工作中时间数据处理的正则表达式；
3. 财务会计工作中科目数据处理的正则表达式。

财务会计数据是以“单、证、账、表”等形式表现的各种未曾加工的数字、字母与特殊符号的集合。该集合中除了数值型数据外，主要是字符串数据。正则表达式是一种描述字符串结构的语法规则，是一个特定的格式化模式。正则表达式具有的完整语法体系，提供了一种灵活且直观的字符串处理方法，能够通过构建特定规则的模式与输入的字符串信息比较，从而实现字符串的匹配、查找、替换及分割等操作。

第一节　正则表达式（re）

正则表达式（Regular expression，re）并不是一个程序，而是用于处理字符串的一种模式，就是用事先定义好的一些特定字符及这些特定字符的组合，组成一个“规则字符串”，实现对字符串的一种过滤，它能帮助你方便地检查一个字符串是否与某种模式匹配。Python 自 1.5 版本起增加了 re 模块，它提供 Perl 风格的正则表达式模式。re 模块使 Python 语言拥有全部的正则表达式功能。

正则表达式优点突出。首先，它是一个很强大的字符串处理工具，几乎任何关于字符串的操作都可以使用正则表达式来完成，具有极强的灵活性、逻辑性和功能性；其次，可以用简单的方式快速实现字符串的控制；最后，正则表达式在多种编程语言中都有相同使用，也许正则表达式在不同的语言中使用方式可能不一样，不过只要学会了任意一门语言的正则表达式用法，其他语言中大部分也只是换了个函数的名称而已，本质都是一样的。

正则表达式的使用流程如图 10－1 所示。

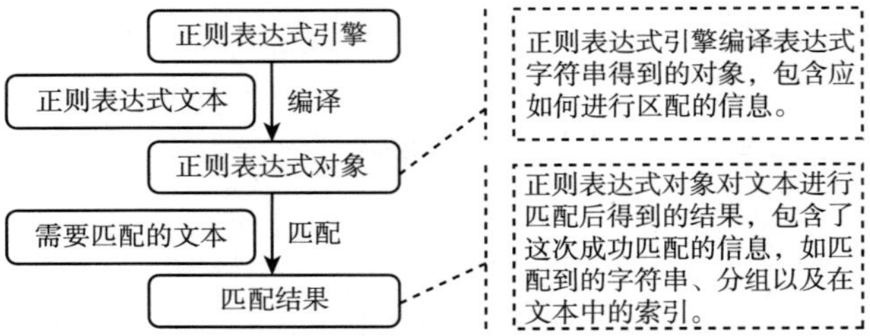

图 10－1　正则表达式使用流程

第二节　re 库常用函数

正则表达式中常用函数如表 10－1 所示。

表 10－1　re 库常用函数

函数名称	说明
match( )	尝试从字符串的起始位置匹配一个模式，如果不是起始位置匹配成功的话，match( ) 就返回 none，如果匹配，就返回匹配成功的结果
search( )	在匹配时，search( ) 函数会依次扫描字符串，直到找到第一个符合规则的字符串，然后返回匹配内容，如果搜索完了还没有找到，就返回 None

续表

函数名称	说明
findall( )	搜索整个字符串，然后返回匹配正则表达式的所有内容
sub( )	修改文本，如想要把一串文本中的所有数字都去掉
split( )	按照能够匹配的子串将 string 分割后返回列表
compile( )	将正则字符串编译成正则表达式对象，以便在后面的匹配中重复使用

函数中会要求提供一些参数，如 pattern、string、flags 等，这里对于几个重要参数进行统一说明。

➢ pattern：匹配的正则表达式；

➢ string：要匹配的字符串；

➢ flags：标志位（可选参数），用于控制正则表达式的匹配方式。如是否区分大小写、是否多行匹配等，数字形式，默认为 0。常用标志及其含义如表 10 – 2 所示：

表 10 – 2　　常用标志及其含义

标志	含义
re. S	使匹配包括换行在内的所有字符
re. I	使匹配对大小写不敏感
re. L	做本地化识别（locale – aware）匹配，法语等
re. M	多行匹配，影响^和 $
re. X	该标志通过给予更灵活的格式以便将正则表达式写得更易于理解
re. U	根据 Unicode 字符集解析字符，这个标志影响 \ w、\ W、\ b、\ B

一、match( ) 函数

match( ) 尝试从字符串的起始位置匹配一个模式，它是一次匹配，只要找到了一个匹配的结果就返回，而不是查找所有匹配的结果。成功则返回匹配的内容，不匹配则返回 None。它的一般使用形式如下：

```
re. match(pattern, string, flags)
```

【示例】

```
import re
message = '人生就像一盒巧克力，你永远不知道下一颗会是什么味道'
result = re. match('人生', message)
print (result)
```

结果：

```
<re. Match object; span =(0, 2), match ='人生'>
```

使用时匹配成功，返回一个 match 对象，span 函数返回的是匹配结果所在的索引位置。

【注意】re 是内置库，无需导入即可使用，但在使用 Anaconda 的 Jupyter notebook 时，如果不导入 re 库，有时会出现报错的情况。因此，在首次使用时，需要导入 re 库。

【示例】

```
message='人生就像一盒巧克力,你永远不知道下一颗会是什么味道'
result=re.match('巧克力',message)
print(result)
```

```
---------------------------------------------------------------------------
NameError                                 Traceback (most recent call last)
<ipython-input-1-623e7832e0d2> in <module>
      1 message='人生就像一盒巧克力,你永远不知道下一颗会是什么味道'
----> 2 result=re.match('巧克力',message)
      3 print(result)

NameError: name 're' is not defined
```

【示例】

```
message ='人生就像一盒巧克力，你永远不知道下一颗会是什么味道'
result = re.match('巧克力', message)
print(result)
```

结果：

```
None
匹配不成功，返回 None。
```

二、search() 函数

search() 函数用于查找字符串的任何位置，它也是一次匹配，只要找到了一个匹配的结果就返回，而不是查找所有匹配的结果，它的一般使用形式如下：

```
re. search(pattern, string, flags)
```

【示例】

```
message ='人生就像一盒巧克力，你永远不知道下一颗会是什么味道'
result = re. search('人生', message)
print(result)
```

结果：

```
<re. Match object; span = (6, 9), match = '巧克力'>
```

【注意】match 和 search 函数的区别在于 match 函数只匹配字符串的开始，如果字符串开始不符合正则表达式，则匹配失败，函数返回 None；而 search 函数匹配整个字符串，直到找到一个匹配。

三、findall（）函数

前面的 match 和 search 方法都是一次匹配，只要找到了一个匹配的结果就返回。然而，在大多数时候，我们需要搜索整个字符串，获得所有匹配的结果。它的一般使用形式如下：

```
findall(pattern, string, flags)
```

【示例】

```
message = '忽如一夜春风来，千树万树梨花开。'
result = re.findall('树', message)
print(result)
```

结果：

```
['树', '树']
```

findall 函数在字符串中找到正则表达式所匹配的所有子串，但不会返回匹配结果所在的索引位置。

四、sub（）函数

sub 函数用于替换字符串中的匹配项，它的一般使用形式如下：

```
sub(pattern, repl, string, count =0, flags)
```

其中，参数 repl 表示为替换的字符串，也可为一个函数；参数 count 表示匹配后替换的最大次数，默认 0 表示替换所有的匹配。

【示例】

```
message = 'AFao979afh98d7A'
result = re.sub('a','正则', message, flags = re.I)
print(result)
```

sub 函数将字符串中所有的字母 a 和 A 都替换为'正则'，flags 表示为忽略大小写。

五、split( )函数

split 函数按照能够匹配的子串将字符串分割后返回列表。使用 re. split 来分割字符串，如 re. split(r'\s+', text)；将字符串按空格分割成一个单词列表，它的一般使用形式如下：

```
re. split(pattern, string, maxsplit =0, flags)
```

【注意】参数 maxsplit 表示最大切割次数，默认为 0。

【示例】根据“二”对字符串进行分割。

```
message = '草长莺飞二月天，拂堤杨柳醉春烟。'
result = re. split('二', message)
print(result)
```

结果：

```
['草长莺飞', '月天，拂堤杨柳醉春烟。']
```

六、compile( )函数

compile 函数用于编译正则表达式，生成一个正则表达式对象，可以把那些常用的正则表达式编译成正则表达式对象，这样可以提高效率，它的一般使用形式如下：

```
re. compile(pattern, flags)
```

【示例】

```
message = "Tina is a good girl, she is cool, clever, and so on..."
m = re. compile('[A-Z][a-z]')
print(m. findall(message))
```

结果：

```
['Ti']
```

将前面为一个大写字母、后面紧跟一个小写字母的字符串子串作为正则表达式对象，并通过 findall 函数进行使用。

第三节 元字符

大多数字母和字符会匹配它们自身。例如，正则表达式 test 会和字符串“test”完全匹配（也可以使用大小写不敏感模式，它还能让这个 re 匹配“Test”或“TEST”）。有少数特殊的字符我们称之为元字符，它们并不能匹配自身。它们定义了字符类、子组匹配和模式重复次数等。元字符一共有 11 个，如表 10－3 所示：

表 10－3　　元字符

元字符	内容	正则表达式	匹配情况
.	匹配任意除换行符“\n”外的字符	a. c	abc
\	转义字符，使后一个字符改变原来的意思	a\ c；a\ \ c	a. c；a\ c
*	匹配前一个字符 0 或多次	abc *	ab；abccc
+	匹配前一个字符 1 次或无限次	abc +	abc；abccc
?	匹配一个字符 0 次或 1 次	abc?	ab；abc
^	匹配字符串开头。在多行模式中匹配每一行的开头	^abc	abc
$	匹配字符串末尾，在多行模式中匹配每一行的末尾	abc $	abc
|	或。匹配 | 左右表达式任意一个，从左到右匹配	abc | def	abc def
{}	{m} 匹配前一个字符 m 次，{m，n} 匹配前一个字符 m 至 n 次，若省略 n，则匹配 m 至无限次	ab{1，2}c	abc abbc
[]	字符集。对应的位置可以是字符集中任意字符。字符集中的字符可以逐个列出，也可以给出范围，如 [abc] 或 [a－c]。[^abc] 表示取反，即非 abc。 所有特殊字符在字符集中都失去其原有的特殊含义。用\ 反斜杠转义恢复特殊字符的特殊含义	a[bcd]e	abe ace ade
()	被括起来的表达式将作为分组，从表达式左边开始每遇到一个分组的左括号“（”，编号数加 1. 分组表达式作为一个整体。表达式中的 | 仅在该组中有效	(abc){2} a(123 | 456)c	abcabc a456c

需要补充说明的几个元字符：

一、元字符"[]"

元字符"[]"常用来指定一个字符类别，所谓字符类别就是你想匹配的一个字符集。字符可以单个列出，也可以用“－”号分隔的两个给定字符来表示一个字符区间。例如，[abc] 将匹配"a"，"b"，或"c"中的任意一个字符；也可以用区间 [a－c] 来表示同一字符集，与前者效果一致。如果你只想匹配小写字母，那么 re 应写成 [a－z]。

元字符在类别里并不起作用。例如，[akm $] 将匹配字符"a"，"k"，"m"，或"$"中的任意一个；"$"通常用作元字符，但在字符类别里，其特性被除去，恢复成普通字符。

【示例】

```
message = "Tina is a good girl, she is cool, clever, and so on..."
m = re.compile('[a-z][A-Z]', re.I)
print(m.findall(message))
```

结果：

```
['Ti', 'na', 'is', 'go', 'od', 'gi', 'rl', 'sh', 'is', 'co', 'ol', 'cl', 'ev',
'er', 'an', 'so', 'on']
```

二、元字符"^"

元字符"^"在正则表达式中通常有两种用法，一是作为定位符，放在正则表达式的最前方，表示匹配字符串开头；二是在元字符［］中使用，表示补集，来匹配不在区间范围内的字符。例如，［^5］将匹配除"5"之外的任意字符。

【示例】

```
message = "Tina is a good girl, she is cool, clever, and so on..."
result = re.search('^tina', message, flags = re.I)
print(result)
```

结果：

```
<re.Match object; span = (0, 4), match = 'Tina'>
```

【示例】

```
message = "523456789"
result = re.search('[^5]', message)
print(result)
```

结果：

```
<re.Match object; span = (1, 2), match = '2'>
```

三、元字符“()”

当正则表达式中只带有一个圆括号时，列表中的元素为字符串，并且该字符串的内容与括号中的正则表达式相对应（注意：列表中的字符串只是圆括号中的内容，不是整个正则表达式所匹配的内容）。当正则表达式中没有圆括号时，列表中的字符串表示整个正则表达式匹配的内容。

【示例】

```
message = 'a1bacbdda_b'
result = re.findall('d (da)', message)
print(result)
```

结果：

```
['da']
```

该示例的运行结果中只显示了圆括号中的内容，并没有显示完整正则表达式所匹配的内容。

四、元字符"\"

最重要的元字符是反斜杠"\"。作为 Python 中的字符串字母，反斜杠后面可以加不同的字符以表示不同特殊意义。它也可以用于取消所有的元字符，这样就可以在模式中匹配它们。举个例子，如果你需要匹配字符"["或"\"，你可以在它们之前用反斜杠来取消它们的特殊意义：\ [或\ \。即，反斜杠后边跟元字符去除特殊功能，反斜杠后边跟普通字符实现特殊功能。

【示例】

```
message = 'a1bacbdda_b'
result = re.findall('a. b', message)
print(result)
```

结果：

```
['a1b', 'acb', 'a_b']
```

示例中的"."匹配任意除换行符"\ n"外的字符。

【示例】

```
message = 'a1bacbdda_b'
result = re.findall('a\ . b', message)
print(result)
```

结果：

```
[]
```

【注意】示例中的"."由于前面加了转义字符\，则元字符"."的特殊功能被消除，单纯显示"."本身。

正则表达式里使用"\"作为转义字符，这就可能造成反斜杠困扰。例如，需要匹配文本中的字符"\"，那么使用编程语言表示的正则表达式里将需要 4 个反斜杠"\\"：前两个和后两个分别用于在编程语言里转义成反斜杠，转换成两个反斜杠后再在正则表达式里转义成一个反斜杠。为了避免转义字符带来的困扰，可以在 Python 中的字符串前面加上 r 表示原生字符串，这样正则表达式中的反斜杠就不会被任何特殊方式处理，所以 r"\n" 就是包含"\" 和 "n" 的两个字符，而 "\n" 则是一个字符，表示一个换行。不用担心是不是漏写了反斜杠，写出来的表达式也更直观，如表 10－4 所示。

表 10－4　原生字符串的使用

常规字符串	原生字符串
"ab*"	r"ab*"
"\\\\section"	r"\\section"
"\\w+\\s+\\1"	r"\w+\s+\1"

五、分组元字符"()"

分组是通过元字符"()" 来标识的。这与数学表达式中意思相同，即把在它们里面的表达式组成一组。举个例子，可以用重复限制符，如 *，+，?，和 {m，n}，来重复分组里的内容，比如说 (ab) * 将匹配零或更多个重复的－"ab"。分组的常用使用方法如表 10－5 所示。

表 10－5　分组的常用使用方法

分组方式	内容	表达式	匹配情况
(?P<name>)	分组，除了原有的编号外再指定一个额外的别名	(?P<id>abc){2}	abcabc
(?P=name)	引用别名为<name>的分组匹配到字符串	(?P<id>\d)abc(?P=id)	1abc1 5abc5
\number	引用编号为 number 的分组匹配到字符串	(\d)abc\1	1abc1 5abc5

分组是从 0 开始计数的。组 0 总是存在，所以'MatchObject' 的方法都把组 0 作为它们缺省的参数，即分组 0 代表匹配的整个子串，默认返回 group(0)。分组是从左向右计数的，从 1 开始。分组可以被嵌套。计数的数值可以通过从左到右计算打开的括号数来确定。分组可以得到它们匹配文本的开始和结尾索引；这就可以通过一个参数用 group()、start()、end() 和 span() 来进行检索。group() 可以一次输入多个组号，在这种情况下它将返回一个包含那些组所对应值的元组。

➢ group([group1，…]) 方法用于获得一个或多个分组匹配的字符串，当要获得整个匹配的子串时，可直接使用 group() 或 group(0)；

➢ start([group]) 方法用于获取分组匹配的子串在整个字符串中的起始位置（子串第一个字符的索引），参数默认值为 0；

➢ end([group]) 方法用于获取分组匹配的子串在整个字符串中的结束位置（子串最后一个字符的索引 +1），参数默认值为 0；

➢ span([group]) 方法返回（start(group), end(group)）。

【示例】

```
message    = 'aaa111aaa, bbb222, 333ccc'
result = re.search('[a-z]+(\d+)[a-z]+',message)
print(result)
```

结果：

```
<re.Match object; span=(0, 9), match='aaa111aaa'>
```

【示例】在示例 1 的基础上输出整个子串

```
print(result.group())
```

结果：

```
aaa111aaa
```

【示例】在示例 1 的基础上输出分组 1 的内容

```
print(result.group(1))
```

结果：

```
111
```

【示例】匹配字符串 aaa111aaa, bbb222, 333ccc 中被字母包夹的数字，即 111。

```
message    = 'aaa111aaa, bbb222, 333ccc'
result = re.findall('[a-z]+(\d+)[a-z]+',message)
print(result)
```

结果：

```
['111']
```

【示例】通过分组编号，找到分组 1 的内容。

```
print(result.group(1))
```

结果：

```
111
```

【示例】将分组另命名为 name1，匹配内容 aaa111aaa。

```
message = 'aaa111aaa, bbb222, 333ccc'
result = re. search( '[ a - z] + (? P < number > \d + ) [ a - z] + ' ,message)
print( result)
```

结果：

```
< re. Match object; span = (0, 9), match = 'aaa111aaa' >
```

六、预定义字符集

预定义字符集是由转义字符“\”和另一个字符组成的具有特殊含义的字符集，如数字集、字母集，或其他非空字符集。由于转义字符“\”的特殊作用，常用标志及其含义如表 10 - 6 所示。

表 10 - 6　　预定义字符集

预定义字符集	内容	正则表达式	匹配情况
\d	数字：[0 - 9]	a\dc	a1c
\D	非数字：[^\d]	a\Dc	abc
\s	匹配任何空白字符：[<空格> \t\r\n\f\v]	a\sc	a c
\S	非空白字符：[^\s]	a\Sc	abc
\w	匹配包括下划线在内的任何字字符：[A - Za - z0 - 9_]	a\wc	abc
\W	匹配非字母字符，即匹配特殊字符	a\Wc	a c
\A	仅匹配字符串开头，同^	\Aabc	abc
\Z	仅匹配字符串结尾，同 $	abc\Z	abc
\b	匹配\w 和\W 之间，即匹配单词边界匹配一个单词边界，也就是指单词和空格间的位置。例如，'er\b' 可以匹配"never" 中的 'er'，但不能匹配 "verb" 中的 'er'	\babc\b a\b! bc	空格 abc 空格 a! bc
\B	[^\b]	a\Bbc	abc

需要补充说明的几个内容。

（一）预定义字符集"\b"

在 Python 字符串里，"\b"是反斜杠字符，ASCII 值是 8。如果没有使用原生字符串时，那么 Python 将会把"\b"转换成一个回退符，re 将无法正确匹配。

【示例】

```
message = 'Tina is a good girl, she is cool, clever, and so on...'
result = re.search('l\b',message,flags = re.I)
print(result)
```

结果：

```
None
```

此时需要在正则表达式前面加上原生字符串 r。

【示例】

```
message = 'Tina is a good girl, she is cool, clever, and so on...'
result = re.search(r'l\b',message,flags = re.I)
print(result)
```

结果：

```
<re.Match object; span = (18, 19), match = 'l'>
```

Python 常用转义字符如表 10－7 所示。

表 10－7　　转义字符表

转义字符	含义	ASCII 码值（十进制）
\ a	响铃（BEL）	007
\ b	退格（BS），将当前位置移到前一列	008
\ f	换页（FF），将当前位置移到下页开头	012
\ n	换行（LF），将当前位置移到下一行开头	010
\ r	回车（CR），将当前位置移到本行开头	013
\ t	水平制表（HT）（跳到下一个 TAB 位置）	009
\ v	垂直制表位（VT）	011
\ \	代表一个反斜线字符“\”	092
\ '	代表一个单引号（撇号）字符	039
\ "	代表一个双引号字符	034
\ ?	代表一个问号	063
\ 0	空字符（NULL）	000
\ ddd	1 到 3 位八进制数所代表的任意字符	三位八进制
\ xhh	十六进制所代表的任意字符	十六进制

（二）定位符"\A"和"\Z"

元字符中也有定位符"^"和"$"，与"\A"和"\Z"的区别在于"^"和"$"可用于多行模式，\A和\Z只用于单行模式。

【示例】

```
message = 'This is the first line. \nThis is the second line. \nThis is the third line. '
result = re. findall( '\AThis', a)
print( result)
```

结果：

```
[ 'This' ]
```

示例中的"\n"表示换行，re. I表示忽略大小写，使用"\A"只能匹配第一行"This is the first line. "中的This。如果想全部匹配三行里的This，则需要使用多行模式的定位符"^"。

【示例】

```
message = 'This is the first line. \nThis is the second line. \nThis is the third line. '
result = re. findall( '^This', a, flags = re. M)
print( result)
```

结果：

```
[ 'This', 'This', 'This' ]
```

第四节　正则表达式匹配模式：贪婪与非贪婪

一、贪婪模式与非贪婪模式

贪婪与非贪婪模式影响的是被量词修饰的子表达式的匹配行为，通过量词{m，n}、"*"、"+"、"?"等操作符来实现。贪婪匹配：贪婪模式在整个表达式匹配成功的提前下，尽可能多地匹配。非贪婪匹配：在整个表达式匹配成功的前提下，以最少的匹配字符。正则表达式一般趋于最大长度匹配，匹配模式默认是贪婪模式；在量词"{m，n}"后面直接加上一个问号"?"可以使贪婪匹配变成非贪婪匹配。

匹配符说明：

➢ 量词：{M，N}：最少M个，最多N个；

➢ *：任意多个；
➢ +：一个到多个；
➢ ?：0 或一个。

【示例】贪婪模式

```
message = re.findall(r"a(\d+)",'a23b')
print(message)
```

结果：

```
['23']
```

【示例】非贪婪模式

```
message = re.findall(r"a(\d+?)",'a23b')
print(message)
```

结果：

```
['2']
```

【注意】在+后增加?使匹配模式从贪婪变成非贪婪，则最后的匹配内容从23变为2。

二、贪婪模式与非贪婪模式的应用

当正则表达式中包含能接受重复的限定符时，就会启用重复匹配模式。贪婪匹配和懒惰匹配影响的是正则表达式的限定符的匹配结果。通常情况下，正则表达式在整个表达式得到匹配的前提下，是去尽可能多的字符，即贪婪模式。例如表达式：a. *b，它将会匹配最长的以 a 开始、以 b 结束的字符串。如果用它来搜索 aabab 的话，它会匹配整个字符串 aabab。

有时我们在应用中会更需要非贪婪模式（也称懒惰模式），也就是匹配尽可能少的字符。在限定符后面加上"?"，则贪婪模式变为非贪婪模式。表达式" a. *b" 变为表达式"a. *? b"，它将在能使整个匹配成功的前提下使用最少的重复。如果用它来搜索同样的字符串"aabab"，它会匹配到"aab"（第一到第三字符）和"ab"（第四到第五字符）

常用的非贪婪限定符如表 10-8 所示。

表 10-8　　非贪婪限定符说明表

限定符	说明
*?	重复任意次，但尽可能少重复
+?	重复1次或更多次，但尽可能少重复

续表

限定符	说明
??	重复 0 次或 1 次，但尽可能少重复
{m, n}?	重复 m 到 n 次，但尽可能少重复
{m,}?	重复 m 次以上，但尽可能少重复

第五节　使用 re 模块实现正则表达式操作

对于 re 模块中的内容进行综合使用。

一、综合使用 compile、sub 函数及分组

【示例】

```
import re
p = re.compile(r'(\w+) (\w+)')   # 将正则表达式先编译成 Pattern 对象
s = 'hello python, hello world'
def func(m):
    return 'hi' + ' ' + m.group(2)
print(p.sub(r'hello world', s))      # 使用 'hello world' 替换 'hello python'
print (p.sub(r'\2 \1', s))           # 引用分组
print (p.sub(func, s))
print (p.sub(func, s, 1))
```

结果：

```
hello world, hello world
python hello, world hello
hi python, hi world
hi python, hello world
```

【注意】如果一个正则表达式需要被用到多次（如前面的 \ w +），出于效率的考虑，我们应该采用 compile 函数预先编译该正则表达式，生成一个 Pattern 对象，再使用该对象的一系列方法对需要匹配的字符串进行匹配；而如果直接使用 re. match、re. search 等函数，每次传入一个正则表达式，它都会被编译一次，效率就会大打折扣。

二、提取中文

在某些情况下，特别是在后面要学习的爬虫内容中，经常需要在网页中提取需要的中文信息。匹配文本中的汉字，有一点需要注意的是，中文的 unicode 编码范围主要在 [\ u4e00 – \ u9fa5]，这里说主要是因为这个范围并不完整．如没有包括全角（中文）标点，不过，在大部分情况下，应该是够用的。

现在想把字符串 a = 'hi，早安，hello，世界' 中的中文提取出来，可以这么做。

【示例】

```
import re
a = 'hi，早安，hello，世界'
pattern = re.compile(r'[\u4e00 - \u9fa5] + ')
result = pattern.findall(a)
print(result)
```

结果：

```
['早安','世界']
```

三、综合使用 match 函数、判断语句和分组

【示例】

```
import re
m = re.match(r'\d + ', 'One12twothree34four')
if m1:
    print('matching string:',m1.group())
else:
    print('m1 is:',m1)
m2 = re.match(r'\d + ', '12twothree34four')
if m2:
    print('matching string:', m2.group())
else:
    print('m2 is:',m2)
```

结果：

```
m1 is: None
matching string: 12
```

四、综合使用 match 函数、input 函数和判断语句校验身份证号

身份证号分为一代和二代，一代身份证号是 15 位数，二代身份证号 18 位数。18 位数字按照一定规则进行编写的：前 1～6 位：行政区划代码，即归属地；第 7～14 位：出生年月日；第 15～17 位：顺序码，表示在同一地址码所标识的区域范围内，对同年、同月、同日出生的人编定的顺序号；第 17 位：顺序码之一，代表性别，奇数表示男性，偶数表示女性；第 18 位：校验码，用于校验身份证号码是否合法。校检码可以是 0～9 的数字，有时也用 x 表示。现在仍有极少数人使用一代身份证，在编写代码时需要加以考虑。

【示例】

```
import re
a = input('请输入您的身份证号:')
result = re.match('(^\d{15}$)|(^\d{18}$)|(^\d{17})(\d|X|x)$',a)
if result == None:
    print('您输入有误,请重新输入',result)
else:
    print('校验通过',result)
```

结果：

```
请输入您的身份证号：400806202105
您输入有误，请重新输入 None
或者：
请输入您的身份证号：400806202105086666
校验通过 <re.Match object; span=(0, 18), match='400806202105086666'>
```

这只能检验身份证是否符合编制要求，不能验证身份证的真伪。

五、贪婪与非贪婪

在网络爬虫中经常会使用到网页的 div 块进行爬取，这时就需要通过正则表达式正确匹配内容。

【示例】

```
import re
content = 'aa<div>test1</div>bb<div>test2</div>cc'
```

```
pattern = re.compile(r'<div>.*</div>')
result = pattern.findall(content)
print(result)
```

结果:

```
['<div>test1</div>bb<div>test2</div>']
```

由于正则匹配是贪婪匹配，也就是尽可能多地匹配，因此，在成功匹配到第一个 </div> 时，它还会向右尝试匹配，查看是否还有更长的可以成功匹配的子串。如果想要非贪婪匹配，可以加一个 ?。

```
import re
content = 'aa<div>test1</div>bb<div>test2</div>cc'
pattern = re.compile(r'<div>.*?</div>')
result = pattern.findall(content)
print(result)
```

结果:

```
['<div>test1</div>', '<div>test2</div>']
```

此时，列表返回了两个元素，和前面的示例有所不同。

本章习题

1. 匹配整数或者小数（包括正数和负数）。
2. 匹配年月日日期（格式 2021－5－21）。
3. 提取固定电话号码中的区号和电话号。
4. 匹配 QQ 号。
5. 验证网络用户名（用户名只能输入汉字、英文、数字和下划线）。
6. 匹配身份证号码中的出生日期。15 位身份证号码第 7～12 位表示出生年月日，如 670401 代表 1967 年 4 月 1 日，18 位身份证号码第 7～14 位表示出生年月日，如 19670401 代表 1967 年 4 月 1 日。
7. 验证长度为 8～10 位的用户密码（密码只能输入英文、数字和下划线）。
8. 匹配验证码（4 位数字、字母组成）。
9. 能够完全匹配字符串“(010)－62661617”的正则表达式。
10. 将“床前明月光，疑是地上霜。举头望明月，低头思故乡”。这首诗的中的每一句话分别取出来。

第十一章 网络爬虫

【本章学习目标】

1. 了解什么是网络爬虫；
2. 了解网络爬虫的原理；
3. 掌握网络爬虫常用库：Requests 库、BeautifulSoup 库与 json 库；
4. 掌握网络爬虫的综合应用；
5. 掌握正则表达式与网络爬虫相结合对数据进行筛选；
6. 了解反爬虫问题。

【本章学习重点】

1. Requusts 库的七种主要方法；
2. html 结构；
3. BeautifulSoup 库的常用函数；
4. json 库的常用函数；
5. 网络爬虫的综合应用。

【本章学习难点】

1. re 模块与网络爬虫相结合对数据进行筛选；
2. html 结构和 BeautifulSoup 库的使用。

本章介绍了网络爬虫，包括正则表达式常用函数、元字符、预定义字符集、特殊分组等内容，并使用 re 模块实现正则表达式综合操作，为 Python 的进阶学习打下坚实基础。

第一节　网络爬虫基本介绍

一、什么是网络爬虫

根据百度百科，网络爬虫的定义：网络爬虫（又称为网页蜘蛛，网络机器人，在FOAF社区中间，更经常地称为网页追逐者），是一种按照一定的规则，自动地抓取万维网信息的程序或者脚本。另外，一些不常使用的名字还有蚂蚁、自动索引、模拟程序或者蠕虫。

通俗地讲，爬虫就是能够自动访问互联网并将网站内容下载下来的程序或脚本，类似一个机器人，能把别人网站的信息弄到自己的电脑上，再做一些过滤、筛选、归纳、整理、排序等。

网络爬虫的英文即 Web Spider，是一个很形象的名字。把互联网比喻成一个蜘蛛网，那么 Spider 就是在网上爬来爬去的蜘蛛。网络蜘蛛是通过网页的链接地址来寻找网页，从网站某一个页面（通常是首页）开始，读取网页的内容，找到在网页中的其他链接地址，然后通过这些链接地址寻找下一个网页，这样一直循环下去，直到把这个网站所有的网页都抓取完为止。如果把整个互联网当成一个网站，那么网络蜘蛛就可以用这个原理把互联网上所有的网页都抓取下来。网络爬虫本质是互联网资源的抓取、分析、过滤、存储的过程，一个典型的网络爬虫系统组成主要有控制器、解析器、资源库三部分组成。控制器负责给多线程中的各个爬虫线程分配工作任务；解析器的主要工作是下载网页，进行页面的处理；资源库是用来存放下载到的网页资源。

二、为什么学习网络爬虫

网络上包含许多有趣的数据源，大家可能会考虑从网络上搜集、存储和分析网页上显示的数据。例如，通过网络爬虫批量抓取微博热搜榜的关键词与热度；爬取 QQ 空间的用户信息，并同样从中获得了大量潜在数据，分析 QQ 空间用户发说说的时间规律、QQ 空间用户的出生月份分布、年龄阶段分布和性别分布等信息；也可以通过监视一个新闻网站，实现对特定感兴趣的主题新闻的趋势分析；爬取网易云音乐所有歌曲的评论；通过爬取某产品的数据，如价格、销量、销售地区等，制作产品分析报告，便于竞争对手跟进自身的产品开发进度，调整营销策略。

互联网中的数据是海量的，如何自动高效地获取互联网中我们感兴趣的信息并为我们所用是一个重要的问题。但由于网络的非结构化特性，很多数据无法采用简单的方式收集或导出，而且单纯靠人力进行信息采集，不仅低效烦琐，收集的成本也会提高，此时网络爬虫技术就成为这个时代不可或缺的一部分。通过编写自己的爬虫程序，从互联网中获取更多更高质量的数据源。

三、网络爬虫是否合法

据说互联网上 50% 以上的流量都是爬虫创造的，也许你看到很多热门数据都是爬虫所创造的。技术是无罪的，技术本身确实是没有对错的，但使用技术的人是有对错的。随着 2017 年 6 月 1 日《中华人民共和国网络安全法》的正式实施，国家对知识产权问题越来越重视，非法爬虫成为现在重点打击的对象。

GitHub 整理了所有中国爬虫开发者涉诉与违规相关的新闻、资料与法律法规（GitHub 地址：https：//github. com/HiddenStrawberry/Crawler_Illegal_Cases_In_China）。目前收纳了违法爬虫四类：

1. 为违法违规组织提供爬虫相关服务（验证码识别服务贩卖、SEO……）；
2. 个人隐私数据抓取与贩卖；
3. 利用无版权的商业数据获利；
4. 其他。

做网络爬虫前必须了解我国相关法律，避免触碰数据合规红线。例如，爬虫程序规避网站经营者设置的反爬虫措施或者破解服务器防抓取措施，非法获取相关信息，情节严重的，有可能构成“非法获取计算机信息系统数据罪”。爬虫程序干扰被访问的网站或系统正常运营，后果严重的，触犯刑法，构成“破坏计算机信息系统罪”。爬虫采集的信息属于公民个人信息的，有可能构成非法获取公民个人信息的违法行为，情节严重的，有可能构成“侵犯公民个人信息罪”。

那么什么才是合法的网络爬虫？

1. 遵守 Robots 协议。

Robots 协议是互联网爬虫的一项公认的道德规范，全称是“网络爬虫排除标准（Robots exclusion protocol）”，是一种存放于网站根目录下的 ASCII 编码的文本文件。Robots协议就是告诉爬虫，哪些信息是可以爬取，哪些信息不能被爬取，严格按照Robots协议爬取网站相关信息一般不会出现太大问题。如果遵守 Robots 协议，没有任何越权的行为，获取的也是公开可以查询的非隐私级的信息，那么，违反法律的风险会比较小。但 robots 协议并不是一个规范，只是约定俗成的。在网站的根目录域名后加上/robots. txt就可以查看网站的 Robots 协议。

2. 不能造成对方服务器瘫痪。

2019 年 5 月 28 日，国家网信办发布的《数据安全管理办法（征求意见稿）》中，拟通过行政法规的形式，对爬虫的使用进行限制。未经平台授权，强行突破反爬措施，导致被爬网站的运行受到严重影响，此类行为严重影响网站运行，这种行为可能涉及破解犯罪。如自动化访问收集流量超过网站日均流量三分之一，网站要求停止自动化访问收集时，应当停止。

3. 不能非法获利。

利用爬虫技术抓取数据，攫取不正当竞争的优势，甚至是牟取不法利益的，则可能涉及不正当竞争。如利用爬虫获取其他公司的公开信息数据，虽然信息是公开的，但信息本身具有较高的商业价值，能够给使用者带来商业利益，此时的爬虫也是违法的。

总而言之，网络爬虫需要爬虫开发者的道德自持，而道德在于客户授权或者爬取公开数据、尽量放慢你的速度、尽量遵循 robots、不要公开你的爬虫源码，以及不要分享你的爬虫数据，这些才是避免触碰法律红线的根本所在。

四、网络爬虫原理与流程

（一）实现原理

1. 获取初始 URL，由用户指定的某个或某几个初始爬取网页决定，形成待抓取的 URL 队列。

2. 解析网页，从整个网页的数据中心提取想要的数据，存储进已下载网页库中。并将这些 URL 放进已抓取 URL 队列。在爬取网页的同时，发现新的 URL 地址，并将这些新的 URL 地址放入待抓取 URL 队列中。

3. 从 URL 队列中读取新的 URL，并依据新的 URL 爬取网页，同时从新网页中获取新 URL，并重复上述的爬取过程。

4. 在编写爬虫时，一般会设置相应的停止条件。满足爬虫系统设置的停止条件或无法获取新的 URL 地址时，停止爬取。

其中，待抓取 URL 队列中的 URL 以什么顺序被抓取是很重要的问题，而决定这些 URL 排列顺序的方法，称为抓取策略。一般来说，策略有几种类型，分别是深度优先遍历策略、宽度优先遍历策略、反向链接数策略、Partial PageRank 策略、OPIC 策略和大站优先策略等。这里不做详细介绍。

（二）基本流程

1. 发起请求。通过 HTTP 库向目标站点发起请求，也就是发送一个 Request，请求可以包含额外的 header 等信息，等待服务器响应。

2. 获取响应内容。如果服务器能正常响应，会得到一个 Response，Response 的内容便是所要获取的页面内容，类型可能是 HTML、json 字符串、二进制数据（图片或者视频）等类型。

3. 解析内容。得到的内容可能是 HTML，可以用正则表达式、页面解析库进行解析；可能是 json，可以直接转换为 json 对象解析；可能是二进制数据，可以做保存或者进一步的处理。

4. 保存数据。保存形式多样，可以存为文本，也可以保存到数据库，或者保存特定格式的文件。

第二节　网络爬虫常用库

一、Python 第三方库的安装

所谓的库是规范化程序或子程序的集合。Python 的库分为标准库和第三方库。标准库是 Python 语言自带的库，可直接使用，无须安装。而 Python 的第三方库，需要下载后安装到 Python 的安装目录下，不同的第三方库安装及使用方法不同。它们调用方式是一样的，都需要用 import 语句调用。Python 有着极其强大的第三方库，用户无须了解底层的思想，可以直接进行调用，减少了用户很多的工作量。

在初识网络爬虫中介绍了网络爬虫的基本原理，网络爬虫的任务就是获取网页和解析网页，从网页的数据中心提出想要数据的过程。涉及网页抓取的库和工具有 urllib、requests、aiohttp、Selenium 等，涉及网页解析的库和工具有 re、BeautifulSoup、lxml、pyquery，涉及数据存储的库和工具有 json、xml、csv、MySQL、MongoDB 等。本章主要讲解常用的 requests、BeautifulSoup 和 json。这里需要先安装请求和解析网页的 Python 第三方库 requests、BeautifulSoup 和 json 库。

Python 第三方库的安装方法常用有三种。

（一）在 pip 中安装

pip 是 Python 安装第三方库的工具。由于 Anaconda 或者 Python 安装包中自带了 pip。首先检查 pip 是否安装成功。

打开运行命令行 cmd，输入：pip - - version #查询 pip 的版本号，注意 pip 后有一空格。

如出现以下提示，则说明 pip 安装成功，版本号为 20. 3. 1，如图 11 - 1 所示。

然后，在 cmd 中输入第三方库的名称即可下载第三方库。pip install packagename。packagename 为需要下载第三方库的名称。安装完会提示：Successfully installed packagename。若因为某种原因 pip 安装失败，也可以采用手动安装方式。进入 https：//www. lfd. uci. edu/ ~gohlke/pythonlibs/手动下载第三方库的 whl 文件进行安装，如图 11 - 2 所示。

打开运行命令行 cmd，输入：pip install BeautifulSoup。等待执行成功后，输入：cd

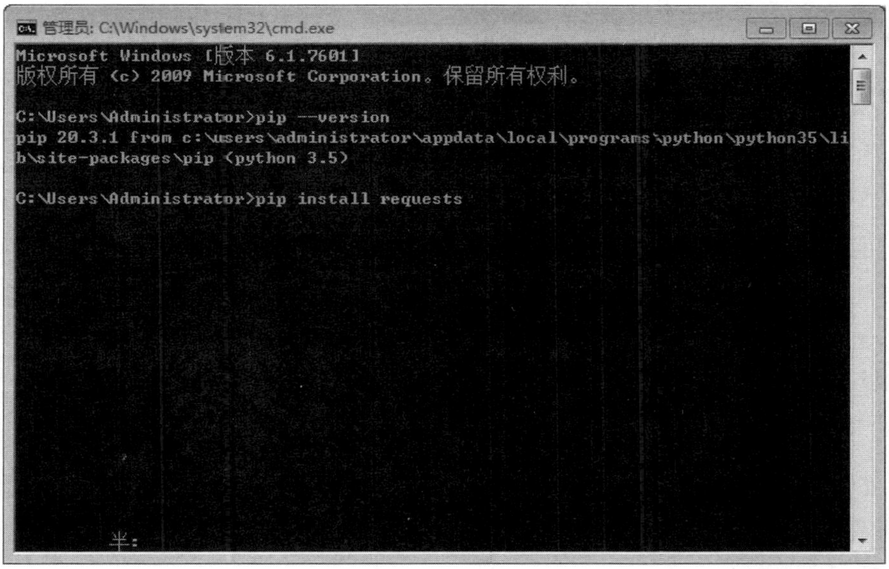

图 11－1　通过 cmd 命令在 pip 中安装第三方库

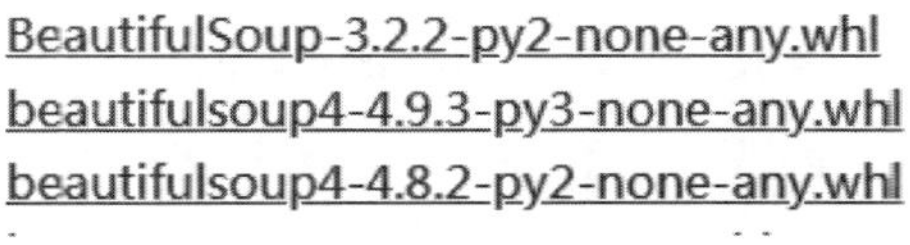

图 11－2　各种版本 BeautifulSoup 库的 whl 文件

E：\ python　# E：\ python 是 whl 文件的下载路径。输入：pip install beautifulsoup4－4. 9. 3－py3－none－any. whl，这里输入的是下载文件的完整名称，然后等待执行完毕。

（二）在 Pycharm 中安装

通过 Pycharm 直接下载库包，在其菜单栏里就可完成。依次打开 Pycharm 的 File－Setting－Project Interpreter，点击右边的'＋'，添加第三方库，如图 11－3 所示。

输入第三方库的名称，勾选 Install to user's site packages directory，点击 Install Package 按钮进行安装。如图 11－4 所示。

安装成功后，Pycharm 会提示：Package 'packagename' installed successfully。单击右边的'－'可以卸载不需要的库。

二、网络爬虫常用库

如前所述，涉及网络爬虫的库和工具很多，无法一一罗列，这里就网络爬虫常用 Requests、BeautifulSoup 和 Json 库进行讲解，并结合正则表达式进行网络爬虫实例分析。

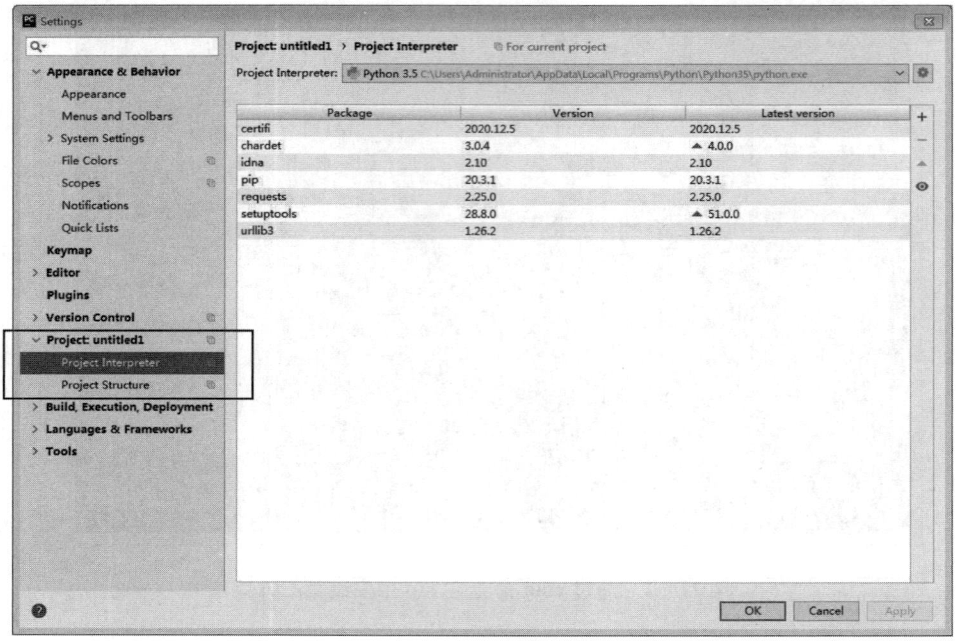

图 11－3 打开 Pycharm 菜单栏

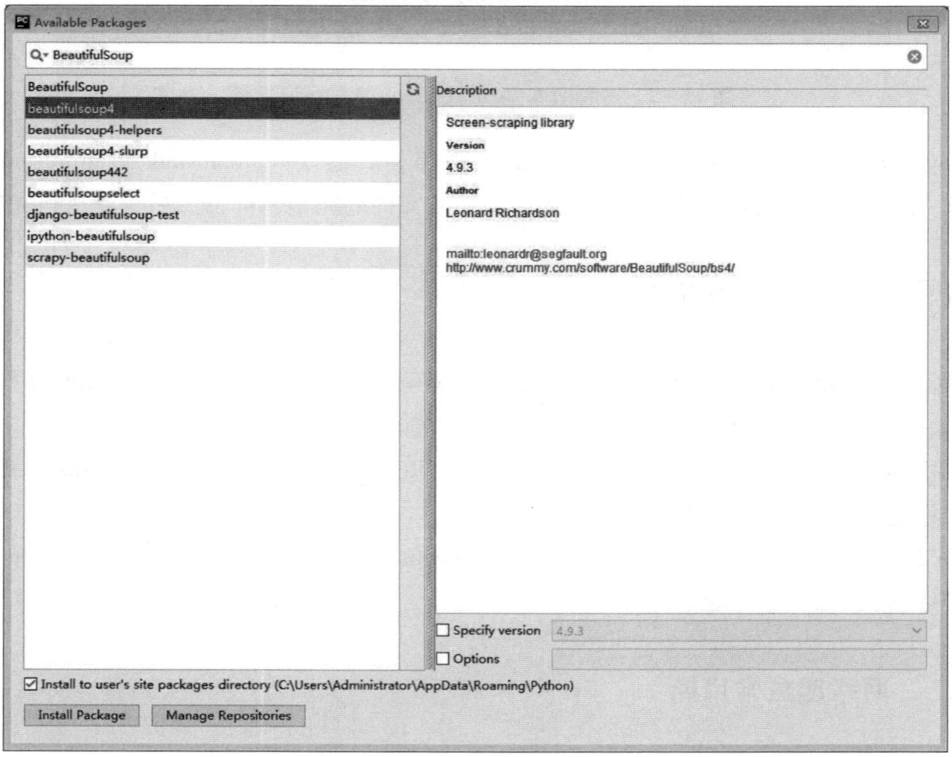

图 11－4 安装 BeautifulSoup 库示例

（一）Requests 库

Requests 是用 python 语言基于 urllib 编写的，采用的是 Apache2 Licensed 开源协议的 HTTP 库，但相比于 urllib 库，Requests 库非常简洁。Requests 库的官方档案指出：让 HTTP 服务人类。浏览器发送消息给网址所在的服务器，这个过程就叫做 HTTP Request。服务器收到浏览器发送的消息后，能够根据浏览器发送消息的内容，做相应的处理，然后把消息回传给浏览器，这个过程就是 HTTP Response。

浏览器收到服务器的 Response 信息后，会对信息进行相应的处理，然后展示。所有 HTTP 响应的第一行都是状态行，依次是当前 HTTP 版本号，3 位数字组成的状态代码，以及描述状态的短语，彼此由空格分隔，如表 11－1 所示。

表 11－1　　HTTP 的响应状态

状态代码	说明
1xx 消息	请求已被服务器接收，继续处理
2xx 成功	请求已成功被服务器接收、理解、并接受
3xx 重定向	需要后续操作才能完成这一请求
4xx 请求错误	请求含有词法错误或者无法被执行
5xx 服务器错误	服务器在处理某个正确请求时发生错误

常见代码有：200 代表成功，301 目标永久性转移，302 目标暂时性转移，400 客户端请求有语法错误，不能被服务器所理解，401 请求未经授权，403 服务器收到请求，但是拒绝提供服务，404 找不到页面，500 服务器发生不可预期的错误，502 服务器错误，503 服务器当前不能处理客户端的请求，一段时间后可能恢复正常。

1. Requests 库的七种主要方法。

Requests 库有七种主要方法，可以通过 requests 库发送所有的 http 请求，如表 11－2 所示。

表 11－2　　Requests 库的七种主要方法

方法	说明
requests. request( )	构造一个请求，支撑以下各方法的基础方法
requests. get( )	获取 HTML 网页的主要方法，对应于 HTTP 的 GET
requests. post( )	向 HTML 网页提交 POST 请求的方法，对应于 HTTP 的 POST
requests. head( )	获取 HTML 网页头部信息的方法，对应于 HTTP 的 HEAD
requests. put( )	向 HTML 网页提交 PUT 请求的方法，对应于 HTTP 的 PUT
requests. patch( )	向 HTML 网页提交局部修改请求，对应于 HTTP 的 PATCH
requests. delete( )	向 HTML 页面提交删除请求，对应于 HTTP 的 DELETE

2. Requests 库的使用。

（1）发送 get 请求。

在 Python 中引入三方模块非常简单，只需要 import 导入 requests 模块即可，在首次导入后，后续程序无需再导入（但关闭 Jupyter Notebook 后再次打开，需重新导入）。

【示例】

```
import requests
r = requests. get('http://www. taobao. com')    #通过这行代码就可以爬取淘宝的网页信息
print(r. status_code)        #获得网页的相应状态，如果输出值为 200，则证明与要访问的网站链接成功
r. encoding = 'utf - 8'       #代码中含有中文字符时，需要写入改行代码进行显示，不然会出现乱码。
print(r. text)               #打印爬取到的代码，需要加 . text
```

这样我们即可快速提取目标网页的代码，使用起来非常方便。部分结果如图 11 - 5 所示。

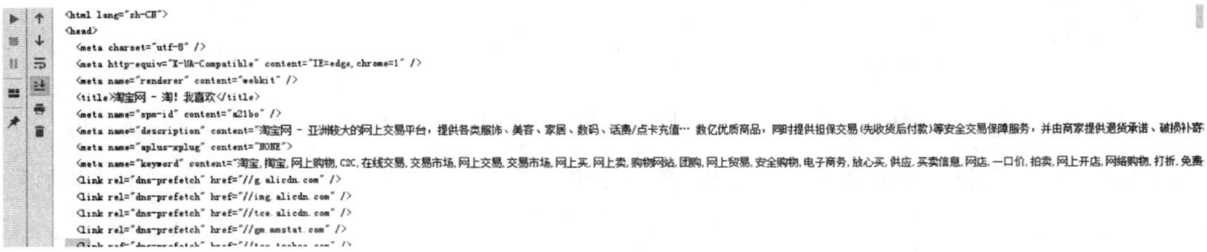

图 11 - 5　打印网页源代码

打开浏览器，进入淘宝网页面，在空白处右击，选择查看网页源代码，对比可知，这与图 11 - 5 打印的网页源代码是一致的。

根据表 11 - 2 中提到 Requests 库的七种主要方法，就可以通过 requests 库发送所有的 http 请求。

通常情况下，我们不会只访问基础网页，特别是爬取动态网页时我们需要传递不同的参数获取不同的内容；GET 传递参数有两种方法，可以直接在链接中添加参数或者利用 params 添加参数。

①传参方式一。

```
url = 'http://www. baidu. com/s? page = 2'   # 使用？携带参数
r = requests. get(url)
print(r. url)
```

②传参方式二。

```
url = 'http://www.baidu.com/s'
data = {'page': '2'}  #将携带的参数传给 params
r = requests.get(url, params = data)
print(r.url)
```

（2）发送 post 请求。

get 是从服务器上获取数据，post 是向服务器传送数据。get 安全性非常低，post 安全性较高。但是执行效率却比 post 方法好。因此，在做数据查询时，建议用 get 方式；而在做数据添加、修改或删除，或者包含机密信息时，建议用 post 数据提交方式。其实发送 post 请求与 get 方式很相似，只是参数的传递我们需要定义在 data 中即可。

【示例】

```
payload = {'key1': 'value1', 'key2': 'value2'}
r = requests.post("http://baidu.com/post", data = payload)
print(r.text)
```

①post 发送 json 数据。

很多时候你想要发送的数据并非编码为表单形式的，特别在爬取很多 java 网址中会出现这个问题。如果你传递一个 string 而不是一个 dict，那么数据会被直接发布出去。我们可以使用 json.dumps( ) 时将 dict 转化成 str 格式；除了可以自行对 dict 进行编码外，你还可以使用 json 参数直接传递，然后它就会被自动编码。

【示例】

```
import json
url = 'http: //www.taobao.com/post'
payload = {'some': 'data'}
r1 = requests.post(url, data = json.dumps(payload))
r2 = requests.post(url, json = payload)
print(r1.text)
print(r2.text)
```

②post 文件上传。

如果我们要使用爬虫上传文件，可以使用 file 参数。

【示例】

```
url = 'http://www.httpbin.org/post'
file = {'files': open('test.xlsx', 'rb')}
r = requests.post(url, files = file)
print(r.text)
```

这表示 test. xlsx 文件被上传。

（3）定制 headers。

在请求网页爬取时，输出的 text 信息中会出现抱歉、无法访问等字眼，这就是禁止爬取，需要通过反爬机制去解决这个问题。headers 是解决 requests 请求反爬的方法之一。对反爬虫网页，可以设置一些 headers 信息，模拟成浏览器去访问网站，以便我们更好地抓取数据，同时我们还可以通过 headers 来传递 cookie 以保持我们的登录状态。

谷歌或者火狐浏览器，在网页面上点击：右键→检查→剩余按照图中显示操作，需要按 Fn + F5 刷新网页（打开中文网页 https：//baike. so. com/doc/1107452 - 1171802. html），请求头的查询如图 11 - 6 所示。有的浏览器是点击：右键→查看元素，刷新。

图 11 - 6 火狐中查询请求头示例

注意：headers 中有很多内容，主要常用的就是 user - agent 和 host，它们是以键对的形式展现出来，如果 user - agent 以字典键对形式作为 headers 的内容，就可以反爬成功，不需要其他键对；否则，需要加入 headers 下的更多键对形式。其一般使用格式如下：

```
headers = {'user - agent': 'my - app/0.0.1'} #添加请求头
r = requests.get("https://www.taobao.com", headers = headers)
```

【示例】

```
url = 'https://baike.so.com/doc/1107452 - 1171802.html'
headers = {
    'User - Agent':'Mozilla/5.0 (Windows NT 6.1; Win64; x64; rv:84.0) Gecko/20100101 Firefox/84.0'
}
response_1 = requests.get(url1, headers = headers)
response_1.encoding = 'utf - 8'
f1 = open('mayun.html','w', encoding = 'utf - 8')
f1.write(response_1.text)
c = response_1.text
print(c)
```

用爬虫下载一个网页保存为本地的 HTML 文件，命名为 mayun。

3. 获取 Request 响应。

爬虫中我们发送了请求，我们可以使用如下方法获取 Request 响应用于分析和检测，如表 11 - 3 所示。

表 11 - 3 获取 Request 响应的常用方法

方法	说明
req.encoding	获取网页编码
request.states_code	获取响应状态码
request.text	返回 html
request.headers	获得头部信息
request.url	返回请求的 url
request.cookies	获取 cookie

4. Requests 库异常。

在 Requests 库的使用过程中，可能会遇到一些问题，此时 Requests 库会发出错误或者异常的指示。主要错误情况如表 11 - 4 所示。

表 11 - 4 Requests 库的常见错误

异常	说明
requests. ConnectionError	网络连接错误异常，如 DNS 查询失败、拒绝连接等
requests. HTTPError	HTTP 错误异常
requests. URLRequired	URL 缺失异常
requests. TooManyRedirects	超过最大重定向次数，产生重定向异常
requests. ConnectTimeout	连接远程服务器超时异常
requests. Timeout	请求 URL 超时，产生超时异常

当查找到这些错误或异常后进行修改时，程序可能又可以重新运行，但查找错误或异常耗时耗力，也许最后都无所得，严重地影响了爬虫的效率和质量，此时可以采用网页的通用代码框架来避免这种情况。

```
def getHTMLText(url):
    try:
        r = requests. get(url)

        r. raise_for_status() #如果状态不是 200，则会引发 HTTPError 异常
        r. encoding = r. apparent_encoding
        return r. text
    except:
        return "产生异常"

if __name__ == "__main__":
    url = “http://www. baidu. com”
    print(getHTMLText(url))
```

代码框架中采用 try 或 except 语句，这可以帮助表面错误或异常，即使程序有误，也不会报错，而是给编码者一个提示，不影响下面代码的运行，可以大幅提高爬虫效率。

（二）BeautifluSoup 库

使用 Requests 库获取 HTML 页面并将其转换成字符串后，需要进一步解析 HTML 页面格式，解析提取出结构化的数据（有用数据），这需要处理 HTML 和 XML 的函数库。例如，我们要抓取了一个新闻页面的网页（html）下来，但我们想要的是这个网页中关于新闻的结构化数据：新闻的标题、新闻的发布时间、新闻的正文等。所以说，网页下载下来只是第一步，还有重要的一步就是数据提取。不同的爬虫想要的数据不一样，提

取的数据也就不一样，但提取方法都是类似的。

最简单的提取数据的方法，就是使用正则表达式。此种方法简单，提取的逻辑也不能复杂，不然写出的正则表达式就晦涩难懂，甚至不能提取复杂的数据结构。此外，BeautifulSoup 也是非常出色的 Python 解释器，用于解析和处理 HTML 和 XML。它是一个工具箱，通过解析文档为用户提数据，因为简单，所以不需要多少代码就可以写出一个完整的应用程序。BeautifulSoup 可以自动将输入文档转换为 Unicode 编码，输出文档转换为 utf－8 编码。BeautifulSoup 库是灵活又方便的网页解析库，处理高效，支持多种解析器。利用它不用编写正则表达式即可方便地实现网页信息的提取。它也可以使用多个解析器，除支持 Python 标准库中的 HTML 解析器外，还支持一些第三方的解析器。补充说明一下，这些第三方解析器需要我们进行安装，否则 Python 会使用 Python 默认的解析器。BeautifulSoup 库支持的主要解析器和相应的优缺点如表 11－5 所示。

表 11－5　主要解析器的优缺点

解析器	使用方法	优势	劣势
Python 标准库	BeautifulSoup(markup, “html. parser”)	Python 的内置标准库、执行速度适中、文档容错能力强	Python 2. 7. 3 or 3. 2. 2）前的版本中文容错能力差
lxml HTML 解析器	BeautifulSoup(markup, “lxml”)	速度快、文档容错能力强	需要安装 C 语言库
lxml XML 解析器	BeautifulSoup(markup, “xml”)	速度快、唯一支持 XML 的解析器	需要安装 C 语言库
html5lib	BeautifulSoup(markup, “html5lib”)	最好的容错性、以浏览器的方式解析文档、生成 HTML5 格式的文档	速度慢、不依赖外部扩展

常用的 lxml 解析器和 html5lib，一般来说首选 lxml 解析器，速度快，并且还有一定的容错能力，如果遇到一些网站使用 lxml 无法解析时就可以使用 html5lib 进行解析。

BeautifulSoup 模块的名称是 bs4，表示是 Beautiful Soup 第 4 版。使用时需从 bs4 库中导入 BeautifulSoup，from bs4 import beautifulsoup。

1. html。

在使用 Beautiful Soup 进行网页解析之前要对 html 结构有一定的了解。HTML 是用来描述网页的一种语言，其全称为 Hyper Text Markup Language，即超文本标记语言。网页包括文字、按钮、图片和视频等各种复杂的元素。可以用 jupyter notebook 编写一个最简单的 html 框架，如下：

【示例】

```
file_name = "我做的第一个网页 . html"
f = open(file_name, 'w', encoding = "utf－8") # 打开文件，准备写入
# title = "标题"
```

```
# content =“财经数据科学”
msg = """  #编写 html
<html> #html 文档的开始
<head> #html 的头部
   <meta charset = 'utf-8' >  #告知浏览器此页面属于 utf-8 编码格式
   <title>我做的第一个网页</title>
   </style>
</head> #头部内容结束
<body>  #文档主体，即文档的所有内容（比如文本、超链接、图像、表格和列表
等等。）
你不理财，财不理你!!! #文档的内容
   <p>财经数据科学</p>  #段落标签，另一段内容
</body> # 文档主体结束
</html>"""
f.write(msg)# 写入文件
f.close()# 关闭文件
```

此时生成一个命名为“网页”的 html 文件，其标题是“我做的第一个网页”，该文件打开后显示两行内容，分别是“你不理财，财不理你!!!”和“财经数据科学”。

（1）html 常用标签。

①文档标签。

➢ <!DOCTYPE html>：声明文档类型为 HTML5 文件。文档声明在 HTML5 文档必不可少，且必须放在文档的第一行。

➢ <html>… </html>：定义 HTML 文档。

②头部标签。

➢ <meta>：包含多个属性。

➢ <meta charset = “UTF-8” >：设置文档字符及编码格式。

➢ <meta name = “属性值” content = “属性值详细内容” >：给搜索引擎提供必要信息，搜索引擎会根据提供的信息找到网页。

➢ <title>：网页的标题。

➢ <meta http-equiv = "属性值" content = "属性值详细内容" >：声明浏览器如何解释编译文件，以帮助正确和精确地显示网页内容。

➢ <link>：用于为网页链接各种文件，常用属性：

➢ rel：用于表明被链接文件与当前文件关系。icon 表明被链接图片是当前网页的 icon 图标。

➢ type：表明被链接文件是什么类型，可省略。

➢ href：表明链接文件的地址。

③元素标签。

➢ <h1> </h1>... <h6> </h6>：标题标签。

➢ <p> </p>：段落。

➢
：换行。

➢ <hr/>：水平线。

➢ <div>：网页中最常用的分区标签，常用于网页布局使用。

➢ <img src = "" >：一幅图片，src 表示图片的路径。

2. Beautiful Soup 的常用函数。

解析网页的核心可以归结为两点：获取节点和从节点中提取信息。Beautiful Soup 将复杂 HTML 文档转换成一个复杂的树形结构，每个节点都是 Python 对象，如图 11 －7 所示。

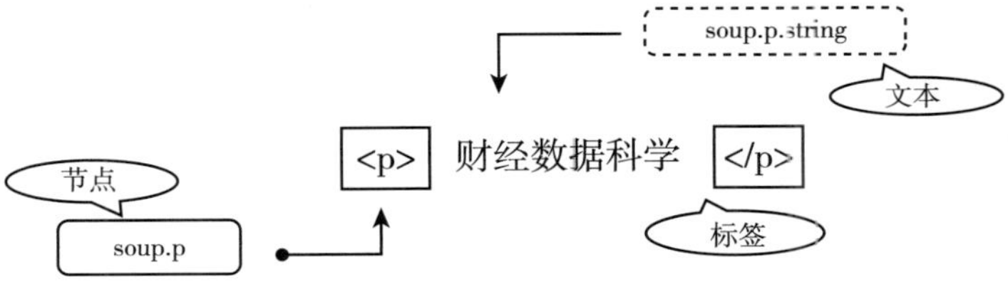

图 11 －7　HTML 结构

常见的三种节点是子节点、父节点和兄弟节点。子节点是指一个标签可能包含多个字符串或其他的标签，这些都是这个标签的子节点。父节点是指某个标签或字符串被包含在另一个标签中。兄弟节点是指平级的节点。

（1）基本方法。

Beautiful Soup 的基本方法如表 11 －6 所示。

表 11 －6　Beautiful Soup 的基本方法

方法	说明
soup. prettify( )	格式化 html 结构
soup. title	获取 title 标签的名称
soup. title. string	获取 title 标签的文本
soup. div	获取第一个 div 标签中的所有内容
soup. div["id"]	获取第一个 div 标签的 id 的值
soup. head	获取 head 标签的所有内容
soup. get_text( )	将 HTML 文档中的所有标签清除，返回一个只包含文字的字符串
soup. p. children	获取 p 标签的子节点
soup. p. descendants	获取 p 标签的子孙节点

续表

方法	说明
soup. p. parent	获取 p 标签的父节点
soup. p. parents	获取 p 标签的祖先节点
soup. p. next_sibling	获取 p 标签后面第一个兄弟节点
soup. p. next_siblings	获取 p 标签后面所有的兄弟节点
soup. p. previous_sibling	获取 p 标签前面第一个兄弟节点
soup. p. previous_siblings	获取 p 标签前面所有的兄弟节点

【示例】

```
from bs4 import BeautifulSoup
soup =   BeautifulSoup(open('网页.html', encoding='utf-8'))
#打开前面保存的'网页'这个 html 文件
print(soup.p)
print(soup.p.name)
print(soup.p.string)
print(soup.title)
print(soup.title.string)
print(soup.p.parent)
```

结果：

```
<p>财经数据科学</p>
p
财经数据科学
<title>我做的第一个网页</title>
我做的第一个网页
<body>
你不理财，财不理你!!!
  <p>财经数据科学</p>
</body>
None
```

在标签唯一的情况下，可直接使用标签作为属性值来获得节点；如果有多个同类标签，如这里有两个段落，则 bs. p 只能代表第一个。

（2）find_all 和 find 方法。

find_all 和 find 方法是提取节点的重要方法。由于每个节点有 3 个属性：标签名、属性、文本，方法 find_all 和 find 也针对这 3 个属性来搜索节点。从名字上也能看出来，

find_all 搜索所有满足要求的节点，find 搜索满足要求的第一个节点。

①find_all 方法。

搜索当前标签的所有子节点，并判断是否符合给定的条件，返回结果是一个列表，可以包含多个元素，其语法结构表示如下：

```
find_all(name, attrs, recursive, text, limit, **kwargs)
```

其参数说明如表 11－7 所示。

表 11－7　参数说明

参数	说明
name	查找所有名字为 name 的标签，字符串对象会被自动忽略掉
attrs	表示属性，是用字典封装一个标签的若干属性和对应的属性值
recursive	调用标签的 find_all 方法时，Beautiful Soup 会检索当前标签的所有子孙节点，如果只想搜索标签的直接子节点，可以使用参数 recursive = False，默认值是 True
text	用标签的文本内容去匹配，而不是用标签的属性
limit	使用 limit 参数限制返回结果的数量
** kwargs	关键词参数，自己选择那些具有指定属性的标签

②find 方法。

find 方法与 find_all 唯一的区别是，find_all 方法的返回结果是值，包含一个元素的列表；find( ) 方法直接返回结果。

【示例】

```
file_name = "网页－财经数据科学.html"
# 打开文件，准备写入
f = open（file_name，'w'，encoding = "utf－8"）

msg = """
 <html>
 <head>
   <meta charset = 'utf－8'>
   <title>我做的第一个网页</title>
   </style>
 </head>
 <body>
你不理财，财不理你!!!
       <div>
             <ul>
```

```
                <li id = "flask" class = "item -0" > <a href = "link1. html" >财经数据科学</a> </li>
                <li class = "item -1" > <a href = "link2. html" >开启数据化思维</a> </li>
                <li class = "item - inactie" > <a href = "link3. html" >提高财经数据分析能力</a> </li>
                <li class = "item -1" > <a href = "link4. html" >解决财经领域的商业问题</a> </li>
            </ul>
        </div>
        <li> hello world </li>
</body>
</html>"""
f. write (msg) # 写入文件
f. close () # 关闭文件
```

此时生成一个命名为“网页—财经数据科学”的 html 文件，其标题是“我做的第一个网页”，div 代表分区，ul 代表子标签，li 为下级子标签，class 表示为属性。

```
soup =  BeautifulSoup(open('网页 - 财经数据科学 . html', encoding = 'utf -8'))
a = soup. find('div')  #寻找第一个 div 标签信息
print(a. get_text ())    #获得 div 标签内的文本内容
print (a. find_all ('li', {'class': {'item -1','item - inactie'}})) #寻找 div 标签下所有 li 标签的属性为 item -1 和 item - inactie 的标签信息
print (soup. find_all ('li', limit =2)) #获得网页中前两个 li 标签信息
print (soup. find_all ('div', recursive = True)) #获得网页中所有 div 标签的子孙节点信息
```

结果：

```
财经数据科学
开启数据化思维
提高财经数据分析能力
解决财经领域的商业问题

[<li class = "item -1" > <a href = "link2. html" >开启数据化思维</a> </li>, <li class = "item - inactie" > <a href = "link3. html" >提高财经数据分析能力</a> </li>, <li class = "item -1" > <a href = "link4. html" >解决财经领域的商业问题</a> </li>]
```

```
[ <li class = " item - 0"  id = " flask" > <a href = " link1. html" > 财经数据科学 </a >
</li > , <li class = " item - 1" > <a href = " link2. html" > 开启数据化思维 </a >
</li > ]
[ <div >
<ul >
<li class = " item - 0"  id = " flask" > <a href = " link1. html" > 财经数据科学 </a > </li >
<li class = " item - 1" > <a href = " link2. html" > 开启数据化思维 </a > </li >
<li class = " item - inactie" > <a href = " link3. html" > 提高财经数据分析能力 </a >
</li >
<li class = " item - 1" > <a href = " link4. html" > 解决财经领域的商业问题 </a >
</li >
</ul >
</div > ]
```

（三）Json 库

Json（JavaScript Object Notation）是一种轻量级的数据交换格式，易于人阅读和编写，同时也易于机器解析和生成。基于 JavaScript Programming Language、Standard ECMA - 262 3rd Edition - December 1999 的一个子集，JSON 采用完全独立于语言的文本格式，但是也使用了类似于 C 语言家族的习惯（包括 C、C + + 、C#、Java、JavaScript、Perl、Python 等）。这些特性使 JSON 成为理想的数据交换语言，从而可以在不同平台间进行交换。Python 2. 7 中自带了 Json 模块，直接 import json 就可以使用了。

1. 数据结构。

Json 有对象和数组两种结构。

（1）对象。

对象在 Json 中表示为 {} 括起来的内容，数据结构为 {key: value, key: value, ... } 的键值对结构，key 为对象的属性，value 为对应的属性值，同字典数据一样可以通过键获取属性值，这个属性值的类型可以是数字、字符串、数组、对象这几种。

（2）数组。

数组在 Json 中是中括号 [ ] 括起来的内容，数据结构为 ["Python", "javascript", "C + +", ...]，取值方式与所有语言中一样，使用索引获取，字段值的类型可以是数字、字符串、数组、对象几种。

2. 主要功能。

Json 模块提供了四个功能：dumps、dump、loads、load，用于字符串和 Python 数据

类型间进行转换。

（1）dumps() 函数。

dumps() 可以将 Python 类型转化为 json 字符串，返回一个 str 对象，即把一个 Python对象编码转换成 Json 字符串。

【示例】

```
import json
listStr = [1, 2, 3, 4]
tupleStr = (1, 2, 3, 4)
dictStr = {"name":"Mary", "age": 23}
print(json.dumps(listStr))
print(json.dumps(tupleStr))
print(json.dumps(dictStr))
```

结果：

```
[1, 2, 3, 4]
[1, 2, 3, 4]
{"name":"Mary","age": 23}
```

从输出的结果可以看出，有些数据类型进行了改变，上例中的元组则转换为列表。在 Json 的编码过程中，会存在从 Python 原始类型向 Json 类型的转化过程，具体的转化对照如表 11 -8 所示。

表 11 -8　　Python 向 Json 的类型转换

Python 数据类型	Json 数据类型
dict	object
list，tuple	array
str，Unicode	string
int，long，float	number
True	true
False	false
None	null

json. dumps 方法提供了很多参数可供选择，比较常用的有 sort_keys（对 dict 对象进行排序，我们知道默认 dict 是无序存放的，排序功能使存储的数据更加有利于观察，也使对 Json 输出的对象进行比较）；separators（separator 参数起到对数据进行压缩的作用，该参数传递是一个元组，包含分割对象的字符串）；indent（indent 参数是缩进的意思，

它可以使数据存储的格式变得更加优雅；skipkeys（默认为 False。dumps 方法存储 dict 对象时，key 必须是 str 类型，如果出现了其他类型的话，那么会产生 TypeError 异常，如果开启该参数，设为 True 的话，则会比较优雅的过渡）；还有 ensure_ascii（默认是 False，表示禁用 ascii 编码，按 utf-8 编码）。

【示例】

```
data1 = {'b': 789,'c': 456,'a': 123}
data2 = {'a': 123,'b': 789,'c': 456}
d1 = json.dumps(data1, sort_keys = True, indent = 3)
d2 = json.dumps(data2)
d3 = json.dumps(data2, sort_keys = True)
print(d1)
print(d2)
print(d3)
print(d1 == d2)
print(d1 == d3)
```

结果：

```
{
   "a": 123,
   "b": 789,
   "c": 456
}
{"a": 123, "b": 789, "c": 456}
{"a": 123, "b": 789, "c": 456}
False
False
```

【注意】上例中，本来 data1 和 data2 数据应该是一样的，但是由于 dict 存储的无序特性，造成两者无法比较。因此两者可以通过排序后的结果进行存储就避免了数据比较不一致的情况发生，但是排序后再进行存储，系统必定要多做一些事情，也一定会因此造成一定的性能消耗，所以适当排序是很重要的。indent 参数是缩进的意思，输出的数据被格式化之后，变得可读性更强，但却是通过增加一些冗余的空白格来进行填充的，它可以使数据存储的格式变得更加优雅。

（2）loads() 函数。

loads() 函数可以把 Json 格式字符串解码转换成 Python 对象。loads() 返回了原始的对象，但是仍然发生了一些数据类型的转化。

【示例】

```
listStr = ' [1, 2, 3, 4]'
dictStr = '{"  name":"Mary","age": 23}'
print(json.loads(listStr))
print(json.loads(dictStr))
```

从 Json 到 Python 的类型转化对照如表 11－9 所示。

表 11－9　　Json 向 Python 的类型转换

Json 数据类型	Python 数据类型
object	dict
array	list
string	Unicode
number(int)	int，long
number(real)	float
true	True
false	False
null	None

如果在 json.loads 时出错，则要注意被解码的 Json 字符的编码。如果传入的字符串的编码不是 UTF－8 的话，则需要指定字符编码的参数 encoding。如果通过 encoding 指定了合适的编码，但是其中又包含其他编码的字符，则需要先将字符串转换为 Unicode，然后再指定编码格式调用 json.loads()。其实编码问题很好搞定，只要记住一点：任何平台的任何编码都能与 Unicode 互相转换。

（3）dump() 函数。

dump() 函数和 dumps() 函数差一个 s，功能作用大致上是一样的，也是将数据转换成 str 格式，但包括将数据写入 Json 文件的一个操作步骤。

【示例】

```
listStr = [{"name":"Mary"}, {"age": 23}]
json.dump(listStr, open("listStr.json","w"), ensure_ascii = False)
dictStr = {"name":"Mary","age": 23}
json.dump(dictStr, open("dictStr.json","w"), ensure_ascii = False)
```

（4）load() 函数。

load() 函数用于从 Json 文件中读取数据，json.load(file－open) 即可，这样可以还原在 Json 文件中的原本的数据格式，诸如列表或者字典；file 在 open 的时候最好是注意用 encoding =“utf－8” 的编码，这样出来的数据就是原来的数据，而不会出现乱码。

【示例】

```
strList = json.load(open("listStr.json"))
print(strList)
strDict = json.load(open("dictStr.json"))
print(strDict)
```

结果：

```
[{'name': 'Mary'}, {'age': 23}]
{'name': 'Mary', 'age': 23}
```

总而言之，dump 和 dumps 都实现了序列化，即变量从内存中变成可存储或传输的过程。而 load 和 loads 都实现反序列化，即变量内容从序列化的对象重新读到内存里。dumps 是将原数据类型转化字符类型；loads 是将字符转化为原数据类型；dump 是将原数据类型转化字符类型，并写入 Json 文件。load 是从 Json 文件中读取文件。dump 和 load 带有写入和读取的操作都是处理 Json 文件的，dumps 和 loads 处理的是字符串，带有 s 的方法都是不涉及文件操作的，没有带 s 的方法都是涉及文件的操作的。

三、反爬虫问题

由于网络爬虫短时间内发出大量请求，消耗大量的服务器带宽，可能会影响正常用户访问。另外，数据已成为一个公司的核心资产，企业需要保护自身的核心数据，以维持或提升自身的核心竞争力，因此反爬虫就非常重要。常见的反爬虫手段包括统计 IP 访问限制、单个 session 访问量以及单个 User - agent 的访问，基于网站流量统计和日志分析反爬虫，通过 Headers 反爬虫，添加验证码限制等。在网络爬虫过程中，爬虫、反爬虫和反反爬虫是一直伴随的问题。

一般网站从三个方面反爬虫：请求网站访问时的请求头 Headers、用户行为、目标网站的目录和数据加载方式。前两个方面反爬虫策略中是最为常见的，而第三个则是应用 ajax（异步加载）的方式加载页面目录或者内容，增大爬虫在对目标网站形成访问之后获取数据的难度。更进一步的反制措施有 Cookie 限制（登陆限制）、验证码反爬虫以及 Noscript，本书不再赘述。

第三节　网络数据爬取

根据网络爬虫的基本流程，在爬取网页之前先做好准备工作，如获得网页地址、获得网页的请求头等，然后爬取网页，在将网页源码抓取下来后，对网页进行分析，过滤出要用到的信息，通常的方法是用正则表达式或者 BeautifulSoup 分析网页，最后将过滤后的信息进行保存。

一、爬取酷狗音乐的 TOP500 榜单

（一）构造请求头

进入 Firefox 浏览器，打开网址：https：//www. kugou. com/yy/rank/home/1 –8888. html? from = rank，在空白处点击右键，选择检查元素，点击页面的网络栏，如图 11 –8 所示。

图 11 –8　酷狗 TOP500 榜单页面

（二）查询请求头

设置请求头为浏览器的请求头，对方就会认为我们是人为的访问，从而不会反爬，当然这只是最简单的一种防反爬的手段，一般我们都会带上，如图 11 –9 所示。

```
User – Agent：Mozilla/5.0 (Windows NT 6.1; Win64; x64; rv: 84.0) Gecko/20100101
Firefox/84.0
```

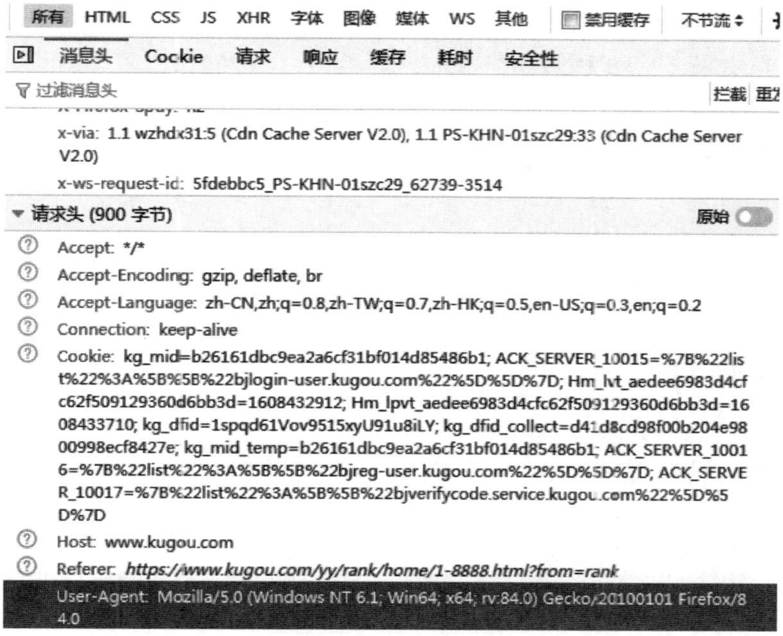

图 11－9 请求头代码

（三）访问网页

```
def get_html(url):
    headers = {'user-agent': 'Mozilla/5.0 (Windows NT 6.1; Win64; x64; rv: 84.0)
Gecko/20100101 Firefox/84.0) '}
    response = requests.get(url, headers=headers)
    if response.status_code == 200:
        return response.text
    else:
        return
```

1. response = requests. get(url, headers = headers)。

使用 requests 库的 get 方法，去访问网页，第一个参数为网址，第二个参数为请求头，请求结果赋值给变量 response，其中里面有很多结果，如状态响应码、网页源码、二进制等。

2. response. status_code = = 200。

调用请求结果 response 中的 status_code 查看请求状态码，200 代表请求成功，就返回，否则返回一个 None，状态码一般有 2xx、4xx、3xx、5xx，分别代表请求成功、客户端访问失败、重定向、服务器问题。

3. return response. text。

返回响应结果的 text，代表返回网页 html 源码。

（四）解析网页

返回了 html 源码后，我们需要解析网页 html 源码，需要结构化，便于提取数据。html = BeautifulSoup（html,"lxml"）//"lxml"是解析器。

（五）获取数据

选择要提取数据，右键检查，并复制 selector，如图 11 – 10 和图 11 – 11 所示。

图 11 – 10 检查

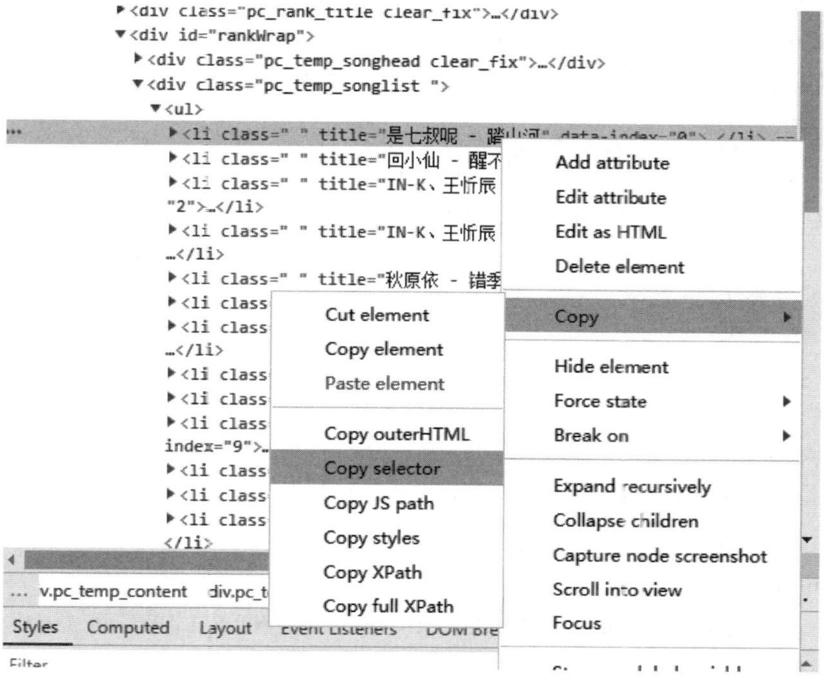

图 11-11 复制 selector

```
#rankWrap > div. pc_temp_songlist > ul > li: nth-child(1) > span. pc_temp_num
```

其中 li: nth-child(1) 需要改成 li，因为 nth-child(1) 是获取 li 标签下的一条数据，我们是要获取这一页的所有排名。

其他数据同理，得到如下代码：

```
ranks = html. select('#rankWrap > div. pc_temp_songlist > ul > li > span. pc_temp_num')
name = html. select('#rankWrap > div. pc_temp_songlist > ul > li > a')
time = html. select('#rankWrap > div. pc_temp_songlist > ul > li > span. pc_temp_tips_r > 
span')
```

（六）整合数据

```
for r,n,t in zip(ranks,name,time):
        r = r. get_text(). replace('\n','').replace('\t','').replace('\r','')
        n = n. get_text()
        t = t. get_text(). replace('\n','').replace('\t','').replace('\r','')
```

使用 zip 函数，意思是把对应的排名、歌名歌手、播放时间打包，可以这样理解 zip

函数的结果是一个列表（排名，歌手歌名，播放时间）。每一次循环的 r、n、t 一次对应元组中的元素。

我们提取到的是这个数据所在的标签信息，并不是实际数据，所以需要使用 get_text() 获得实际数据：

. replace('\n','').replace('\t','').replace('\r','')

去掉实际数据中多余的字符串，最后把数据打包成字典打印。

（七）完整代码

```
import time
import requests
from bs4 import BeautifulSoup

def get_html(url):
    headers = {'user-agent': 'Mozilla/5.0 (Windows NT 6.1; Win64; x64; rv:84.0)
Gecko/20100101 Firefox/84.0'
    }
    response = requests.get(url,headers=headers)
    if response.status_code == 200:
        return response.text
    else:
        return

def get_infos(html):

    html = BeautifulSoup(html,"lxml")
    ranks = html.select('#rankWrap > div.pc_temp_songlist > ul > li > span.pc_temp_
num')
    name = html.select('#rankWrap > div.pc_temp_songlist > ul > li > a')
    time = html.select('#rankWrap > div.pc_temp_songlist > ul > li > span.pc_temp_tips_r >
span')
    for r,n,t in zip(ranks,name,time):
        r = r.get_text().replace('\n','').replace('\t','').replace('\r','')
        n = n.get_text()
        t = t.get_text().replace('\n','').replace('\t','').replace('\r','')
```

```
        data = {
            '排名':r,
            '歌名-歌手':n,
            '播放时间':t
        }
        print(data)

def main():
    urls = ['https://www.kugou.com/yy/rank/home/{}-8888.html?from=rank'.format(str(i))for i in range(1,24)]
    for url in urls:
        html = get_html(url)
        get_infos(html)
        time.sleep(1)

#if __name__ = = '_main_':
if __name__ = = '__main__':
    main()
```

(八) 结果显示

部分运行结果显示如图 11－12 所示。

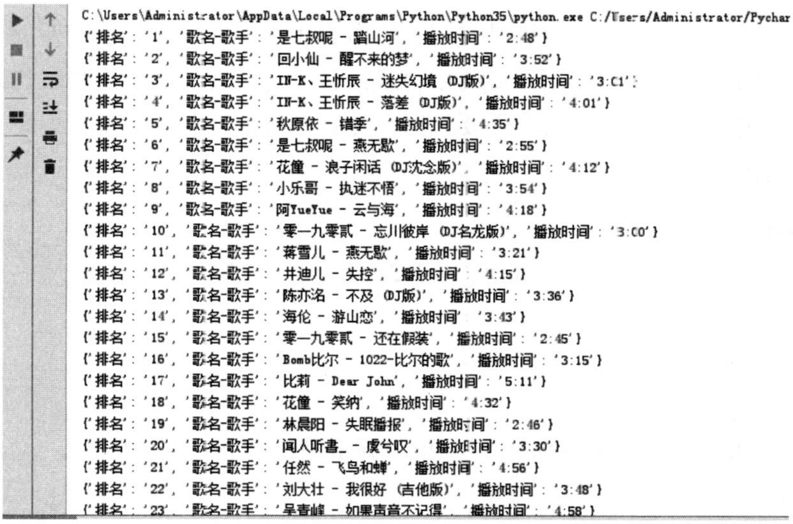

图 11－12 部分运行结果

二、爬取新冠肺炎疫情数据

我们在网址 http：//news. youth. cn/gj/202105/t20210522_12961284. htm 里查看 2021 年 5 月 21 日的全球新冠肺炎疫情的最新数据。

```
import requests, re
url = 'http://news.youth.cn/gj/202105/t20210522_12961284.htm'
r = requests.get(url)
print(r.status_code)
r.encoding = r.apparent_encoding
print(r.text)
```

通过爬取获得该网站的全部信息，如图 11 – 13 所示。

```
200
<!DOCTYPE html>
<html lang="en">
<head>
<meta charset="gb2312">
<META name="keywords" content='数读5月21日全球疫情：全球日增确诊超62万例;累计逾1.66亿例;印度首都陷入"疫苗荒"'>
<META name="Description" content='海外网5月22日电 根据Worldometer实时统计数据,截至北京时间5月22日6时30分左右,全球累计确诊新冠肺炎病例16643
1251例,累计死亡3456...'>
<meta name="catalogs" content="y_17931">
<meta name="contentid" content="12961284">
<meta name="publishdate" content="2021-05-22">
<meta name="author" content="system">
<meta name="source" content="海外网">
<meta name="editor" content="" />
<title>数读5月21日全球疫情:全球日增确诊超62万例 累计逾1.66亿例 印度首都陷入"疫苗荒"_新闻频道_中国青年网</title>
<!--全网通用头部区块start-->
    <!--[if lte IE 8]>
        <script>
            document.createElement("video");document.createElement("audio");document.createElement("track");
```

图 11 – 13　爬取的该网站信息

该网页中提到五个国家，分别是美国、巴西、印度、阿根廷和俄罗斯的单日新增数据，除此之外网页中还有很多不需要的字符或信息，这时需要结合正则表达式对爬取下来的网页信息进行筛选。根据自身需要和网页标题的特征，总结规律，编译正则表达式进行过滤。代码修改为：

```
import requests, re
url = 'http://news.youth.cn/gj/202105/t20210522_12961284.htm'
r = requests.get(url)
print(r.status_code)
r.encoding = r.apparent_encoding
result = re.findall(r'[\u4e00-\u9fa5]+单日新增确诊超\S+',r.text)
print(result)
```

结果：

```
200
['美国单日新增确诊超 2.7 万例','印度单日新增确诊超 25 万例','阿根廷单日新增确诊超 3.5 万例']
```

通过正则表达式，将符合要求的信息筛选出来，由于巴西单日新增的标题不符合这个正则表达式的写法，此时可对正则表达式进行修改：

```
import requests, re
url = 'http://news.youth.cn/gj/202105/t20210522_12961284.htm'
r = requests.get(url)
print(r.status_code)
r.encoding = r.apparent_encoding
result = re.findall(r'[\u4e00 - \u9fa5] + (?:单日新增确诊超|单日新增确诊病例超)\S + ',
r.text,re.M)
print(result)
```

结果：

```
200
['美国单日新增确诊超 2.7 万例','巴西单日新增确诊病例超 7.6 万例','印度单日新增确诊超 25 万例','阿根廷单日新增确诊超 3.5 万例']
```

同时，思考一下，如果还要显示俄罗斯国家的数据应该如何编写正则表达式？

在对数据进行筛选后，应对过滤后的数据进行保存，便于以后使用。

```
f = open('疫情.csv','w',encoding = 'utf - 8')
f.write(",".join(result) + "\n")
f.close()
```

将文件保存为 csv 格式，命名为“疫情”，采用覆盖写模式“w”和“utf－8”的编码方式保存。

三、爬取贵州茅台 2020 年年报

```
from bs4 import BeautifulSoup
import requests
headers = {
    'user - agent': 'Mozilla/5.0 (Windows NT 10.0; Win64; x64) AppleWebKit/537.36
(KHTML, like Gecko) Chrome/65.0.3325.146 Safari/537.36'
}
```

```
url = 'https://vip.stock.finance.sina.com.cn/corp/view/vCB_AllBulletinDetail.php? stockid =
600519&id =7000646'
r = requests.get(url,headers = headers)
print(r.status_code)
r.encoding = r.apparent_encoding
#print(r.text)
rel_soup = BeautifulSoup(r.text,"lxml")
content = rel_soup.find(attrs = {'id': 'content'})
data = content.find_all(['p','td'])
#print(data)
new_content = []
result = ''
for i in data:
    content = i.get_text(' ')
    result + = content + '\n'
    new_content.append(result)
print(result)
file_name = "贵州茅台2020年年度报告.txt"
f = open(file_name, 'w', encoding = "utf-8")
f.write(result)# 写入文件
f.close()# 关闭文件
```

本章习题

1. 如果访问的网址不存在，会产生哪类异常？
2. headers 头部处理的目的？
3. 爬取百度网页的内容。
4. 爬取新浪微博热搜榜的内容。
5. 爬取新浪财经网站中某个上市公司的年报。

第十二章 数据预处理

【本章学习目标】

1. 了解 Numpy 库两个基本对象：ndarray 与 ufunc；
2. 掌握 ndarray 的属性、创建与操作；
3. 掌握 ufunc 函数的四则运算、比较运算和逻辑运算；
4. 了解广播机制的原理；
5. 了解 Numpy 库的常用数学与统计函数；
6. 了解 Pandas 库的数据结构；
7. 掌握 Series 和 DataFrame 两种数据结构的创建与常用函数；
8. 掌握常用的 csv 和 excel 文件的读取方法；
9. 掌握数据清洗的常用方式。

【本章学习重点】

1. Numpy 库的 ndarray 与 ufunc 的操作；
2. Pandas 库的 Series 和 DataFrame 的创建与操作；
3. csv 和 excel 文件的读取；
4. 数据清洗。

【本章学习难点】

1. Pandas 库的 Series 和 DataFrame 的创建与操作；
2. csv 和 excel 文件的读取；
3. 数据清洗方法的选择。

本章介绍了 Numpy 库和 Pandas 库的基本语法，包括 Numpy 库的基本对象、属性、创建与操作；Pandas 库的数据结构、重要的两种数据结构 Series 和 DataFrame 的创建与常用函数；csv 和 excel 文件的读取方法，以及数据清洗的方法，为后面的数据分析打下坚实基础。

数据预处理主要是对数据进行有目标地收集、处理、加工的过程，便于后面对于数据进行分析和可视化，这里主要涉及两个库，分别是 Numpy 库和 Pandas 库。Numpy 是 Python 语言的第三方库，是一个很重要、使用很多的科学计算包。它支持大量维度数组与矩阵运算，此外也针对数组运算提供了大量的数学函数库，计算速度非常快，是 Pandas 等与科学计算相关模块的依赖包，适合处理统一的数组数据。Panda 是基于 Numpy 的一种工具，该工具是为了解决数据分析任务而创建的。Pandas 纳入了大量库和一些标准的数据模型，提供了高效操作大型数据集所需的工具，并提供了大量快速便捷地处理数据的函数和方法，使数据预处理、清洗、分析工作变得更加简单。Pandas 是专门为处理表格和混杂数据设计的。

第一节 Numpy 库

标准的 Python 中用 list（列表）保存值，可以当作数组使用，但因为列表中的元素可以是任何对象，所以浪费了 CPU 运算时间和内存，Numpy 的诞生弥补了这些缺陷，Numpy（Numerical Python）是 Python 语言的一个扩充程序库，是高性能科学和数据分析的基础包，支持高级大量的维度数组与矩阵运算，此外也针对数组运算提供大量的数学函数库。

Numpy 库有着突出的优点：对于同样的数值计算任务，使用 Numpy 要比直接编写 Python 代码便捷得多，在对大型数组执行操作时，Numpy 的速度比 Python 列表的速度快了好几倍。因为 Numpy 数组本身能节省内存，并且 Numpy 在执行算术、统计和线性代数运算时采用了优化算法；Numpy 的另一个强大功能是具有可以表示向量和矩阵的多维数组数据结构。Numpy 对矩阵运算进行了优化，使我们能够高效地执行线性代数运算，使其非常适合解决机器学习问题。与 Python 列表相比，Numpy 具有的另一个强大优势是具有大量优化的内置数学函数。这些函数使你能够非常快速地进行各种复杂的数学计算，并且用到很少代码（不需要使用复杂的循环），使程序更容易读懂和理解。

当然，Numpy 也有其不足之处，由于 Numpy 使用内存映射文件以达到最优的数据读写性能，而内存的大小限制了其对 TB 级大文件的处理；此外，Numpy 数组的通用性不及 Python 提供的列表。因此，在科学计算之外的领域，Numpy 的优势也就不那么明显。

Numpy 通常与 SciPy（Scientific Python）和 Matplotlib（绘图库）一起使用，这种组合广泛用于替代 MatLab，是一个强大的科学计算环境，有助于我们通过 Python 学习数据科学或者机器学习。SciPy 是一个开源的 Python 算法库和数学工具包。Matplotlib 是

Python 编程语言及其数值数学扩展包 Numpy 的可视化操作界面。它为利用通用的图形用户界面工具包，如 Tkinter、wxPython、Qt 或 GTK + 向应用程序嵌入式绘图提供了应用程序接口（API）。

Numpy 提供了两种基本的对象：ndarray（n – dimensional array object）是储存单一数据类型的多维数组；ufunc（universal function object）是一种能够进行处理的函数。其中的核心对象是 ndarray，ndarray 是存储单一数据类型的多维数组，类似于 R 语言的向量或者矩阵，Numpy 里面的所有函数都是围绕 ndarry 展开的。Numpy 库的默认导入方式是 import numpy as np。

一、数组 ndarray

（一）数组 ndarray 介绍

数组 ndarray 通过数组定义函数 array() 将数据转化为数组的形式，它的一般使用形式如下：

```
Numpy.array(object, dtype = None, copy = True, order = None, subok = False, ndmin = 0)
```

参数说明如表 12 – 1 所示。

表 12 – 1 参数说明

参数名称	说明
object	接收 array。表示想要创建的数组。无默认。强制参数
dtype	接收 data – type。表示数组所需的数据类型。如果未给定，则选择保存对象所需的最小类型。默认为 None。可选参数
copy	如果为 True，则 object 对象被复制，生成副本。可选参数
order	指定阵列的内存布局。数组按一定的顺序排列。C – 按行；F – 按列；A – 如果输入为 F 则按列排列，否则按行排列；K – 保留按行和列排列。默认值为 K。可选参数
subok	默认为 False，返回的数组被强制为基类数组。如果为 True，则返回子类。可选参数
ndmin	指定生成数组应该具有的最小维数。默认为 None。可选参数

【示例】将列表数据转换为数组，并查看数据类型。

```
import numpy as np
a = np.array([1,2,3,4])
print(a)
print(type(a))
```

结果：

```
[1 2 3 4]
<class 'Numpy. ndarray'>
```

【注意】首次使用需要先导入 Numpy 库，import numpy as np，然后将列表［1，2，3，4］转化为数组类型，并打印其类型。

【示例】生成数据副本，并修改数组的数据。

```
a = np. array([1,2,3,4])
b = np. array(a, copy = True)
a[0] =0
print(a)
print(b)
```

结果：

```
[0 2 3 4]
[1 2 3 4]
```

a[0] =0 表示把数组 a 中索引值为 0 的元素的值修改为 0，参数 copy = True 表示数组 b 为数组 a 的副本，a[0] 的修改将不会影响到 b。

【示例】生成数据副本，修改数据，并使数据副本和原数据保持一致。

```
a = np. array([1,2,3,4])
b = np. array(a, copy = False)
a[0] =0
print(a)
print(b)
```

结果：

```
[0 2 3 4]
[0 2 3 4]
```

【注意】参数 copy = False，表示没有生成副本，只是数组的引用，如果对源数组进行修改，拷贝也将修改。

【示例】subok 参数的使用。

```
a = np. matrix('1 2 3; 4 5 6 ')
b = np. array(a, subok = True)
c = np. array(a, subok = False)
print(type(a))
print(type(b))
print(type(c))
```

结果：

```
<class 'Numpy.matrix'>
<class 'Numpy.matrix'>
<class 'Numpy.ndarray'>
```

【注意】matrix 是矩阵，通过 subok 参数的设定，可以改变数据类型。

（二）ndarray 属性

一个 ndarray 数组中的所有元素的类型必须相同。ndarray 数组的常用属性如表 12－2 所示。

表 12－2 数组的常用属性

属性	说明
ndim	秩，即轴的数量或维度的数量
shape	数组在每个维度上的大小。例如，一个二维数组，其维度表示“行数”和“列数”。该元组的长度即为秩
size	数组元素的总个数
dtype	数组的元素类型
itemsize	数组每个元素的大小，以字节为单位

关于轴和秩的补充说明：每一个线性的数组称为一个轴（axis），也就是维度（dimensions）。例如，三维数组相当于多个二维数组，将三维数组的每一个二维看作一个平面（plane，X[0,:,:]，X[1,:,:]，X[2,:,:]），三维数组即是这些二维平面层叠（stacked）出来的结果。则 axis＝0 表示全部平面上的对应位置，axis＝1 表示每一个平面的每一列，axis＝2 表示每一个平面的每一行。而在二维数组中，轴是沿行和列的方向，axis＝0 表示沿行（row）向下的轴，axis＝1 表示沿列（columns）横穿的轴。而一维只有一个轴，即 axis＝0。

秩是维数，一维数组的秩为 1，二维数组的秩为 2，以此类推。即轴的个数。

【示例】查看数组的维度和秩。

```
a = np.array([[1, 2, 3], [4, 5, 6]])
print(a.shape)
print(a.ndim)
```

结果：

```
(2, 3)
2
6
int32
4
```

shape 方法返回一个元组，元组内的元素表示行数和列数，示例中数组 a 是二维数组，2 行、3 列，共 6 个元素，数组 a 元素类型是 int32，每个元素的大小为 4 字节。

Numpy 也提供了 reshape() 和 resize() 函数来调整数组维度。reshape() 函数改变数组的形状，返回调整维度后的副本，原始数据不发生变化。但是，调整数组维度必须满足调整后的行列的元素总个数与原数组相等。而 resize() 函数可以改变数组元素的个数，不足补 0，无返回值。它的一般使用形式如下：

```
np.reshape(a, newshape, order = 'C')
```

参数说明：a 表示需要改变数组形状的原数组；newshape 表示需要改变成的新数组；order 表示为新数组的填充方法，C：按照行来填充，F：按照列的顺序来填充，A：按任意方向，(default)，这里相当于行。

```
np.resize(a, newshape)
```

如果 newshape 中的数组总元素 n 小于原始数组的个数，新数组只保留 n 个元素，并删除多余的元素。如果 n 大于原始数组的个数，则在新数组末尾循环填充原始数组的元素直至扩展到 n 个。

【示例】采用 reshape（）函数将示例中的数组 a 改为 3 行 2 列的二维数组。

```
a = np.array([[1, 2, 3], [4, 5, 6]])
np.reshape(a,(3,2),order = 'C')
```

结果：

```
array ( [[1, 2],
         [3, 4],
         [5, 6]])
```

这里也可以采用 a.reshape((3,2), order = 'C') 编写代码。

【示例】采用 resize() 函数将示例中的数组 a 修改为 2 行 2 列和 3 行 4 列的二维数组。

```
a = np.array([[1, 2, 3], [4, 5, 6]])
np.resize(a,(2,2))
```

结果：

```
array ( [[1, 2],
        [3, 4]])
```

由于新数组的元素个数小于原始数组 a 的元素个数，多余的元素则被删除。

```
a = np. array([[1, 2, 3], [4, 5, 6]])
np. resize(a,(3,4))
```

结果：

```
array ( [[1, 2, 3, 4],
        [5, 6, 1, 2],
        [3, 4, 5, 6]])
```

由于新数组的元素个数大于原始数组 a 的元素个数，不足的部分得到补充。

（三）创建数组

Numpy 提供了专门用于生成数组的函数，提供创建数组的速度，如表 12－3 所示。

表 12－3　数组常用函数

函数	说明
np. array( )	创建多维数组
np. arange( )	该函数等效于 Python 内置 range 函数，但返回的是 ndarray 而不是列表
np. linspace( )	创建一个一维等差数列的数组，与 arange 函数不同，arange 是固定步长，而 linspace 则是固定元素数量
np. logspace( )	创建一个等比数列
np. geomspace( )	创建一个一维等比数列
np. empty( )	创建一个指定维度（shape）、数据类型（dtype）的未初始化的数组
np. zeros( )	创建指定维度，以 0 填充的新数组，默认 float 类型
np. ones( )	创建指定维度，以 1 填充的新数组
np. full( )	返回给定维度和类型的新数组

arange 函数、linspace 函数、logspace 函数和 geospace 函数是从数值范围创建数组，而 empty 函数、zeros 函数、ones 函数和 full 函数则是创建特定形状的多维数组。

1. arange( ) 函数。

arange( ) 函数的语法格式如下：

```
np. arange(start, stop, step, dtype = None)
```

【示例】

```
a = np.arange(1, 10, 1)
print(a)
print(a[5])
print(a[3:5])
print(a[:5])
a[2:4] = 100,101
print(a)
```

结果:

```
[1 2 3 4 5 6 7 8 9]
6
[4 5]
[1 2 3 4 5]
[1 2 100 101   5   6   7   8   9]
```

通过 arange 生成 1 ~ 10（不包括 10），步长为 1 的数组［1 2 3 4 5 6 7 8 9］。Numpy 同样可以进行索引和切片，使用方式和列表相同，也可以对数组元素进行修改。

2. linspace() 函数。

linspace() 函数的语法格式如下:

```
np.linspace(start, stop, num = 50, endpoint = True, retstep, dtype)
```

参数的补充说明：num 表示要生成的元素数量，默认为 50；endpoint 序列中是否包含 stop 值，默认为 Ture；retstep 如果为 true，返回样例，以及连续数字之间的步长。

【示例】

```
a = np.linspace(1, 10, 5, endpoint = True, retstep = True)
print(a)
```

结果:

```
(array([1.   ,   3.25,   5.5,   7.75, 10.   ]), 2.25)
```

通过 linspace 函数生成 1 到 10（包括 10）的数组，数组元素为 5 个，并返回元素之间的步长。

3. logspace() 函数。

logspace() 函数的语法格式如下:

```
np.logspace(start, stop, num = 50, endpoint = True, base = 10.0, dtype = None)
```

这里 num 表示要生成的元素数量，默认为 50；base 表示默认以 10 为 10，start 表示数组以 10 的 start 次方开始，stop 表示数组以 10 的 stop 次方结束。其他参数说明与 linspace 相同。

【示例】

```
a = np.logspace(1, 4, num =4)
print(a)
```

结果：

```
[10.    100.    1000.  10000. ]
```

生成的数组以 10 的 1 次方开始，以 10 的 4 次方结束，数组 a 中共有 4 个元素。

4. geomspace() 函数。

Geomspace() 函数的语法格式如下：

```
np.geomspace(start, stop, num =50, endpoint = True, dtype = None)
```

【示例】

```
a = np.geomspace(1, 4, num =4)
print(a)
```

结果：

```
[1.      1.58740105 2.5198421   4.  ]
```

生成以 1 开头、4 结尾的一维等比数组，数组 a 内有 4 个元素。

关于创建特定形状的多维数组的 empty 函数、zeros 函数、ones 函数和 full 函数大家可以自行学习。

（四）ndarray 的相关操作

1. 数组元素的选取和修改。

关于一维数组元素的选取和修改前面已经提及，这里不再赘述。而多维数组与一维数组相似，多维数组是由多个一维或二维数组组成的。

【示例】

```
a = np.arange(24).reshape(4,6)
print(a)
a[0,0] =100 #修改某个元素,0,0 代表第 0 行第 0 列元素改为 100
print(a)
a[0,:] =100 #修改 0 行元素,0,:代表第 0 行所有列的元素都改为 100
print(a)
```

```
a [0: 2,:] =100 #修改0到2行（不包括第2行）所有列的元素，都改为100
print (a)
```

结果：

```
[[0  1  2  3  4  5]
 [6  7  8  9 10 11]
 [12 13 14 15 16 17]
 [18 19 20 21 22 23]]
[[100   1   2   3   4   5]
 [  6   7   8   9  10  11]
 [12  13  14  15  16  17]
 [18  19  20  21  22  23]]
[[100 100 100 100 100 100]
 [  6   7   8   9  10  11]
 [12  13  14  15  16  17]
 [18  19  20  21  22  23]]
[[100 100 100 100 100 100]
 [100 100 100 100 100 100]
 [12  13  14  15  16  17]
 [18  19  20  21  22  23]]
```

通过 arange 函数生成从 0 开始，不包括 24 在内的步长为 1 的一维数组，并对该数据进行重塑，改为 4×6 的二维数组。并通过索引和切片方式选取数据和修改。

【示例】

```
a = np. arange(48). reshape(2,4,6)
print(a)
a[1,2,0] =100 #选取第1个(从0开始计数),2,0代表第2行第0列元素改为100
print(a)
```

结果：

```
[[[0  1  2  3  4  5]
  [6  7  8  9 10 11]
  [12 13 14 15 16 17]
  [18 19 20 21 22 23]]
 [[24 25 26 27 28 29]
  [30 31 32 33 34 35]
```

```
 [36 37 38 39 40 41]
 [42 43 44 45 46 47]]]

[[[0   1   2   3   4   5]
  [6   7   8   9   10   11]
  [12  13  14  15  16  17]
  [18  19  20  21  22  23]]
 [[24  25  26  27  28  29]
  [30  31  32  33  34  35]
  [100  37  38  39  40  41]
  [42  43  44  45  46  47]]]
```

通过 arange 函数生成从 0 开始，不包括 48 在内的步长为 1 的一维数组，并对该数据进行重塑，改为 2 个分别是 4×6 的三维数组。并通过索引方式选取第 1 个二维数组的第 2 行第 0 列数据和修改（从 0 开始计数）。

2. 数组的拼接。

数组拼接的常用函数如表 12－4 所示。

表 12－4　　数组常用拼接函数

函数	说明
np. concatenate( )	沿着指定的轴连接数据序列
np. stack( )	沿着新轴连接数组序列
np. hstack( )	水平堆叠序列中的数组
np. vstack( )	竖直堆叠序列中的数组

连接两个或多个数组要求数组具有相同的形状。axis =0 为垂直拼接，axis =1 表示为水平拼接。

【示例】

```
a = np. array([[1,2],[3,4]])
b = np. array([[5,6],[7,8]])
c1 = np. concatenate((a,b),axis =0)
c1
```

结果：

```
array([[1, 2],
       [3, 4],
       [5, 6],
       [7, 8]])
```

【示例】将数组 a 和 b 进行垂直拼接，生成一个二维数组。

```
c2 = np. stack( (a, b), axis = 1)
c2
```

结果：

```
array ( [[[1, 2],
         [5, 6]],
        [ [3, 4],
         [7, 8]]])
```

将数组 a 和 b 沿着轴 0 堆叠，生成一个三维数组。

hstack 函数和 vstack 函数是 stack 函数的变体，hstack 函数通过堆叠来生成水平的单个数组，vstack 函数通过堆叠来生成垂直的单个数组，这里不再赘述。

3. 数组的分割。

数组分割的常用函数如表 12－5 所示。

表 12－5　　数组常用分割函数

函数	说明
np. split( )	将一个数组分割为多个子数组
np. hsplit( )	将一个数组水平分割为多个子数组
np. vsplit( )	将一个数组竖直分割为多个子数组

split 函数的语法格式如下：

```
np. split(a, n)
```

将数组 a 分成 n 个，n 可以是整数，可以是列表。当 n 为整数时，必须是能均匀划分，即可以分为等大小的子数组；当 n 为列表时表示在一维数组中的位置分割。hsplit 是 split( ) 函数的特例，其中轴为 1 表示水平分割，无论输入数组的维度是什么；vsplit 是 split( ) 函数的特例，其中轴为 0 表示竖直分割，无论输入数组的维度是什么。

【示例】

```
a = np. arange(9)
b = np. split(a,3)
b
```

结果：

```
[array([0, 1, 2]), array([3, 4, 5]), array([6, 7, 8])]
```

【示例】

```
c = np.split(a,[2,5])
c
```

结果：

```
[array([0, 1]), array([2, 3, 4]), array([5, 6, 7, 8])]
```

【示例】

```
d = np.split(a,[2,5])
d
```

结果：

```
[array([0, 1, 2]), array([3, 4, 5]), array([6, 7, 8])]
```

除以上方法外，还有一种 array_split（a，n），类似于 split 方法，但是比较特别之处在于它可以不均等划分。

【示例】

```
e = np.array_split(a, 4)
e
```

结果：

```
[array([0, 1, 2]), array([3, 4]), array([5, 6]), array([7, 8])]
```

(五) 数据类型

对于科学计算来说，Python 中自带的整型、浮点型和复数类型远远不够，因此 Numpy 中添加了许多数据类型，如表 12－6 所示。

表 12－6　Numpy 的数据类型

名称	描述
bool	用一个字节存储的布尔类型（True 或 False）
inti	由所在平台决定其大小的整数（一般为 int32 或 int64）
int8	一个字节大小，－128 至 127
int16	整数，－32768 至 32767
int32	整数，－2 ** 31 至 2 ** 32－1
int64	整数，－2 ** 63 至 2 ** 63－1

续表

名称	描述
uint8	无符号整数，0 至 255
uint16	无符号整数，0 至 65535
uint32	无符号整数，0 至 2 ** 32 – 1
uint64	无符号整数，0 至 2 ** 64 – 1
float16	半精度浮点数：16 位，正负号 1 位，指数 5 位，精度 10 位
float32	单精度浮点数：32 位，正负号 1 位，指数 8 位，精度 23 位
float64 或 float	双精度浮点数：64 位，正负号 1 位，指数 11 位，精度 52 位
complex64	复数，分别用两个 32 位浮点数表示实部和虚部
complex128 或 complex	复数，分别用两个 64 位浮点数表示实部和虚部

二、ufunc 函数

ufunc 是一种能对数组每个元素进行运算的函数。Numpy 的许多 ufunc 函数都是用 C 语言实现的，因此运算速度很快。ufunc 函数分为四则运算、比较运算和逻辑运算。

（一）四则运算

在 numpy 中，实现四则运算的计算既可以使用运算符号，也可以使用函数，具体如表 12 –7 所示。

表 12 –7　四则运算符号与函数

四则运算符号	函数	说明
+	np. add(arr1， arr2)	加
–	np. subtract(arr1， arr2)	减
*	np. multiply(arr1， arr2)	乘
/	np. divide(arr1， arr2)	除
//	np. modf(arr1， arr2)	数组元素之间商的整数部分
%	np. fmod(arr1， arr2)	数组元素之间商的取余
**	np. power(arr1， arr2)	数组元素之间的幂指数

需要注意的是，函数只能接收两个对象的运算，如果需要多个对象的运算，就得使用嵌套的方法。此外，不管是使用运算符号还是函数方法，除了数组和标量之间的运算，都必须保证操作的数组具有相同的形状。

【示例】

```
a = np. arange(4, dtype = np. float_) . reshape(2,2)
b = np. array([10,10])
print(a)
print(b)
print(np. add(a,b))
print(a/b)
print(a//b)
```

结果：

```
[[0.  1. ]
[2.  3. ]]
[10 10]
[[10.  11. ]
[12.  13. ]]
[[0.    0.1]
[0.2 0.3]]
[[0.  0. ]
[0.  0. ]]
```

（二）比较运算

数组的元素之间除了可以进行四则运算外，也可以进行元素间的比较运算。关于比较运算符有以下六种，如表 12 -8 所示。

表 12 -8　　比较运算符号与函数

比较运算符号	函数	说明
= =	np. greater(arr1, arr2)	等于
! =	np. greater_equal(arr1, arr2)	不等于
<	np. less(arr1, arr2)	小于
>	np. less_equal(arr1, arr2)	大于
< =	np. equal(arr1, arr2)	小于或等于
> =	np. not_equal(arr1, arr2)	大于或等于

比较运算的结果是 bool 值或者 bool 数组。比较运算符除了以上六种以外，还有一种简单判断数组之间是否相等的函数 array_equal(arr1, arr2)。

【示例】

```
a = np. arange(4, dtype = int). reshape(2,2)
b = np. array([10,10])
print(a)
print(b)
print(a > b)
print(a < = b)
print(a! =b)
c = np. array_equal (a, b)
print (c)
```

结果：

```
[[0 1]
[2 3]]
[10 10]
[[False False]
[False False]]
[[True  True]
[True  True]]
[[True  True]
[True  True]]
False
```

（三）逻辑运算

Numpy 中也有逻辑判断的函数，即 logical_and()，logical_or()，logical_not()，logical_xor() 这几个函数。进行逻辑比较的数组必须具有相同的形状，在对比较数组的相应元素进行逻辑运算后，返回布尔结果。

【示例】

```
np. logical_or(True, False)
```

结果：

```
True
```

【示例】

```
x = np. arange(5)
```

```
print(x)
np.logical_or (x<1, x>3)
```

结果：

```
[0 1 2 3 4]
array([True, False, False, False,    True])
```

通过 arange 函数生成从 0 开始，5 结束（不包括 5），步长为 1 的数组 [0 1 2 3 4]。再将数组进行 x<1 或者 x>3 的逻辑或运算。元素 0 满足 x<1，返回 True；元素 1 不满足 x<1 或者 x>3，返回 False；同理，元素 2 也不满足 x<1 或者 x>3，返回 False，元素 3 进行逻辑或运算后返回 False，元素 4 进行逻辑或运算后返回 True。

【示例】

```
np.logical_not([1, 1, 0, 1])
```

结果：

```
array([False, False,    True, False])
```

【示例】

```
x = np.arange(5)
np.logical_not([1, 1, 0, 1])
```

结果：

```
array([False, False,    True, False])
```

logical_and()，logical_or()，logical_not() 函数的逻辑运算方法类似。而 logical_xor() 有点不同，称为逻辑异或运算，简称异或。对进行逻辑比较的数组上的相应元素进行逻辑 xor 运算，真异或假的返回结果是真，假异或真的 logical_or()，结果也是真，真异或真的 logical_or()，结果是假，假异或假的 logical_or()，结果是假。即两个值不相同，则异或结果为真，反之为假。

【示例】

```
np.logical_xor(True, False)
```

结果：

```
True
```

【示例】

```
np.logical_xor([1, 1, 0, 0], [1, 0, 1, 0])
```

结果：

```
array([False,    True,    True, False])
```

（四）ufunc 函数的广播机制

前面所介绍的各种数学运算符都是基于相同形状的数组，而 ufunc 函数的广播机制是指不同形状的数组之间执行算术运算的方式，它通过扩展数组的方法来实现相加、相减、相乘等操作。广播主要发生在两种情况：一种是两个数组的维数不相等，但是它们的后缘维度的轴长相符；另一种是有一方的长度为 1。

1. 数组维度不同，后缘维度的轴长相符。

后缘维度指的是从末尾开始算起的维度，如果两个数组的维度不同，但后缘维度的轴长度相符，广播会在缺失的维度上进行，这点优点难以理解，下面通过示例来加以说明。

【示例】

```
arr1 = np.array([[0, 0, 0], [1, 1, 1], [2, 2, 2], [3, 3, 3]])
arr2 = np.array([1, 2, 3])
a = np.shape(arr1)
b = np.shape(arr2)
print(a)
print(b)
arr_sum = arr1 + arr2
print(arr_sum)
```

结果：

```
(4, 3)
(3,)
[[1 2 3]
 [2 3 4]
 [3 4 5]
 [4 5 6]]
```

数组 arr1 的 shape 是（4，3），是二维数组；数组 arr2 的 shape 是（3,），是一维数组的，虽然 arr1 和 arr2 的 shape 并不一样，但是它们的后缘维度一致，可以通过广播将 arr2 沿着 0 轴进行扩展，然后进行相加操作，如图 12－1 所示。

同样，满足条件的三维数组也可以进行相同的操作，如图 12－2 所示。

从图 12－2 可以看到，（3，4，2）和（4，2）的维度是不相同的，前者为 3 维，后者为 2 维。但是它们后缘维度的轴长相同，都为（4，2），所以可以沿着 0 轴进行广

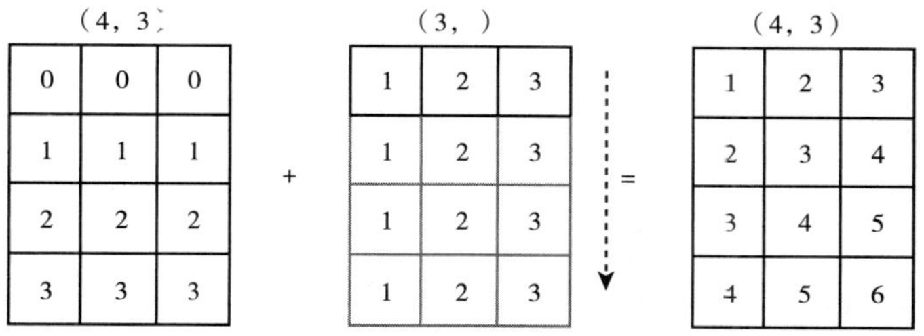

图 12－1　一维数组在轴 0 上的广播

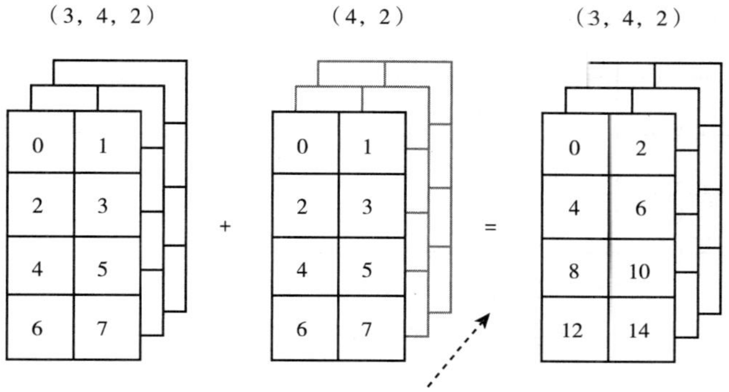

图 12－2　三维数组在轴 0 上的广播

播。此外，还有一些例子：(4，2，3) 和 (2，3) 是兼容的，(4，2，3) 和 (3) 是兼容的，后者需要在两个轴上面进行扩展。

2. 数组维度相同，其中有个轴为 1。

如果两个数组的维度相同，其中的一方的长度为 1，则认为它们也是广播兼容的，广播会在长度为 1 的维度上进行。

【示例】

```
arr1 = np.array([[0, 0, 0],[1, 1, 1],[2, 2, 2], [3, 3, 3]])
arr2 = np.array([[1],[2],[3],[4]])
a = np.shape(arr1)
b = np.shape(arr2)
print(a)
print(b)
arr_sum = arr1 + arr2
print(arr_sum)
(4, 3)
(4, 1)
```

```
[[1 1 1]
 [3 3 3]
 [5 5 5]
 [7 7 7]]
```

数组 arr1 的 shape 是（4，3），数组 arr2 的 shape 是（4，13，），都是二维数组，但是第二个数组在 1 轴上的长度为 1，所以可以在 1 轴上进行广播，如图 12－3 所示。

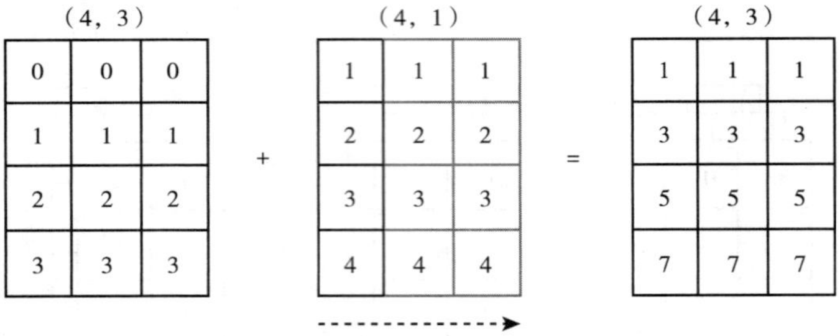

图 12－3　二维数组在轴 1 上的广播

在这种情况下，两个数组的维度要保证相等，其中有一个轴的长度为 1，这样就会沿着长度为 1 的轴进行扩展。这样的例子还有：（4，6）和（1，6）、（3，5，6）和（1，5，6）、（3，1，6）、（3，5，1），后面三个分别会沿着 0 轴、1 轴、2 轴进行广播。

三、常用数学函数与统计函数

在统计分析和挖掘过程中，经常会使用 numpy 模块的函数，接下来将常用的数学函数和统计函数汇总到表 12－9 中，以便读者查询和使用。

表 12－9　　常用数学函数与统计函数

分类	函数	说明
数学函数	np. pi	常数 π
	np. e	常数 e
	np. fabs(arr)	计算各元素的浮点型绝对值
	np. ceil(arr)	对各元素向上取整
	np. floor(arr)	对各元素向下取整
	np. round(arr)	对各元素四舍五入
	np. fmod(arr1,arr2)	计算 arr1/arr2 的余数
	np. modf(arr)	返回数组元素的小数部分和整数部分
	np. sqrt(arr)	计算各元素的算术平方根
	np. square(arr)	计算各元素的平方值

续表

分类	函数	说明
数学函数	np. exp(arr)	计算以 e 为底的指数
	np. power(arr, α)	计算各元素的指数
	np. log2(arr)	计算以 2 为底各元素的对数
	np. log10(arr)	计算以 10 为底各元素的对数
	np. log(arr)	计算以 e 为底各元素的对数
统计函数	np. min(arr, axis)	按照轴的方向计算最小值
	np. max(arr, axis)	按照轴的方向计算最大值
	np. mean(arr, axis)	按照轴的方向计算均值
	np. median(arr, axis)	按照轴的方向计算中位数
	np. sum(arr, axis)	按照轴的方向计算和
	np. std(arr, axis)	按照轴的方向计算标准差
	np. var(arr, axis)	按照轴的方向计算方差
	np. cumsum(arr, axis)	按照轴的方向计算累计和
	np. cumprod(arr, axis)	按照轴的方向计算累计乘积
	np. argmin(arr, axis)	按照轴的方向返回最小值所在的位置
	np. argmax(arr, axis)	按照轴的方向返回最大值所在的位置
	np. corrcoef(arr)	计算皮尔逊相关系数
	np. cov(arr)	计算协方差矩阵

根据表 12-9，需要对统计函数重点介绍，这些统计函数都有 axis 参数，该参数的目的就是在统计数组元素时需要按照不同的轴方向计算，如果 axis = 1，则表示按水平方向计算统计值，即计算每一行的统计值；如果 axis = 0，则表示按垂直方向计算统计值，即计算每一列的统计值。

【示例】

```
arr1 = np.array([[0, 0, 0], [1, 1, 1]])
arr2 = np.array([[1, 2, 3], [4, 5, 6]])
a = np.sum(arr1 + arr2, axis = 1)
print(a)
b = np.sum(arr1 + arr2, axis = 0)
print(b)
```

结果：

```
[6 18]
[6  8 10]
```

axis =1 表示水平方向计算数组的和为［6 18］，axis =0 表示垂直方向计算数组的和为［6 8 10］。

第二节 Pandas 库

Pandas 是 Python 的一个数据分析包，最初由 AQR Capital Management 于 2008 年 4 月开发，并于 2009 年底开源出来，目前由专注于 Python 数据包开发的 PyData 开发团队继续开发和维护，属于 PyData 项目的一部分。Pandas 最初被作为金融数据分析工具而开发出来，因此，Pandas 为时间序列分析提供了很好的支持。Pandas 的名称来自面板数据（panel data）和 Python 数据分析（data analysis）。panel data 是经济学中关于多维数据集的一个术语，在 Pandas 中也提供了 panel 的数据类型。Pandas 提供了使我们能够快速便捷地处理结构化数据的大量数据结构，Pandas 兼具 NumPy 高性能的数组计算功能以及电子表格和关系型数据库灵活的数据处理功能。

一、数据结构

Pandas 有多种数据类型，如下：

➢ Series：一维数组，与 Numpy 中的一维 array 类似。两者与 Python 基本的数据结构 List 也很相近。Series 如今能保存不同种数据类型，如字符串、boolean 值、数字等都能保存在 Series 中。

➢ Time - Series：以时间为索引的 Series。

➢ DataFrame：二维的表格型数据结构。很多功能与 R 中的 data. frame 类似。可以将 DataFrame 理解为 Series 的容器。

➢ Panel ：三维的数组，可以理解为 DataFrame 的容器。

➢ Panel4D：是像 Panel 一样的 4 维数据容器。

➢ PanelND：拥有 factory 集合，可以创建像 Panel4D 一样 N 维命名容器的模块。

其中最为常用的是 Series 和 DataFrame，下面对这两种数据类型进行着重介绍。

（一）Series

Series 是一维数组，与 Numpy 中的一维数组（array）类似。两者与 Python 基本的数据结构 List 也很相近，区别在于 List 中的元素可以是不同的数据类型，而 Array 和 Series 中则只允许存储相同的数据类型，这样可以更有效地使用内存，提高运算效率。Series 如今能保存不同种数据类型，如字符串、boolean 值、数字等都能保存在 Series 中，轴标一般指索引。

1. Series 的创建。

Series 可以通过列表和数组直接创建。

【示例】

```
import pandas as pd
n = pd.Series([24, 113, 65, 28])
n
```

结果：

```
0     24
1    113
2     65
3     28
dtype: int64
```

序列 Series 是有顺序的，第一列是 index 索引，默认从 0 开始生成，第二列是我们传入的数据。索引可以通过 index 参数进行修改。Series 数据可以通过索引、切片进行选取。单个选取可以用索引值，多个选取可以用区间（索引值，也可以是布尔值）。

【示例】

```
n = pd.Series([24, 113,65, 28],index = ['m','a','x','y'])
print(n)
print(n[0])
print(n['a'])
print(n[0:3])
print(n[[True, True, False, False]])
print(n['a':'x'])
```

结果：

```
m     24
a    113
x     65
y     28
dtype: int64
24
113
m     24
a    113
```

```
x        65
dtype: int64
m         24
a       113
dtype: int64
a       113
x        65
dtype: int64
```

这里需要注意的是，当使用自定义的索引进行切片时，如 n[‘a’:‘x’]，其中，‘x’所对应的数据是包含在内的（python 中有些函数的区间是采用左闭右开，如 range 函数）。

2. Series 常用函数。

Series 有一些常用函数，如表 12－10 所示。

表 12－10　　　　　　　　Series 常用函数

函数	说明
Series. unique( )	返回去重后的结果
Series. nlargest(n)	返回前 n 个最大的数字列表，按照顺序排列
Series. nsmallest(n)	返回前 n 个最小的数字列表，按照顺序排列
Series. max( )、Series. min( )、Series. mean( )	计算 Seires 中最大值、最小值、平均值
Series. sample(n)	从 Seires 中随机抽取 n 个样本
Series. head(n)	从 Seires 中查看前 n 个样本
Series. tail(n)	从 Seires 中查看后 n 个样本
Series. value_counts(normalize)	对 series 中的各种值进行统计；normalize = True 表示按照百分比统计，False 表示按照绝对数统计
Series. sort_values(ascending)	对 Series 排序，ascending 为布尔值，True 为升序
Series. apply( )	对 Seires 进行批量处理，传入的是函数

这里的 apply(func, args, kwargs) 函数用于当函数参数已经存在于一个元组或字典中时，间接地调用函数。args 是一个包含将要提供给函数的按位置传递的参数的元组。如果省略了 args，那么任何参数都不会被传递，kwargs 是一个包含关键字参数的字典。简单地说，apply( ) 的返回值就是 func( ) 的返回值，apply( ) 的元素参数是有序的，元素的顺序必须与 func( ) 形式参数的顺序一致。

【示例】

```
n. apply(lambda n: n + 1)
```

结果：

```
m    25
a   114
x    66
y    29
dtype: int64
```

这里的 lambda 是匿名函数，即不再使用 def 的形式，可以简化脚本，使结构更加简洁。

Series 也可以通过字典创建，如下：

```
m = {'a':23,'b':55,'c':66}
pd.Series(m)
```

结果：

```
a    23
b    55
c    66
dtype: int64
```

这里已经默认将字典的 keys 设置为索引。

（二）DataFrame

DataFrame 是二维标记数据结构，列可以是不同的数据类型。它是最常用的 Pandas 对象，像 Series 一样可以接收多种输入：Lists、Dicts、Series 和 DataFrame 等。DataFrame 既有行索引 index，也有列索引 columns，常用于表达二维数据。

1. DataFrame 的创建。

DataFrame 的创建方法通常由二维数组、字典，或者从 csv、excel 等文件中读取 pd.read_csv/ pd.read_excel。二维数组和字典创建的基本语法如下：

```
pd.DataFrame(data, columns, index)
```

如果 columns 和 index 不写，则默认为从 0 开始的数字。

【示例】

```
import pandas as pd
data = [['A 公司',1234,2345],['B 公司',3456,4567],['C 公司',5678,6789]]
df = pd.DataFrame(data,columns = ['公司','成本','收入'])
df
```

结果：

	公司	成本	收入
0	A公司	1234	2345
1	B公司	3456	4567
2	C公司	5678	6789

这里通过二维数组创建DataFrame，并对列索引columns进行自定义为公司、成本和收入，行索引index采用默认模式，从0开始。同样，DataFrame也可以通过字典形式创建。

【示例】

```
data = {'公司':['A公司','B公司','C公司'],'成本':[1234,3456,5678],'收入':[2345,4567,6789]}
df = pd.DataFrame(data)
df
```

输出的结果也与前面示例相同。但要注意的是，作为字典值的列表，其长度必须一致，否则会出现如下的报错：ValueError：arrays must all be same length。

2. DataFrame的常用函数。

DataFrame有一些常用函数，如表12－11所示。

表12－11　DataFrame的常用函数

函数	说明
DataFrame. head(n)	选取前n条
DataFrame. tail(n)	选取后n条
DataFrame. sample(n)	随机选n条
DataFrame. info()	整体df的概况信息
DataFrame. describe()	描述性统计
DataFrame. dtypes	每个字段对应的数据类型。object意思是字符串，int整数
DataFrame. columns	查看列名有哪些
DataFrame. iterrows()	逐行循环
DataFrame. insert()	将列插入到DataFrame中的指定位置

（1）iterrows()函数。

iterrows()是在数据框中的行进行迭代的一个生成器，它返回每行的索引及一个包含行本身的对象。因此，当我们在需要遍历行数据时，就可以使用iterrows()方法实现了。

【示例】

```
for index, row in df.iterrows():
    print(index)
    print(row)
```

结果：

```
0
公司      A公司
成本      1234
收入      2345
Name: 0, dtype: object
1
公司      B公司
成本      3456
收入      4567
Name: 1, dtype: object
2
公司      C公司
成本      5678
收入      6789
Name: 2, dtype: object
```

（2）insert() 函数。

insert() 函数的一般语法格式如下：

```
pd.DataFrame.insert(loc, column, value, allow_duplicates=False)
```

其参数说明如表 12－12 所示。

表 12－12　　　　insert 函数常用参数

参数名称	描述
loc	int，插入列的位置，表示第几列，插入第一列为 loc = 0
column	插入列的列名
value	插入的值，可选（int、Series、数组）
allow_duplicates	是否允许列名重复，默认 False，如果列名已经存在则报错，设置为 True 表示允许列名重复

【示例】

```
df.insert(0,'序号',range(1,4))
df
```

结果：

	序号	公司	成本	收入
0	1	A 公司	1234	2345
1	2	B 公司	3456	4567
2	3	C 公司	5678	6789

0 表示对插入列位置没有要求，也可直接在最后追加一列，类似于字典添加键值对。

【示例】

```
df['序号2'] = range(4,7)
df
```

结果：

	序号	公司	成本	收入	序号2
0	1	A 公司	1234	2345	4
1	2	B 公司	3456	4567	5
2	3	C 公司	5678	6789	6

在前面示例运行结果的基础上，又在最后追加一列'序号2'。

二、数据读写

在平时学习和工作中，我们经常会从外部读取数据，这些数据文件包括很常见的 csv、excel 文件（后缀名为 xls 和 xlsx）、txt 等文本文件，json 文件以及 sql 文件等。这里就对常用的 csv 和 excel 文件的读写进行重点介绍。

（一）csv 文件

csv 文件以纯文本形式存储表格数据（数字和文本）。纯文本意味着该文件是一个字符序列，不含必须像二进制数字那样被解读的数据。csv 文件以逗号分割字符，其文件读取格式表示为：

```
pd.read_csv(filepath, sep = ',', header = 'infer', names = None, index_col = None, dtype = None, engine = None, nrows = None)
```

其参数说明如表 12-13 所示。

表 12 - 13 参数说明

参数名称	说明
filepath	接收 string。代表文件路径。无默认
sep	接收 string。代表分隔符。默认为“,”
header	接收 int 或 sequence。表示将某行数据作为列名。默认为 infer，表示自动识别
names	接收 array。表示列名。默认为 None
index_col	接收 int、sequence 或 False。表示索引列的位置，取值为 sequence 则代表多重索引。默认为 None
dtype	接收 dict。代表写入的数据类型（列名为 key，数据格式为 values）。默认为 None
engine	接收 c 或者 python。代表数据解析引擎。默认为 c
nrows	接收 int。表示读取前 n 行。默认为 None
converters	强制规定列数据类型

sep 参数是指定文本的分隔符的，如果分隔符指定错误，在读取数据时，每一行数据将连成一片。header 参数是用来指定列名的，如果是 None 则会添加一个默认的列名。converters 的强制转换是采用字典的键值对方式进行的，如 converters = {‘时间’：str，’资产总额’：float}，就是将“时间”列数据类型强制转换为字符串，“资产总额”列强制规定为浮点型。

【示例】

```
df = pd. read_csv( ’笔记本 . csv’ ,encoding = ’utf – 8’ )
df
```

结果：

	品牌	价格	好评数
0	苹果	8000	20000
1	戴尔	5000	15000
2	联想	6000	16000
3	华硕	5500	18000
4	三星	7000	17000

补充说明一下，读取文本文件还有一种 read_table 方式，read_table 和 read_csv 函数中只有 sep 参数不同，read_csv 默认为逗号分隔，read_table 默认为制表符分隔，这里对 read_table 方式不做介绍。

csv 文件的存储与读取类似，结构化数据可以通过 Pandas 中的 to_csv 函数实现以 csv 文件格式存储文件，其文件存储格式表示为：

```
DataFrame. to_csv( filepath, sep = ’,’, na_rep = ” ”, columns = None, header = True, index = True, index_label = None, mode = ’w’, encoding = None)
```

其参数说明如表 12－14 所示。

表 12－14　　参数说明

参数名称	说明
filepath	接收 string。代表文件路径。无默认
sep	接收 string。代表分隔符。默认为 “,”
na_rep	接收 string。代表缺失值。默认为 “”
columns	接收 list。代表写出的列名。默认为 None
header	接收 boolean，代表是否将列名写出。默认为 True
index	接收 boolean，代表是否将行名（索引）写出。默认为 True
index_labels	接收 sequence。表示索引名。默认为 None
mode	接收特定 string。代表数据写入模式。默认为 w
encoding	接收特定 string。代表存储文件的编码格式。默认为 None

encoding 代表文件的编码格式，常用的编码有 utf－8. utf－16. gbk、gb2312. gb18030 等，常用 utf－8 和 gbk。如果编码指定错误数据将无法读取，程序将会报错。mode 常用有'w'模式（覆盖写模式）和'a'模式（追加写模式）。

（二） excel 文件

Pandas 提供了 read_excel 函数来读取'. xls'和'. xlsx'两种 Excel 文件。'. xls'是 2003 版 Office Microsoft Office Excel 工作表的格式，'. xlsx'是 2007 版 Office Microsoft Office Excel 工作表的格式。其文件读取格式表示为：

```
pd. read_excel(filepath, sheetname =0, header = infer, index_col = None, usecols
  = None, names = None, dtype = None)
```

其参数说明如表 12－15 所示。

表 12－15　　参数说明

参数名称	说明
filepath	接收 string。表示文件路径。无默认
sheetname	接收 string、int。代表 excel 表内数据的分表位置。默认为 0
header	接收 int 或 sequence。表示将某行数据作为列名。默认为 infer，表示自动识别
index_col	接收 int、sequence 或者 False。表示索引列的位置，取值为 sequence 则代表多重索引。默认为 None
usecols	接收 int、sequence，默认取所有列
names	接收 int、sequence 或者 False。表示索引列的位置，取值为 sequence 则代表多重索引。默认为 None
dtype	接收 dict。代表写入的数据类型（列名为 key，数据格式为 values）。默认为 None

【示例】

```
df = pd. read_excel( '财务数据 . xlsx' , sheet_name = 0)
df. tail(5)
```

结果：

		年	月	公司	营业收入	营业成本	利润总额	净 利 润	资产合计	负债合计
0	589	2019	Oct	10140	NaN	0. 00	0. 00	0. 00	0. 00	330. 37
1	590	2019	Oct	10141	NaN	-0. 02	0. 02	0. 02	0. 02	901. 33
2	591	2019	Oct	10142	NaN	0. 00	0. 00	0. 00	0. 00	49. 58
3	592	2019	Oct	10144	21908. 15	21280. 99	1. 10	-11. 36	228100. 25	197670. 76
4	593	2019	Oct	10158	NaN	1785. 86	-1777. 20	-1777. 20	6208. 17	5384. 68

读取“财务数据”文件的第一张工作表，sheet_name 的默认序号是 0（表示为工作簿的 sheet1），也可以使用自定义的名称打开，在财务数据这个文件中，第一张工作表的名字是经营数据，并选取后五行数据、前四列数据，结果中的 NaN 表示为数据缺失。

excel 文件的存储可以通过 to_excel 函数来实现，其文件存储格式表示为：

```
DataFrame. to_excel( excel_writer = None, sheetname = None' , na_rep = ", header = True,
index = True, index_label = None, mode = 'w' , encoding = None)
```

to_excel 方法的常用参数与 to_csv 方法的基本一致，区别之处在于指定存储文件的文件路径参数名称为 excel_writer，并且没有 sep 参数，增加了一个 sheetnames 参数用来指定存储的 Excel sheet 的名称，默认为 sheet1。将示例的数据命名保存为 xlsx 文件，文件名为“财务数据 - tail5”，工作表名为“部分数据”。

【示例】

```
df. tail(5). to_excel( '财务数据 - tail5. xlsx' ,sheet_name = '部分数据' )
```

结果：

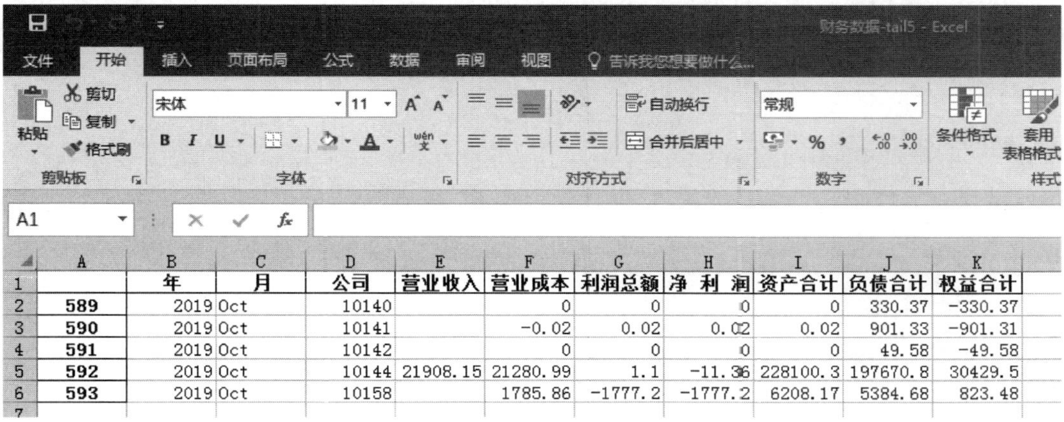

	A	B	C	D	E	F	G	H	I	J	K
1		年	月	公司	营业收入	营业成本	利润总额	净 利 润	资产合计	负债合计	权益合计
2	589	2019	Oct	10140		0	0	0	0	330.37	-330.37
3	590	2019	Oct	10141		-0.02	0.02	0.02	0.02	901.33	-901.31
4	591	2019	Oct	10142		0	0	0	0	49.58	-49.58
5	592	2019	Oct	10144	21908.15	21280.99	1.1	-11.36	228100.3	197670.8	30429.5
6	593	2019	Oct	10158		1785.86	-1777.2	-1777.2	6208.17	5384.68	823.48
7											

三、数据清洗

很多数据集存在数据缺失，或数据格式不统一（畸形数据），或错误数据的情况。不管是不完善的报表还是技术处理数据的失当，都不可避免地引起“脏”数据，因此需要对数据进行清洗工作，这在整个数据分析的流程中占据重要的地位。数据没有清洗干净会为后续的分析造成很多不必要的麻烦，严重时还可能得到错误的分析结果。因而数据清洗是非常值得重视的，这里介绍一些常用的清洗数据的方法。

（一）检测和处理重复值

检测数据集中是否存在重复可以使用 duplicated 的方法进行验证，但这种方法返回是数据集每一行的检验结果。

【示例】

```
df = pd. read_excel('数据清洗 . xlsx')
df
```

结果：

	Unnamed: 0	年	月	公司	营业收入	营业成本	利润总额	净利润	资产合计	负债合计	权益合计
0	589	2019	Oct	10140	NaN	0.00	0.00	0.00	0.00	330.37	-330.37
1	590	2019	Oct	10141	NaN	-0.02	0.02	0.02	0.02	901.33	-901.31
2	591	2019	Oct	10142	NaN	0.00	0.00	0.00	0.00	49.58	-49.58
3	592	2019	Oct	10144	21908.15	21280.99	1.10	-11.36	228100.25	197670.76	30429.50
4	593	2019	Oct	10158	NaN	1785.86	-1777.20	-1777.20	6208.17	5384.68	823.48
5	592	2019	Oct	10144	21908.15	21280.99	1.10	-11.36	228100.25	197670.76	30429.50
6	592	2019	Oct	10144	21908.15	21280.99	1.10	-11.36	228100.25	197670.76	30429.50

读取“数据清洗”文件后发现最后两行与前面有所重复。这里也可以采用 duplicated 方法验证，返回布尔值，如果出现重复，则表示为 True。

【示例】

```
df. duplicated()
```

结果：

```
0     False
1     False
2     False
3     False
```

```
4      False
5       True
6       True
dtype: bool
```

Pandas 提供了一个名为 drop_duplicates 的去重方法。该方法只对 DataFrame 或者 Series 类型有效。这种方法不会改变数据原始排列，并且兼具代码简洁和运行稳定的特点。该方法不仅支持单一特征的数据去重，还能够依据 DataFrame 的其中一个或者几个特征进行去重操作，它的一般使用形式如下：

```
DataFrame.drop_duplicates(subset = None, keep = 'first', inplace = False)
```

其参数说明如表 12 – 16 所示。

表 12 – 16 参数说明

参数名称	说明
subset	接收 string 或 sequence。表示进行去重的列。默认为 None，表示全部列
keep	接收特定 string。表示重复时保留第几个数据。First：保留第一个。Last：保留最后一个。False：只要有重复都不保留。默认为 first
inplace	接收 boolean。表示是否在原表上进行操作。默认为 False，表示返回副本

【示例】

```
df = pd.read_excel('数据清洗.xlsx')
df.drop_duplicates(inplace = False)
```

结果：

	Unnamed: 0	年	月	公司	营业收入	营业成本	利润总额	净利润	资产合计	负债合计	权益合计
0	589	2019	Oct	10140	NaN	0.00	0.00	0.00	0.00	330.37	-330.37
1	590	2019	Oct	10141	NaN	-0.02	0.02	0.02	0.02	901.33	-901.31
2	591	2019	Oct	10142	NaN	0.00	0.00	0.00	0.00	49.58	-49.58
3	592	2019	Oct	10144	21908.15	21280.99	1.10	-11.36	228100.25	197670.76	30429.50
4	593	2019	Oct	10158	NaN	1785.86	-1777.20	-1777.20	6208.17	5384.68	823.48

此时最后两行的重复数据被删除。

（二）检测与处理缺失值

数据中的某个或某些特征的值是不完整的，这些值称为缺失值。缺失数据是最常见的问题之一。产生这个问题的原因可能是人为的，或者机器设备故障所导致的。Pandas 提供了识别缺失值的方法 isnull 以及识别非缺失值的方法 notnull，这两种方法在使用时返回的都是布尔值 True 和 False。isnull 返回的布尔值 True 表示该数据为缺失值。结合 sum 函数和 isnull、notnull 函数，可以检测数据中缺失值的分布以及数据中一共含有多少缺失值。isnull 和 notnull 之间结果正好相反，因此使用其中任意一个都可以判断出数据中缺失值的位置。

【示例】

```
df = pd.read_excel('财务数据 - tail5.xlsx')
df.isnull()
```

结果：

	Unnamed: 0	年	月	公司	营业收入	营业成本	利润总额	净利润	资产合计	负债合计	权益合计
0	False	False	False	False	True	False	False	False	False	False	False
1	False	False	False	False	True	False	False	False	False	False	False
2	False	False	False	False	True	False	False	False	False	False	False
3	False	False	False	False	False	False	False	False	False	False	False
4	False	False	False	False	True	False	False	False	False	False	False

遇到缺失值时一般有三种方式进行处理，分别是删除法、替换法和插补法。删除法是指当缺失的观测比例低于 5% 时，直接删除缺失的观测，或者当某些变量的缺失比例高于 85% 时，直接删除这些缺失的变量；替换法是指用某种常数直接替换那些缺失值；插补法是指根据其他非缺失的变量或者观测来预测缺失值。本书重点介绍常用的删除法和替换法。

1. 删除法。

删除法分为删除观测记录和删除特征两种，它是利用减少样本量来换取信息完整度的一种方法，是一种最简单的缺失值处理方法。Pandas 中提供了简便的删除缺失值的方法 dropna，该方法既可以删除观测记录，也可以删除特征。它的一般使用形式如下：

```
DataFrame.dropna(axis =0, how = 'any', thresh = None, subset = None, inplace = False)
```

其参数说明如表 12 - 17 所示。

表 12 - 17　　参数说明

参数名称	说明
axis	接收 0 或 1。表示轴向，0 为删除观测记录（行），1 为删除特征（列）。默认为 0
how	接收特定 string。表示删除的形式。any 表示只要有缺失值存在就执行删除操作。all 表示当且仅当全部为缺失值时执行删除操作。默认为 any
subset	接收类 array 数据。表示进行去重的列/行。默认为 None，表示所有列/行
inplace	接收 boolean。表示是否在原表上进行操作。默认为 False，表示返回副本

【示例】

```
df = pd. read_excel('财务数据 - tail5. xlsx')
df. dropna(subset = ['营业收入'])
```

结果：

	Unnamed: 0	年	月	公司	营业收入	营业成本	利润总额	净利润	资产合计	负债合计	权益合计
3	592	2019	Oct	10144	21908.15	21280.99	1.1	-11.36	228100.25	197670.76	30429.5

由于“财务数据 - tail5”文件中只有营业收入这一列有缺失值，因此也可以用 df. dropna() 来进行删除，若有多列出现缺失值，则可以采用 subset 参数进行选择。

2. 替换法

替换法是指用一个特定的值替换缺失值。特征可分为数值型和类别型，两者出现缺失值时的处理方法也是不同的。缺失值所在特征为数值型时，通常利用其均值、中位数和众数等描述其集中趋势的统计量来代替缺失值；缺失值所在特征为类别型时，则选择使用众数来替换缺失值，如性别使用众数替换、年龄使用均值替换、收入使用中位数替换等。Pandas 库中提供了缺失值替换的方法名为 fillna，它的一般使用形式如下：

```
DataFrame. fillna(value = None, method = None, axis = None, inplace = False, limit = None)
```

其参数说明如表 12 - 18 所示。

表 12 - 18　　参数说明

参数名称	说明
value	接收 dict，Series 或者 DataFrame。表示用来替换缺失值的值。无默认
method	接收特定 string。backfill 或 bfill 表示使用下一个非缺失值填补缺失值。pad 或 ffill 表示使用上一个非缺失值填补缺失值。默认为 None
axis	接收 0 或 1。表示轴向。默认为 1
inplace	接收 boolean。表示是否在原表上进行操作。默认为 False，表示返回副本
limit	接收 int。表示填补缺失值个数上限，超过则不进行填补。默认为 None

【示例】

```
df = pd. read_excel('财务数据 - tail5. xlsx')
df. fillna (value = 8888, inplace = False)
```

结果：

	Unnamed: 0	年	月	公司	营业收入	营业成本	利润总额	净利润	资产合计	负债合计	权益合计
0	589	2019	Oct	10140	8888.00	0.00	0.00	0.00	0.00	330.37	-330.37
1	590	2019	Oct	10141	8888.00	-0.02	0.02	0.02	0.02	901.33	-901.31
2	591	2019	Oct	10142	8888.00	0.00	0.00	0.00	0.00	49.58	-49.58
3	592	2019	Oct	10144	21908.15	21280.99	1.10	-11.36	228100.25	197670.76	30429.50
4	593	2019	Oct	10158	8888.00	1785.86	-1777.20	-1777.20	6208.17	5384.68	823.48

【注意】示例中 fillna 方法将缺失值用 8888 来填补。

【示例】

```
df = pd. read_excel('财务数据 - tail5. xlsx')
df. fillna(method = 'backfill', inplace = False, limit = 2)
```

结果：

	Unnamed: 0	年	月	公司	营业收入	营业成本	利润总额	净利润	资产合计	负债合计	权益合计
0	589	2019	Oct	10140	NaN	0.00	0.00	0.00	0.00	330.37	-330.37
1	590	2019	Oct	10141	21908.15	-0.02	0.02	0.02	0.02	901.33	-901.31
2	591	2019	Oct	10142	21908.15	0.00	0.00	0.00	0.00	49.58	-49.58
3	592	2019	Oct	10144	21908.15	21280.99	1.10	-11.36	228100.25	197670.76	30429.50
4	593	2019	Oct	10158	NaN	1785.86	-1777.20	-1777.20	6208.17	5384.68	823.48

第一个示例中 fillna 方法使用下一个非缺失值（行索引为 3，列名为营业收入的值 21908. 15）来填补缺失值，并将填补缺失值个数上限限定为 2。因此 21908. 15 上方的两个缺失值被填补。

（三）异常值处理

获取的数据除了重复值、缺失值之外往往还存在许多其他问题，常见异常情况处理如下：

- 特殊字符删除：将所有数据转换为字符串，使用 replace() 函数进行替换；
- 数据类型更改：根据需求使用 astype() 函数更改数据类型；
- 无法识别数据处理：替换默认值，或替换为 NaN 再进行处理；
- 大小写转换：采用 upper()、lower() 函数。

1. 替换为 NaN。

其中将 DataFrame 中的元素替换为 NaN 有两种情况，一是将将 DataFrame 元素替换为 NaN，其语法格式表示为：

```
DataFrame. replace(to_replace, np. nan)
```

二是将 DataFrame 整列替换为 NaN，其语法格式表示为：

```
DataFrame['col'] = np. nan
```

2. astype() 函数。

astype() 函数是将 Pandas 对象转换为指定的数据类型，其语法格式表示为：

```
DataFrame. astype(dtype, copy = True, errors = 'raise')
```

其参数说明如表 12 - 19 所示。

表 12－19　参数说明

参数	描述
dtype	数据类型：使用 numpy. dtype 或 Python 类型对整个 pandas 对象转换为相同类型，也可对特定列进行转换
copy	布尔值，默认为 True，表示返回一个副本
errors	针对数据类型转换无效引发异常的处理，默认为“False”，表示允许引发异常；errors = “ignore”抑制异常，错误时返回原始对象

需要注意的是，整数型可以转换为浮点数型；而浮点数型转换成整数型时，小数部分将会被截断；字符串型转换为浮点数型需要满足字符串都为数字才可以转换。

本章习题

1. axis =0 和 axis =1 有什么区别?
2. reshape(3， －1) 中的－1 代表什么?
3. 随机生成 3 行 4 列的多维浮点数型数据，数据区间在 0 到 1.0 之间。
4. 计算数组 array([30，65，70]，[80，95，10]，[50，90，60]) 的中位数。
5. 使用函数 np. range 创建以为数组 array([1，2，4，6，8])，并计算其立方和。
6. 使用函数 np. linspace 创建以为数组 array([2，4，6，8，10])，并计算其平方根之和。
7. 提取数组 array([1，12，13，17，18，22，24] 中的偶数元素。
8. 使用循环的方式计算数组 array([[1，11，16，17]，[13，18，22，24]，[8，11，15，20]，[6，9，12，15]]) 每一行元素之和。
9. 提取数组 array([[1，11，16，17]，[13，18，22，24]，[8，11，15，20]，[6，9，12，15]]) 第二行和第四列的元素。
10. 将数组 array([[1，11，16，17]，[13，18，22，24]，[8，11，15，20]，[6，9，12，15]]) 均匀切割成 4 个子数组。
11. 将数组 array([[1，11，16，17]，[13，18，22，24]，[8，11，15，20]，[6，9，12，15]]) 中最大值替换为 100。
12. 打开'经营数据 . xlsx'文件，并尝试使用 Python 工具解决以下问题：

(1) 请对营业收入、营业成本和利润总额做基本的统计描述（如最大值、最小值、中位值等）；

(2) 根据毛利与毛利率公式，增加新的列，列名为'毛利'与'毛利率'；

(3) 对毛利率高于 0. 15 的进行筛选；

(4) 请统计净利润排名前 20% 的金额；

(5) 统计平均净利润；

(6) 检测数据中的缺失值；

(7) 对数据中的缺失值分别用删除法和替换法进行清洗，替换法采用均值替换。

第四篇

数据可视化

本篇重点是利用Python绘图，常见的统计图形如条形图、柱状图、折线图、饼图、散点图、热力图、气泡图等，不同的类型适合不同的财务或会计场景。这些图形的绘制可以通过matplotlib模块、panadas模块或者seaborn模块实现，同时可以用pyecharts绘制动态效果财务或会计图表。

▸▸第十三章 Matplotlib 可视化数据分析图表

【本章学习目标】

1. Python 各模块的函数或方法；
2. 离散型数据的可视化方法；
3. 数值型变量的可视化方法；
4. 关系型变量的可视化方法。

【本章学习重点】

1. 离散型数据饼图、条形图的绘制函数；
2. 数值型变量的直方图、直方图与核密度曲线、箱线图、小提琴图和折线图绘制的函数；
3. 关系型变量的散点图、气泡图和热力图的绘制函数。

【本章学习难点】

1. 判断变量的数据类型及数值之间的关系；
2. 根据变量的数据类型选择合适的可视化函数；
3. 灵活运用可视化的函数并绘制出财务或会计的数据图形并分析数据。

Matplotlib 是一个 Python 的第三方 2D 绘图库。通过 Matplotlib，我们仅需要几行代码便可生成绘图，一般可绘制折线图、散点图、柱状图、饼图、直方图等。Matplotlib 使用 Numpy（Numerical Python）进行数组运算，所以使用 Matplotlib 前请确保 Numpy 库安装成功。

引入规则：from matplotlib import pyplot as plt。

官网：https：//matplotlib. org/。

学习方式：http：//matplotlib. org/examples/index. html。
http：//matplotlib. org/gallery. html。

第一节　离散型变量的可视化

使用数据可视化的方法来表达离散型变量的分布特征，如统计某产品在各区域的销售量分布、各年龄段内男女消费者的消费能力差异等。对于类似这些离散型变量的统计描述，可以使用饼图或者条形图对其进行展现。

一、饼图

饼图属于最传统的统计图形之一（1801 年由 William Playfair 首次发布使用），饼形图常用于现实各个部分在整体中所占的比例。例如，在工作中计算总费用或金额的各部分构成的比例情况，一般通过各个部分与总额相除来计算，通过饼图是将一个圆分割成不同大小的楔形，而圆中的每一个楔形代表了不同的类别值，通常会根据楔形的面积大小来判断类别值的差异。

Matplotlib 绘制饼形图主要使用 pie( ) 函数，语法如下：

matplotlib. pyplot. pie(x，explode = None，labels = None，colors = None，autopct = None，pctdistance = 0. 6，shadow = False，labeldistance = 1. 1，startangle = None，radius = None，counterclock = True，wedgeprops = None，textprops = None，center = (0，0)，frame = False，rotatelabels = False，data = None)

参数说明：

➢ x：指定绘图的数据。

➢ explode：指定饼图某些部分的突出显示，即呈现爆炸式。

➢ labels：为饼图添加标签说明，类似于图例说明。

➢ colors：指定饼图的填充色。

➢ autopct：自动添加百分比显示，可以采用格式化的方法显示，如'%1. 1f'保留小数点前后 1 位。

➢ pctdistance：设置百分比标签与圆心的距离，默认值位 0. 6。

➢ shadow：是否添加饼图的阴影效果，默认值为 False，即不画阴影。

➢ labeldistance：标记的绘制位置，设置各扇形标签（图例）与圆心的距离，默认值为 1. 1，如 <1 则绘制在饼图的内侧。

➢ startangle：设置饼图的初始摆放角度，默认是从 x 轴正方向逆时针画起，如设置为 90 则从 y 轴正方向画起。

➢ radius：设置饼图的半径大小。默认值为 1。

➢ counterclock：制定指针的方向，是否让饼图按逆时针顺序呈现。True，表示逆时针；False 表示顺时针。

➢ wedgeprops：设置饼图内外边界的属性，如边界线的粗细、颜色等，字典类型，如{'linewidth'：2} 设置 wedge 的线宽为 2。

➢ textprops：字典类型设置饼图中文本的属性，如字体大小、颜色等，如{'color'：'k'} 设置颜色为黑色。

➢ center：指定饼图的中心点位置，默认为原点（0，0）。

➢ frame：是否要显示饼图背后的图框，如果设置为 True 的话，需要同时控制图框 x 轴、y 轴的范围和饼图的中心位置。

➢ rotatelabels：如果是 True，则旋转每个标签到制定的角度，默认值为 False。

（一）基础饼形图

【示例】通过饼形图分析各地区销量情况。

某商品的销售量如下：

地区	销量
广东省	9777
山东省	8036
湖北省	8821
江苏省	7432
浙江省	7346
河北省	5896
湖南省	6403
江西省	4277
上海省	8643
四川省	4023

绘图代码如下：

```
import pandas as pd
from matplotlib import pyplot as plt
df1 = pd. read_excel( '销售量 . xls' )
plt. rcParams[ 'font. sans - serif' ] = [ 'SimHei' ] #解决中文乱码
plt. figure( figsize = (9,4) ) #设置画布大小
# 设置 x,y 轴刻度一致,保证饼图为圆形
plt. axis( 'equal' )
```

```
plt. title('2021 年 6 月各地区销量占比情况分析')#显示图标题
labels = df1['地区']
sales = df1['销量']
#设置饼形图每块的颜色
colors = ['red', 'yellow', 'slateblue', 'green','magenta','cyan','darkorange','
lawngreen','pink','gold']
plt. pie(sales, #绘图数据
        labels = labels,#添加区域水平标签
        colors = colors,# 设置饼图的自定义填充色
        labeldistance = 1. 02,#设置各扇形标签(图例)与圆心的距离
        autopct = '%. 1f%%',# 设置百分比的格式,这里保留一位小数
        startangle = 90,# 设置饼图的初始角度
        radius = 0. 5, # 设置饼图的半径
        center = (0. 2,0. 2), # 设置饼图的原点
        textprops = {'fontsize':8, 'color':'k'}, # 设置文本标签的属性值
        pctdistance = 0. 6)# 设置百分比标签与圆心的距离
```

结果:

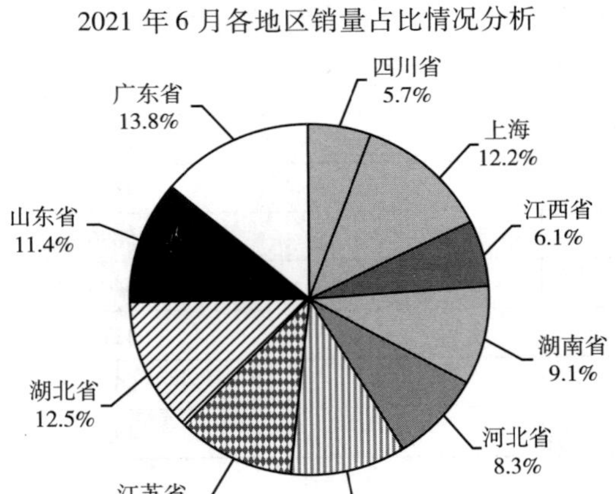

（二）分裂饼状图

分裂饼状图是将主要的饼图部分分裂出来，达到凸显的目的。分裂饼状图主要通过设置 explode 参数实现，explode：指定饼图某些部分的突出显示，即呈现爆炸式，设置与中心的距离即可。

将销量占比前三的广东、湖北、上海分裂显示。

代码如下：

explode =（0.1，0，0.1，0，0，0，0，0，0.1，0）　#设置广东、湖北、上海与中心的距离 0.1，其他为 0

结果：

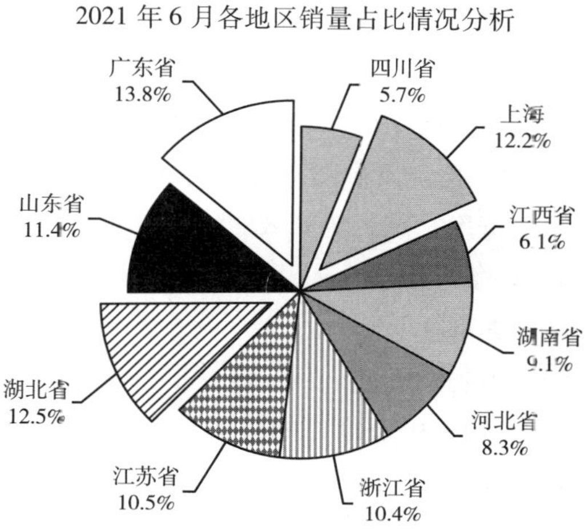

（三）立体感带阴影的饼状图

立体感带阴影的饼状图主要通过 shadow 参数实现，主要代码如下：

shadow = True

结果：

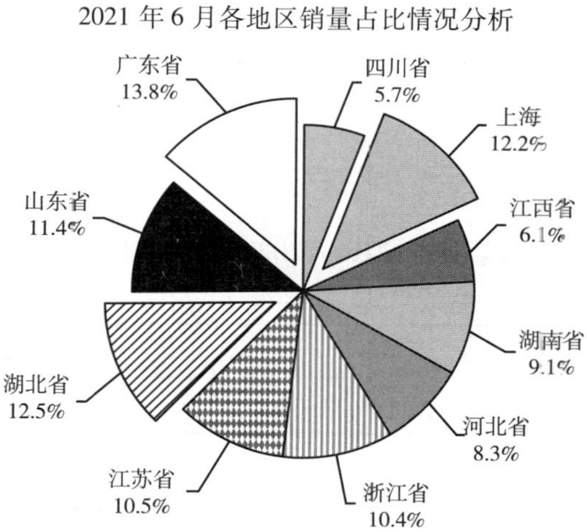

二、条形图（柱形状）

条形图（柱形状）是一种以长方形为变量的统计图表。比较两个或两个以上的数据(不同时间或不同条件,只有一个变量,用于较小的数据集分析。

Matplotlib 绘制条形图主要使用 bar() 函数,语法如下:

matplotlib. pyplot. bar(x, height, width, bottom = None, color = None, edgecolor = None, linewidth = None, tick_label = None, xerr = None, yerr = None, label = None, ecolor = None, align, log = False, ** kwargs)

参数说明:

➢ x:传递数值序列,指定条形图中 x 轴上的刻度值。

➢ height:传递数值序列,指定条形图 y 轴上的高度。

➢ width:指定条形图的宽度,默认为 0.8。

➢ bottom:用于绘制堆叠条形图。

➢ color:指定条形图的填充色。

➢ edgecolor:指定条形图的边框色。

➢ linewidth:指定条形图边框的宽度,如果指定为 0,表示不绘制边框。

➢ tick_label:指定条形图的刻度标签。

➢ xerr:如果参数不为 None,表示在条形图的基础上添加误差棒。

➢ yerr:参数含义同 xerr。

➢ label:指定条形图的标签,一般用以添加图例。

➢ ecolor:指定条形图误差棒的颜色。

➢ align:指定 x 轴刻度标签的对齐方式,默认为 center,表示刻度标签居中对齐,如果设置为 edge,则表示在每个条形的左下角呈现刻度标签。

➢ log:bool 类型参数,是否对坐标轴进行 log 变换,默认为 False。

➢ ** kwargs:关键字参数,用于对条形图进行其他设置,如透明度等。

(一) 基础条形图

【示例】通过条形图绘制某企业 2016~2020 年的资产总计变化如下:

年份	资产总计(万元)
2016	18236971
2017	21496800
2018	25123416
2019	28297216
2020	27921792

绘图代码如下:

```
import matplotlib. pyplot as plt
import seaborn as sns
import pandas as pd
df = pd. read_excel( 'lr. xlsx' )
plt. rcParams[ 'font. family' ] = 'SimHei'
plt. figure( figsize = (9,4) ) #设置画布大小
x = df[ 'Year' ]
height = df[ '资产总计(万元)' ]
plt. grid( axis = "y", which = "major" )   # 生成虚线网格
#x、y 轴标签
plt. xlabel( 'Year' )
plt. ylabel( '资产总计(万元)' )
#图表标题
plt. title( '2016 ~2020 年资产总计' )
plt. bar( x,height,width =0. 5,align = 'center',color = 'b', alpha =0. 5,bottom =0. 8)
#设置每个柱子的文本标签,format(b,',')格式化为千位分隔符格式
for a,b in zip(x,height):
    plt. text(a, b,format(b,','), ha = 'center', va = 'bottom',fontsize =9,color = 'b',
alpha =0. 9)
#图例
plt. legend(('资产总计',),loc = 'upper left',fontsize =10)
plt. show()
```

结果：

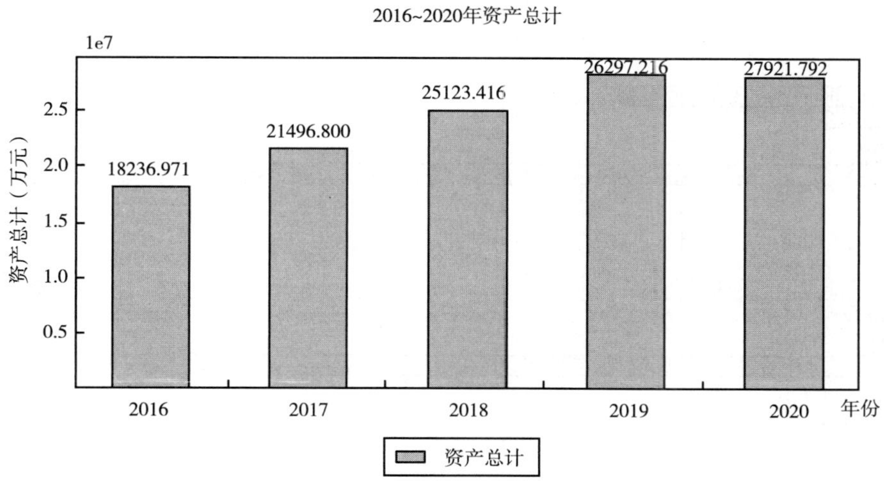

（二）水平条形图

【示例】通过水平条形图绘制某企业2019～2020年的某电器公司分产品营业收入变化如下：

2019～2020年的某电器公司分产品营业收入 单位：万元

年份	空调	生活电器	智能装备	其他主营	其他业务
2020	11788163.99	452175.65	79094.27	723342.74	3777143.79
2019	13866505.51	557591.14	214128.56	1050640.7	4126436.85

绘图代码如下：

```
import matplotlib.pyplot as plt
import seaborn as sns
import pandas as pd
plt.rcParams['font.family'] = 'SimHei'
plt.rcParams['font.style'] = 'italic'
plt.rcParams['font.size'] =13
plt.rcParams['axes.unicode_minus'] = False
df3 = pd.read_excel('jy.xlsx',sheet_name =0)
df3.plot('Year',['空调','生活电器','智能装备','其他主营','其他业务'],title =
'某电器公司分产品营业收入',kind = 'barh',figsize = (12,5),rot =0)
plt.show()
```

结果：

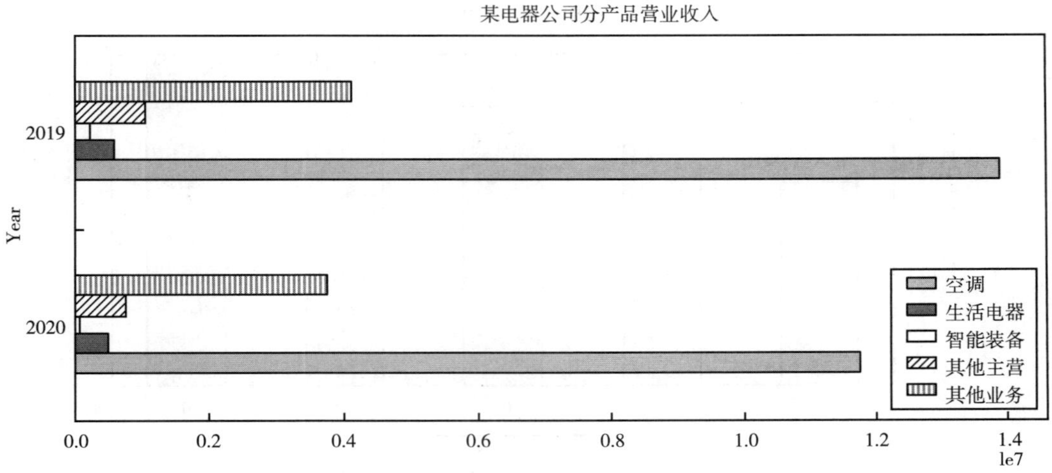

（三）堆叠条形图

【示例】通过多条形图绘制某商品的线上销售额。

某商品的线上销售额如下：

某商品的线上销售额　　单位：元

年份	天猫	京东	唯品会
2013	4800.00	22550.00	80695.00
2014	69044.00	127800.00	18834.00
2015	132010.00	234708.00	876382.00
2016	157856.00	281017.00	47215.00
2017	658909.00	298400.00	114501.00
2018	2298890.00	392578.00	164078.00
2019	2525004.00	484300.00	164271.00

绘图代码如下：

```
import pandas as pd
import matplotlib.pyplot as plt
df = pd.read_excel('sales.xlsx',sheet_name = 'Sheet2')
plt.rcParams['font.sans-serif'] = ['SimHei'] #解决中文乱码
x = df['年份']
y1 = df['京东']
y2 = df['天猫']
y3 = df['唯品会']
width =0.25   #柱子宽度,若显示 n 个柱子,则 width 值需小于 1/n,否则柱子会出现重叠
#y 轴标签
plt.ylabel('线上销售额(元)')
#图表标题
plt.title('2013 -2019 年线上销售额分析图')
plt.bar(x,y1, bottom =0,width = width,color = 'darkorange')
plt.bar(x,y2, bottom = y1,width = width,color = 'deepskyblue')
plt.bar(x,y3,bottom = y1 + y2,width = width,color = 'g')
#设置每个柱子的文本标签,format(b,',')格式化销售额为千位分隔符格式
plt.legend(['京东','天猫','唯品会'])#图例
plt.show()
```

结果：

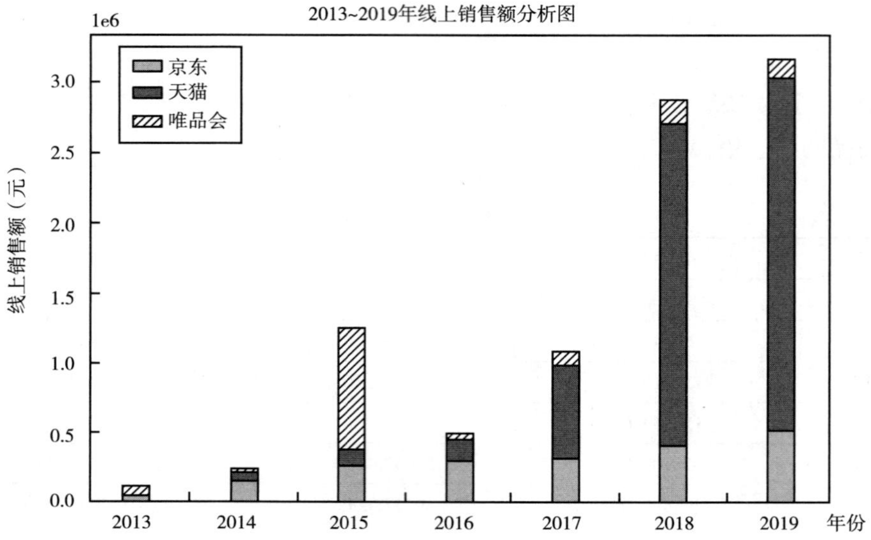

（四）多条形图

【示例】通过多条形图绘制某商品的线上销售额。

某商品的线上销售额如下：

某商品的线上销售额 单位：元

年份	天猫	京东	唯品会
2013	4800.00	22550.00	80695.00
2014	69044.00	127800.00	18834.00
2015	132010.00	234708.00	876382.00
2016	157856.00	281017.00	47215.00
2017	658909.00	298400.00	114501.00
2018	2298890.00	392578.00	164078.00
2019	2525004.00	484300.00	164271.00

绘图代码如下：

```
import pandas as pd
import matplotlib. pyplot as plt
df = pd. read_excel( 'sales. xlsx' ,sheet_name = 'Sheet2' )
plt. rcParams[ 'font. sans - serif' ] = [ 'SimHei' ] #解决中文乱码
x = df[ '年份' ]
y1 = df[ '天猫' ]
```

```
y2 = df['京东']
y3 = df['唯品会']
width = 0.25   #柱子宽度,若显示 n 个柱子,则 width 值需小于 1/n,否则柱子会出现重叠
#y 轴标签
plt.ylabel('线上销售额(元)')
#图表标题
plt.title('2013 - 2019 年线上某商品销售额')
plt.bar(x,y1,width = width,color = 'darkorange')
plt.bar(x + width,y2,width = width,color = 'deepskyblue')
plt.bar(x +2 * width,y3,width = width,color = 'g')
#设置每个柱子的文本标签,format(b,',')格式化销售额为千位分隔符格式
for a,b in zip(x,y1):
    plt.text(a, b,format(b,','), ha = 'center', va = 'bottom',fontsize =8)
for a,b in zip(x,y2):
    plt.text(a + width, b,format(b,','), ha = 'center', va = 'bottom',fontsize =8)
for a, b in zip(x, y3):
    plt.text(a +2 * width, b, format(b, ','), ha = 'center', va = 'bottom', fontsize =8)
plt.legend(['天猫','京东','唯品会'])#图例
plt.show()
```

结果:

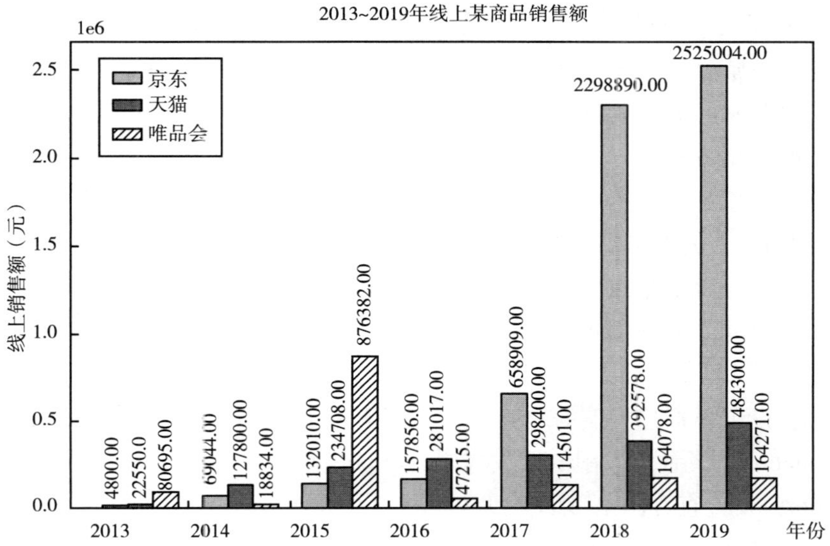

第二节 数值型变量的可视化

直方图一般用来观察数据的分布形态，横坐标代表数值的均匀分段，纵坐标代表每个段内的观测数量（频数）。核密度曲线类似于概率密度曲线，其曲线下的面积是1，因此其y轴上的单位通常是小于1的核密度分布值。对这个核密度曲线求积分的结果为1，也就是其曲线下的面积为1，实质上是一种对直方图的抽象，类似统计学中的频数分布图和概率密度函数的区别。一般直方图都会与核密度图搭配使用，目的是更加清晰地掌握数据的分布特征，下面将详细介绍该类型图形的绘制。

一、直方图

Matplotlib绘制直方图主要使用hist()函数，语法如下：

```
matplotlib.plt.hist(x, bins=None, range=None, density=None,
    normed=False, weights=None, cumulative=False,
    bottom=None, histtype='bar', align='mid',
    orientation='vertical', rwidth=None, log=False, color=None, label=None, stacked=
False)
```

参数说明：

➢ x：指定要绘制直方图的数据。

➢ bins：统计数据的区间分布。

➢ range：指定直方图数据的上下界，默认包含绘图数据的最大值和最小值。

➢ density：显示频率统计结果，默认值为None。设置为False，不显示频率统计结果；设置值为True，则显示频率统计结果。

➢ normed：是否将直方图的频数转换成频率。

➢ weights：该参数可为每一个数据点设置权重。

➢ cumulative：是否需要计算累计频数或频率。

➢ bottom：可以为直方图的每个条形添加基准线，默认为0。

➢ histtype：指定直方图的类型，默认为bar，除此之外，还有barstacked、step和stepfilled。

➢ align：设置条形边界值的对齐方式，默认为mid，另外还有left和right。

➢ orientation：设置直方图的摆放方向，默认为垂直方向。

➢ rwidth：设置直方图条形的宽度。

➢ log：是否需要对绘图数据进行log变换，默认值为False，即y坐标轴是否选择指数刻度。

➢ color：设置直方图的填充色。
➢ edgecolor：设置直方图边框色。
➢ label：设置直方图的标签，可通过 legend 展示其图例。
➢ stacked：当有多个数据时，是否需要将直方图呈堆叠摆放，默认水平摆放。

【示例】通过直方图分析某企业收入分布情况。

某企业收入如下：

序号	收入（元）	序号	收入（元）	序号	收入（元）	序号	收入（元）
1	8800	16	6625	31	7645	46	6650
2	7765	17	5567	32	6935	47	4854
3	9450	18	3875	33	6645	48	6478
4	6678	19	7730	34	7745	49	4680
5	8046	20	3453	35	4560	50	5671
6	6067	21	5667	36	5565	51	6570
7	8215	22	6856	37	6705	52	4563
8	7312	23	6545	38	5671	53	4650
9	8650	24	7560	39	6556	54	4300
10	7015	25	6680	40	5583	55	9710
11	7500	26	7950	41	6182	56	4123
12	7617	27	6677	42	7680	57	3613
13	9067	28	6556	43	4576	58	3200
14	7625	29	7659	44	7750		
15	4460	30	8534	45	4835		

结果：

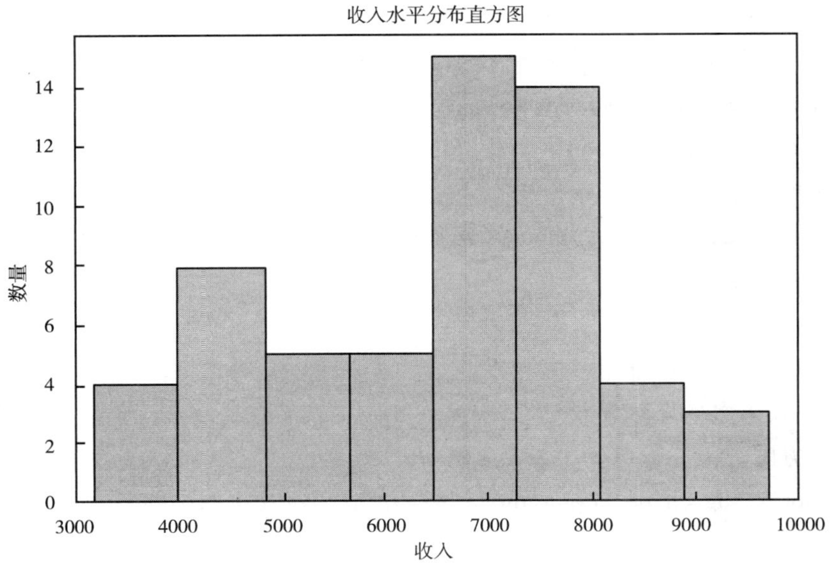

二、直方图与核密度曲线

Seaborn 是基于 matplotlib 的图形可视化 Python 包，偏向于统计图表。Seaborn 是在 matplotlib 的基础上进行了更高级的 API 封装，从而使做图更加容易，不需要经过大量的调整就能使图表变得非常精致，而使用 matplotlib 就能制作具有更多特色的图。Seaborn 视为 matplotlib 的补充，而不是替代物。同时它能高度兼容 numpy 与 pandas 数据结构以及 scipy 与 statsmodels 等统计模式。

Seaborn 主要通过 displot( ) 函数绘制直方图与核密度图，语法如下：

sns. distplot(a, bins = None, hist = True, kde = True, rug = False, fit = None, color = None, axlabel = None, label = None, ax = None)

参数说明：

- a：数据，序列 Series 或列表或 1 维数组；
- bins ：设置直方图的数量；
- hist：控制是否显示条形图，默认为 True；
- kde：控制是否显示核密度估计图，默认为 True；
- axlabel：设置 x 轴的 label；
- rug：控制是否显示观测的小细条（边际毛毯）默认为 false；
- fit：拟合的参数分布图形；
- ax：图片位置。

绘图代码如下：

```
import pandas as pd
from matplotlib import pyplot as plt
import seaborn as sns
sns.set_style('darkgrid')#设置 Seaborn 的背景风格为 darkgrid
df = pd.read_excel(r'economicswages.xls')
plt.rcParams['font.sans-serif'] = ['SimHei'] #解决中文乱码
#坐标轴负号的处理
plt.rcParams['axes.unicode_minus'] = False
x = df['收入(元)']
plt.xlabel('收入')
plt.ylabel('核密度值')
plt.title("收入水平分布直方图")
# 绘制直方图
sns.distplot(x,rug = True,kde = True)    #直方图,显示观测的小细条
plt.show()# 显示
```

结果：

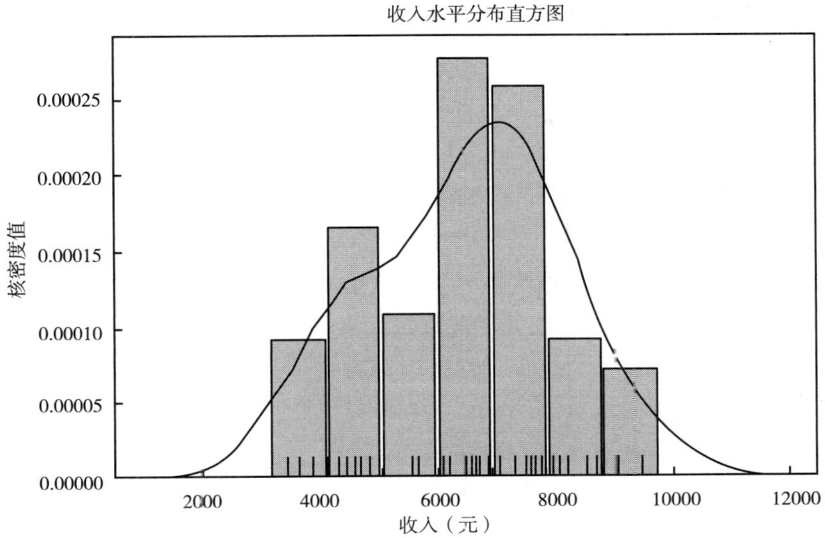

三、箱线图

箱形图（Box - plot）又称为盒须图、盒式图或箱线图，是一种用作显示一组数据分散情况资料的统计图。

箱形图介绍：

➢ 下四分位数（Q1），又称“第一四分位数”，等于该样本中所有数值由小到大排列后第 25% 的数字；计算分位数的函数 quantile()。例如，Q1 = df['总消费'].quantile(q=0.25)。

➢ 中位数（Q2），样本中所有数值由小到大排列后第 50% 的数字。

➢ 上四分位数（Q3），样本中所有数值由小到大排列后第 75% 的数字。

➢ 下边缘，表示最小值，计算公式 Q1 - 1.5(Q3 - Q1)。

➢ 上边缘，表述最大值，计算公式 Q1 + 1.5(Q3 - Q1)。

Q3 - Q1 表示四分位差。如果使用箱形图识别异常值，其判断的标准是，当变量的数据值大于箱形图的上限或者小于下限时，这样的数据判定为异常值：

判断标准	结论
x > Q1 + 1.5(Q3 - Q1) 或者 x < Q1 - 1.5(Q3 - Q1)	异常值
x > Q1 + 3(Q3 - Q1) 或者 x < Q1 - 3(Q3 - Q1)	极端异常值

Matplotlib 绘制箱形图使用 boxplot() 函数，语法如下：

Matplotlib. pyplot. boxplot(x, notch = None, sym = None, vert = None, whis = None, positions = None, widths = None, patch_artist = None, meanline = None, showmeans = None, showcaps = None, showbox = None, showfliers = None, boxprops = None, labels = None, flierprops = None, medianprops = None, meanprops = None, capprops = None, whiskerprops = None)

参数说明：

- x：指定要绘制箱线图的数据；
- notch：是否是凹口的形式展现箱线图，默认非凹口；
- sym：指定异常点的形状，默认为 + 号显示；
- vert：是否需要将箱线图垂直摆放，默认垂直摆放；
- whis：指定上下须与上下四分位的距离，默认为 1.5 倍的四分位差；
- positions：指定箱线图的位置，默认为 [0, 1, 2…]；
- widths：指定箱线图的宽度，默认为 0.5；
- patch_artist：是否填充箱体的颜色；
- meanline：是否用线的形式表示均值，默认用点来表示；
- showmeans：是否显示均值，默认不显示；
- showcaps：是否显示箱线图顶端和末端的两条线，默认显示；
- showbox：是否显示箱线图的箱体，默认显示；
- showfliers：是否显示异常值，默认显示；
- boxprops：设置箱体的属性，如边框色，填充色等；
- labels：为箱线图添加标签，类似于图例的作用；
- filerprops：设置异常值的属性，如异常点的形状、大小、填充色等；
- medianprops：设置中位数的属性，如线的类型、粗细等；
- meanprops：设置均值的属性，如点的大小、颜色等；
- capprops：设置箱线图顶端和末端线条的属性，如颜色、粗细等；
- whiskerprops：设置须的属性，如颜色、粗细、线的类型等。

【示例】通过箱形图查找快餐厅消费中存在的异常值。

通过箱形图查找食客消费中的异常值，食客的消费如下：

序号	总消费	日期	用餐类型
1	26.7	星期一	午餐
2	44.5	星期一	午餐
3	35.3	星期一	午餐
4	24.8	星期一	午餐
5	14.3	星期一	午餐
6	17.0	星期一	晚餐
7	20.3	星期一	晚餐
8	25.8	星期一	晚餐
9	19.7	星期一	晚餐

续表

序号	总消费	日期	用餐类型
10	15. 1	星期一	晚餐
11	20. 7	星期一	晚餐
12	16. 9	星期一	晚餐
13	10. 3	星期一	晚餐
14	34. 8	星期一	晚餐
15	26. 4	星期一	晚餐
16	16. 5	星期二	午餐
17	13. 1	星期二	午餐
18	17. 5	星期二	午餐
19	26. 9	星期二	午餐
20	25. 3	星期二	午餐
21	14. 7	星期二	午餐

绘图代码如下：

```
import matplotlib. pyplot as plt
import pandas as pd
df = pd. read_excel( 'Diners consumption. xlsx' )
plt. rcParams[ 'font. sans - serif' ] = [ 'SimHei' ] #解决中文乱码
plt. title("快餐店消费箱形图")
plt. boxplot( x = df[ '总消费' ], # 指定绘制箱线图的数据
            whis = 1. 5, # 指定 1. 5 倍的四分位差
            widths = 0. 2, #指定箱线图中箱子的宽度为 0. 3
            patch_artist = True, #填充箱子颜色
            showmeans = True, #显示均值
            boxprops = { 'facecolor' : 'Blue' }, # 指定箱子的填充色为宝蓝色
            flierprops = { 'markerfacecolor' : 'red', 'markeredgecolor' : 'red', 'marker-
size' :3}, # 指定异常值的填充色、边框色和大小
             meanprops = { 'marker' : 'h', 'markerfacecolor' : 'black', 'markersize' :
8},# 指定均值点的标记符号(六边形)、填充色和大小
            medianprops = { 'linestyle' : ' - - ', 'color' : 'red' }, # 指定中位数的标记
符号(虚线)和颜色
            labels = [ '' ]) # 去除 x 轴刻度值

 # 计算下四分位数和上四分位
```

```
Q1 = df['总消费'].quantile(q=0.25)
Q3 = df['总消费'].quantile(q=0.75)
# 基于1.5倍的四分位差计算上下限对应的值
low_limit = Q1 - 1.5 * (Q3 - Q1)
up_limit = Q3 + 1.5 * (Q3 - Q1)
plt.show()
# 查找异常值
val = df['总消费'][(df['总消费'] > up_limit) | (df['总消费'] < low_limit)]
print('异常值如下:')
print(val)
```

结果：

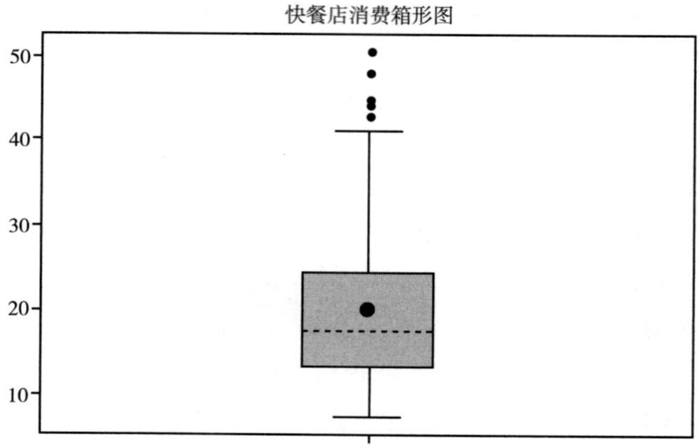


```
异常值如下：
1      44.50
26     44.30
77     43.11
123    48.27
151    48.17
159    50.81
170    45.35
182    48.33
Name: 总消费, dtype: float64
```

四、小提琴图

小提琴图是箱线图和内核密度估计值的组合。它显示了一个或多个分类变量在多个级别上的定量数据分布，从而可以比较这些分布。不同于箱形图，在箱形图中所有图分量都对应于实际数据点，小提琴图的特征在于对基础分布的核密度估计。

Seaborn 绘制小提琴图主要通过 sns. violinplot（）函数，语法如下：

sns. violinplot(x = None, y = None, hue = None, data = None, order = None, hue_order = None,
bw = 'scott', cut = 2, scale = 'area', scale_hue = True, gridsize = 100,
width = 0. 8, inner = 'box', split = False, dodge = True, orient = None,
linewidth = None, color = None, palette = None, saturation = 0. 75, ax = None)

参数说明：

➢ x：指定小提琴图的 x 轴数据。

➢ y：指定小提琴图的 y 轴数据。

➢ hue：指定一个分组变量。

➢ data：指定绘制小提琴图的数据集。

➢ order：传递一个字符串列表，用于分类变量的排序。

➢ hue_order：传递一个字符串列表，用于分类变量 hue 值的排序。

➢ bw：指定核密度估计的带宽，带宽越大，密度曲线越光滑。

➢ scale：用于调整小提琴图左右的宽度，如果为 area，则表示每个小提琴图左右部分拥有相同的面积；如果为 count，则表示根据样本数量来调节宽度；如果为 width，则表示每个小提琴图左右两部分拥有相同的宽度。

➢ scale_hue：bool 类型参数，当使用 hue 参数时，是否对 hue 变量的每个水平做标准化处理，默认为 True。

➢ width：使用 hue 参数时，用于控制小提琴图的宽度。

➢ inner：指定小提琴图内部数据点的形态，如果为 box，则表示绘制微型的箱线图；如果为 quartiles，则表示绘制四分位的分布图；如果为 point 或 stick，则表示绘制点或小竖条。

➢ split：bool 类型参数，使用 hue 参数时，将小提琴图从中间分为两个不同的部分，默认为 False。

➢ dodge：bool 类型的参数，当使用 hue 参数时，是否绘制水平交错的小提琴图，默认为 True。

➢ orient：指定小提琴图的呈现方向，默认为垂直方向。

➢ linewidth：指定小提琴图的所有线条宽度。

➢ color：指定小提琴图的颜色，该参数与 palette 参数一起使用时无效。

➢ palette：指定 hue 变量的区分色。

➢ saturation：指定颜色的透明度。

➢ ax：指定子图的位置。

【示例】通过提琴图分析“酒吧消费数据”。

绘制提琴图，消费如下：

	A	B	C	E
1	total_bill	tip	sex	day
2	16.99	1.01	Female	Sun
3	10.34	1.66	Male	Sun
4	21.01	3.5	Male	Sun
5	23.68	3.31	Male	Sun
6	24.59	3.61	Female	Sun
7	25.29	4.71	Male	Sun
8	8.77	2	Male	Sun
9	26.88	3.12	Male	Sun
10	15.04	1.96	Male	Sun
11	14.78	3.23	Male	Sun
12	10.27	1.71	Male	Sun
13	35.26	5	Female	Sun
14	15.42	1.57	Male	Sun
15	18.43	3	Male	Sun
16	14.83	3.02	Female	Sun
17	21.58	3.92	Male	Sun
18	10.33	1.67	Female	Sun
19	16.29	3.71	Male	Sun
20	16.97	3.5	Female	Sun
21	20.65	3.35	Male	Sat
22	17.92	4.08	Male	Sat
23	20.29	2.75	Female	Sat
24	15.77	2.23	Female	Sat

绘图代码 1 如下：

```
import matplotlib. pyplot as plt
import seaborn as sns
import pandas as pd
#读取数据集 tips
tips = pd. read_excel('酒吧消费数据 . xlsx')
plt. title('每天不同性别客户的酒吧消费额情况')
sns. violinplot(x = 'day',y = 'total_bill',hue = 'sex',data = tips)
plt. show()
```

结果：

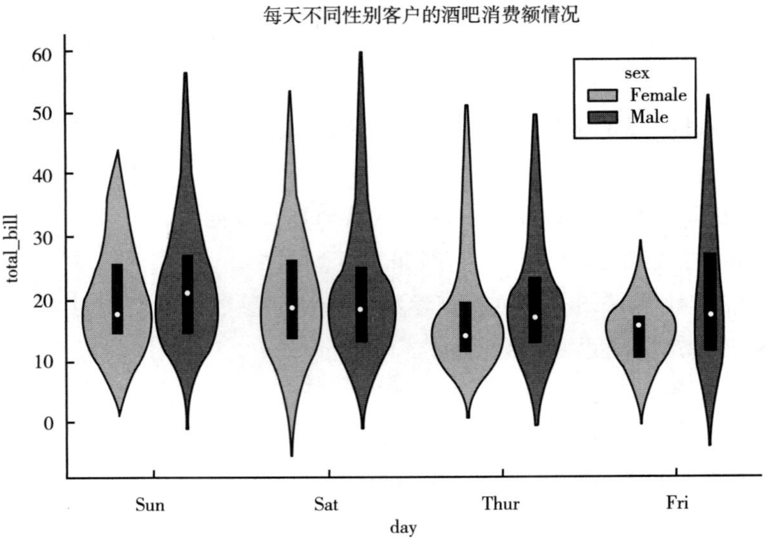

分组小提琴图绘图代码 2 如下：

```
import pandas as pd
import matplotlib. pyplot as plt
import seaborn as sns
#设置绘图风格
plt. style. use （'ggplot'）
#处理中文乱码
plt. rcParams ['font. sans - serif'] = ['Microsoft YaHei']
#坐标轴负号的处理
plt. rcParams ['axes. unicode_minus'] = False
# 读取数据
tips = pd. read_excel(r'酒吧消费数据 . xlsx')
# 添加图形标题
plt. title('每天不同性别客户的酒吧消费额情况')
# 绘制分组小提琴图
sns. violinplot(x = "total_bill", # 指定 x 轴的数据
                y = "day", # 指定 y 轴的数据
                hue = "sex", # 指定分组变量
                data = tips, # 指定绘图的数据集
                order = ['Thur','Fri','Sat','Sun'], # 指定 x 轴刻度标签的顺序
                scale = 'count', # 以男女客户数调节小提琴图左右的宽度
                split = True, # 将小提琴图从中间割裂开,形成不同的密度曲线;
                palette = 'RdBu') # 指定不同性别对应的颜色(因为 hue 参数为设置
为性别变量)
# 设置图例
plt. legend(loc = 'upper right',ncol = 1)
# 显示图形
plt. show()
```

结果：

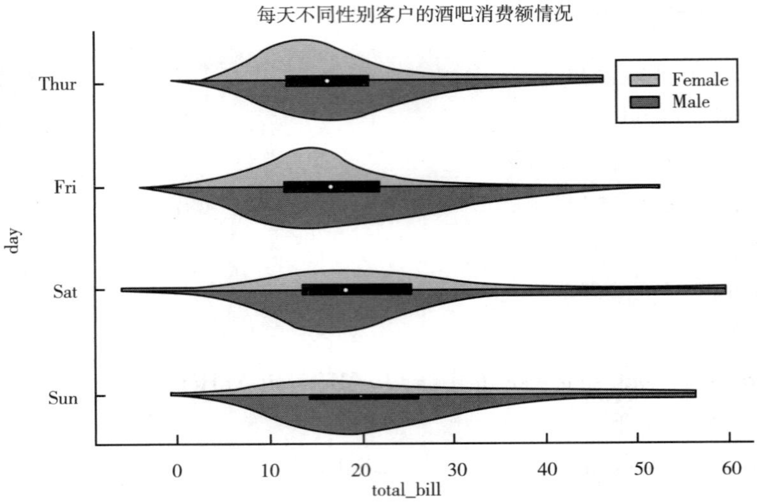

分组小提琴图，小提琴图的左右两边并不对称，是因为同时使用了 hue 参数和 split 参数，两边的核密度图代表了不同性别客户的消费额分布。这张图一共可以反映四个维度的信息：X 轴表示客户的消费额、Y 轴表示客户的消费时间、颜色图例表示客户的性别、左右核密度图的宽度代表了样本量。

五、折线图

对于时间序列数据而言，一般都会使用折线图反映数据背后的趋势。通常折线图的横坐标指代日期数据。

matplotlib 基本绘画使用 plot( ) 函数，语法如下：

plt. plot(x, y, linestyle, linewidth, color, marker, markersize, markeredgecolor, markerfactcolor, markeredgewidth, mfc, label, alpha)

参数说明：

- x：指定折线图的 x 轴数据。
- y：指定折线图的 y 轴数据。
- linestyle：指定折线的类型，可以是实线、虚线、点虚线、点点线等，默认为实线。
- linewidth：指定折线的宽度。
- marker：可以为折线图添加点，该参数是设置点的形状。
- markersize：设置点的大小。
- markeredgecolor：设置点的边框色。
- Markerfactcolor（mfc）：设置点的填充色。
- markeredgewidth：设置点的边框宽度。
- label：为折线图添加标签，类似于图例的作用。

➢ alpha：设置线型的透明度，从 0.0 到 1.0。

【示例】通过折线图绘制某公司的“财务指标”。

绘制折线图，如下：

年	月	毛利率	利润率	净利率	资产净利率	权益净利率	平均单价
2018	Jan	0.080215312	0.090005459	0.079469267	0.014429433	0.037625095	981.7294062
2018	Feb	0.131570335	0.152943598	0.132220357	0.026267138	0.066961427	864.1270821
2018	Mar	0.090174625	0.092677949	0.083148447	0.014869839	0.035729568	697.8071221
2018	Apr	0.065205935	0.111975227	0.096720817	0.016842508	0.039331293	557.4397603
2018	May	0.065569905	0.069107518	0.065125636	0.011747484	0.026660707	563.0505963
2018	Jun	0.094243437	0.10143445	0.084330651	0.015900353	0.035289966	666.3760977
2018	Jul	0.115000303	0.120997709	0.106960372	0.021890028	0.047951743	780.6636261
2018	Aug	0.103753878	0.106140358	0.093797625	0.019974939	0.042310184	816.4089315
2018	Sep	0.014011691	0.008613578	0.008045479	0.001340272	0.002772934	1098.327478
2018	Oct	0.025136727	0.020445822	0.018014227	0.003201986	0.006477643	931.0523623
2018	Nov	0.02637361	0.031100969	0.027425423	0.004502898	0.008898928	421.4041354
2018	Dec	0.027488392	0.009105832	0.012277209	0.002240732	0.004489415	632.4339424

绘图代码如下：

```
import pandas as pd
import matplotlib.pyplot as plt
df1 = pd.read_excel('财务分析.xlsx')                  #导入 Excel 文件
fig = plt.figure(figsize = (9,4))
plt.ylabel('Rate')
plt.xlabel('Month')
#多折线图
x1 = df1['月']
y1 = df1['毛利率']
y2 = df1['利润率']
y3 = df1['净利率']
y4 = df1['资产净利率']
y5 = df1['权益净利率']
plt.rcParams['font.sans-serif'] = ['SimHei']        #解决中文乱码
plt.rcParams['xtick.direction'] = 'out'          #x 轴的刻度线向外显示
plt.rcParams['ytick.direction'] = 'in'           #y 轴的刻度线向内显示
plt.title('某公司财务指标',fontsize = '18')     #图表标题
```

```
plt. plot(x1,y1,label = '毛利率',color = 'r',marker = 'p')
plt. plot(x1,y2,label = '利润率',color = 'g',marker = '. ',mfc = 'r',ms =8,alpha =0.7)
plt. plot(x1,y3,label = '净利率',color = 'b',linestyle = ' -. ',marker = ' * ')
plt. plot(x1,y4,label = '资产净利率',color = 'c',linestyle = ':',marker = 'd')
plt. plot(x1,y5,label = '净权益净利率',color = 'm',linestyle = ' - ',marker = 'h')
plt. grid(axis = 'y')                                    #显示网格关闭 y 轴
plt. legend(['毛利率','利润率','净利率','资产净利率','权益净利率'])  #图例
plt. savefig('某公司财务指标折线图 . png')    #保存
plt. show()
```

结果:

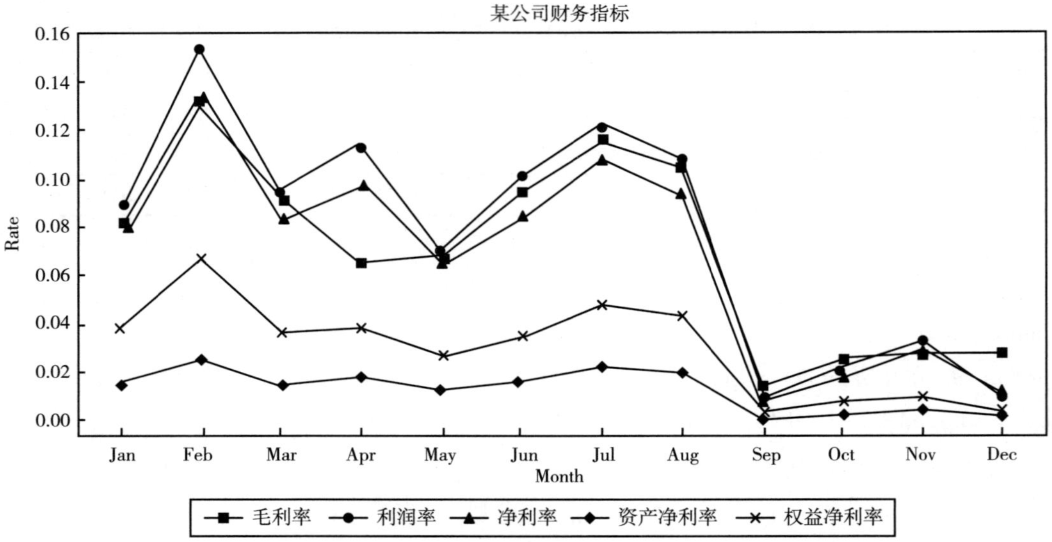

第三节　关系型变量的可视化

一、散点图

散点图用于发现数据的分布情况或相关性，如果需要研究两个数值型变量之间是否存在某种关系，散点图将是最佳的选择，如正向的线性关系，或者是趋势性的非线性关系。

matplotlib 基本绘画使用 scatter() 函数，语法如下：

Matplotlib. pyplot. scatter(x, y, s = None, c = None, marker = 'o', cmap = None, norm = None, vmin = None, vmax = None, alpha = None, linewidths = None, edgecolors = None)

参数说明：

➢ x：指定散点图的 x 轴数据。

➢ y：指定散点图的 y 轴数据。

➢ s：指定散点图点的大小，默认为 20，通过传入其他数值型变量，可以实现气泡图的绘制。

➢ c：指定散点图点的颜色，默认为蓝色。

➢ marker：指定散点图点的形状，默认为'o'。

➢ cmap：指定某个 Colormap 值，默认值为 None。

➢ norm：设置数据亮度，标准化到 0～1，默认值为 None。

➢ vmin、vmax：亮度设置，与 norm 类似，默认值为 None。如果使用 norm 参数，则该参数无效。

➢ alpha：设置散点的透明度。

➢ linewidths：设置散点边界线的宽度。

➢ edgecolors：设置散点边界线的颜色。

【示例】通过散点图绘制“某品牌二手车报价与里程散点图”。

绘制散点图，如下：

汽车	价格（万元）	里程（万公里）
1	11	6
2	14.58	5
3	12.5	3
4	13.2	2.5
5	13.58	2.64
6	9.3	8.5
7	6.5	7.5
8	7.56	6.96
9	5.06	8.86
10	6.6	8
11	8.88	10
12	7.38	8
13	3.99	11.7
14	2.4	13.8
15	4.05	13.7
16	1.8	12

绘图代码如下：

```
import pandas as pd
import matplotlib. pyplot as plt
df1 = pd. read_excel('某品牌二手车报价 . xlsx')
#导入 Excel 文件
fig = plt. figure(figsize = (9,4))
plt. title('某品牌二手车报价与里程散点图')# 添加标题
# 添加 x 轴和 y 轴标签
plt. ylabel('价格(万元)')
plt. xlabel('里程(万公里)')
x = df1['价格(万元)']
y1 = df1['里程(万公里)']
#设置绘图风格
plt. style. use('ggplot')
#处理中文乱码
plt. rcParams['font. sans - serif'] = ['Microsoft YaHei']
#坐标轴负号的处理
plt. rcParams['axes. unicode_minus'] = False
# 绘制散点图
plt. scatter(x, y1, color = 'steelblue') # 指定散点图中点的颜色
plt. savefig('某品牌二手车报价与里程散点图 . png')
# 显示图形
plt. show()
```

结果:

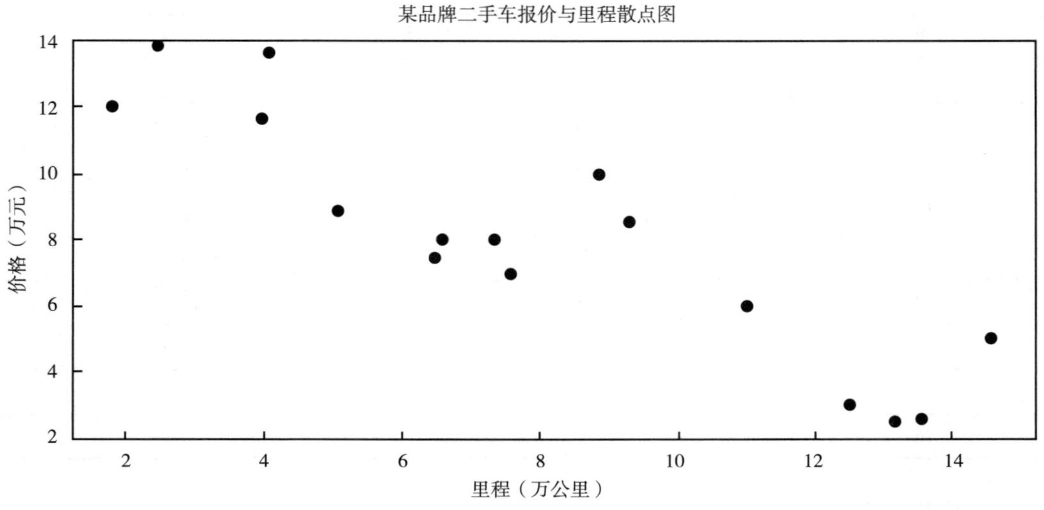

二、气泡图

气泡图是散点图中的一种类型，可以展现三个数值变量之间的关系。散点图反映两个数值型变量的关系，所以如果还想通过散点图添加第三个数值型变量的信息，一般可以使用气泡图。

气泡图的实质就是通过第三个数值型变量控制每个散点的大小，点越大，代表的第三维数值越高。

matplotlib 基本绘画使用 scatter( ) 函数，语法见散点图。

【示例】通过气泡图绘制“某超市销售额、利润及利润率的气泡图”。

绘制气泡图，如下：

分类	子分类	利润	销售额	利润率
办公用品	纸张	4649. 04	45563. 14	0. 10203511
办公用品	剪刀、尺子	1795. 5	90080. 03	0. 019932276
办公用品	橡皮	760. 83	15806. 24	0. 048134787
办公用品	标签	1135. 64	4818. 68	0. 2356745
办公用品	笔	7054. 12	157561. 07	0. 044770704
办公用品	颜料	8763. 4	126841. 41	0. 069089424
办公用品	夹子及配件	3045. 29	98976. 32	0. 030767864
家居用品	拖把、扫帚等	3459. 15	12948. 42	0. 267148424
家居用品	洗衣液、洗衣粉、清洁剂等	4567. 81	15957. 64	0. 286245961
家居用品	毛巾	1234. 16	9426. 71	0. 130921605
家居用品	纸巾、卷纸等	6498. 45	187564. 84	0. 034646419
食品	水产品	3489. 41	19437. 18	0. 179522441
食品	畜产品	8478. 28	459821. 32	0. 018438206
食品	调料等	2833. 56	186442. 16	0. 015198065
食品	果蔬	5432. 84	33956. 47	0. 159994251
食品	冷冻产品	4024. 81	13866. 78	0. 290248349
食品	饮料	3496. 41	15892. 46	0. 220004329
食品	糖果饼干	3598. 52	16786. 54	0. 21436937

绘图代码如下：

```
import pandas as pd
import matplotlib. pyplot as plt
#设置绘图风格
plt. style. use( 'ggplot' )
```

```
#处理中文乱码
plt.rcParams['font.sans-serif'] = ['Microsoft YaHei']
#坐标轴负号的处理
plt.rcParams['axes.unicode_minus'] = False
# 读取数据
df1 = pd.read_excel(r'某超市的商品分类的销售数据.xlsx')
fig = plt.figure(figsize = (9,4))
# 添加标题
plt.title('销售额、利润及利润率的气泡图')
plt.ylabel('利润(元)')
plt.xlabel('销售额(元)')
#x,y 轴数据,气泡图的绘制,关键的参数 s = z1
x1 = df1['销售额']
y1 = df1['利润']
z1 = df1['利润率']
# 绘制办公用品的气泡图
plt.scatter(x = x1[df1['分类'] == '办公用品'],
            y = y1[df1['分类'] == '办公用品'],
            s = z1[df1['分类'] == '办公用品'] * 1000,
            color = 'steelblue', label = '办公用品', alpha = 0.6)
# 绘制家具用品的气泡图
plt.scatter(x = x1[df1['分类'] == '家居用品'],
            y = y1[df1['分类'] == '家居用品'],
            s = z1[df1['分类'] == '家居用品'] * 1000,
            color = 'indianred', label = '家居用品', alpha = 0.6)
# 绘制食品的气泡图
plt.scatter(x = y1[df1['分类'] == '食品'],
            y = y1[df1['分类'] == '食品'],
            s = z1[df1['分类'] == '食品'] * 1000,
            color = 'green', label = '食品', alpha = 0.6)
# 添加图例
plt.legend()
plt.savefig('某超市销售额、利润及利润率的气泡图.png')
# 显示图形
plt.show()
```

结果：

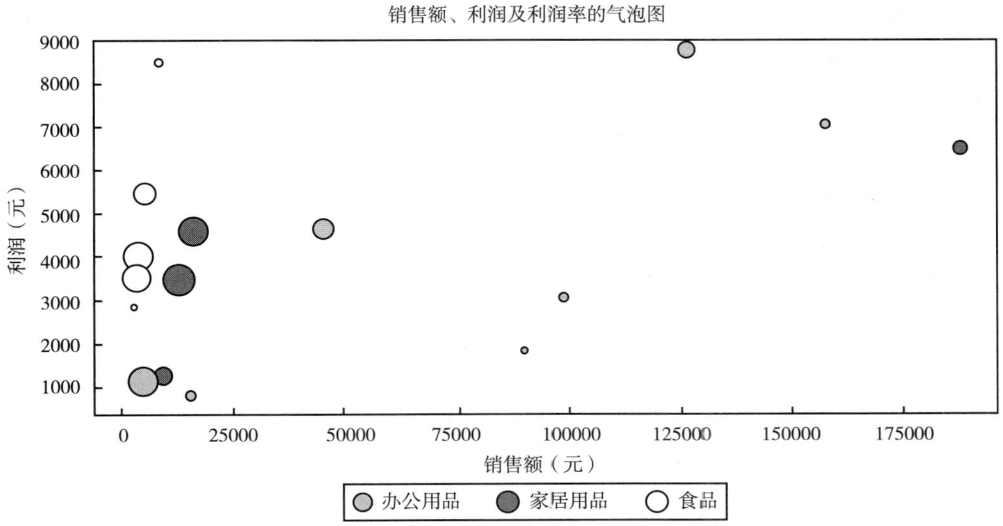

三、热力图

热力图又称为交叉填充表，体现了两个离散变量之间的组合关系。该图形最典型的用法就是实现列联表的可视化，即通过图形的方式展现两个离散变量之间的组合关系。

seaborn 绘制热力图主要通过 sns. heatmap( ) 函数，语法如下：

heatmap(data, vmin = None, vmax = None, cmap = None, center = None, annot = None, fmt = '. 2g',

annot_kws = None, linewidths = 0, linecolor = 'white', cbar = True, cbar_kws = None, square = False, xticklabels = 'auto', yticklabels = 'auto', mask = None, ax = None)

参数说明：

➢ data：指定绘制热力图的数据集。

➢ vmin，vmax：用于指定图例中最小值与最大值的显示值。

➢ cmap：指定一个 colormap 对象，用于热力图的填充色。

➢ center：指定颜色中心值，通过该参数可以调整热力图的颜色深浅。

➢ annot：指定一个 bool 类型的值或与 data 参数形状一样的数组，如果为 True，则在热力图的每个单元上显示数值。

➢ fmt：指定单元格中数据的显示格式。

➢ annot_kws：有关单元格中数值标签的其他属性描述，如颜色、大小等。

➢ linewidths：指定每个单元格的边框宽度。

➢ linecolor：指定每个单元格的边框颜色。

➢ cbar：bool 类型参数，是否用颜色条作为图例，默认为 True。

➢ square：bool 类型参数，是否使热力图的每个单元格为正方形，默认为 False。

➢ cbar_kws：有关颜色条的其他属性描述。

➢ xticklabels，yticklabels：指定热力图 x 轴和 y 轴的刻度标签，如果为 True，则分别以数据框的变量名和行名称作为刻度标签。

➢ mask：用于突出显示某些数据。

➢ ax：用于指定子图的位置。

【示例】通过热力图绘制“某产品热力图”。

绘热力图，如下：

	A	B
1	Date	Sales
2	2019/12/31	405999712
3	2019/12/29	424037140
4	2019/12/26	401837358
5	2019/12/24	412835082
6	2019/12/22	428843148
7	2019/12/19	400822952
8	2019/12/17	404721396
9	2019/12/15	448943976
10	2019/12/12	421054466
11	2019/12/10	429455474
12	2019/12/8	466103236
13	2019/12/1	455574142
14	2019/11/28	414318454
15	2019/11/26	411048748
16	2019/11/24	448749008
17	2019/11/21	424644500
18	2019/11/19	412973230
19	2019/11/17	443878462
20	2019/11/14	413548024
21	2019/11/12	418172282
22	2019/11/10	442669038
23	2019/11/7	342336168
24	2019/11/5	338393664
25	2019/11/3	369776508
26	2019/10/31	342491160
27	2019/10/29	337939626

绘图代码如下：

```
import pandas as pd
import matplotlib. pyplot as plt
import seaborn as sns
import numpy as np
#设置绘图风格
plt. style. use( 'ggplot' )
#处理中文乱码
plt. rcParams[ 'font. sans - serif' ] = [ 'Microsoft YaHei' ]
#坐标轴负号的处理
plt. rcParams[ 'axes. unicode_minus' ] = False
# 读取数据
Sales = pd. read_excel( '某产品销售额 . xlsx' ,encoding = 'gbk' )
# 根据交易日期,衍生出年份和月份字段
Sales[ 'year' ] = Sales. Date. dt. year
Sales[ 'month' ] = Sales. Date. dt. month
# 统计每年各月份的销售总额
Summary = Sales. pivot_table( index = 'month' , columns = 'year' , values = 'Sales' , agg-
func = np. sum)
#打印销售额的列联表格式
print( Summary. head( 13) )
# 绘制热力图
sns. heatmap( data = Summary, # 指定绘图数据
            cmap = 'PuBuGn' , # 指定填充色
            linewidths = . 1, # 设置每个单元格边框的宽度
            annot = True, # 显示数值
            fmt = '. 1e' # 以科学计算法显示数据
            )
#添加标题
plt. title( '2014 - 2019 年每年各月份销售总额热力图' )
# 显示图形
plt. show( )
```

结果：

year month	2014	2015	2016	2017	2018	2019
1	3729027420	4904362124	4658885056	3361776432	3985485128	4885331584
2	3404956484	3068564758	2295769914	3734669594	3134739406	2426834384
3	4471631610	3961427140	4934443748	3912397240	3917342126	4769989146
4	4170428316	4260428576	3396346522	3628992992	4553802972	3891874680
5	4716124916	3443470426	3966156268	4163424184	4076196912	3835001736
6	3809201602	3315685920	3965583392	3608386294	3404502744	4477987046
7	4196518166	3842130050	3331579758	3571922816	4672627488	3700739402
8	4806637166	3378987830	3356426458	4509409476	3527933234	3667192186
9	4292752874	3446725080	4049975134	3260988162	3533411000	4523544640
10	4205731602	4063194494	3588243586	3836184840	4531164166	3089449456
11	5061158168	3710064510	3976517512	4942206706	4284509258	4880508086
12	4350406980	4153060414	4746836022	4386579086	4063848126	5100228082

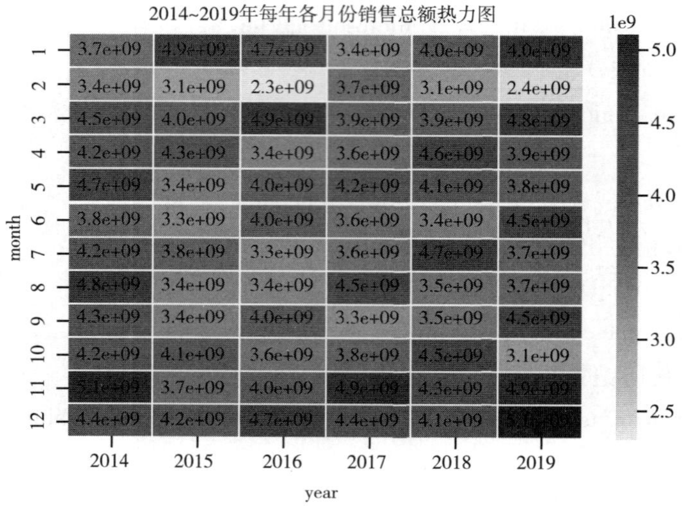

本章习题

1. 收集整理中国家电行业的市场发展资料和数据，运用数据可视化：（1）统计分析近6年中国家电市场的零售情况；（2）统计分析家电前四品类（彩电、空调、冰箱和洗衣机）线上和线下市场的占比；（3）选择一家家电的重点企业对企业经营情况，产品营收比和财务数据进行分析。

2. 选择一家农业上市企业，收集该公司近几年的财务数据，运用可视化对公司财务数据进行分析。

3. 根据调查得到企业财会人员不同职位的年薪收入水平：记账会计大部分年薪在5－10万元的区间范围内，平均年薪为7.36万元；报税会计大部分年薪在10万元以下，平均年薪8.91万元；税务专员大部分年薪在5－10万元范围内，平均年薪7.07万元；财务（税务）主管绝大部分年薪在20万元以内，平均年薪9.24万元；财务（税务）经理大多年薪在5－20万元内，平均年薪13.52万元；财务（税务）总监年薪多在20－50万元区间内，平均年薪30万元。运用数据可视化分析财务不同职位年薪水平。

第十四章 Pyecharts 可视化数据分析图表

Pyecharts 是一个用于生成 Echarts 图表的类库。Echars 是百度开源的一个数据可视化 JS 库。用 Echarts 生成的图可视化效果非常棒，而 Pyecharts 是专门为了与 Python 进行对接，方便在 Python 中直接使用的可视化数据分析图表（见图 14－1）。

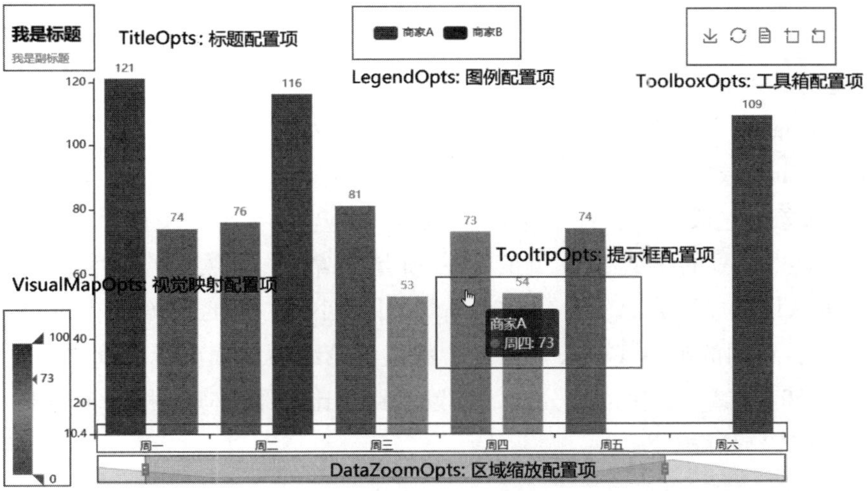

图 14－1 Pyecharts 图表的基本组成

Pyecharts 可以展示动态图，在线报告使用比较美观，并且展示数据方便，鼠标悬停在图上，即可显示数值、标签等，Pyecharts 可以生产独立的网页格式的图表。Pyecharts 的图表类型主要包括条形图、柱状图、折线图、饼图、散点图、热力图、气泡图和词云图等。

引入规则：安装库 pip install pyecharts。

如果需要绘制地理图相关内容，需要一并安装如下内容：

1. 安装地图文件；
2. 全球国家地图：echarts－countries－pypkg；

3. 中国省级地图：echarts – china – provinces – pypkg；
4. 中国市级地图：echarts – china – cities – pypkg。
全部直接使用 python 的 pip 安装，安装好之后，就可以使用了
官网：https：//pyecharts. org/#/。
学习方式：https：//echarts. apache. org/zh/index. html。
https：//echarts. apache. org/examples/zh/index. html。

第一节 离散型变量的可视化

一、饼图

pyecharts 包绘制饼图需要调用 Pie 模块的 add（）方法实现。

from pyecharts import Pie

add(series_name，data_pair，radius = None，center = None，rosetype = None，**kwargs)

参数说明

➢ series_name：系列名称，用于提示文本和图例标签。

➢ data_pair：数据项，格式[(key1，value1)，(key2，value2)]。可使用 zip( ) 函数将可迭代对象打包成组，然后在转换为列表。

➢ radius：饼图的半径，数组的第一项是内半径，第二项是外半径，默认为[0, 75]，默认设置成百分比，相对于容器高宽中较小的一项的一半。

➢ center：饼图的中心（圆心）坐标，数组的第一项是横坐标，第二项是纵坐标，默认为［50, 50］，默认设置成百分比，设置成百分比时第一项是相对于容器宽度，第二项是相对于容器高度

➢ rosetype：是否展示成南丁格尔图，通过半径区分数据大小，有“radius”和“area”两种模式。默认为“radius”或“area”，radius 表示扇区圆心角展现数据的百分比，半径展现数据的大小；area 表示所有扇区圆心角相同，仅通过半径展现数据大小。

基础饼形图如下。

【示例】通过饼形图分析各地区销量情况。

某商品的销售量如下：

地区	销量
广东省	9777
山东省	8036

续表

地区	销量
湖北省	8821
江苏省	7432
浙江省	7346
河北省	5896
湖南省	6403
江西省	4277
上海	8643
四川省	4023

绘图代码 1 如下：

```
import pandas as pd
from pyecharts. charts import Pie
from pyecharts import options as opts
# 导入 Excel 文件
df = pd. read_excel( '销售量 . xls' )
x_data = df[ '地区' ]
y_data = df[ '销量' ]
# 将数据转换为列表加元组的格式([(key1, value1), (key2, value2)])
data = [ list(z) for z in zip(x_data, y_data) ]
pie = Pie( )    #创建饼形图
# 为饼形图添加数据
pie. add(
        series_name = "地区",      # 序列名称
        data_pair = data,       # 数据
    )
pie. set_global_opts(
        # 饼形图标题居中
        title_opts = opts. TitleOpts(
            title = "各地区销量情况分析",
            pos_left = "center" ),
        # 不显示图例
        legend_opts = opts. LegendOpts( pos_left = 'left' ,orient = 'vertical' ),
    )
pie. set_series_opts(
```

```
        # 序列标签
        label_opts = opts. LabelOpts( formatter = '{b}:{c}({d}%)'),
        )
pie. render_notebook( )
```

结果：

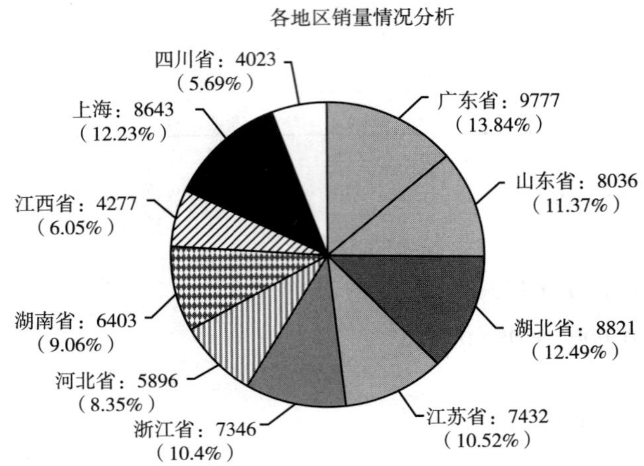

绘图代码2（按销量大小）如下：

```
import pandas as pd
from pyecharts. charts import Pie
from pyecharts import options as opts
# 导入 Excel 文件
df = pd. read_excel( '销售量 . xls' )
x_data = df[ '地区' ]
y_data = df[ '销量' ]
# 将数据转换为列表加元组的格式([(key1, value1), (key2, value2)])
data = [ list( z) for z in zip( x_data, y_data) ]
# 数据排序
data. sort( key = lambda x: x[1])
pie = Pie( )    #创建饼形图
# 为饼形图添加数据
pie. add(
        series_name = "地区",      # 序列名称
        data_pair = data,      # 数据
    )
```

```
pie. set_global_opts(
        # 饼形图标题居中
        title_opts = opts. TitleOpts(
            title =“各地区销量情况分析”,
            pos_left = "center"),
        # 不显示图例
        legend_opts = opts. LegendOpts(pos_left = 'left',orient = 'vertical'),
    )
pie. set_series_opts(
        # 序列标签
        label_opts = opts. LabelOpts(formatter = '{b}:{c}({d}%)'),
    )
# 渲染图表显示
pie. render_notebook()
```

结果：

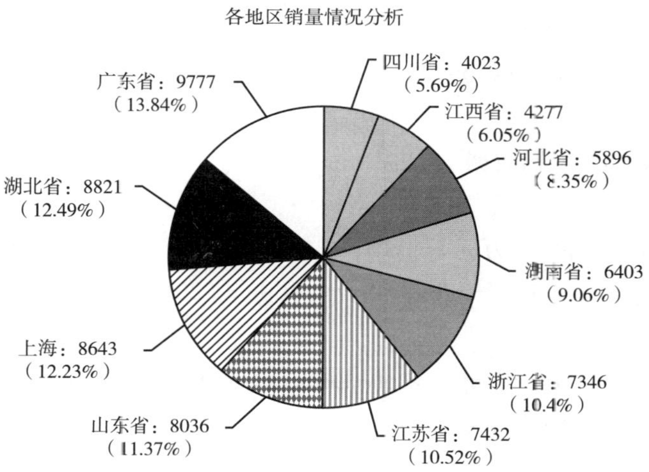

二、条形图（柱形状）

（一）基础条形图

【示例】通过条形图某电器公司 2016 ~ 2020 年营业收入如下：

年份	营业收入（万元）
2016	10830257
2017	14828645
2018	19812318
2019	19815303
2020	16819920

绘图代码如下：

```
import pandas as pd
from pyecharts. charts import Bar
from pyecharts import options as opts
from pyecharts. globals import ThemeType
# 导入 Excel 文件
df = pd. read_excel( 'lr. xlsx' )
# x 轴和 y 轴数据
x = list( df[ 'Year' ] )
y1 = list( df[ '营业收入(万元)' ] )
bar = ( Bar( init_opts = opts. InitOpts( theme = ThemeType. LIGHT ) )   # 创建柱状图并设置主题
# 为柱状图添加 x 轴和 y 轴数据
    . add_xaxis( x )
    . add_yaxis( '营业收入(万元)' ,y1 )
    . set_global_opts( title_opts = opts. TitleOpts( title = '2016 - 2020 年营业收入' ,pos_left = 'center' ) ,
                          legend_opts = opts. LegendOpts( pos_top = '4%' ) ,
                          toolbox_opts = opts. ToolboxOpts( pos_top = "5%" ) ,#增加工具箱
                          )
    . set_series_opts( label_opts = opts. LabelOpts( is_show = True ) ) #显示样本的数据标签
)
# 渲染图表显示
bar. render_notebook( )
```

结果：

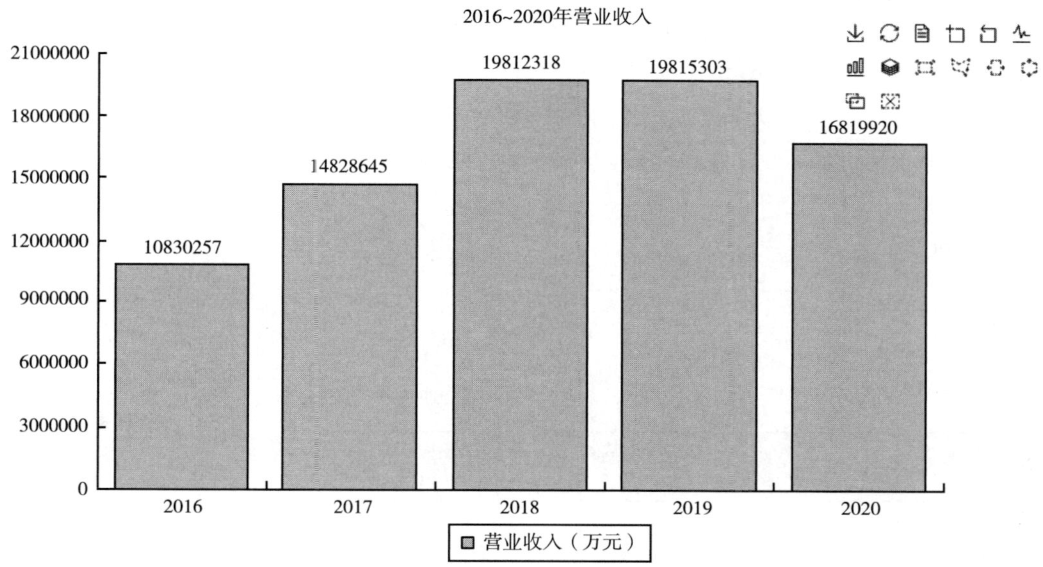

（二）水平条形图

绘图代码如下：

```
import pandas as pd
from pyecharts. charts import Bar
from pyecharts import options as opts
from pyecharts. globals import ThemeType
# 导入 Excel 文件
df = pd. read_excel( 'lr. xlsx' )
# x 轴和 y 轴数据
x = list( df[ 'Year' ] )
y1 = list( df[ '营业收入(万元)' ] )
bar = ( Bar( init_opts = opts. InitOpts( theme = ThemeType. LIGHT) )    # 创建柱状图并设置
主题
# 为柱状图添加 x 轴和 y 轴数据
    . add_xaxis( x)
    . add_yaxis( '营业收入(万元)' ,y1)
    . reversal_axis( )
    . set_global_opts( title_opts = opts. TitleOpts( title = '2016 - 2020 年营业收入' ,pos_left
 = 'center' ) ,
```

```
                    legend_opts = opts.LegendOpts(pos_top = '5%'),
                toolbox_opts = opts.ToolboxOpts(pos_top = "10%"),#增加工具箱
                )
    .set_series_opts(label_opts = opts.LabelOpts(is_show = True)) #显示样本的数据标签
  )
bar.render_notebook()
```

结果：

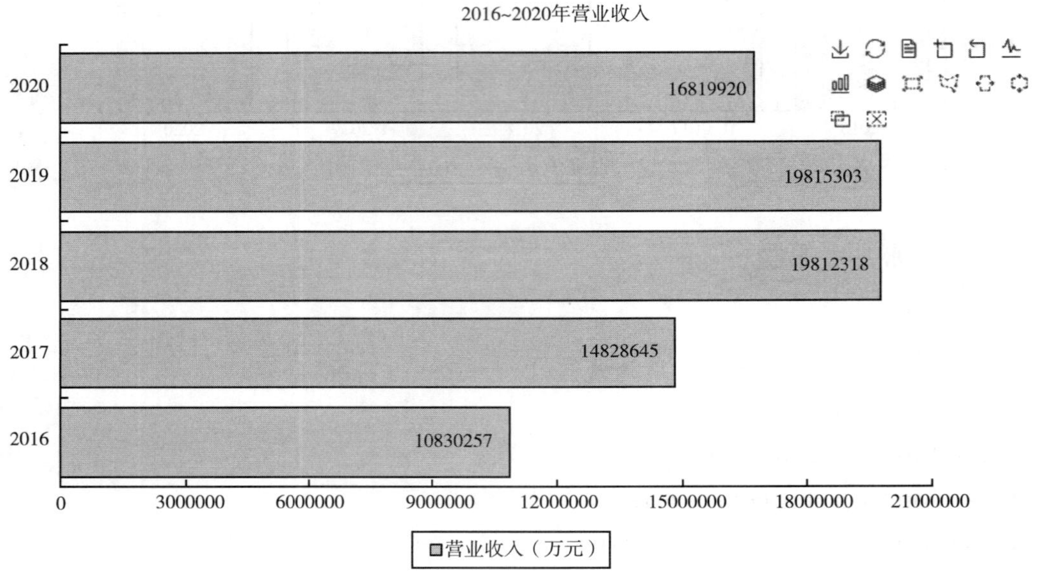

（三）堆叠条形图

【示例】通过堆叠条形图显示某电器公司 2016～2020 年营业成本与营业利润如下：

年份	营业成本（万元）	营业利润（万元）
2016	7288564	1745570
2017	9956291	2612667
2018	13823417	3099688
2019	14349937	2960511
2020	12422903	2604352

绘图代码如下：

```
import pandas as pd
from pyecharts. charts import Bar
from pyecharts import options as opts
from pyecharts. globals import ThemeType
# 导入 Excel 文件
df = pd. read_excel( ' lr. xlsx' )
# x 轴和 y 轴数据
x = list( df[ 'Year' ] )
y1 = list( df[ '营业成本(万元)' ] )
y2 = list( df[ '营业利润(万元)' ] )
bar = Bar( init_opts = opts. InitOpts( theme = ThemeType. LIGHT) )  # 创建柱状图并设置主
题
# 为柱状图添加 x 轴和 y 轴数据
# 渲染图表到 HTML 文件,存放在程序所在目录下
bar = ( Bar( init_opts = opts. InitOpts( theme = ThemeType. LIGHT) )  # 创建柱状图并设置
主题
    . add_xaxis( x)
    . add_yaxis( '营业成本(万元)' ,y1 ,stack = "stack1")
    . add_yaxis( '营业利润(万元)' ,y2 ,stack = "stack1")
    . set_global_opts( title_opts = opts. TitleOpts( title = '2016 - 2020 年某电器公司营业成
本及营业利润' ,pos_left = ' left' ) ,
                    legend_opts = opts. LegendOpts( pos_right = '10% ' )
                  )
    . set_series_opts( label_opts = opts. LabelOpts( is_show = True) ) #显示样本的数据标签
)
bar. render_notebook( )
```

结果：

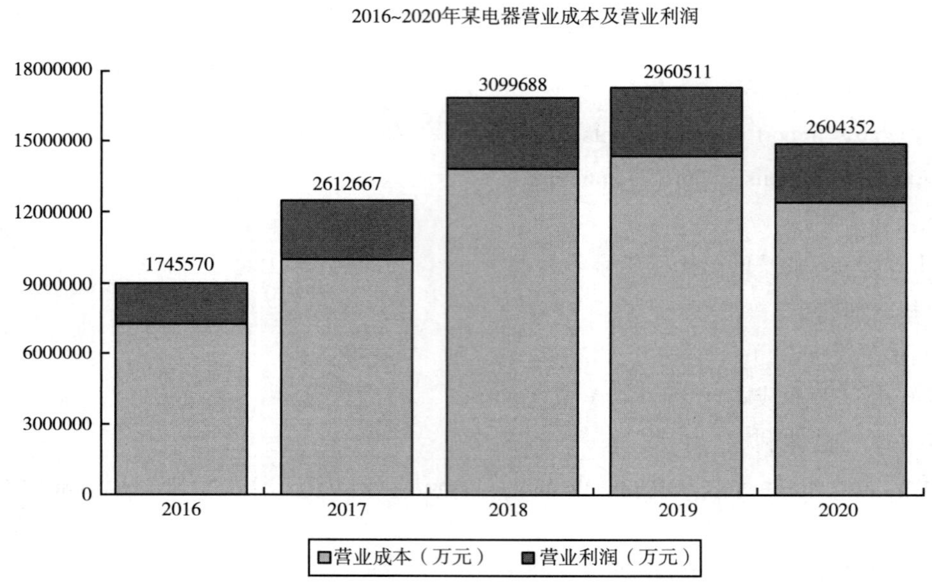

（四）多条形图

【示例】通过多条形图绘制某企业 2019 ~ 2020 年的某电器公司分产品营业收入变化如下：

年份	空调（万元）	生活电器（万元）	智能装备（万元）	其他主营（万元）	其他业务（万元）
2020	11788163.99	452175.65	79094.27	723342.74	3777143.79
2019	13866505.51	557591.14	214128.56	1050640.7	4126436.85

绘图代码如下：

```
import pandas as pd
from pyecharts. charts import Bar
from pyecharts import options as opts
from pyecharts. globals import ThemeType
# 导入 Excel 文件
df = pd. read_excel( 'jy. xlsx' )
# x 轴和 y 轴数据
x = list( df[ 'Year' ] )
y1 = list( df[ '空调' ] )
y2 = list( df[ '生活电器' ] )
y3 = list( df[ '智能装备' ] )
y4 = list( df[ '其他主营' ] )
```

```
    y5 = list( df[ '其他业务' ] )
bar = Bar( init_opts = opts. InitOpts( theme = ThemeType. LIGHT) )  # 创建柱状图并设置主题
# 为柱状图添加 x 轴和 y 轴数据
bar = ( Bar( init_opts = opts. InitOpts( theme = ThemeType. LIGHT) )  # 创建柱状图并设置主题
    . add_xaxis( x)
    . add_yaxis( '空调', y1)
    . add_yaxis( '生活电器', y2)
    . add_yaxis( '智能装备', y3)
    . add_yaxis( '其他主营', y4)
    . add_yaxis( '其他业务', y5)
    . set_global_opts( title_opts = opts. TitleOpts( title = '2019 – 2020 年电器公司分产品营业收入', pos_left = 'left'),
                       legend_opts = opts. LegendOpts( pos_right = '10%' )
                     ) #区域缩放工具
    . set_series_opts( label_opts = opts. LabelOpts( is_show = True) ) #显示样本的数据标签
)
# 渲染图表
bar. render_notebook( )
```

结果：

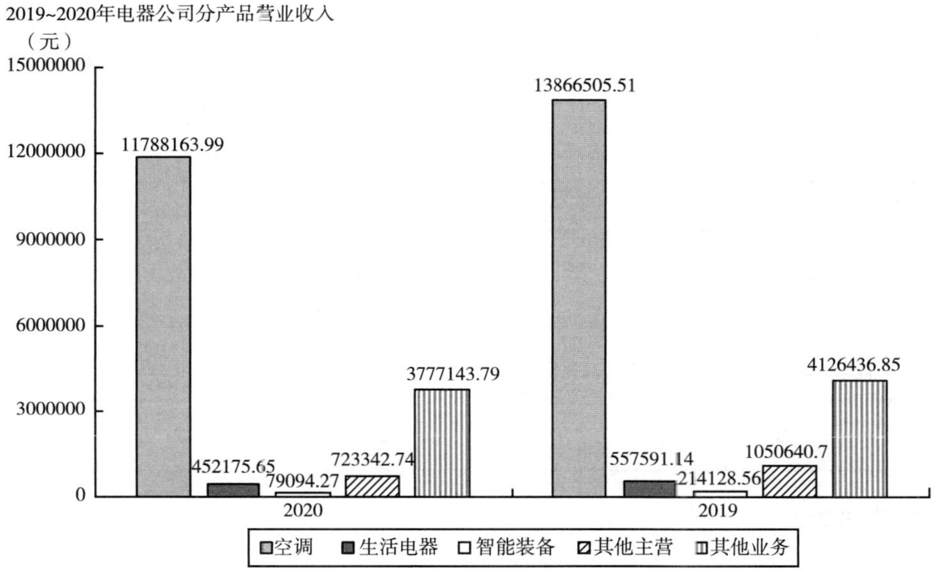

第二节 数值型变量的可视化

一、箱线图

【示例】通过箱形图查找快餐厅消费中存在的异常值。

通过箱形图查找食客消费中的异常值，食客的消费如下：

序号	总消费	星期	用餐类型
1	26. 7	星期一	午餐
2	44. 5	星期一	午餐
3	35. 3	星期一	午餐
4	24. 8	星期一	午餐
5	14. 3	星期一	午餐
6	17. 0	星期一	晚餐
7	20. 3	星期一	晚餐
8	25. 8	星期一	晚餐
9	19. 7	星期一	晚餐
10	15. 1	星期一	晚餐
11	20. 7	星期一	晚餐
12	16. 9	星期一	晚餐
13	10. 3	星期一	晚餐
14	34. 8	星期一	晚餐
15	26. 4	星期一	晚餐
16	16. 5	星期二	午餐
17	13. 1	星期二	午餐
18	17. 5	星期二	午餐
19	26. 9	星期二	午餐
20	25. 3	星期二	午餐
21	14. 7	星期二	午餐

绘图代码如下：

```
import pandas as pd
from pyecharts. charts import Bar
from pyecharts import options as opts
from pyecharts. globals import ThemeType
# 导入 Excel 文件
df = pd. read_excel( 'Diners consumption. xlsx' )
y_data = [ list( df[ '总消费' ] ) ]
boxplot = Boxplot( init_opts = opts. InitOpts( theme = ThemeType. LIGHT) )
boxplot = Boxplot( )    #创建箱形图
# 为箱形图添加数据
boxplot. add_xaxis( [ "" ] )
boxplot. add_yaxis( '' , y_axis = boxplot. prepare_data( y_data) )
boxplot . set_global_opts ( title_opts = opts. TitleOpts ( title = '快餐店消费箱形图' , pos_left
 = 'center' ) )
# 渲染图表到 notebook
boxplot. render_notebook( )
```

结果：

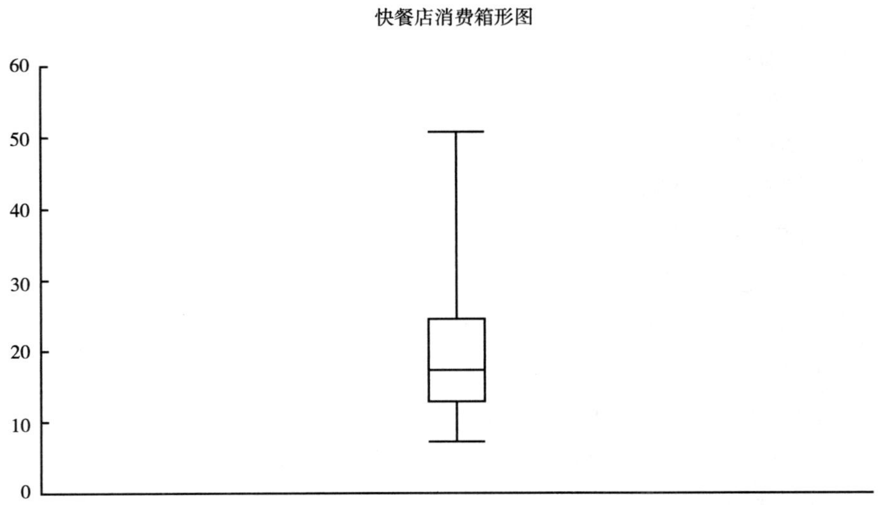

二、折线图

【示例】通过折线图绘制某公司的“财务指标”。

绘制折线图，如下：

年	月	毛利率	利润率	净利率	资产净利率	权益净利率	平均单价
2018	Jan	0.080215312	0.090005459	0.079469267	0.014429433	0.037625095	981.7294062
2018	Feb	0.131570335	0.152943598	0.132220357	0.026267138	0.066961427	864.1270821
2018	Mar	0.090174625	0.092677949	0.083148447	0.014869839	0.035729568	697.8071221
2018	Apr	0.065205935	0.111975227	0.096720817	0.016842508	0.039331293	557.4397603
2018	May	0.065569905	0.069107518	0.065125636	0.011747484	0.026660707	563.0505963
2018	Jun	0.094243437	0.10143445	0.084330651	0.015900353	0.035289966	666.3760977
2018	Jul	0.115000303	0.120997709	0.106960372	0.021890028	0.047951743	780.6636261
2018	Aug	0.103753878	0.106140358	0.093797625	0.019974939	0.042310184	816.4089315
2018	Sep	0.014011691	0.008613578	0.008045479	0.001340272	0.002772934	1098.327478
2018	Oct	0.025136727	0.020445822	0.018014227	0.003201986	0.006477643	931.0523623
2018	Nov	0.02637361	0.031100969	0.027425423	0.004502898	0.008898928	421.4041354
2018	Dec	0.027488392	0.009105832	0.012277209	0.002240732	0.004489415	632.4339424

绘图代码如下：

```
import pandas as pd
from pyecharts.charts import Line
from pyecharts import options as opts
# 导入 Excel 文件
df = pd.read_excel('财务分析.xlsx')
x = list(df['月'])
y1 = list(df['毛利率'])
y2 = list(df['利润率'])
y3 = list(df['净利率'])
y4 = list(df['资产净利率'])
y5 = list(df['权益净利率'])
line = Line()   # 创建折线图
# 为折线图添加 x 轴和 y 轴数据
line.add_xaxis(xaxis_data = x)
line.add_yaxis(series_name = "毛利率",y_axis = y1)
line.add_yaxis(series_name = "利润率",y_axis = y2)
line.add_yaxis(series_name = "净利率",y_axis = y3)
line.add_yaxis(series_name = "资产净利率",y_axis = y4)
line.add_yaxis(series_name = "权益净利率",y_axis = y5)
line.set_global_opts(title_opts = opts.TitleOpts(title = '2018 年公司各指标利率统计',pos
_left = 'center'),
                    legend_opts = opts.LegendOpts(pos_top = '5%'),
```

```
                              toolbox_opts = opts. ToolboxOpts( pos_top = "5%" ) ) #增加工具箱
line. set_series_opts( label_opts = opts. LabelOpts( is_show = False) ) #不显示样本的数据
标签
line. render_notebook( )
```

结果：

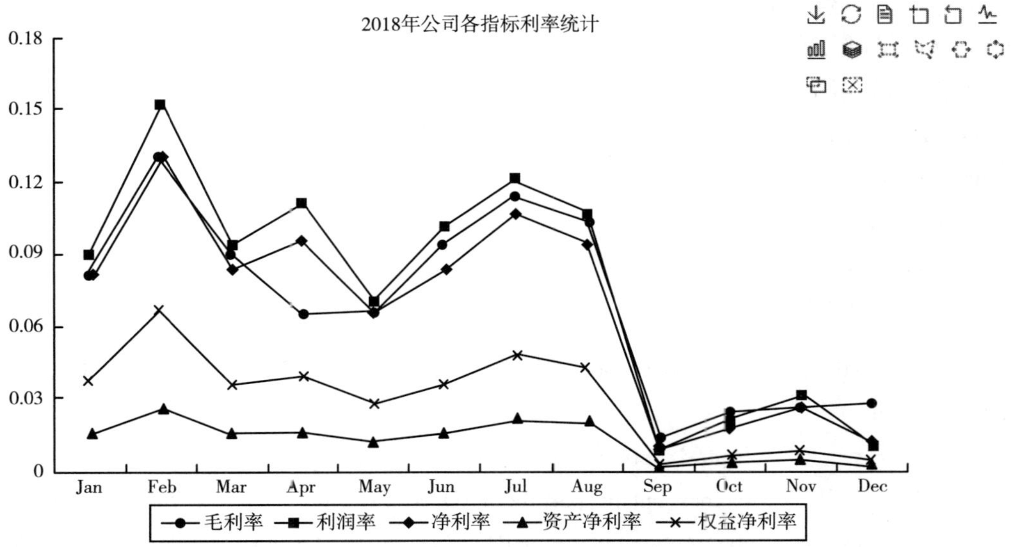

第三节 关系型变量的可视化

涟漪特效散点图如下。

【示例】通过散点图绘制"某产品网上销售散点图"。

绘制散点图，如下：

年份	京东	淘宝	唯品会
2013	2680. 00	2325. 00	3806. 00
2014	1890. 00	1878. 00	2883. 00
2015	2560. 00	2347. 00	9438. 00
2016	2345. 00	3900. 00	5721. 00
2017	5589. 00	3214. 00	5420. 00
2018	2988. 00	4325. 00	5408. 00
2019	6250. 00	5845. 00	7927. 00

绘图代码如下：

```
import pandas as pd
from pyecharts. charts import EffectScatter
```

```
# 导入 Excel 文件
df = pd. read_excel( ' sales. xlsx' )
# x 轴和 y 轴数据
x = list( df[ ' Year' ] )
y1 = list( df[ ' 淘宝' ] )
y2 = list( df[ ' 京东' ] )
y3 = list( df[ ' 唯品会' ] )
# 绘制涟漪散点图
scatter = EffectScatter( )
scatter. add_xaxis( x)
scatter. add_yaxis( "天猫" ,y1)
scatter. add_yaxis( "京东" ,y2)
scatter. add_yaxis( "唯品会" ,y3)
scatter. set_global_opts( title_opts = opts. TitleOpts( title = '某品牌产品线上销售情况' ,pos
_left = ' center' ) ,
                    legend_opts = opts. LegendOpts( pos_top = '5%' ) ,
                    toolbox_opts = opts. ToolboxOpts( pos_top = "5%" ) ) #增加工具箱
scatter. set_series_opts( label_opts = opts. LabelOpts( is_show = False) ) #不显示样本的数据
标签
# 渲染图表到 notebook
scatter. render_notebook( )
```

结果：

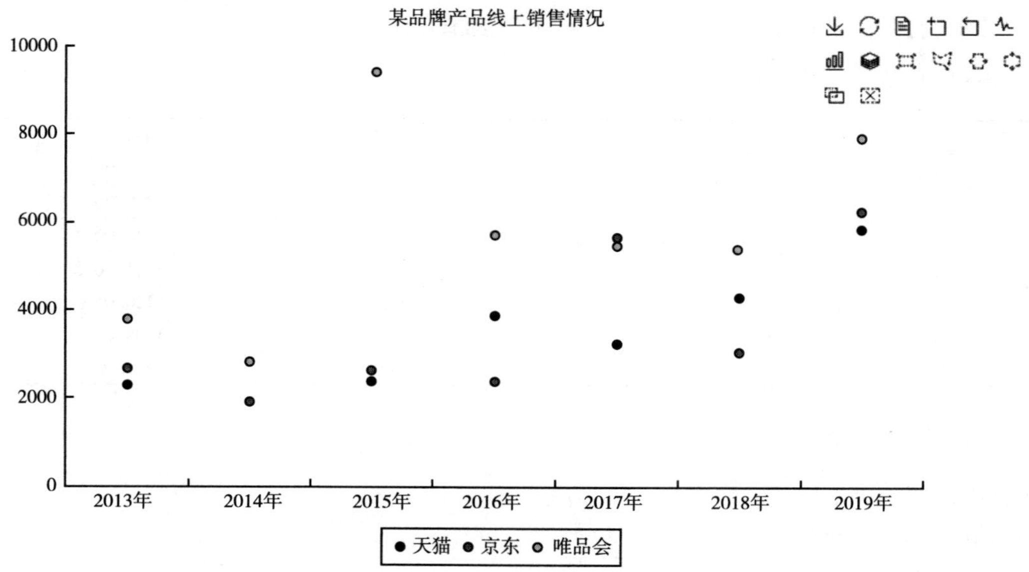

小 结

Matplotlib、Seaborn 和 Pyechharts 可以绘制出图表。Seaborn 是 Matplotlib 的补充，绘制出的图更加容易，在绘制图表时，两者经常结合使用。Pyecharts 绘制图表动态效果更出色。根据具体的数据可视化需要选择合适的库。

本章习题

1. 查询你所在的城市的 GDP 及三产业数据（数据文件为 cityname. xlsx），请按要求绘制相关折线图。

（1）绘制 GDP 的折线图。

（2）请将第一产业、第二产业和第三产业数据绘制在同一折线图内。

2. 请随机参访 35 位你所在城市的路人收到的数据，集合直方图与核密度曲线呈现收入分布情况。

3. 选择一家上市公司，收集该公司近几年的财务数据，利用 Python 对公司财务数据进行可视化分析。

▸▸第十五章 Power BI 与数据可视化

第一节 认识 Power BI

一、为什么是 Power BI?

2021 年，全球领先的信息技术研究和咨询机构 Gartner 连续第十四年在“分析和商业智能平台 Gartner Magic Quadrant”中将微软的 BI 产品评为行业引领者。图 15-1 中“魔力象限”的横轴代表了产品设计对未来趋势的前瞻性，纵轴代表了产品当前功能的执行力。我们也可以看到，在全球上榜的 20 余家企业中，微软的 Power BI 一直处于引领者的位置。那么到底是什么让 Power BI 如此强大？相比于其他的竞争对手，Power BI 又具有什么样的优势？

首先，对非数据处理专业、不具有复杂的计算机编程背景的用户而言，Power BI 是一款易于上手的数据分析工具，它不需要对 SQL 或者 Python 等数据分析语言的学习基础，就可以实现在一个平台上同时满足个人的自助式分析需求与企业数据分析需求。Power BI 保留了大家所熟悉的微软 Office 办公界面，从而使新用户也能快速找到所需的功能，提高办公效率。

作为微软旗下的数据分析工具，Power BI 可以轻松实现与微软其他系列工具融合协作。例如，若将 Power BI 与微软公有云服务平台 Azure 结合，可以加速对数据的处理工作，快速获取对大量数据的分析结果。对于熟悉 Office 的用户而言，他们可以快速将 Excel 的数据模型与报表连接到 Power BI 仪表盘，以新的方式快速查询、分析并共享业务数据。通过微软的 Power Platform，我们也可以将 Power BI 与 Power Apps 和 Power Automate统一使用，轻松构建商业应用程序并实现工作流的自动化。

功能上，Power BI 不单单是单个桌面软件，而是面对企业数据分析的一整套解决方

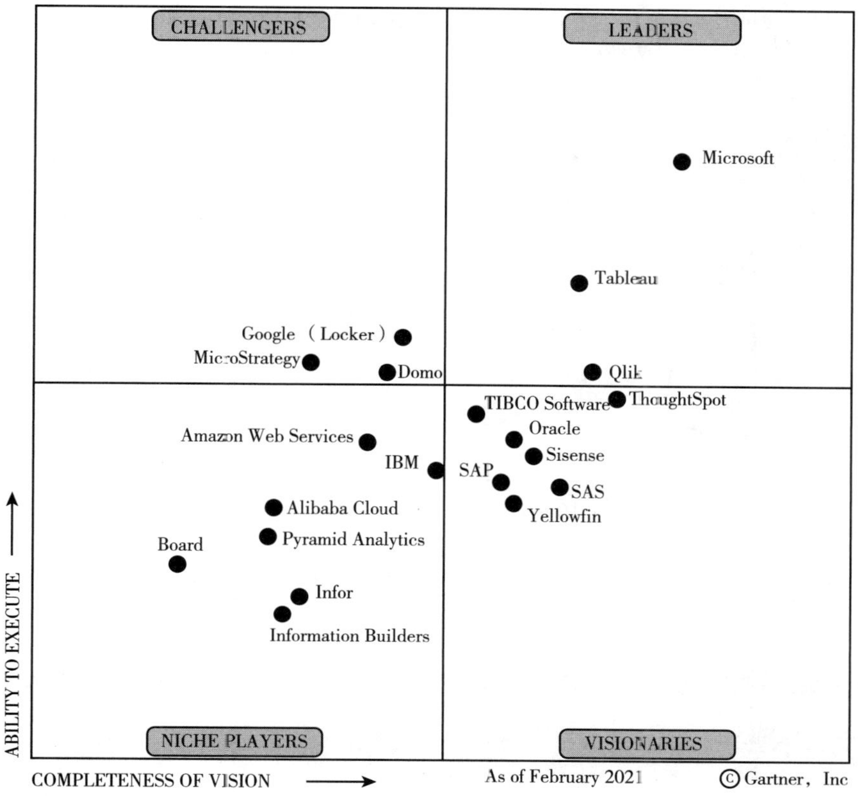

图 15－1　Gartner 2021 年 BI 产品魔力象限

案。Power BI 集软件服务、应用和连接器三者为一体，从源头数据转换为生动的可交互可视化呈现。无论我们的数据源是简单的 Excel 文件，还是基于云和本地的数据仓库的集合，Power BI 都可以轻松地完成连接，通过模型将数据转换为使用者所需要的可视化见解，并分享给所需要的用户。

最后，相比于其他主流的 BI 工具，Power BI 的使用成本低。Power BI 的核心板块 Power BI Desktop 是完全免费对用户使用的，所以可以快速在组织或者企业中为每个人提供经济有效的分析工具，推动数字化进程。

二、Power BI 的基本构成

Power BI 由三个主要元素组成：Power BI Desktop、Power BI 服务以及适用于移动端操作系统的 Power BI 移动应用。这三者协同完成了我们对于数据分析的创建、共享和使用这一完整的业务闭环（见图 15－2）。

Power BI Desktop 是我们在 Power BI 学习中使用最多的部分，它可通过本地程序在计算机免费安装和使用。作为 Power BI 的桌面版，它集成了四项主要功能：数据连接、

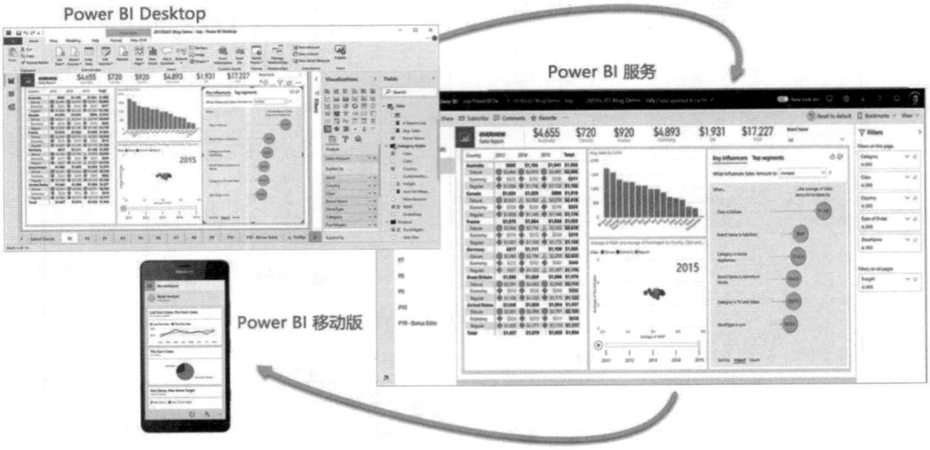

图 15－2　Power BI 主体功能构架

转换与清理数据、创建可视化效果，并通过 Power BI 服务发布与共享给其他用户（见图 15－3）。

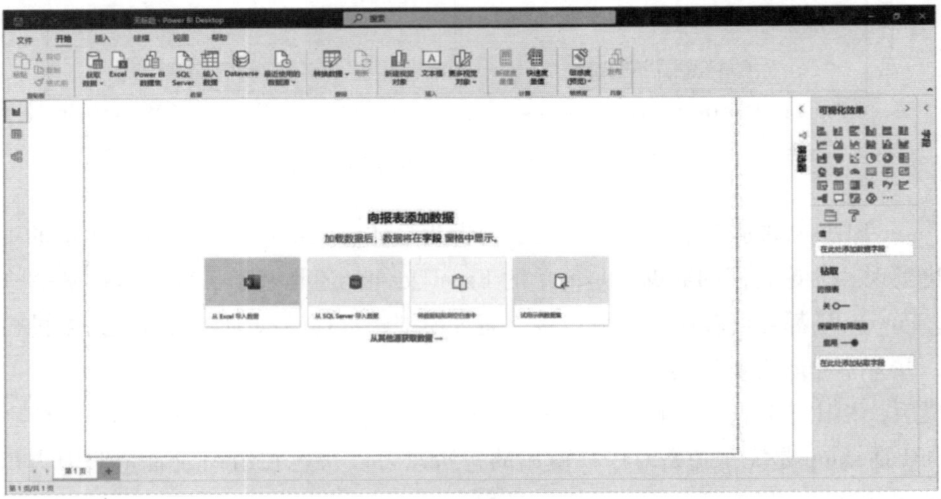

图 15－3　Power BI Desktop

Power BI 服务也被称为 Power BI 在线版（Power BI Online）。在典型的 Power BI 使用场景中，我们往往会在 Power BI Desktop 中生成报表，然后发布到 Power BI 服务进行共享。但其实我们也可以直接在 Power BI 服务中创建报表，在工作区中与其他用户协作处理，或者分享数据源本身，让其他用户自行创建和编辑报表（见图 15－4）。

Power BI 移动版支持在 Windows、iOS 和 Android 移动端操作系统上使用。我们可以直接通过移动端设备访问发布在 Power BI 服务中的报表，或者查询他人分享给我们的报表（见图 15－5）。

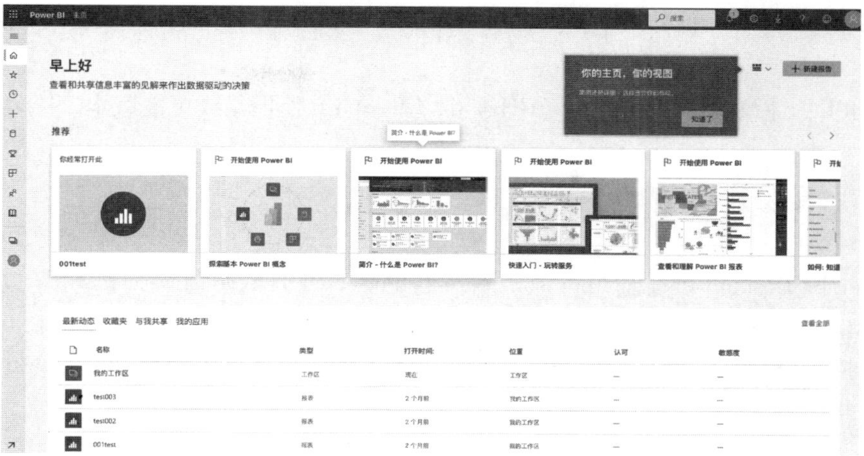

图 15－4 Power BI 服务

图 15－5 Power BI 移动应用

三、Power BI 的安装介绍

（一）安装要求（版本：2.108.997.0）

- Windows 7 操作系统不再支持运行 Power BI Desktop，所以当前最新版本的 Power BI Desktop 需要 Windows 8/Windows Server 2012 或更高版本支持运行。
- 浏览器：Internet Explorer 10 或更高版本。
- 内存（RAM）：可用量至少为 2 GB，建议量为 4 GB 或以上。
- 显示器：分辨率至少需要为 1440 × 900 或 1600 × 900（16 ∶ 9）。不支持使用 1024 ×

768 或 1280×800 等较低分辨率，因为某些控件（如关闭启动屏幕）需要更高的分辨率才能显示。

- CPU：建议使用 1 千兆赫（GHz）64 位（x64）处理器或更高版本。

（二）安装方法

Power BI Desktop 可通过 Microsoft Store 与 Power BI 官网两种方式下载。

1. Microsoft Store 的安装方式要求操作系统位为 Windows 10 及以上版本。Microsoft Store 登录后，搜索 Power BI Desktop，在应用程序搜索结果中点击安装（见图 15－6）。

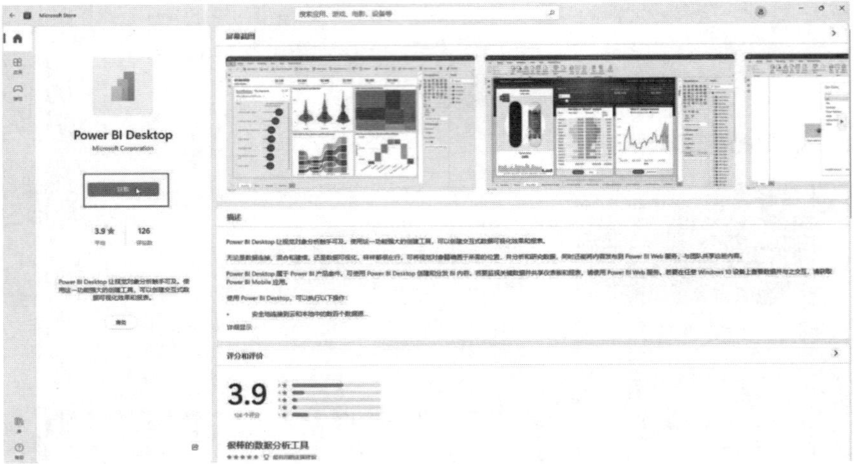

图 15－6　通过 Microsoft Store 下载 Power BI Desktop

2. 进入 Power BI 官网，在产品下拉框中点击 Power BI Desktop 进入如图 15－7 所示界面，点击“免费下载”选择适合版本进行安装。

图 15－7　通过 Power BI 官网下载 Power BI Desktop

通过 Microsoft Store 获取 Power BI Desktop 可以实现软件的自动更新，而通过下载安装包的方法则需要重新下载安装程序完成版本更新。因此，对于更新频率高、迭代周期短的 Power BI Desktop，我们更推荐前者通过第一种方法从 Microsoft Store 中下载安装。

（三）操作界面

Power BI Desktop 启动后会显示欢迎界面，我们可以从此处开始创建数据模型和报表，或者打开现有的数据源和报表。如果是第一次打开 Power BI Desktop，系统则会在此处提示你填写表单或登录到 Power BI 服务，以便在 Desktop 中使用 Power BI 服务的相关功能（见图 15－8）。

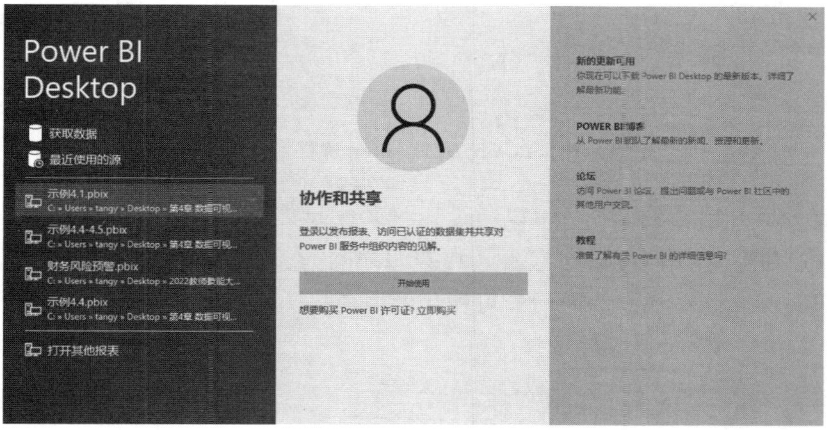

图 15－8 Power BI Desktop 启动欢迎界面

进入 Power BI Desktop 主界面后，我们将会看到如图 15－9 所示的几个主要功能区，在这里实现报表编辑、数据建模、视图设计、字段计算等核心的 Power BI 功能。

图 15－9 Power BI Desktop 功能区介绍

我们在 Power BI Desktop 中所需要完成的第一步是获取数据，我们可以通过单击“获取数据”来选择需要连接的数据源（见图 15－10）。

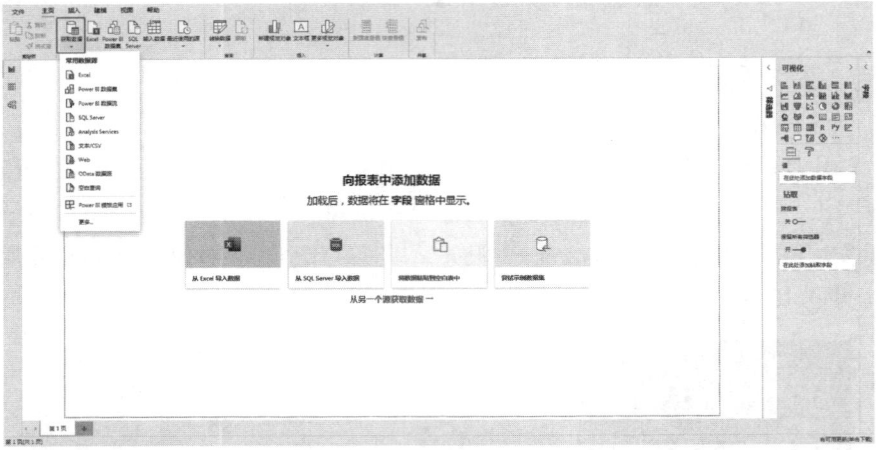

图 15－10　Power BI Desktop 选择数据源连接

在数据分析开始之前，我们可以通过如图 15－11 所示的 Power Query 模块对数据进行加工处理。在这里我们可以建立不同数据源之间的关联，对数据字段的格式、内容、展现方式进行编辑与调整，为之后的可视化做好铺垫。

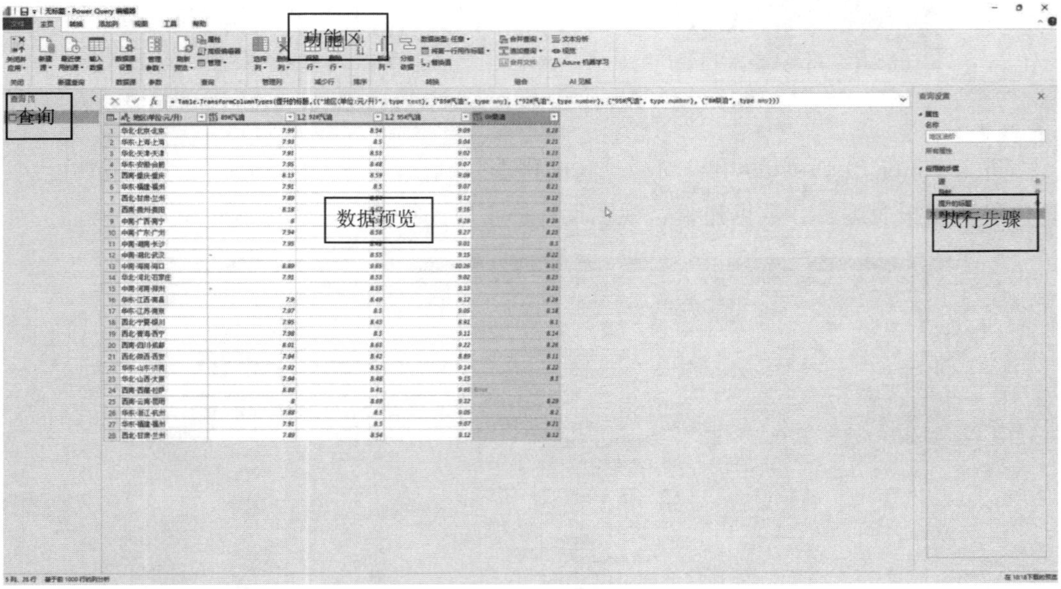

图 15－11　Power BI Desktop 数据转换界面

接下来可以按照我们的分析与设计来构建数据的可视化呈现。在 Power BI Desktop 的主界面中，我们可以使用软件自带的多种默认图表样式，包括条形图、瀑布图、漏斗图、树状图、着色地图等。除此之外，我们还可以在编辑器内启用 Python 和 R 编写脚本，完成数据编辑和可视化任务。当然，Power BI 平台还提供数百个与微软合作的数据视觉对象供用户加载使用，利用交互式数据可视化效果创建令人震撼的报表（见图 15－12 和图 15－13）。

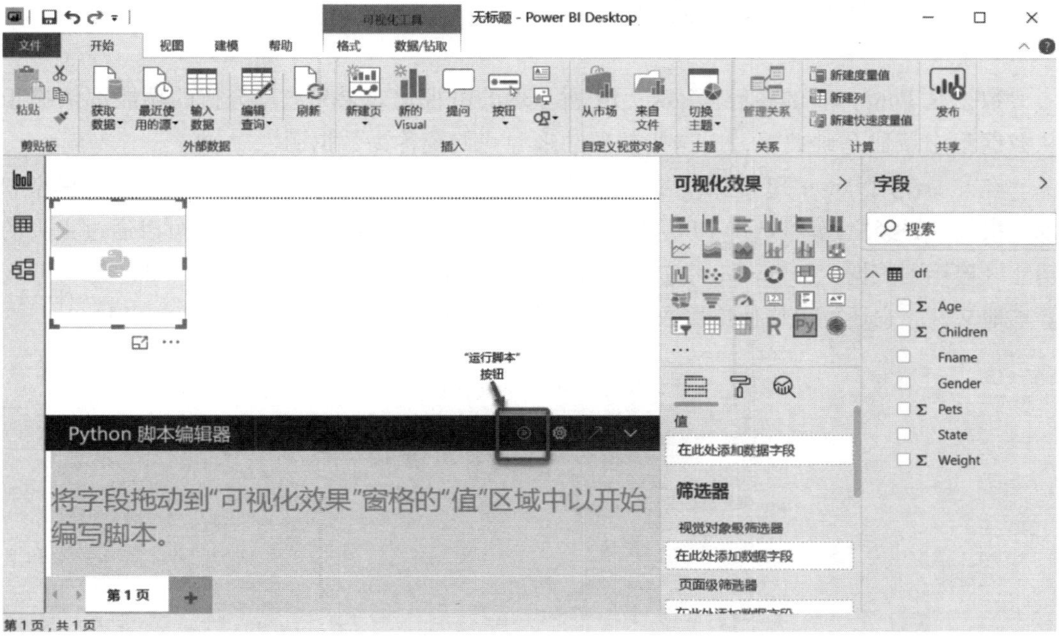

图 15－12　Power BI Desktop 启用脚本编辑器运行 Python 代码

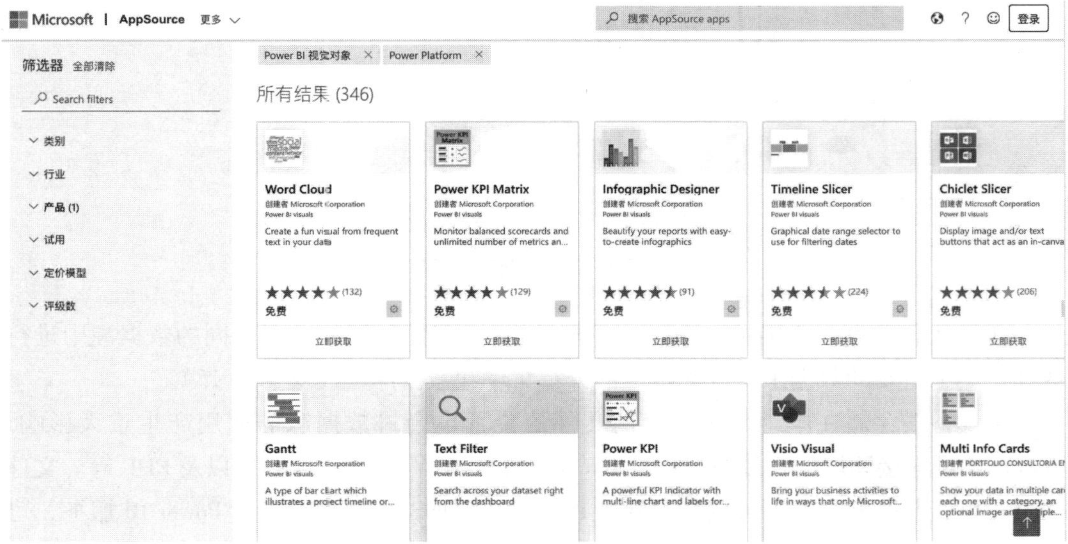

图 15－13　微软合作伙伴提供的数百个新式数据视觉对象

第二节　Power BI 中的数据源

一、认识 Power BI 的数据源类型

数据是 Power BI 的核心。Power BI 所呈现的可视化效果和数据分析的功能都依靠于从数据集中获取基础数据，而这些数据的来源我们统称为数据源。

在开始使用 Power BI 的第一步，我们需要了解和准备数据源，这也是生成数据模型和创建报表的必经之路。Power BI 可以连接各种形式和来源的数据源，我们可以通过主页的功能区连接到数据。Power BI 可连接获取的数据源不仅包括我们常用的 Excel、文本/CSV 等本地文件，它还可以快速连接数据库，甚至网页来获取联机数据（见图 15－14）。

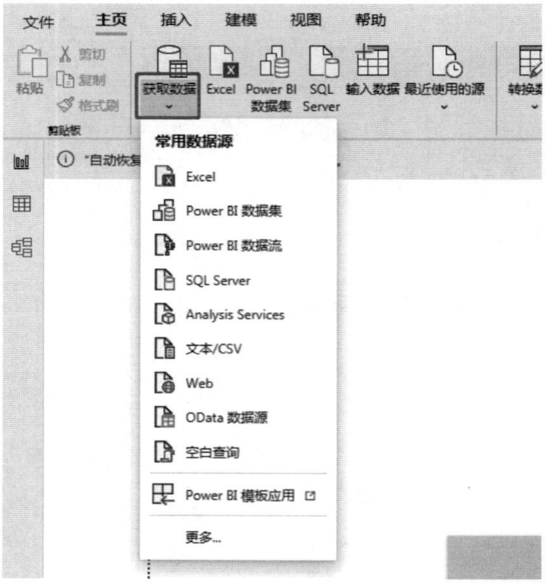

图 15－14　获取数据

通过从“主页”功能区中选择“获取数据”，我们可以从众多不同的数据源中进行选择。其中主要的数据来源分为两个部分：文件和数据库（见图 15－15）。

文件一般存储在本地，所以存储文件的位置也会对数据源的调用产生重大影响。Power BI 可连接读取的文件格式包括 Excel、文本/CSV、XML、JSON 以及 PDF 等。文件内容的更新与改变需要通过刷新反映到 Power BI 数据读取界面。通过 Power BI 服务，可以实时地连接到云端的 Azure SQL 数据库和 SQL 数据仓库，通过在 Power BI 中创建报表来浏览其数据。

图 15－15 可连接数据源类型

二、数据导入的操作方法

Power BI 的数据处理过程需要通过其组件 Power Query 来实现。作为 Excel 的一个内嵌插件，Power Query 以查询为主题，完成了对于数据的结构调整、数据格式转换以及增减插入等一系列数据处理功能。

除了最基本的本地数据获取之外，Power Query 还可以通过网页抓取数据。

1. 单击“获取数据”，选择“web”，接下来输入所需查询的网页地址（见图 15－16）。

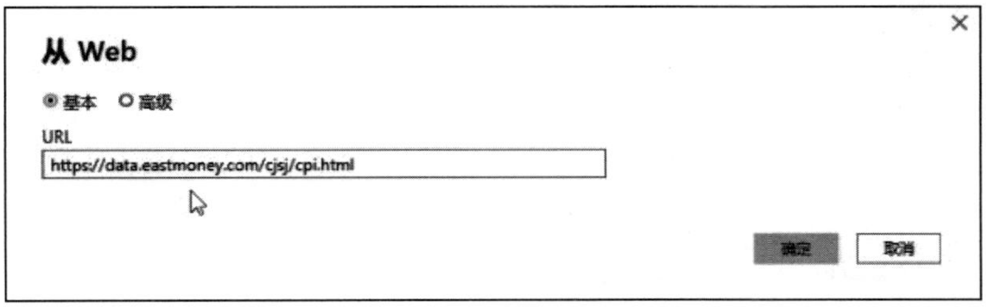

图 15－16 连接到 Web 数据源

2. 单击“确定”后进入预览窗口浏览数据（见图15－17）。

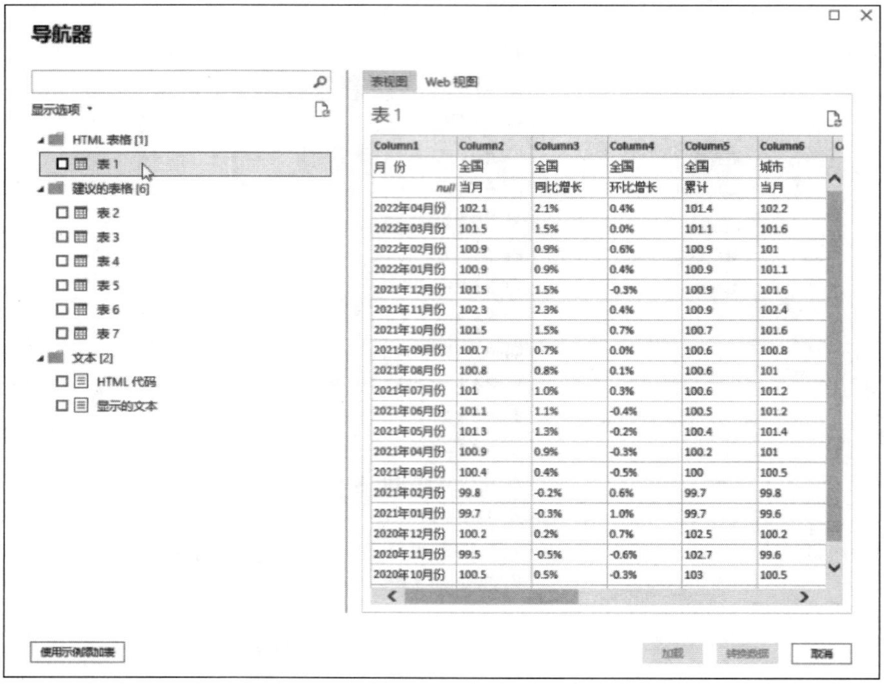

图15－17　预览Web抓取数据

3. 确定所需要使用的数据后，单击“转换数据”，完成从网页获取数据这一动作（见图15－18）。

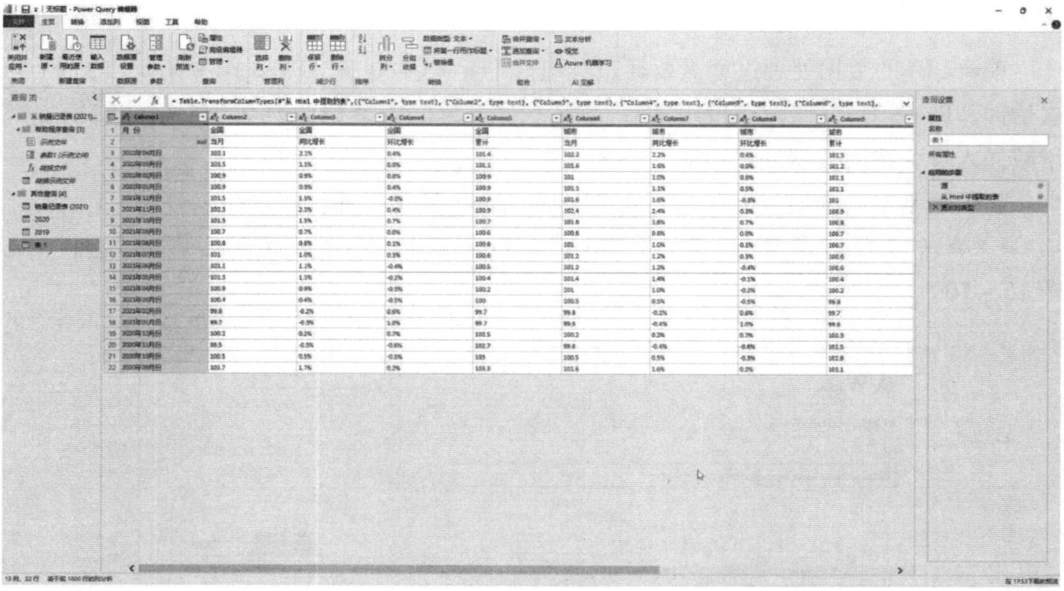

图15－18　进入数据转换页面编辑数据

三、Power Query 中常用的数据清理技巧

在获取数据后，我们所需要进行的下一个步骤就是对于数据的清洗，使数据的内容、格式、类型等更符合我们的需要，更便于数据分析的使用。以下是 Power Query 中常用的一些数据清洗技巧。

（一）拆分列

对于单列中数据过于拥挤的情况，我们一般会选用拆分列的形式，细化信息的归属。例如，在全国各地区油价数据中，我们可通过“拆分列”，将地理位置信息中的地区、省份和城市分开，更便于后续的查找与分析。

在 Power Query 功能界面中，选择需要拆分的列，在这里我们需要按特殊字符（例如，Tab、回车、换行、不间断空格等）进行拆分，将所选取的一列数据拆分为两列。

除了分隔符之外，我们还可以选用字符数、文本列的位置等多种方式进行拆分（见图 15－19）。

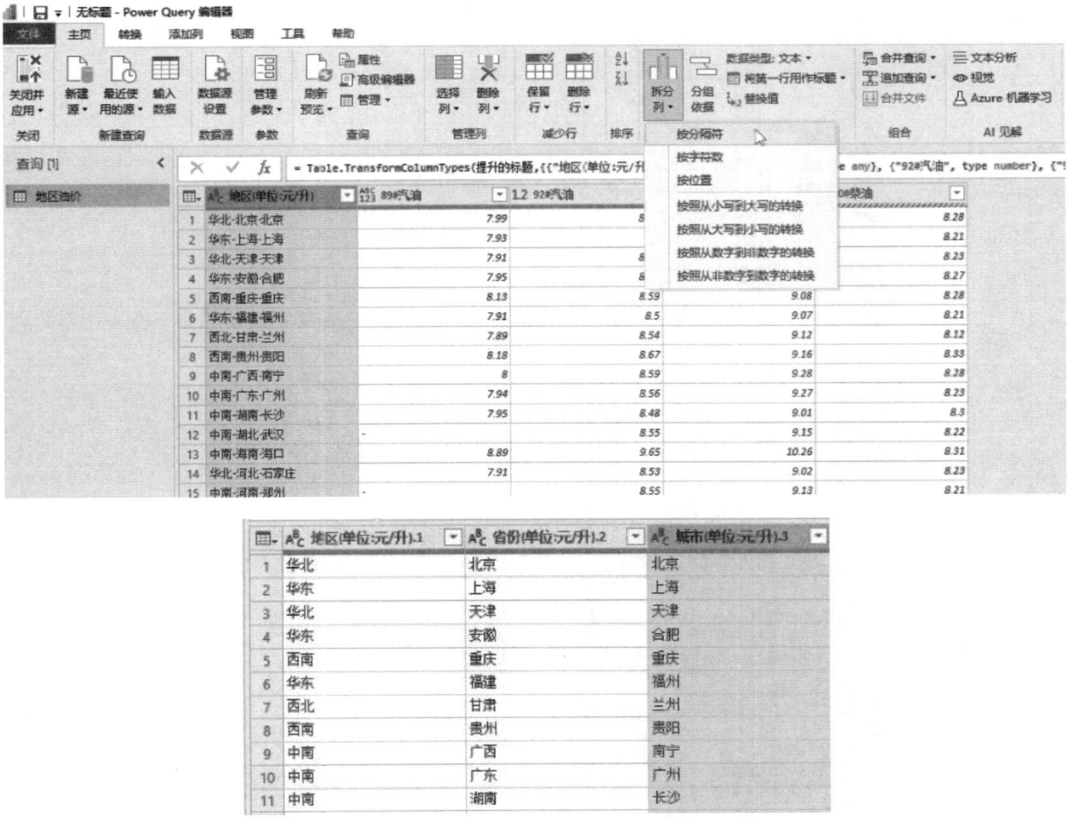

图 15－19　按分隔符拆分地理位置信息

（二）合并列

当我们需要对两列或多列数据进行合并时，首先在 Power Query 中选择需要合并的列，在菜单栏中选择“转换”，然后找到“合并列”，可以设置合并列的分隔符与新列名称（见图 15－20）。

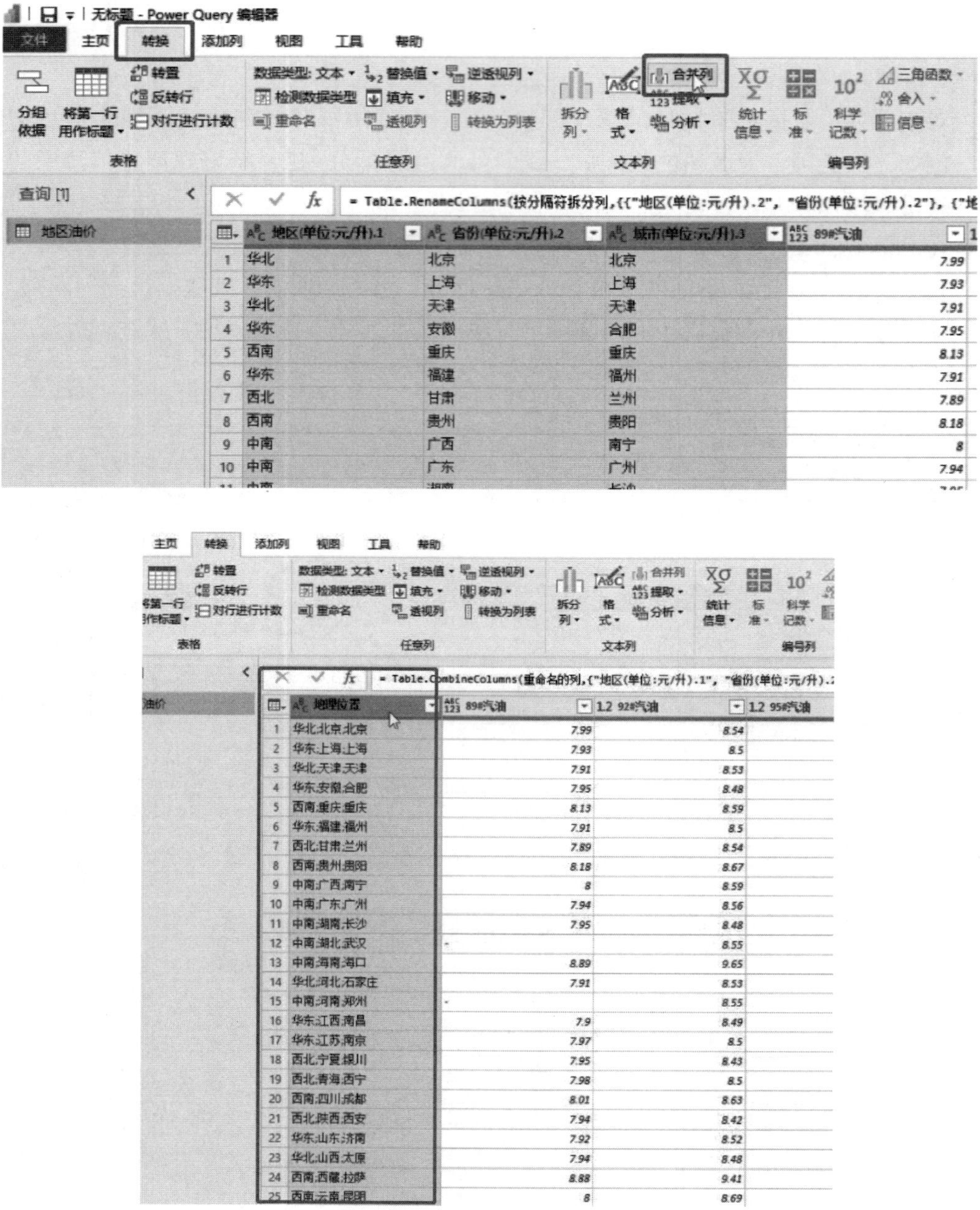

图 15－20　设置分隔符合并文本列

（三）删除问题值

我们在审视数据时，需要处理的两种常见问题值包括错误值与空值。在某些场景下，可以帮助我们完成一些可视化的呈现，但在大多数情况下，这些问题值都需要我们在数据分析之前排除（见图 15－21）。

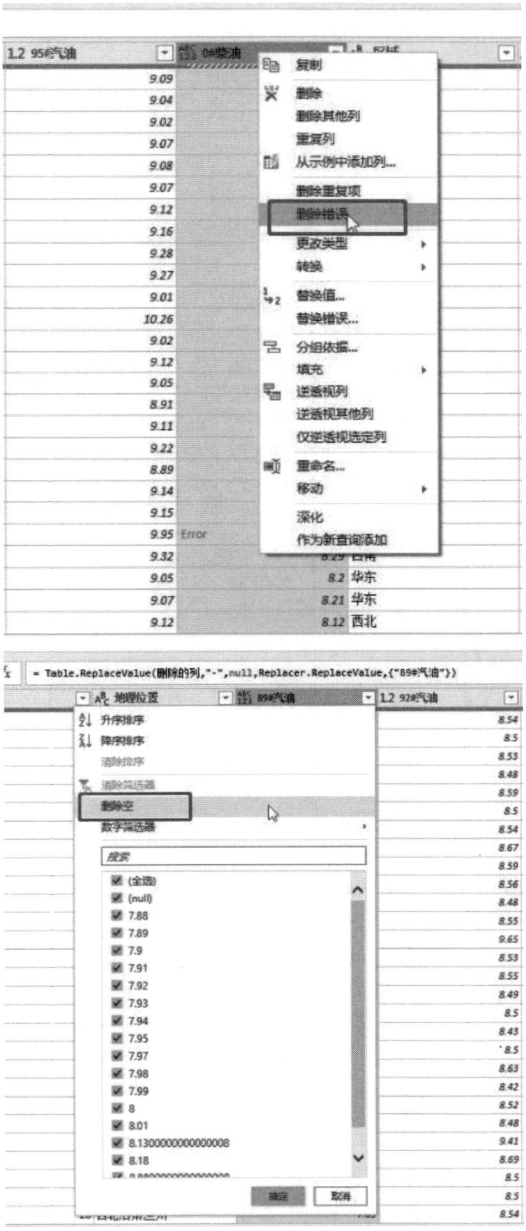

图 15－21　删除错误数据和空值

（四）删除重复值

Power Query 对删除重复项的操作与 Excel 类似，选择需要删除重复值的列，右键选择“删除重复项”（见图 15－22）。

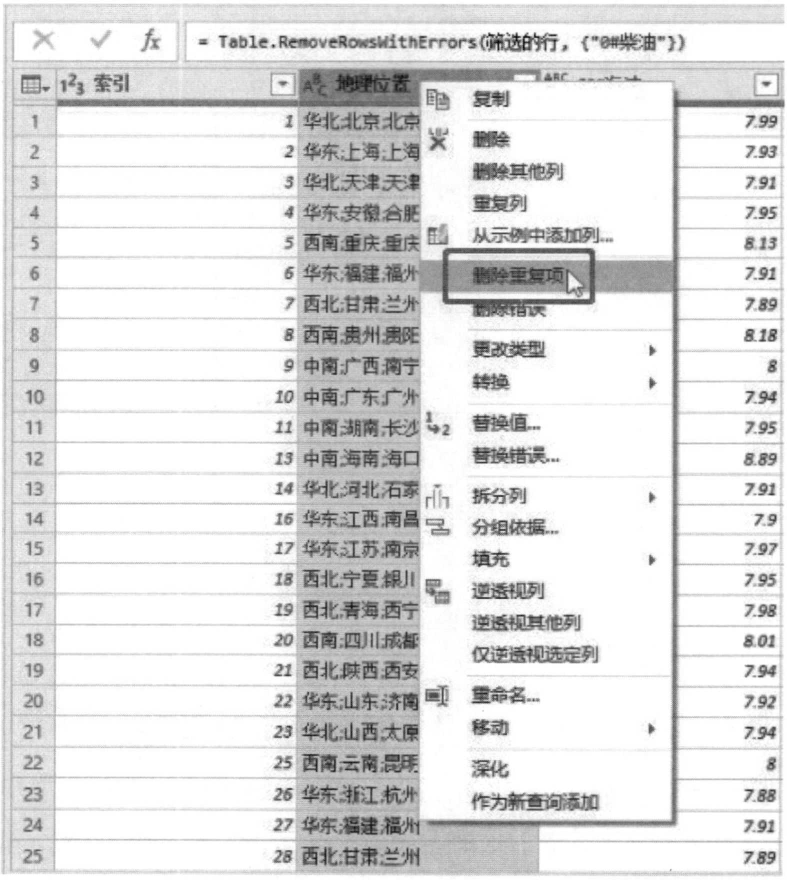

图 15－22　以地理位置为判断依据删除重复数据行

（五）提升/降低标题

在 Excel 中的数据，往往会将第一行作为标题，正文或者数据从第二行才开始。在我们使用 Power Query 连接 Excel 数据源时，通常情况下，Power Query 会自动完成第一行作为标题这一步骤。如果没有自动完成的话，则会需要我们手动进行提升标题的动作，将第一行数据用作标题。同样，我们也可以单击“将第一行用作标题”旁的小箭头，选择“将标题作为第一行”达到降低标题的效果（见图 15－23）。

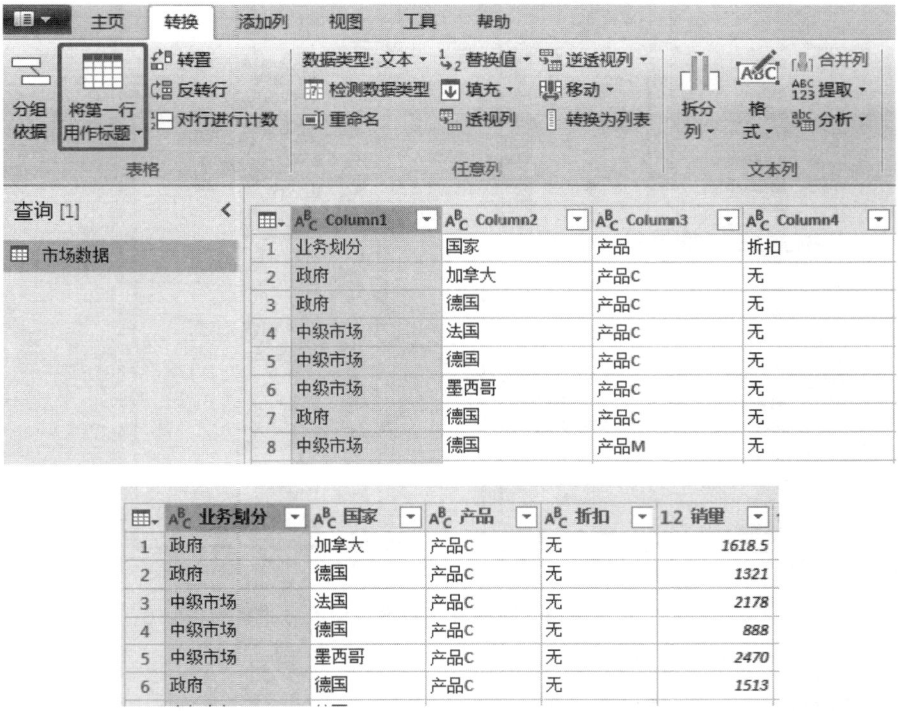

图 15 - 23 将 Excel 文件第一行设置为标题

(六) 更改数据类型

错误的数据类型可能会在数据分析的过程中导致难以预料的问题，例如，文本格式的数字无法与数字格式的数字进行计算；百分比格式下的数据与数字格式的数值相差百倍。这些问题都是因为数据格式设置而经常导致发生的错误。

我们可以通过右键选择标题——更改类型，来选择适当的数据格式，或者直接点击标题上的数据类型图标进行修改（见图 15 - 24）。

(七) 分组

分组功能可按照指定维度对数据进行求和、平均、计数等计算功能。例如，我们要对公司经营数据进行分析，统计每个国家的销量总和，选择“转换”功能区“分组依据”，以“国家”为分组依据，进行对“销量”的求和操作（见图 15 - 25）。

(八) 提取

Power Query 的提取功能可以让我们提取混合数据中的数字、字母和汉字等字符。

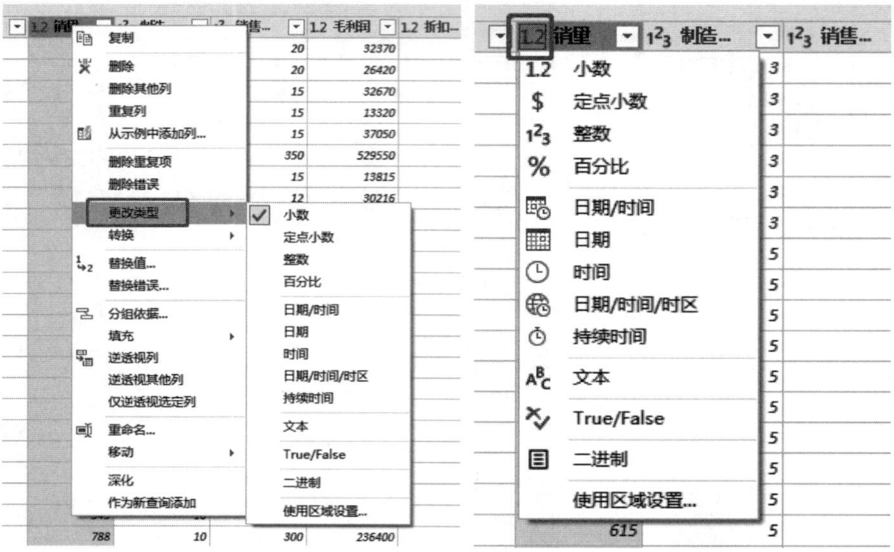

图 15 – 24　两种更改数据类型的方式

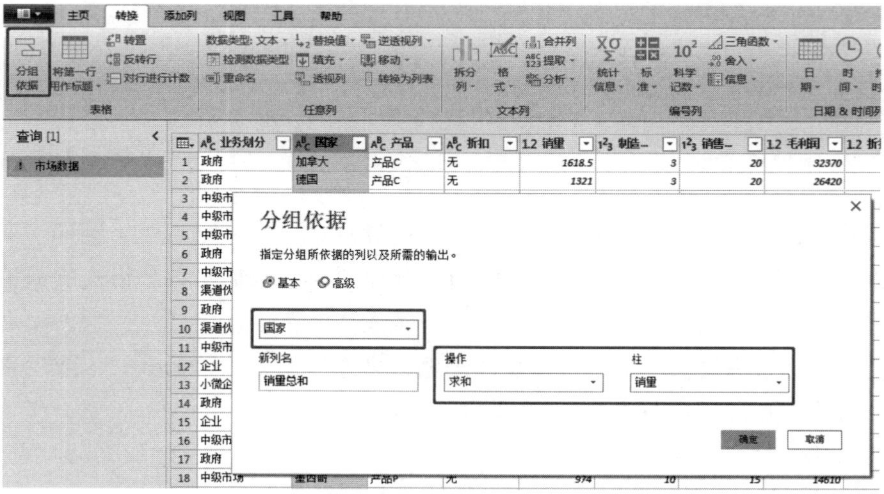

	国家	销量总和
1	加拿大	247428.5
2	德国	201494
3	法国	240931
4	墨西哥	203325
5	美国	232627.5

图 15 – 25　以国家维度分组聚合销量

以销售数据中的“产品”这一列为例，为了直接显示产品名称，我们通过范围提取产品名称（见图 15－26）。

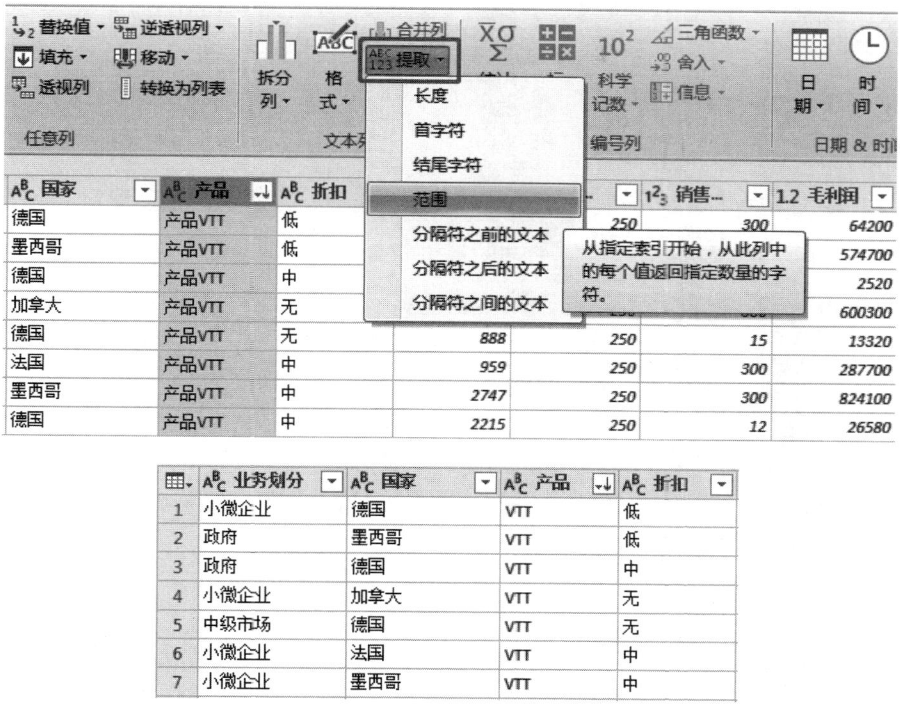

图 15－26　按给定位置范围提取产品名称

（九）行列转置

类似于 Excel 中的行列转换功能，我们可以通过点击 Power Query 中“转换”面板中的“转置”键进行行列与行的互换（见图 15－27）。

（十）透视列与逆透视列

为了更清晰地看到不同维度的数据，我们往往会先进行透视，将一维数据表转换为二维数据表进行分析（见图 15－28）。

同理，在需要分析细分数据的情况时，我们会将二维数据表转换为一维数据表，在 Power Query 中，通过逆透视功能可以实现这一需求（见图 15－29）。

（十一）添加列

1. 添加示例中的列：Power Query 中的智能填充功能，可从所有列和所选内容两种

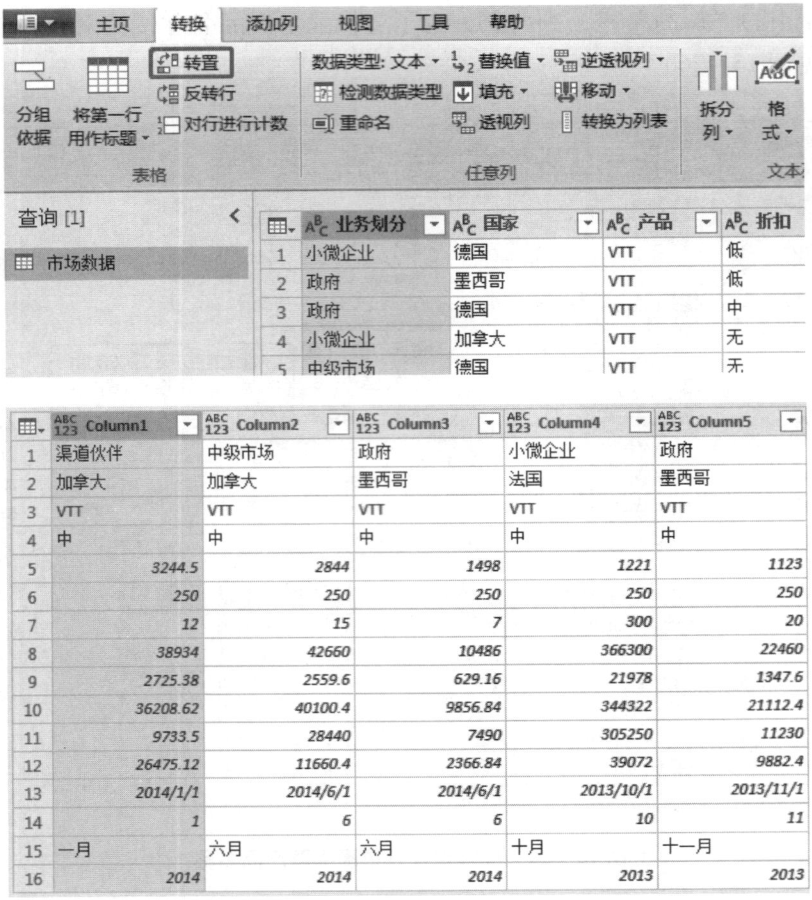

	业务划分	国家	产品	折扣
1	小微企业	德国	VTT	低
2	政府	墨西哥	VTT	低
3	政府	德国	VTT	中
4	小微企业	加拿大	VTT	无
5	中级市场	德国	VTT	无

	Column1	Column2	Column3	Column4	Column5
1	渠道伙伴	中级市场	政府	小微企业	政府
2	加拿大	加拿大	墨西哥	法国	墨西哥
3	VTT	VTT	VTT	VTT	VTT
4	中	中	中	中	中
5	3244.5	2844	1498	1221	1123
6	250	250	250	250	250
7	12	15	7	300	20
8	38934	42660	10486	366300	22460
9	2725.38	2559.6	629.16	21978	1347.6
10	36208.62	40100.4	9856.84	344322	21112.4
11	9733.5	28440	7490	305250	11230
12	26475.12	11660.4	2366.84	39072	9882.4
13	2014/1/1	2014/6/1	2014/6/1	2013/10/1	2013/11/1
14	1	6	6	10	11
15	一月	六月	六月	十月	十一月
16	2014	2014	2014	2013	2013

图 15－27 Power Query 行列转换

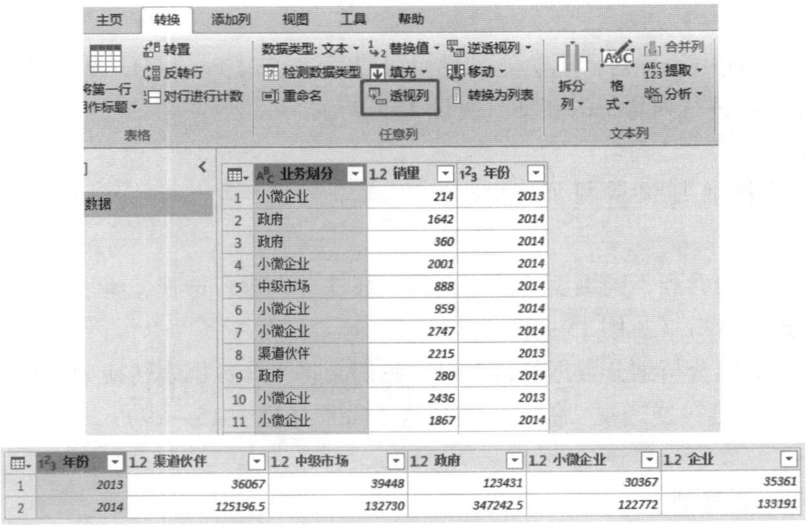

	业务划分	销量	年份
1	小微企业	214	2013
2	政府	1642	2014
3	政府	360	2014
4	小微企业	2001	2014
5	中级市场	888	2014
6	小微企业	959	2014
7	小微企业	2747	2014
8	渠道伙伴	2215	2013
9	政府	280	2014
10	小微企业	2436	2013
11	小微企业	1867	2014

	年份	渠道伙伴	中级市场	政府	小微企业	企业
1	2013	36067	39448	123431	30367	35361
2	2014	125196.5	132730	347242.5	122772	133191

图 15－28 通过透视转换一维数据表到二维数据表

年份	月份	渠道伙伴	中级市场	政府	小微企业	企业
2013	9	10204	7265	21408	6014	5710
2013	10	10032	16080	51194	8984	9332
2013	11	9457	7269	28475	9505	10775
2013	12	6374	8834	22354	5864	9544
2014	1	11753.5	8478.5	29484.5	10174.5	7944.5
2014	2	7503	7425	21084	11210	7893
2014	3	6691	8280	21673	7716	9060
2014	4	11966	12228	30069.5	10898	13725
2014	5	8322	6653	20400	7857	8539
2014	6	15420	21894	43966	11364	10658
2014	7	8759	9837.5	24611.5	11524.5	14616.5
2014	8	10197	10585	21904	8794	9225
2014	9	8205	7824	26658	7570	7023
2014	10	12968	14302	46600	14508	17104
2014	11	10418	9513	18526	9104	8089
2014	12	12994	15710	42266	12052	19314

	年份	月份	属性	值
1	2013	9	渠道伙伴	10204
2	2013	9	中级市场	7265
3	2013	9	政府	21408
4	2013	9	小微企业	6014
5	2013	9	企业	5710
6	2013	10	渠道伙伴	10032
7	2013	10	中级市场	16080
8	2013	10	政府	51194
9	2013	10	小微企业	8984
10	2013	10	企业	9332
11	2013	11	渠道伙伴	9457
12	2013	11	中级市场	7269
13	2013	11	政府	28475
14	2013	11	小微企业	9505
15	2013	11	企业	10775
16	2013	12	渠道伙伴	6374

图 15－29　通过逆透视转换二维数据表到一维数据表

方式分析。对于未明确添加内容的部分，Power Query 会智能提供计算模式供选择。只要在新增加的列中输入前几行数据，系统会自动根据示例填充余下行中的数据（见图15－30）。

2. 添加自定义列：对于需要计算的字段，可直接单击右侧的字段名引用（见图15－31）。

3. 添加条件列：可对字段值进行条件语句判断，输出给定值（见图 15－32）。

4. 添加索引列：给每一行数据添加索引可以记录它们所在的位置，增加我们检索数据的效率。索引既可以从 0 开始，也可以从 1 开始（见图 15－33）。

5. 添加重复列：顾名思义，添加重复列就是对选定数据列的复制，可以让我们在不改变原有数据的基础上对数据进行处理与变更（见图 15－34）。

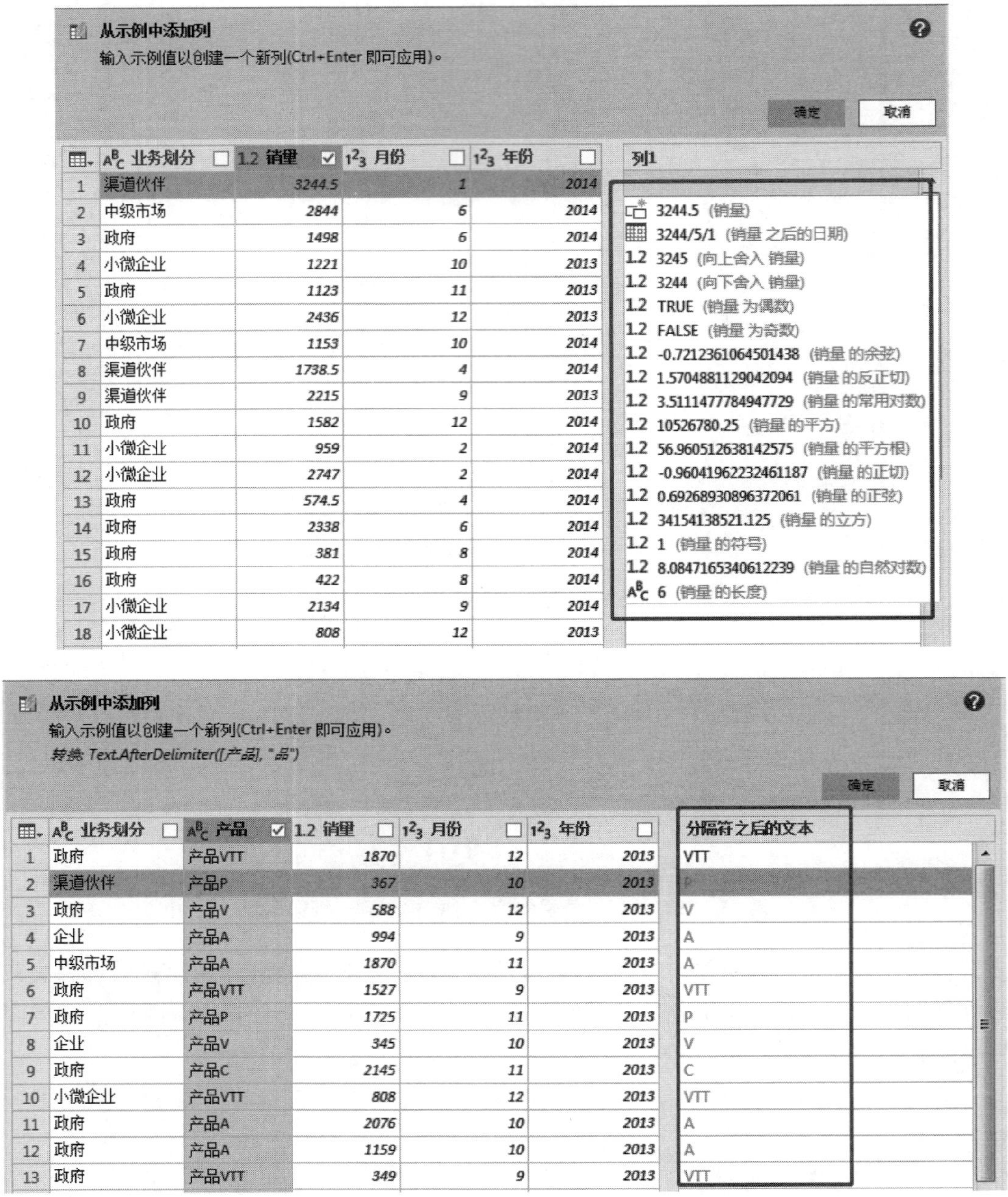

图 15－30　智能填充添加列

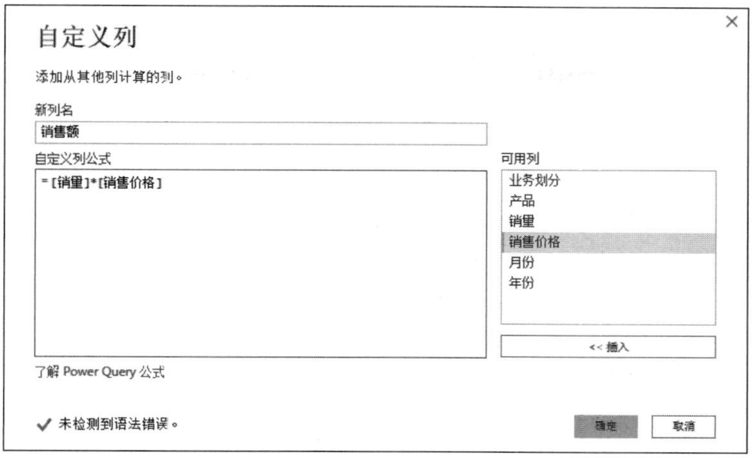

	业务...	产品	销量	销售价格	月份	年份	销售额
1	政府	产品P	2992	20	10	2013	59840
2	政府	产品C	1016	7	11	2013	7112
3	政府	产品V	344	350	10	2013	120400
4	政府	产品VTT	2297	20	11	2013	45940
5	企业	产品V	345	125	10	2013	43125
6	渠道伙伴	产品A	306	12	12	2013	3672
7	中级市场	产品P	1514	15	10	2013	22710
8	企业	产品A	947	125	9	2013	118375
9	政府	产品C	1834	20	9	2013	36680
10	小微企业	产品V	2605	300	11	2013	781500

图 15－31　自定义列公式添加列

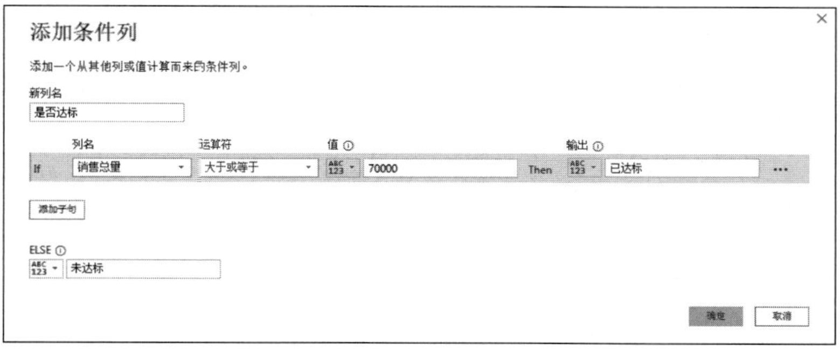

	月份	年份	政府	企业	中级...	渠道...	小微...	销售总量	是否达标
1	9	2013	21408	5710	7265	10204	6014	50601	未达标
2	10	2013	51194	9332	16080	10032	8984	95622	已达标
3	11	2013	28475	10775	7269	9457	9505	65481	未达标
4	12	2013	22354	9544	8834	6374	5864	52970	未达标
5	1	2014	29484.5	7944.5	8478.5	11753.5	10174.5	67835.5	未达标
6	2	2014	21084	7893	7425	7503	11210	55115	未达标
7	3	2014	21673	9060	8280	6691	7716	53420	未达标
8	4	2014	30069.5	13725	12228	11966	10898	78886.5	已达标
9	5	2014	20400	8539	6653	8322	7857	51771	未达标
10	6	2014	43966	10658	21894	15420	11364	103302	已达标
11	7	2014	24611.5	14616.5	9837.5	8759	11524.5	69349	未达标
12	8	2014	21904	9225	10585	10197	8794	60705	未达标
13	9	2014	26658	7023	7824	8205	7570	57280	未达标
14	10	2014	46600	17104	14302	12968	14508	105482	已达标
15	11	2014	18526	8089	9513	10418	9104	55650	未达标
16	12	2014	42266	19314	15710	12994	12052	102336	已达标

图 15－32　设置判断条件添加列

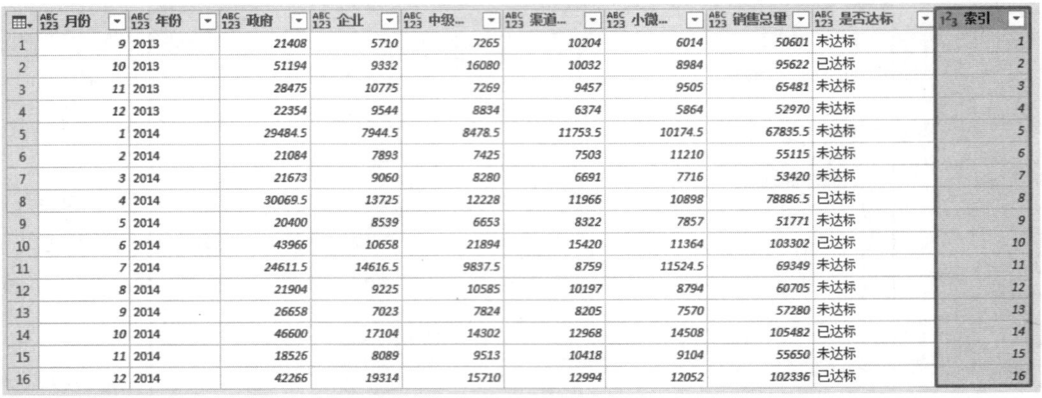

	月份	年份	政府	企业	中级...	渠道...	小微...	销售总量	是否达标	索引
1	9	2013	21408	5710	7265	10204	6014	50601	未达标	1
2	10	2013	51194	9332	16080	10032	8984	95622	已达标	2
3	11	2013	28475	10775	7269	9457	9505	65481	未达标	3
4	12	2013	22354	9544	8834	6374	5864	52970	未达标	4
5	1	2014	29484.5	7944.5	8478.5	11753.5	10174.5	67835.5	未达标	5
6	2	2014	21084	7893	7425	7503	11210	55115	未达标	6
7	3	2014	21673	9060	8280	6691	7716	53420	未达标	7
8	4	2014	30069.5	13725	12228	11966	10898	78886.5	已达标	8
9	5	2014	20400	8539	6653	8322	7857	51771	未达标	9
10	6	2014	43966	10658	21894	15420	11364	103302	已达标	10
11	7	2014	24611.5	14616.5	9837.5	8759	11524.5	69349	未达标	11
12	8	2014	21904	9225	10585	10197	8794	60705	未达标	12
13	9	2014	26658	7023	7824	8205	7570	57280	未达标	13
14	10	2014	46600	17104	14302	12968	14508	105482	已达标	14
15	11	2014	18526	8089	9513	10418	9104	55650	未达标	15
16	12	2014	42266	19314	15710	12994	12052	102336	已达标	16

图 15－33　添加索引列

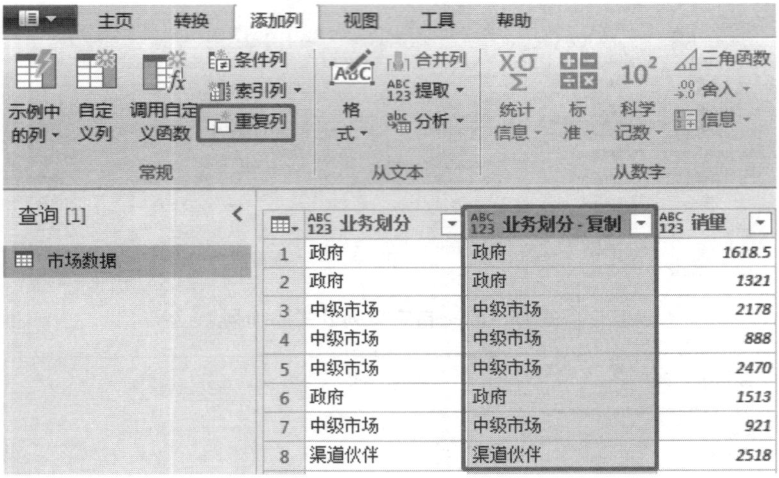

图 15－34　复制选定数据列

（十二）追加查询

追加操作会创造一个新的数据记录，其中包含现有数据记录中的所有行，在最后一行下方新添第二个数据记录中的所有行。追加查询最少需要两个数据记录来完成，这两个或多个数据记录可以基于不同的外部数据源（见图 15－35）。

（十三）合并查询

如果我们将追加查询理解为纵向添加，合并查询则是横向添加数据和信息。合并查询基于两个现有的数据记录，一个包括主表中的所有列，其中一列作为与辅助表关联的关系列，按照这一列中的字段匹配记录，将辅助表中的数据添加至主表中。在下面这个

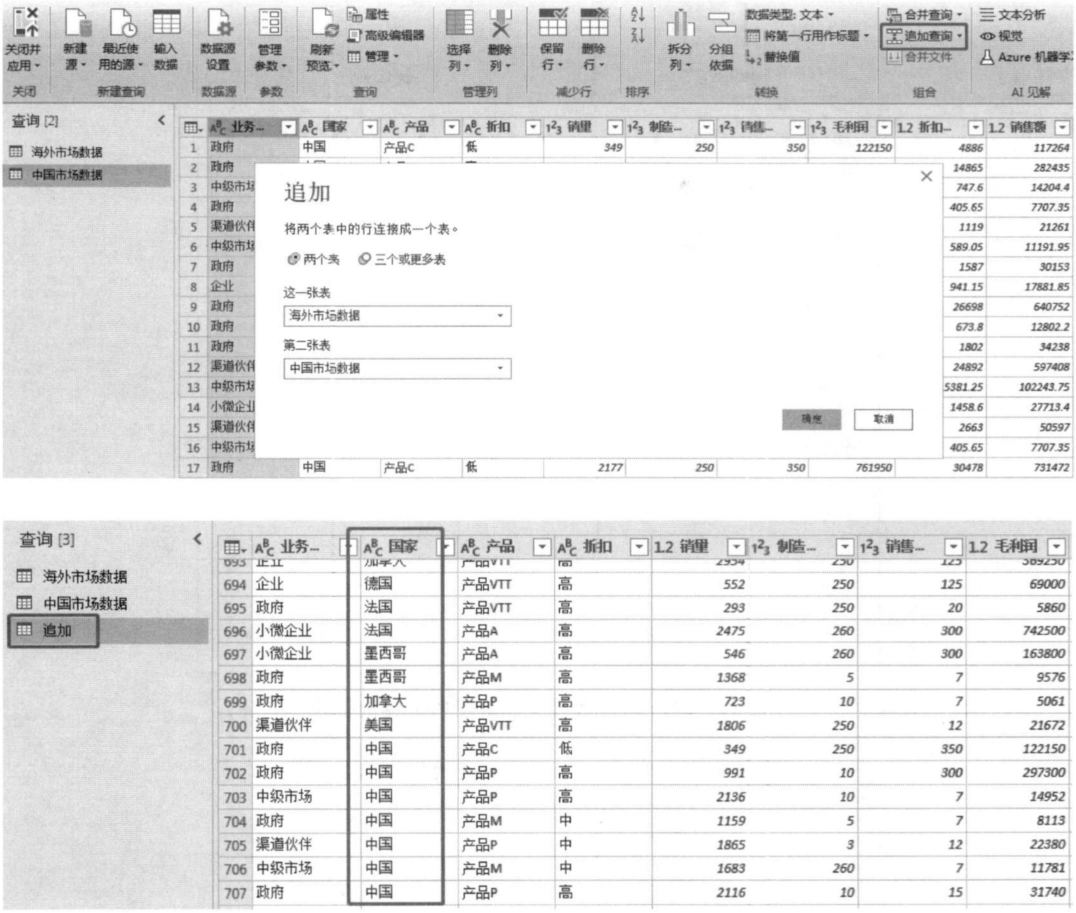

图 15－35　通过追加查询链接多个查询报表

例子中，我们将订单号作为链接“海外市场数据”与“海外订单信息”的关系列合并这两个查询数据（见图 15－36）。

合并完成后，在主表数据的最右侧可以看到新增的订单信息数据，通过单击展开键，可以看到我们每一单合同签署的业务员名称就成功添加进了新的合并查询（见图 15－37）。

这里值得一提的是，Power Query 合并查询默认的联接操作是内部联接，但从“联接种类”列表中，可以选择不同的联接操作：

1. 内部联接：仅引入主表和相关表中的匹配行。
2. 左外部联接：保留主表中的所有行，并引入相关表中的任何匹配行。
3. 右外部联接：保留相关表中的所有行，并引入主表中的任何匹配行。
4. 完全外部：引入主表和相关表中的所有行。
5. 左反联接：仅引入主表中没有相关表中的任何匹配行的行。
6. 右反联接：仅引入相关表中没有主表中任何匹配行的行。

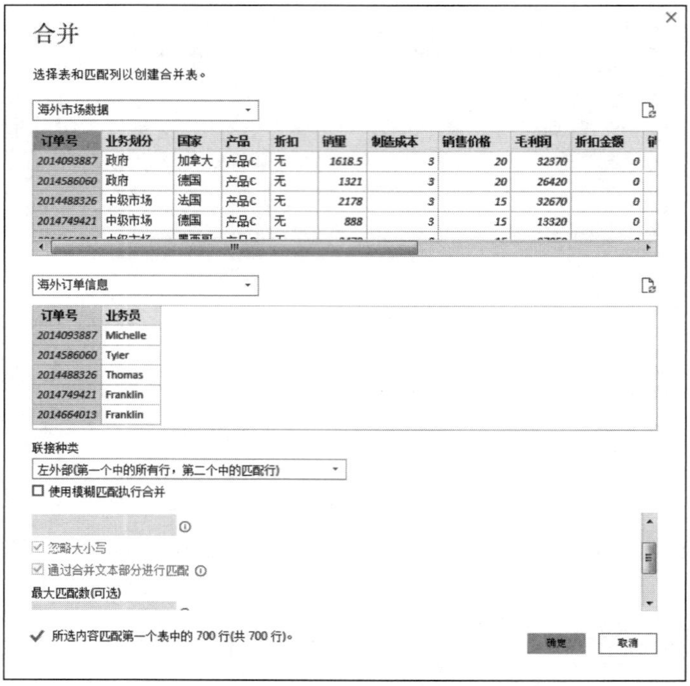

图 15－36　通过合并查询链接多个查询报表

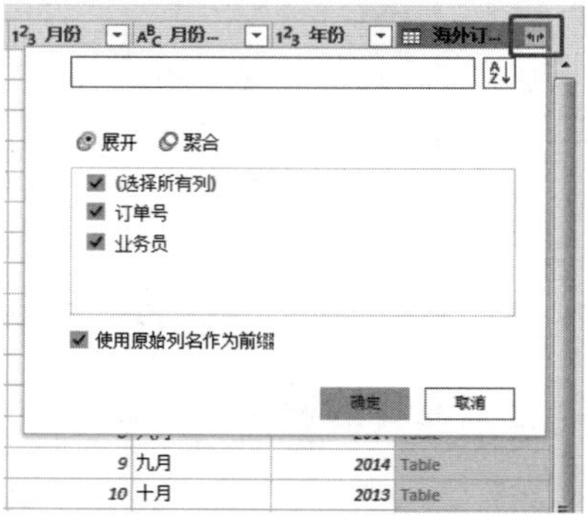

	订单号	海外订单信息.业务员	业务...	国家	产品	折扣	销量	制造...
1	2014093887	Michelle	政府	加拿大	产品C	无	1618.5	3
2	2014586060	Tyler	政府	德国	产品C	无	1321	3
3	2014488326	Thomas	中级市场	法国	产品C	无	2178	3
4	2014749421	Franklin	中级市场	德国	产品C	无	888	3
5	2014664013	Franklin	中级市场	墨西哥	产品C	无	2470	3
6	2014237756	Asher	政府	德国	产品C	无	1513	3
7	2014686534	John	中级市场	德国	产品M	无	921	5
8	2014651639	Brooks	渠道伙伴	加拿大	产品M	无	2518	5
9	2014489774	John	政府	法国	产品M	无	1899	5
10	2014096236	Thomas	渠道伙伴	德国	产品M	无	1545	5
11	2014091151	Thomas	中级市场	墨西哥	产品M	无	2470	5
12	2014560905	Derrick	企业	加拿大	产品M	无	2665.5	5
13	2014048402	Franklin	小微企业	墨西哥	产品M	无	958	5
14	2014454024	Derrick	政府	德国	产品M	无	2146	5
15	2013046980	Franklin	企业	加拿大	产品M	无	345	5
16	2014783889	Franklin	中级市场	美国	产品M	无	615	5
17	2014095598	Asher	政府	加拿大	产品P	无	292	10

图 15－37　展开新添加数据信息

第三节 Power BI 与数据建模

一、Power BI 数据建模的基本概念

提到数据建模，读者可能首先想到的是一个烦琐复杂的过程，我们不妨暂时先抛开这个印象，从商业数据的角度来理解数据建模的概念。简单来说，数据建模是一系列创建数据流图表的步骤，为了满足业务数据的理解和数据分析的需要，在多个表之间建立合适的关系。一个好的数据模型是商业数据分析的基础，但这个基础离不开对商业信息和业务逻辑的了解。

作为一款上手简易的数据分析工具，Power BI 的设计初衷避免了抽象的表述逻辑，而通过直观的拖拽方式让用户能够快速生成酷炫的报表视图。但在复杂的业务逻辑面前，用户往往需要调用来自不同渠道、不同类型的数据源以完成对全局数据的分析。如何理解这些表之间、字段之间的互联关系，从而建立高效、准确的分析模式，这也是学习数据建模的各种概念的必要之处。

熟悉 Excel 的读者一定知道，Excel 中的透视功能能从单个表中获取数据，如果想要对多张表的数据做集中处理，得先使用 Hlookup 或 Vlookup 进行数据合并，然后再进行透视操作。这样的处理步骤固然能达成最终的结果，但在面临庞大的数据量和许多数据维度时，效率上就会大打折扣。

Power BI 恰好能在此解决这一问题，Power BI 的优势在于可以同时整合和处理多种数据来源和多个 Excel 表格的数据，并从不同的数据维度和逻辑思路来展开数据分析。当然，这么强大的功能也有一个前提，那就是我们必须先通过数据建模设定好这些不同数据表之间的关联。为了做到这一点，了解构成数据建模的基本要素和相关概念，例如，不同类型的表、关系、字段、度量值等，成为必不可少的关键一步。

（一）维度表与事实表

这里，我们引用多维数据库中的定义来理解维度表与事实表的区别。维度表，又名为维表、查找表。维度表表示进行数据分析时所需要使用的一个量。例如，我们分析一家企业的市场销售数据，可以按区域分析，生成一个区域维度表，包含所有不重复的区域的销售数据。我们亦可按产品分析，生成一个产品维度表，包含所有不重复产品类型的销售数据。这样的“按…分析”的模式就构成了我们观察数据的维度。另外，每一个维度下还可以有各自的子维度，就像区域下可划分不同的国家、产品类型下会有不同的产品名称一样。

事实表，又名明细表。我们一般将保存度量值的详细值或记录事实的表称为事实表。事实表的一大特点是包含大量的行，并且每个数据行中都包含数字数据可用来汇总。我们也可将事实表理解为对业务数据的结果记录表，如市场销售活动中所产生的订单/合同，每一笔订单/合同的确认都会作为业务事实记录在事实表中。

（二）一维表与二维表

一维表指的是每一列都具有相互独立属性的表，每一列都是一个独立的维度，每列的列名代表了这一列数值所具有的共同属性。直观上来看，一维表只有列标题，没有行标题（见图 15－38）。

季度	产业	国内生产总值(GDP)
2022年第1-2季度	第一产业	29,137
2022年第1季度	第一产业	10,954
2021年第1-4季度	第一产业	83,086
2021年第1-3季度	第一产业	51,613
2021年第1-2季度	第一产业	28,513
2022年第1-2季度	第二产业	228,636
2022年第1季度	第二产业	106,187
2021年第1-4季度	第二产业	450,905
2021年第1-3季度	第二产业	320,255
2021年第1-2季度	第二产业	206,733
2022年第1-2季度	第三产业	304,868
2022年第1季度	第三产业	153,037
2021年第1-4季度	第三产业	609,680
2021年第1-3季度	第三产业	447,564
2021年第1-2季度	第三产业	294,267

图 15－38　分产业国内生产总值 GDP 数据（一维表）

二维表更符合我们的阅读习惯，我们在 Excel 的使用中常见的也是二维表。二维表既有行标题，也有列标题，我们可以根据行号与列号确定一个表中的数据值（见图 15－39）。

季度	第一产业	第二产业	第三产业
2022年第1-2季度	29,137	228,636	304,868
2022年第1季度	10,954	106,187	153,037
2021年第1-4季度	83,086	450,905	609,680
2021年第1-3季度	51,613	320,255	447,564
2021年第1-2季度	28,513	206,733	294,267

图 15－39　分产业国内生产总值 GDP 数据（二维表）

（三）表与表之间的三种关系

表与表之间存在三种连接关系，即一对一、一对多、多对多关系。

1. 在一对一的关系中，两张表关系列中的数值都是唯一的。例如，企业的每个员工都有自己的工号，每个工号对应唯一一名公司员工。

2. 一对多的表关系是最常见的，在这种关系中，其中一表的关系列具有重复值，而另一表的关系列中都为单一值。例如，公司每名业务员所负责的订单。一名业务员可以管理多笔订单，但每笔订单有且只有唯一的负责人。

3. 多对多的表关系则较为复杂，在多对多的关系中，两张表中的关系列中均有重复值。例如，每名业务员都会销售多种产品，而每一类产品又由多名业务员在销售。

（四）字段

在 Power BI 的使用范围里，字段往往作为表的一列出现，表的字段名是列名。在字段的设置过程中，我们需要重点注意的是字段的数据类型，它分为以下五类。

1. 数字类型：Power BI Desktop 支持 3 种数字类型：十进制数、定点十进制数和整数。

• 十进制数：表示 64 位（八字节）浮点数，是最常见的数字类型。十进制数不仅可以处理带小数位的数字，还可以处理整数。例如，24、－24.05 和 24.05210834 等都是有效的十进制数。

• 定点十进制数：具有固定小数分隔符位置的十进制数，小数分隔符右侧四位数之后的数字会被截断。例如，24.0521。

• 整数：表示 64 位（八字节）整数值，小数位右侧没有数字。

2. 日期/时间类型：Power BI Desktop 在查询视图中支持五种日期/时间数据类型。

• 日期/时间：表示日期和时间值。支持 1900 年到 9999 年之间的日期。

• 日期：仅表示日期（没有时间部分）。

• 时间：仅表示时间（没有日期部分）。

• 日期/时间/时区：表示带时区偏移量的 UTC 日期/时间。Power BI 模型不会根据用户的位置或区域设置等调整时区。如果在美国将值 09：00 加载到模型中，则无论在何时区打开或查看报表，它都将显示为 09：00。

• 持续时间：表示时间的长度。与十进制数类型相同，可将其添加到日期/时间字段，或从日期/时间字段中减去。

3. 文本类型：Unicode 字符数据字符串。可以是字符串、数字或文本格式表示的日期。

4. 布尔：为 True 或 False 值。

5. 空白/Null 类型：我们可以理解 Power BI Desktop 中的空白值为 DAX 中表示和替代 SQL Null 的数据类型。我们可以使用 BLANK 函数创建空白，并使用 ISBLANK 逻辑函数对其进行测试。

（五）计算列

计算列并不源自于原始的数据源，而是在数据模型的编辑步骤中使用 DAX 创建的新列，每行的值通过 DAX 公式计算获得。在 Power BI Desktop 中，我们可以通过点击“报表”视图中的“新建列”功能创建计算列（见图 15－40）。

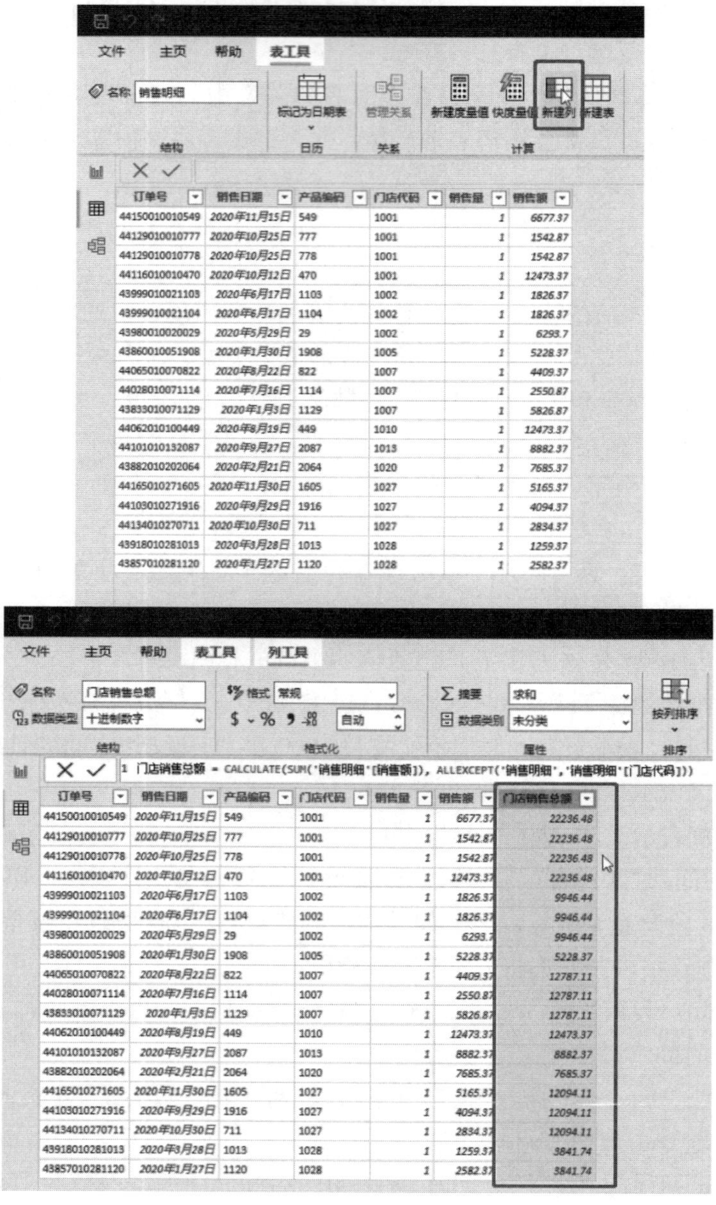

图 15－40　创建新计算列

（六）维度与度量值

维度包含定量值（例如，名称、日期或地理数据）。我们可以使用维度进行分类、分段以及体现数据中的详细信息。换句话来说，维度是看待数据的角度，它所描述的是不同的属性或者特征。以我们的“市场数据”为例，这里的“业务划分”“国家”“产品”就是维度。

度量值包含可以测量的数字定量值以及对分析对象的统计值，如“毛利润”“销量”“销售额”等。度量值中的公式是使用 DAX 建立的，它既可以通过 Power BI Desktop 中自动求和功能自动创建标准聚合函数（如 COUNT 或 SUM），也可以通过 DAX 公式栏来定义自己的公式。度量值的计算是动态的，也就是说，度量值的结果会根据上下文更改。与计算列不同，度量值的语法包括公式前面的度量值名称。

在使用计算列的方式执行计算时，公式的运行环境，也就是接下来会提到的上下文环境是确定的。计算列在写好代码后，数据会根据计算列中的公式计算，并且不受外部筛选器的影响。而当使用度量值编写公式时，并没有给出一个明确的上下文环境给出，甚至在保存好编写的度量值后，这个度量值都不会开始执行给与它的计算任务，它会处于一个“休眠”的状态，直到将它放入上下文环境中，才会激活开始执行不同的计算并返回结果（见图 15－41）。

（七）上下文（Context）

上下文是在创建 DAX 公式时需要了解的重要概念。上下文的概念普遍存在于各种编程语言之中，概括而言，它代表了函数、进程、变量在执行的过程中所处的外部环境。在 Power BI 中，因为公式的计算结果会根据当前所选择的相关数据发生更改，所以我们可以根据上下文的变化执行动态分析。上下文主要分为三种：行上下文、查询上下文和筛选上下文。

1. 行上下文：我们可以将行上下文理解为当前行。例如，在运行某一计算列的公式时，这时行上下文即来自当前记录行中的所有列的值。

2. 查询上下文：查询上下文是指为公式隐式检索的数据子集。例如，当我们在报表中添加度量值或字段时，Power BI 将自动查询行标题、列标题、切片器和报表筛选器以确定上下文，接着运行查询获取正确的结果来填充报表。

3. 筛选上下文：通过公式中的筛选表达式或者报表筛选器所获得的一组数据值。

二、数据分析表达式（DAX）

根据微软的定义，数据分析表达式（DAX）是在 Analysis Services、Power BI 以及

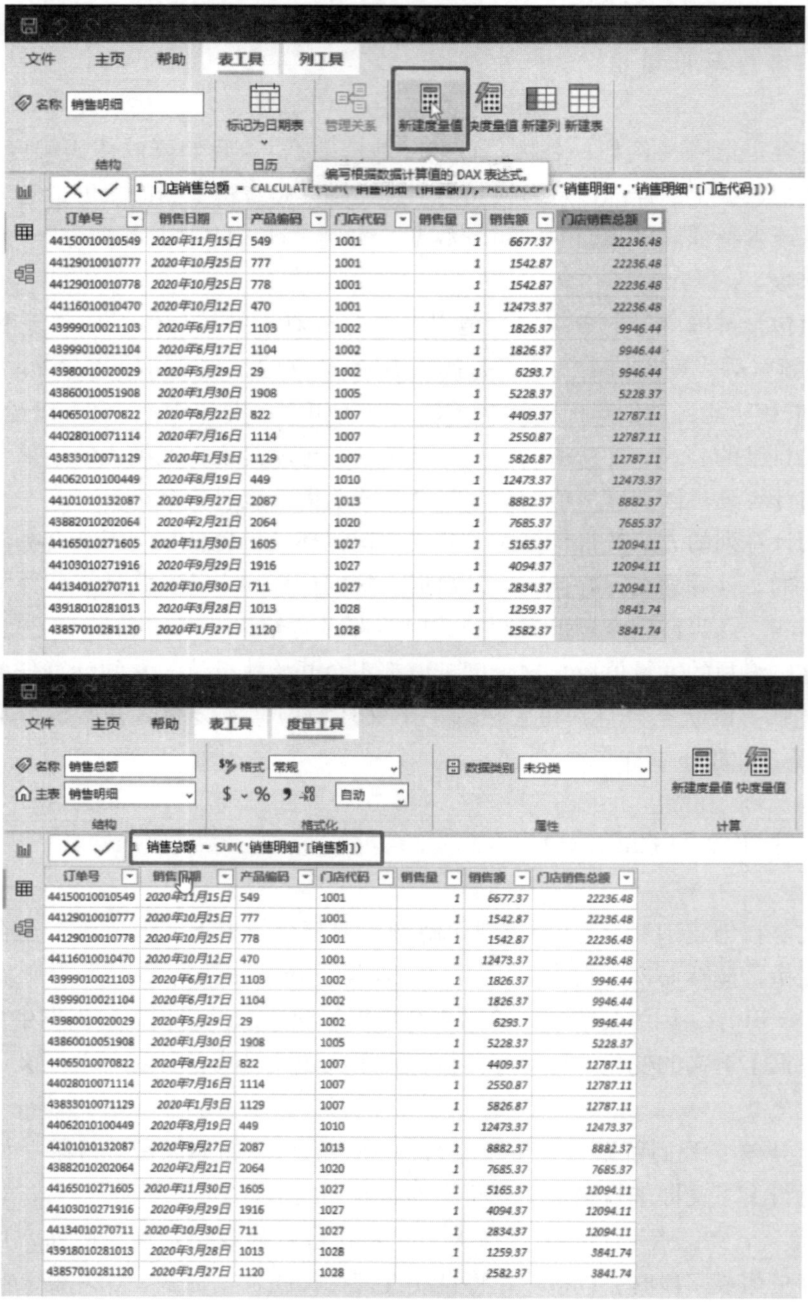

图 15－41　创建新度量值

Excel 中的 Power Pivot 使用的公式表达式语言。顾名思义，从数据分析层面认识和使用 DAX 会更有助于我们对它的掌握，而 DAX 的强大应用功能也会促进我们以更高的效率完成数据分析过程中所需要进行的查询、筛选、运算动作。

DAX 公式包括函数、运算符和值，用于对表格数据模型中相关表和列的计算与查询。与计算机科学中主流的 Java、C/C++、Python 不同，DAX 通过公式完成指定的计算任务。对于熟悉 Excel 的用户而言，DAX 与 Excel 公式十分相似，而且大多数函数表达都是通用的。

（一）DAX 语法规则

1. DAX 公式始终以等号（=）开头。在等号后，可提供计算为标量的任何表达式，也可提供能转换为标量的表达式。

2. 公式前我们既可以输入一个表达式，也可以输入或者选择所需用的函数名称。

3. 函数后需紧接双括号，左右括号内提供的不同参数之间用逗号隔开。

4. 表名用单引号‘ ’引起来，如‘订单表’指定“订单”表。

5. 列字段用中括号 [ ] 括起来，如‘订单表’[订单号] 指定“订单”表中的“订单号”列。

6. 度量值用中括号 [ ] 括起来，如 [年度累计设备销售额] + [年度累计服务销售额]。

7. 为了便于阅读代码时在 DAX 中区分列字段和度量值，我们默认列字段始终跟随表名一同出现，如‘订单表’[订单号] 来表达“订单号”列是“订单”表中的一部分，而在表述度量值时则不需要带表名。

（二）DAX 函数

函数是表达式中的命名公式。函数的运行需要包含必须和可选的实参（又称为形参）作为输入，进而在执行后返回值。DAX 函数与大部分 Excel 函数相似，但在以下几个方面存在显著的不同。

1. DAX 函数需要引用完整的列或表，而非 Excel 中可选定某个特定值。如果仅需要使用列或表中的特定值，可通过在公式中添加筛选器的方式实现。

2. DAX 包含的大多数函数都会返回表而不是返回值。例如，我们可以对一张表中的非重复值进行计数，或者计算多个列或者表的动态总和。

3. 在 DAX 中，我们可以使用当前行值或相关值作为参数来完成逐行自定义计算。

常用的 DAX 函数有以下几类。

1. 聚合函数：聚合函数计算由表达式所指向的列或表中所有行的值，例如计数、求和、平均值、最小值或最大值。

- AVERAGE(<column>)：采用指定列作为参数，并输出该列中所有值的平均值。
- AVERAGEX(<table>, <expression>)：为表的每一行计算表达式，然后获取结果值集并计算其算术平均值。

- COUNT(<column>)：对包含数字、日期、或字符串类型的值的行进行计数。
- COUNTX(<table>, <expression>)：循环访问指定表的每一行，然后按指定的列或者表达式进行计数。
- SUM(<column>)：对指定列进行求和。
- SUMX(<table>, <expression>)：仅返回指定表中的指定列或者表达式之和。
- MIN(<column>) 或 MIN(<expression1>, <expression2>)：返回列中或两个标量表达式之间的最小值。
- MINX(<table>, <expression>)：返回对表中每一行的表达式进行计算而得出的结果的最小值。
- MAX(<column>) 或 MAX(<expression1>, <expression2>)：返回列中或两个标量表达式之间的最大值。
- MAXX(<table>, <expression>)：为表的每一行计算表达式，并返回最大值。

通过以上几个聚合函数我们可以看出，DAX 的基本聚合函数的功能与 Excel 相类似。但不同的是，在某一些函数后添加“X”，可以实现对表中的行执行循环计算。这两者间的实质区别我们将在下一章里通过案例详细阐明。

2. 筛选器函数：DAX 中的筛选器函数复杂而又强大，并且与 Excel 函数存在很大的差别。结合我们之前介绍的上下文对动态计算的影响，筛选器函数可用于操作数据的上下文来创建不同的动态计算。

- ALL([<table> | <column> [, <column> [, <column> [, …]]]])：我们在针对表中的所有行执行行计算或者筛选器清楚动作时，使用 ALL 函数最为有效。ALL 函数返回表中的所有行或列中的所有值，同时忽略可能已应用的任何筛选器。
- FILTER(<table>, <filter>)：返回已筛选行的表。
- ALLEXCEPT(<table>, <column> [, <column> [, …]])：保留指定列中的上下文筛选器。
- CALCULATE(<expression> [, <filter1> [, <filter2> [, …]]])：应用指定筛选器执行表达式。CALCULATE 函数在已修改的筛选器上下文中计算表达式，返回作为表达式结果的值。

3. 逻辑函数：用于表达式，执行对表达式的逻辑计算。

- AND(<logical1>, <logical2>)：检查两个逻辑参数是否均为 TRUE，如果两个参数都是 TRUE，则返回 TRUE，否则返回 False。
- IF(<logical_test>, <value_if_true> [, <value_if_false>])：检查条件，如果为 TRUE，则返回一个值，否则返回第二个值。
- NOT(<logical>)：将 FALSE 更改为 TRUE，或者将 TRUE 更改为 FALSE。
- OR(<logical1>, <logical2>)：检查某一个参数是否为 TRUE，如果是，则返回 TRUE。如果两个参数均为 FALSE，此函数则返回 FALSE。

4. 时间智能函数：此函数可按照时间段（日、月、季度、和年）执行对数据的计算。

- PREVIOUSDAY/MONTH/QUARTER/YEAR(< dates >)：返回上一日/月/季度/年。
- NEXTDAY/MONTH/QUARTER/YEAR(< dates >)：返回上一日/月/季度/年。
- TOTALMTD/QTD/YTD(< expression >, < dates > [, < filter >])：当前上下文中该月/季度/年至今的值。
- DATEADD(< dates >, < number_of_intervals >, < interval >)：日期从当前上下文中的日期开始按指定的间隔数向未来推移或者向过去推移。
- SAMEPERIODLASTYEAR(< dates >)：返回当前上下文中前一年的日期列。

5. 文本函数：DAX 语言中的文本处理功能函数。较为常见的文本处理函数如 LEFT、RIGHT、LEN、LOWER、UPPER、REPLACE 等，与 Excel 相差无异。

- EXACT(< text1 >, < text2 >)：比较两个文本字符串，如果它们完全相同，则返回 TRUE，否则返回 FALSE。EXACT 区分大小写，但会忽略格式差异。
- FIND(< find_text >, < within_text > [, [< start_num >][, < NotFoundValue >]])：返回一个文本字符串在另一个文本字符串中的起始位置。FIND 函数区分大小写。
- COMBINEVALUES(< delimiter >, < expression >, < expression > [, < expression >]…)：将两个或更多个文本字符串联接成一个文本字符串。
- UNICODE(< Text >)：返回与文本的首个字符对应的数字代码。

第四节　Power BI 可视化图表

一般而言，数据可视化指的是以图示或图形格式表示的信息和数据。通过使用表格、图形、地图等视觉元素，数据可视化工具可以让我们更为方便地解释和了解数据中的趋势、异常和特定模式。在完成了数据整理和数据建模的工作后，我们接下来要做的就是以可视化的方式让数据分析的结果更易于理解。

一、折线图

为了生成单一序列的折线图，在可视化对象里选择“折线图”，将字段［年份］拖入 x 轴，字段［国内生产总值（GDP）］拖入 y 轴，就可以展现出一幅基础的折线图。当然我们也可以加入“产业”这一维度，在同一图中生成多条折线来分别代表不同的产业类型。将字段［产业］拖入“图例”中，以三种颜色区分的三个产业折线图就完成了。最后为了美观，我们还可以按照自己的偏好调整 xy 轴标题、单位、图例、图标题以及边框等元素，读者可以根据自己的喜好进行设置（见图 15－42）。

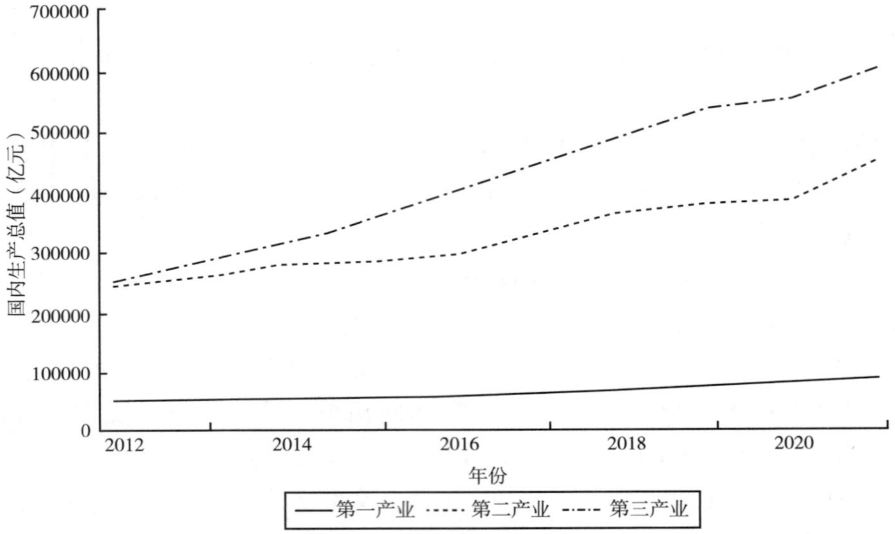

图 15-42　折线图——国内生产总值

二、瀑布图

（一）组成瀑布图

组成瀑布图用来表达构成整体的各个组成部分的比例关系，以一个年度资产负债表的数据为例，看看 Power BI 中的瀑布图是如何生成的。这里我们来尝试呈现“流动资产”这一会计科目金额的组成，在选中瀑布图后，把“三级会计科目”放入“类别”，“金额”放入“y 轴”，然后对“二级会计科目”以及“会计期”两个字段进行适当的筛选，就完成了一个标准的组成瀑布图（见图 15-43）。

（二）变化瀑布图

接下来，我们来看看不同年份中“流动资产”的变化情况，我们使用同样的方式，把“会计期”放入“类别”，把“较上年变化金额”放入“y 轴”，一个变化瀑布图就出来了（见图 15-44）。

三、卡片图

（一）标准卡片图

标准的卡片图十分简单，它只展示一个值，仅需要一个字段就可以生成。因为卡片

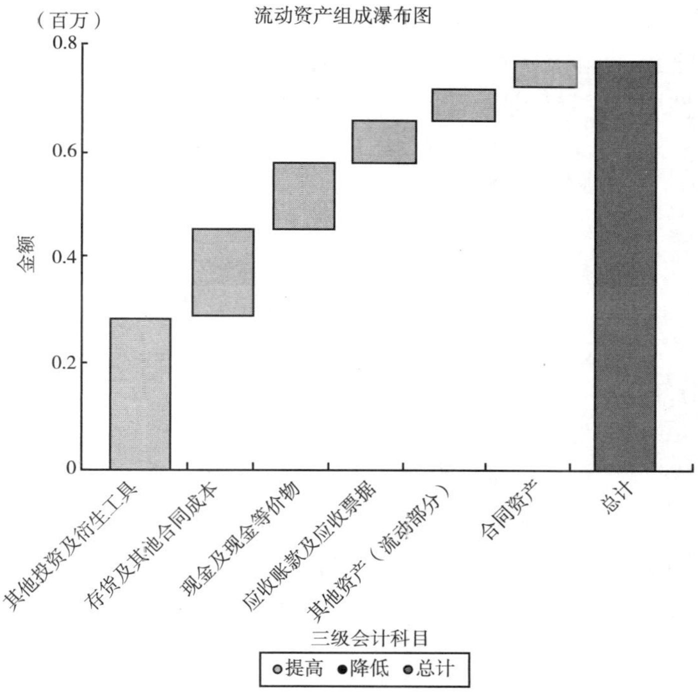

图 15－43　组成瀑布图——流动资产构成

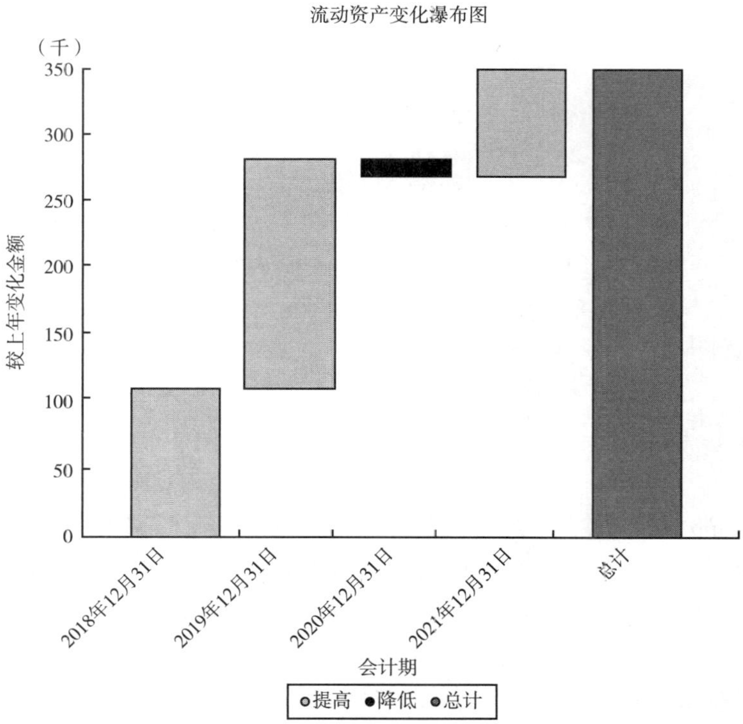

图 15－44　变化瀑布图——流动资产变化

图只能展示一个值，所以当把字段放进去时，它会自动聚合，如数值型字段自动聚合为求和，文本型字段会自动展示第一个文本数据。我们把数据字段“国内生产总值（亿元）”放到卡片图中，它默认是总计的产值，为了看到单个年份的数据，可以添加一个年份的切片器进行筛选展示（见图 15－45）。

1.14百万

国内生产总值（亿元）

图 15－45　标准卡片图——国内生产总值

（二）多行卡

在 Power BI 的默认可视化对象中，在卡片图的旁边还有个“多行卡”选项，其实这个也是卡片图，它可以同时展示多个指标的数据，只要把多个字段拖入该图的字段框即可。在这里我们拖入“国内生产总值（亿元）”和“产业”两个字段，年份选择 2021 年，从这个多行卡片中我们就能从更细的维度看到 114 万亿元 GDP 的产业组成（见图 15－46）。

第一产业
83085.50
国内生产总值（亿元）

第二产业
450904.50
国内生产总值（亿元）

第三产业
609679.70
国内生产总值（亿元）

图 15－46　多行卡片图——国内生产总值

四、树状图

（一）单层树状图

以显示各省份的销售订单数据为例，我们将“省”这一字段放到“类别”中，“销售额”字段放到“值”中，一个单层树状图就出来了。单层树状图通过每个矩形的大小、位置和颜色来区分各个数据之间的权重关系，以及占总体的比例，使人一目了然地看到整个数据。无论如何拖曳，它整体上都保持矩形，读者可以根据画布的空间大小和矩形排列美感选择一个合适的矩形大小（见图 15－47）。

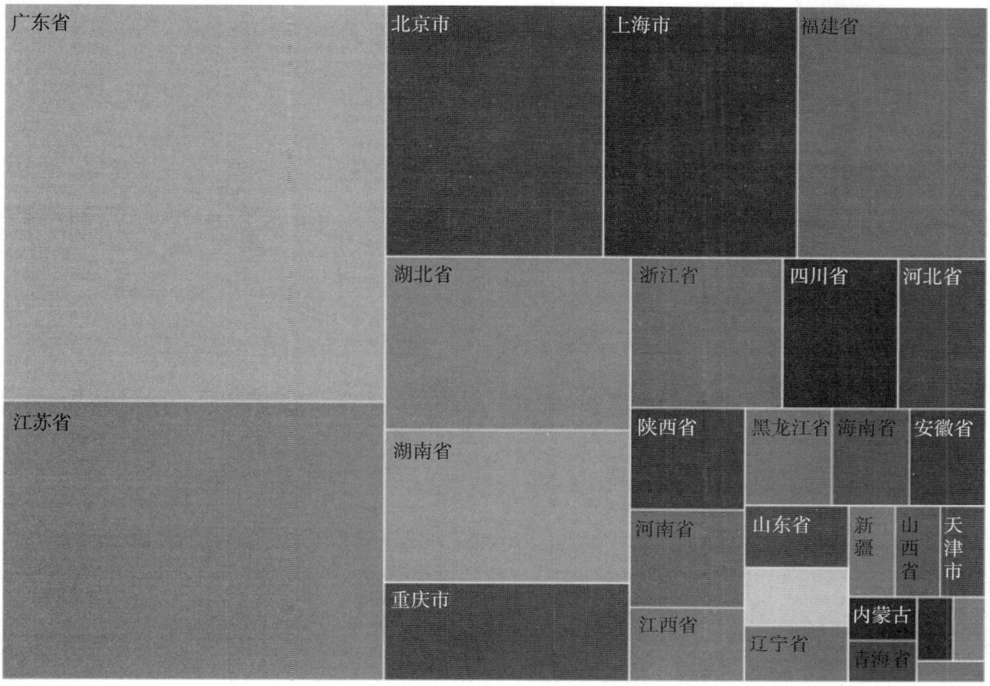

图 15－47　单层树状图——全国各省区市销售情况

（二）双层树状图

树状图不仅可以表示单层数据关系，还可以用来展现双层结构。如某家用电器卖场各供应商的销售额数据，数据中有“生产厂商”“产品类别”“产品子类别”信息，以及对应的销售额，利用树状图进行可视化。我们将“生产厂商”字段放到“类别”中，“产品子类别”字段放到“详细信息”中，“销售额”字段放到“值”。其实也就是在单层树状图的基础上添加一个明细字段到“详细信息”中，就成了双层树状图（见图 15－48）。

每一种颜色的矩形代表一个生产厂商，从这个矩形的大小可以判断来自各个厂商的整体销售额。而在各个厂商矩形内部，又根据各种产品的细分类别的销量分成一系列小矩形，很直观地展现了两个层级的数据结构。

五、散点图

在直角坐标系中，用两组数据构成多个坐标点，这些点的分布图就是散点图，根据点的分布及大致趋势，可以判断两个变量之间是否存在某种关系。下面我们来使用一家自行车商店的租赁数据，看看在 Power BI 中散点图是如何生成的。在 Power BI 中制作散点图时，至少要有两组数据，可以把这里的自行车“租赁量”和“温度”分别放在“x 轴”和“y 轴”上。如果只是把字段拖进“x 轴”和“y 轴”，会发现只出来了一个点，

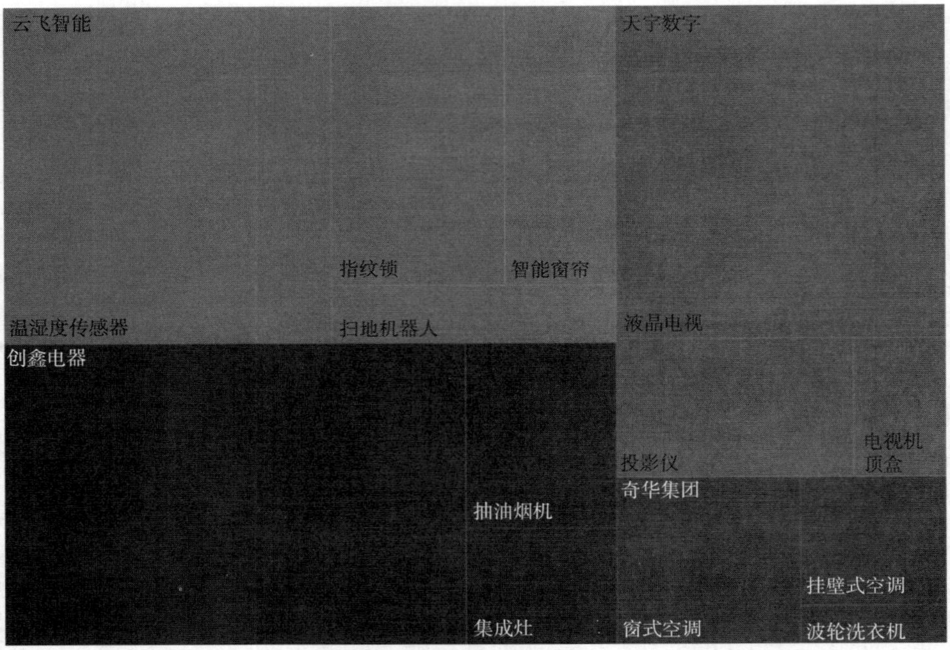

图 15－48　双层树状图——各供应商分品类销售情况

因为这个时候，Power BI 默认把这两个字段的数据进行聚合运算了。所以需要把另外一个不含重复值的字段放到“值”中，告诉 Power BI 每个数据记录均显示为一个点，不要进行聚合，在这里我们使用“事例”这个字段起到这个作用（见图 15－49）。

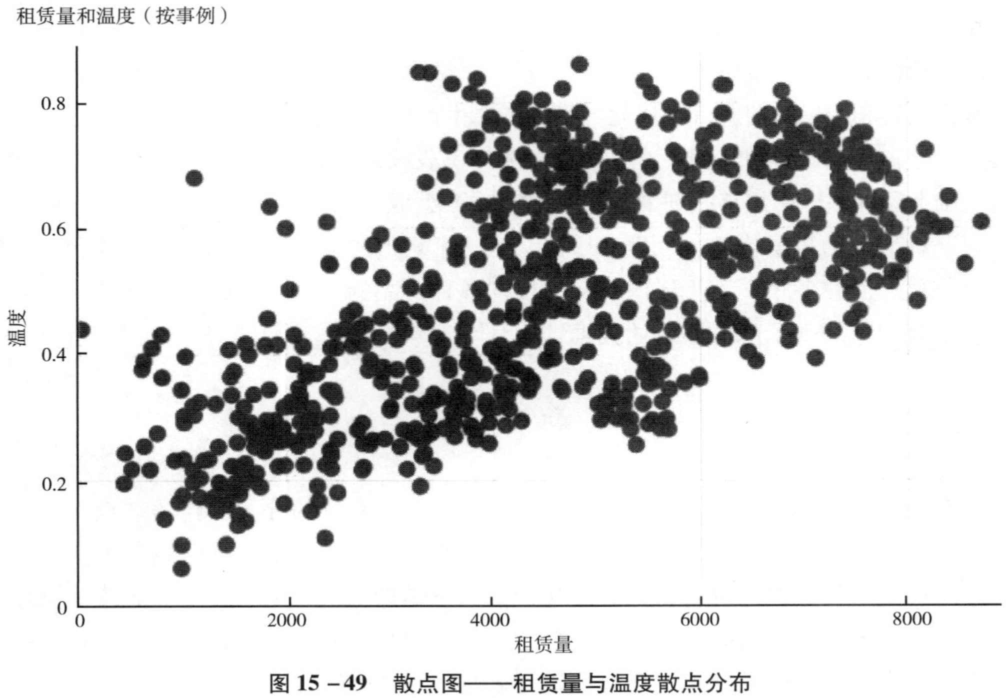

图 15－49　散点图——租赁量与温度散点分布

这个散点图中只有“租赁量”和“温度”两个变量，根据这些点的分布，可以看到两者之间存在正相关的关系，随着气温增高，自行车租赁的数量越多，这反映了大家会选择在气候更为温暖时外出锻炼骑车，比较符合我们的常识。

进而在这个散点图中增加一个变量，如把一年的四个“季度”考虑进去。把字段“季度”放到散点图的“图例”中，可以发现随着一年四季的变化，冬末春初较为寒冷的一季度明显处于自行车租赁量的低谷，而在温度更适宜户外活动的二三季度，自行车的租赁量表现得会更好（见图 15 - 50）。

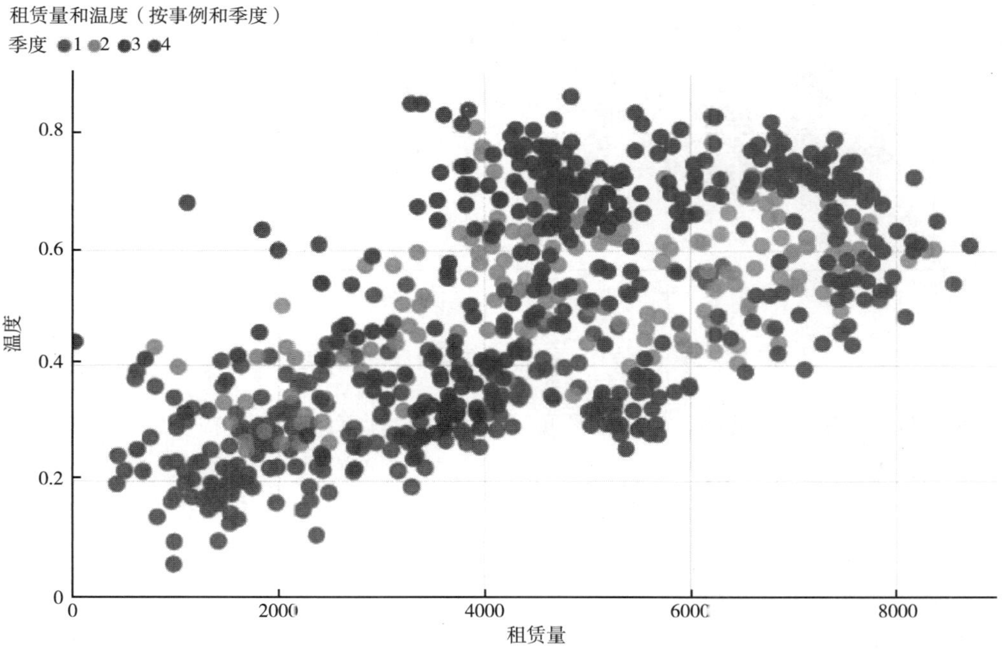

图 15 - 50　散点图——分季度租赁量与温度关系

为了在散点图中发现某些趋势，我们可以尝试使用趋势线。趋势线默认是所有数据点的走向线，在“分析”功能区中找到趋势线，将其勾选，就出现了一条反映数据变化的走向线。如果我们要呈现每个季度租赁量和温度的比率变化，关闭“趋势线”下的“合并系列”功能，此时，散点图就会为不同的季度分别画出走向线（见图 15 - 51）。

从这几条走向线还可以发现一个很有意思的规律：相较于三四季度，一二季度的趋势线斜率更为陡峭，这也反映了在开春和初夏的季节，温度的回升会吸引更多的人外出骑车。而在最炎热的三季度，我们甚至看到了一个向下的负斜率趋势线，这也代表在高温天气下，温度的继续升高反而会减少大家外出的意向。当然，使用这里更多维度的数据，我们可以继续利用散点图发现更多有趣的规律，一般而言，随着数据量的增加，散点图的分布规律会更有意义。

最后要注意的是，利用散点图我们可以发现两组数据存在一定的相关关系，但不要

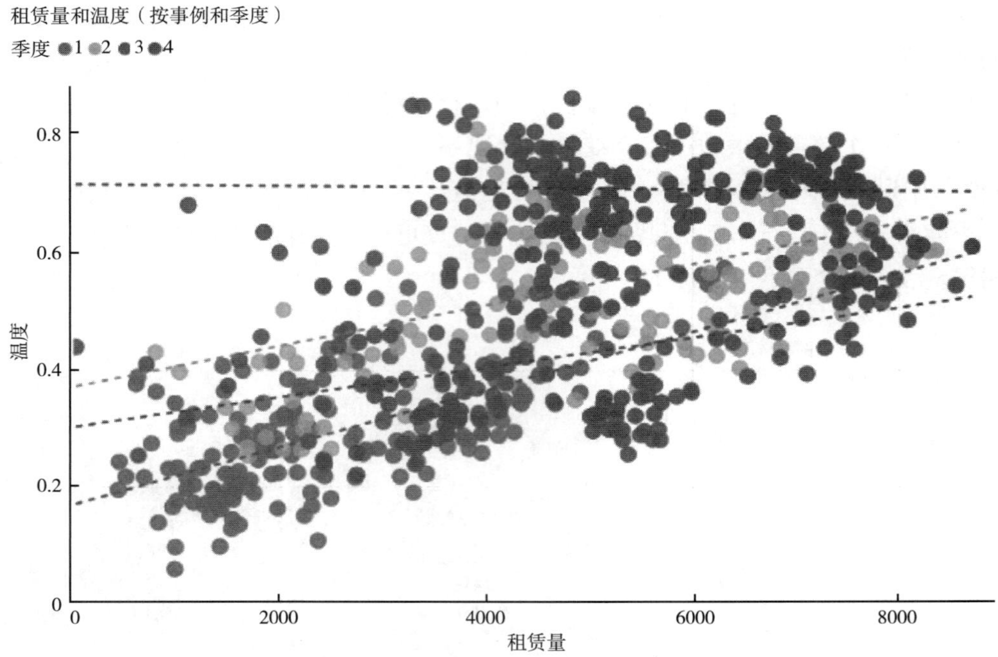

图 15－51　散点图——各季度租赁量与温度变化趋势

因此就确认两者有因果关系，后者需要更多的统计学计算结果来支撑。实际上，拿任何两组数据，如拿近 10 年一家企业的经营利润和国家生产总值两组数据，放在散点图中，同样会可能显示出正相关或者负相关的关系，但这两者之间我们很难说存在直接的因果关系。

六、矩阵

在 Power BI 的可视化对象中，还有两个“表格”对象，这里以功能相对复杂的“矩阵”为例，我们可以将 Power BI 中的矩阵简单理解为 Excel 中的数据透视表。还是来看刚刚的订单明细数据，首先选择“矩阵”，将提前创建好的“地区”层次结构放入行，“生产厂商”放入列，“销售额”放入值，这样一个基础的矩阵就完成了。

在“格式”功能区中，可以看到关于行列标题、值以及网格等颜色、样式和字体大小的设置选项。我们可以在这里对数据字段的各种元素的颜色进行调整。首先展开“单元格元素”，勾选“数据条”，随后点击左边的 fx 图标，就可以开始对数据条的颜色和方向等进行设置。金额越大，数据条越长，这样可以以更直观的方式来显示数据的大小（见图 15－52）。

Power BI 的数据可视化之所以被广泛使用，不仅仅因为是默认的常用图表，更是因为它提供了丰富的自定义视觉对象库。目前微软官方的 AppSource 中已经包含超过 300 个图表和控件的下载和安装，并且数量还在不断增加中。要在 Power Desktop 中使用自

区域	创鑫电器	奇华集团	天宇数字	云飞智能	总计
东北	6,851.88		4,376.61	17,752.14	28,980.63
黑龙江省	2,392.74		4,376.61	3,691.80	10,461.15
吉林省	1,940.40			5,581.80	7,522.20
辽宁省	2,518.74			4,699.80	7,218.54
内蒙古自治区				3,778.74	3,778.74
华北	24,578.82	5,226.48	31,299.03	33,534.90	94,639.23
北京市	12,610.08	2,581.74	22,608.81	30,492.00	68,292.63
河北省	4,459.14	1,448.37	8,690.22	1,600.20	16,197.93
山西省	3,880.80	1,196.37			5,077.17
天津市	3,628.80			1,442.70	5,071.50
华东	110,057.22	33,786.27	91,511.91	72,780.75	308,136.15
安徽省	9,121.14				9,121.14
福建省	13,909.14	16,310.70	13,075.65	15,901.20	59,196.69
江苏省	43,142.40	7,462.35	37,450.98	44,350.74	132,406.47
江西省		3,904.74	6,675.48		10,580.22
山东省	4,911.48	1,511.37	1,619.10		8,041.95
上海市	24,261.30	1,322.37	24,113.25	10,928.61	60,625.53
浙江省	14,711.76	3,274.74	8,577.45	1,600.20	28,164.15
西北	9,674.28		11,807.46	7,314.30	28,796.04
甘肃省	2,518.74				2,518.74
宁夏回族自治区			2,896.74		2,896.74
青海省	3,526.74				3,526.74
陕西省			7,241.85	7,314.30	14,556.15
新疆维吾尔自治区	3,628.80		1,668.87		5,297.67
西南	24,830.82	5,290.11	6,845.58	14,364.00	51,330.51
四川省	4,459.14	1,385.37	5,226.48	10,344.60	21,415.59
重庆市	20,371.68	3,904.74	1,619.10	4,019.40	29,914.92
中南	78,293.88	31,990.14	66,236.94	135,777.60	312,298.56
广东省	60,152.40	19,458.81	33,463.71	74,957.40	188,032.32
广西壮族自治区				1,751.40	1,751.40
海南省	2,469.60	2,896.74	4,030.11		9,396.45
河南省	6,399.54	881.37	3,022.74	3,754.80	14,058.45
湖北省	3,703.14	944.37	7,475.58	40,257.00	52,380.09
湖南省	5,569.20	7,808.85	18,244.80	15,057.00	46,679.85
总计	254,286.90	76,293.00	212,077.53	281,523.69	824,181.12

区域	创鑫电器	奇华集团	天宇数字	云飞智能	总计
中南	78,293.88	31,990.14	66,236.94	135,777.60	312,298.56
广东省	60,152.40	19,458.81	33,463.71	74,957.40	188,032.32
湖北省	3,703.14	944.37	7,475.58	40,257.00	52,380.09
湖南省	5,569.20	7,808.85	18,244.80	15,057.00	46,679.85
河南省	6,399.54	881.37	3,022.74	3,754.80	14,058.45
海南省	2,469.60	2,896.74	4,030.11		9,396.45
广西壮族自治区				1,751.40	1,751.40
华东	110,057.22	33,786.27	91,511.91	72,780.75	308,136.15
江苏省	43,142.40	7,462.35	37,450.98	44,350.74	132,406.47
上海市	24,261.30	1,322.37	24,113.25	10,928.61	60,625.53
福建省	13,909.14	16,310.70	13,075.65	15,901.20	59,196.69
浙江省	14,711.76	3,274.74	8,577.45	1,600.20	28,164.15
江西省		3,904.74	6,675.48		10,580.22
安徽省	9,121.14				9,121.14
山东省	4,911.48	1,511.37	1,619.10		8,041.95
华北	24,578.82	5,226.48	31,299.03	33,534.90	94,639.23
北京市	12,610.08	2,581.74	22,608.81	30,492.00	68,292.63
河北省	4,459.14	1,448.37	8,690.22	1,600.20	16,197.93
山西省	3,880.80	1,196.37			5,077.17
天津市	3,628.80			1,442.70	5,071.50
西南	24,830.82	5,290.11	6,845.58	14,364.00	51,330.51
重庆市	20,371.68	3,904.74	1,619.10	4,019.40	29,914.92
四川省	4,459.14	1,385.37	5,226.48	10,344.60	21,415.59
东北	6,851.88		4,376.61	17,752.14	28,980.63
黑龙江省	2,392.74		4,376.61	3,691.80	10,461.15
吉林省	1,940.40			5,581.80	7,522.20
辽宁省	2,518.74			4,699.80	7,218.54
内蒙古自治区				3,778.74	3,778.74
西北	9,674.28		11,807.46	7,314.30	28,796.04
陕西省			7,241.85	7,314.30	14,556.15
新疆维吾尔自治区	3,628.80		1,668.87		5,297.67
青海省	3,526.74				3,526.74
宁夏回族自治区			2,896.74		2,896.74
甘肃省	2,518.74				2,518.74
总计	254,286.90	76,293.00	212,077.53	281,523.69	824,181.12

图 15 - 52 矩阵——各供应商与地区销量矩阵

定义视觉对象，有以下两种方式。

（一）从文件导入

这种方式会需要我们先从官网途径下载视觉对象文件（https：//appsource. microsoft. com/），然后再导入 Power BI 中。首先打开自定义视觉对象的下载官网，选择需要的图表进入详情页面，这里以甘特图为例。单击“立即获取”开始下载源文件。在该界面中，我们看到还有一个“下载示例”选项，这是该自定义图表的示例文件，可以同步下载作为该图表的使用手册（见图 15 - 53）。

完成文件下载后，回到 Power BI Desktop，在“插入”功能区中单击“更多视觉对象”，选择“从我的文件”，然后选择之前已经下载的文件，在完成导入后即可使用。

（二）从 AppSource 导入

在上一步的导入步骤中我们看到，在“我的文件”导入的上方还有“从 AppSource”导入这个选项，单击该选项，就可以省去登录官网的步骤，直接看到各种可视化对象。在这里我们找到需要的甘特图，单击添加，随后即可在可视化面板下看到新增

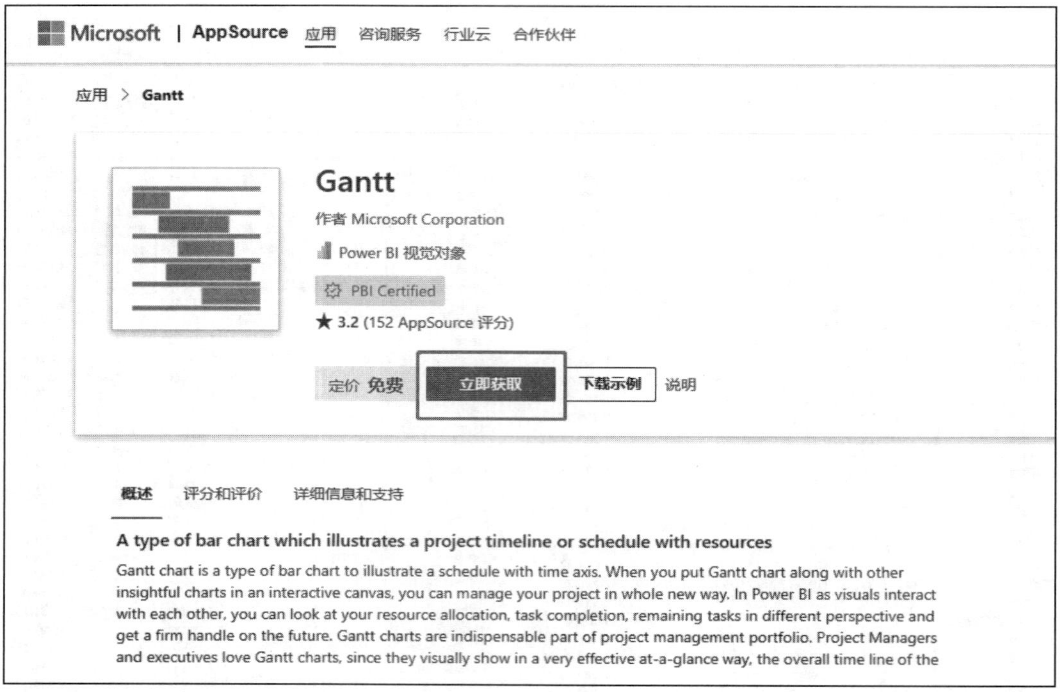

图 15－53　甘特图——从官网渠道下载使用

的自定义视觉对象。这种方式无须单独下载，在 Power BI 中就可以完成，并且会自动跟随图表更新到最新的版本，所以推荐大家尽量采用这种方式来完成导入。

本章习题

1. 请简述 Power BI Desktop 支持连接哪些类型的数据？在完成数据连接后，如何完成数据的清洗和模型构建？

2. Power BI 中，字段、计算列、和度量值三者有什么区别？应当在什么场景下使用？以及使用时需要注意哪些事项？

3. 结合本章示例中的企业财务数据，简述 Power BI 中仪表板和报表的区别，以及仪表板的创建过程。

第五篇

主要财经数据库和接口

▶▶第十六章 常用财经数据库

常用的财经数据库主要包括 CSMAR 数据库、WIND 数据库、CEIC 数据库、Choice 数据库等，主要面向资本市场上市公司的财务数据、交易数据、公司治理数据、重要事项数据等。上述数据库由相关公司运营维护，使用需要收费。本部分选择 CSMAR 和 WIND 数据库进行介绍，其他数据库可查找相关官网对应的说明书进行学习使用。

第一节　CSMAR 数据库

一、CSMAR 数据库简介

CSMAR 数据库（China Stock Market & Accounting Research Database）是深圳希施玛数据科技有限公司从学术研究需求出发，借鉴 CRSP、COMPUSTAT、TAQ、THOMSON 等权威数据库专业标准，并结合中国实际国情开发的经济金融领域的研究型精准数据库。经过 21 年的不断积累和完善，CSMAR 数据库已涵盖因子研究、人物特征、绿色经济、股票、公司、海外、资讯、基金、债券、行业、经济、商品期货等 18 大系列，包含 170^{+} 个数据库、4000^{+} 张表、5 万$^{+}$ 个字段。【单表查询】模块可以针对 CSMAR 数据库的 4000^{+} 张表进行时间、代码、指标设置，获取特定研究数据，可以导出 Excel、CSV、TXT 等多种资料格式。

CSMAR 单表查询包括股票市场、因子研究、公司研究、人物特征、基金市场、债券市场、衍生市场、经济研究、绿色经济、行业研究、银行研究、货币市场、海外研究、板块研究、市场资讯、专题研究、商品市场研究、历史数据等系列表单。其中与会计数据最为直接关系的表单为公司研究系列。

CSMAR 数据库属于收费数据库，其网址为：https：//cn. gtadata. com/。

二、公司研究系列数据库

公司研究系列数据库是 CSMAR 数据库中最为重要的数据库，包括政府审计、会计信息质量、财务报表附注、财务报告审计意见、首次公开发行（A 股）、股东、违规处理、内部控制、精准扶贫、民营上市公司、国有股拍卖与转让、机构股标池、内部人交易、股权性质、家族企业、行业财务指标、业绩预告、关联交易、机构投资者、诉讼仲裁、募集资产投向、上市公司财务衍生报表、上市公司基本信息、上市公司贷款、经营困境、供应链研究、财务报表、财务指标分析、分析师预测、增发配股、治理结构、并购重组、上市公司研发创新、海外直接投资、海外上市公司、资产评估、社会责任、EVA 专题、产业资本、审计研究、年（中、季）报公布日期、红利分配、对外提保、对外投资、资质认定、股票回购、股权质押、对赌协议等数据库。而财务报表、财务指标分析、上市公司基本信息、上市公司研发创新、财务报表附注、财务报告审计意见等是与会计最为直接的数据库。本部分重点介绍财务报表数据库，其他数据库可参照 CSMAR 说明书进行学习使用。

财务报表数据库收集了 1990 年以来在上海证券交易所、深圳证券交易所和北京证券交易所上市的一般行业和金融行业的 A 股公司和 B 股公司的季度、中期和年度报告财务数据，本数据库根据上市公司公布的报表类型设立了五个文件：资产负债表文件、利润表文件、现金流量表（直接法）文件和现金流量表（间接法）文件、所有者权益变动表文件。财务报表数据库借鉴了国际先进财务数据库成功的开发经验和面对会计制度变更的处理方法，严格按照企业会计准则的要求，在数据结构、会计报表项目设置以及字段名的命名规则等方面有独到的创新。此外，由于上市公司会计报表的不统一，CSMAR 数据库在建立新财务报表数据库的过程中，将企业实际披露的一些项目进行了适当的调整，以保证财务数据的连续性和一致性。

财务报表数据库包括资产负债表、利润表、现金流量表和所有者权益变动表等子库，本书以资产负债表为例进行讲解。图 16－1 为上市公司资产负债表数据库的界面。

在对资产负债表数据库进行数据提取时，需要选择时间、代码、字段、下载文件输出类型等设置。时间选择为从上市公司资产负债表指定时间到结束时间的选择；代码选择为选择指定上市公司的报表进行数据下载，如空则表示选择全部上市公司的报表进行数据下载；此处字段实质上为资产负债表的报表项目；下载文件输出类型可根据进一步处理的需要，分别选择 Excel、TXT、CSV 等文件根据，或与之对应的数据处理软件 Stata、SAS 等文件格式。作为与 Python 对应的文件根据通常为 Excel 和 CSV 文件格式。通过对上述选项进行选择后，点击下载数据按钮，即转入图 16－2 的界面。

通过点击本地保存数据，即完成指定的资产负债表数据下载。

图16－1　CSMAR资产负债表数据库界面

图16－2　CSMAR资产负债表数据下载

第二节　WIND数据库

一、WIND数据库简介

WIND数据库在国内金融信息服务行业处于领先地位，是众多证券公司、基金管理公司、保险公司、银行、投资公司、媒体等机构不可或缺的重要合作伙伴；在国际市场中，WIND 同样受到了众多中国证监会批准的合格境外机构投资者（QFII）的青睐。此外，知名的金融学术研究机构和权威的监管机构同样是 WIND 的客户；权威的中英文媒体、研究报告、学术论文也经常引用 WIND 提供的数据。

在金融财经数据领域，WIND 已经建成国内完整准确、以金融证券数据为核心的大型金融工程和财经数据仓库。WIND 的数据内容涵盖股票、债券、基金、外汇、金融衍生品、大宗商品、宏观经济、财经新闻等领域；WIND 通过对数据的及时更新来满足机构投资者的需求。针对金融业投资机构、研究机构、学术机构、监管部门等不同客户的需求，WIND 开发了一系列围绕信息检索、数据提取与分析、投资组合管理应用等领域的专业分析软件与应用工具。通过这些终端工具，用户可以 7 ×24 ×365 从 WIND 获取到及时、准确、完整的财经数据、信息和各种分析结果。以数据为起点，WIND 紧密跟随金融市场日新月异的变化，不断向新的领域发展延伸，向客户提供更快、更广、更深的数据与信息服务。精于数据，分享数据价值，WIND 的愿景是做一家让数据唾手可得的全球企业。

WIND 数据库属于收费数据库，其网址为：https：//www. wind. com. cn/default. html。

二、WIND 金融终端

WIND 数据库最重要的使用平台为 WIND 金融终端。WIND 金融终端包括股票、债券、企业、商品、外汇、基金、指数、新闻、宏观、资管、量化、市场等领域的数据库，其中与会计直接相关的主要为股票数据。通过 WIND 股票数据浏览器，可全面获取有关上市公司的基本资料、股本指标、股东指标、行情指标、估值指标、风险分析、盈利预测、财务分析、财务报表、报表附注、分红指标、首先（IPO）指标、增发指标、配股指标、可转债指标、发债主体、股权分置改革、技术形态、ESG、其他指标等信息。本部分重点介绍财务报表。

WIND 财务报表数据下载可通过 WIND 金融终端界面，点击股票——数据浏览器可进入。图 16 -3 为非银行类上市公司的财务报表数据查询下载界面。其中左下方为选择上市公司的类型范围。本案例选择全部 A 股上市公司为样本。左上方选择利润表作为示例，首先选择营业收入，随之弹出窗口，要求选择报告期、报表类型和单位设置。如选择多个报告期，可在弹出窗口左下角选择“使用多报告期”按钮；报表类型包括合并报表和母公司报表，为了全面考察公司的情况通常选择合并报表。

图 16 -4 WIND 财务报表数据查询结果界面。本例中选择利润表的营业收入、营业成本、税金及附加等三个报表项目作为示例。当选择完报表项目数据选项后，其数据将自动进行更新。如未进行数据更新，可点击左上方的提取数据进行更新。如需要导出数据，可选择左上方的导出数据按钮，导出数据的文件格式包括 Excel 和 CSV 格式，均可供 Python 调用。

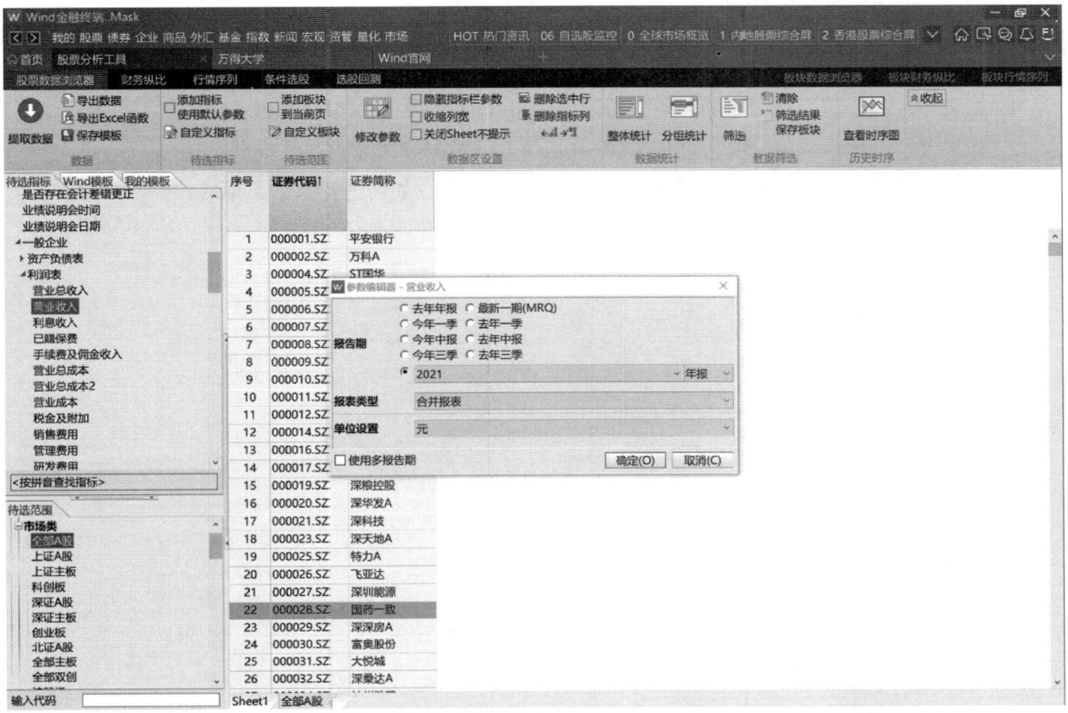

图 16 – 3　WIND 财务报表数据查询界面

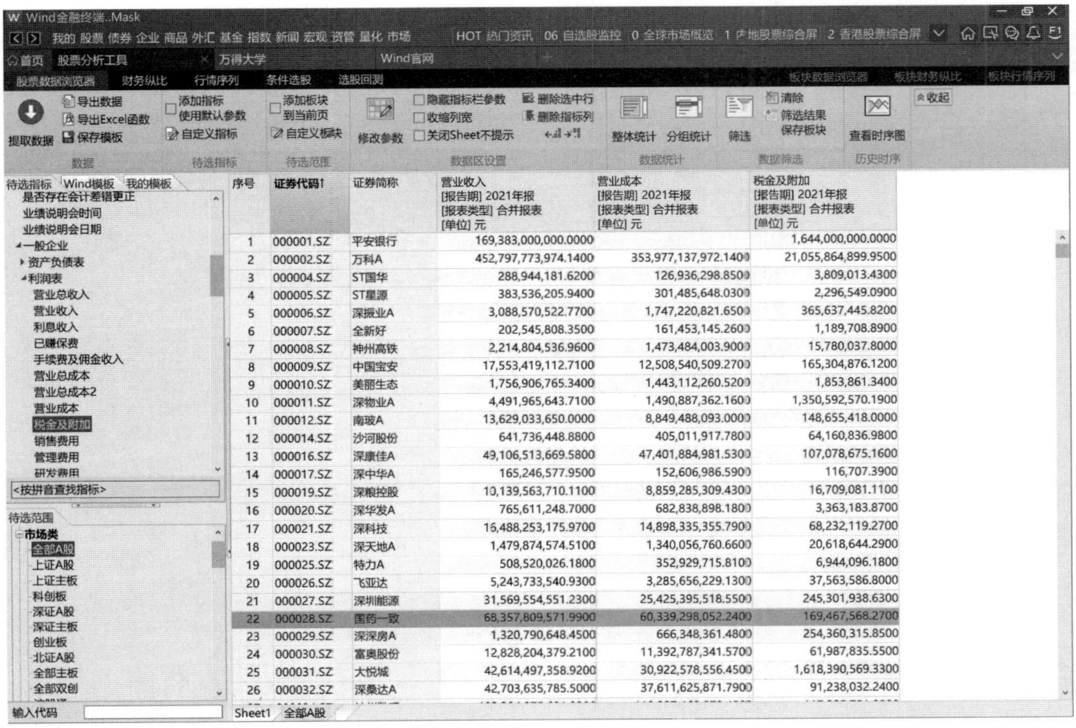

图 16 – 4　WIND 财务报表数据查询结果界面

本章习题

1. 如果要进行公司所处行业的财务分析，如何在 CSMAR 数据库中获得相关的数据。
2. 如果要进行货币政策分析，可从 CSMAR 或 WIND 数据库中获得哪些数据。
3. Excel、TXT、CSV 等数据文件可用什么软件进行处理，如何进行数据类型的转换。

第十七章 AKShare 财经数据接口

API（Application Programming Interface，应用程序接口）是一些预先定义的接口（如函数、HTTP 接口），或指软件系统不同组成部分衔接的约定。其用来提供应用程序与开发人员基于某软件或硬件得以访问的一组例程，而又无需访问源码，或理解内部工作机制的细节。财经数据接口则为用户提供了便捷的数据下载。目前主要的财经数据接口有 AKShare、baostock、Tushare，主要服务于量化投资者，但其中的财经数据可为公司会计、财务管理服务。本书以 AKShare 为重点，介绍使用 AKShare 接口获取主要财经数据的方法。其他接口的使用可参考相应的官网。

第一节　AKShare 简介

AKShare 主要是用于财经研究，解决在财经研究中数据获取的接口。AKShare 基于 Python 的财经数据接口库，目的是实现对股票、期货、期权、基金、外汇、债券、指数、加密货币等金融产品的基本面数据、实时和历史行情数据、衍生数据从数据采集、数据清洗到数据落地的一套工具，主要用于学术研究目的。AKShare 的特点是获取的是相对权威的财经数据网站公布的原始数据，通过利用原始数据进行各数据源之间的交叉验证，进而再加工，从而得出科学的结论。

AKShare 提供了股票数据、期货数据、债券数据、期权数据、外汇数据、货币数据、利率数据、私募数据、公募数据、指数数据、宏观数据、加密货币数据、银行数据、波动率数据、多因子数据、政策不确定性数据、学术专栏、实时监控、能源数据、事件数据、高频数据、自然语言处理、另类数据、奇货可查、工具箱等众多财经数据免费接口，可为会计财务分析提供重要的数据来源。

AKShare 的网址为：https：//www. akshare. xyz/zh_CN/latest/。

第二节　AKShare 的安装与准备

目前 AKShare 仅支持 64 位版本的操作系统安装和使用，亦仅支持 Python 3.7（64 位）及以上版本，这里推荐 Python 3.8.5（64 位）版本。AKShare 推荐安装最新版本的 Anaconda（64 位），可以解决大部分环境配置问题；对于熟悉容器技术的小伙伴，可以安装 Docker 使用。

AKShare 的通用安装为：

```
pip install akshare  --upgrade
```

由于目前版本更新迭代频繁，请在使用 AKShare 前先升级，命令如下：

```
pip install akshare --upgrade -i https://pypi.org/simple
```

第三节　上市公司财务报表数据获取

AKShare 提供了上市公司财务报表数据接口，包括资产负债表、利润表、现金流量表和业绩报表等。资产负债表、利润表、现金流量表均为简表，包括历年的年度和季报数据。资产负债表的接口为 stock_em_zcfz；利润表的接口为 stock_em_lrb；现金流量表的接口为 stock_em_xjll；业绩报表的接口为 stock_em_yjyg。本部分以资产负债表、业绩报表为例，讲解 AKShare 的财务数据获得，其他报表的处理类似。

一、资产负债表数据获取

AKShare 的利润表接口为 stock_em_zcfz，获取的数据来源于东方财富网，可单次获取指定日期的资产负债表数据。stock_em_zcfz 的输入参数为表 17－1。

表 17－1　　stock_em_zcfz 输入参数

名称	类型	必选	描述
date	str	Y	date = "20200331"; choice of {"XXXX0331", "XXXX0630", "XXXX0930", "XXXX1231"}; 从 20081231 开始

Date 为欲获取公司财务数据的财务报告起始公布日期。考虑到每年公司年报的披露时间为 1 月 1 日到 4 月 30 日，故如通过 AKShare 获取某年的年报信息，可将 date 设置为"XXXX1231"，并通过后期的数据清洗，将公告日期在 5 月 1 日及以后的记录删除，

最终获得该年的财务年报数据。表 17－2 为 stock_em_zcfz 输出参数表。

表 17－2 stock_em_zcfz 输出参数

名称	类型	默认显示	描述
序号	int32	Y	—
股票代码	object	Y	—
股票简称	object	Y	—
资产－货币资金	float64	Y	注意单位：元
资产－应收账款	float64	Y	注意单位：元
资产－存货	float64	Y	注意单位：元
资产－总资产	float64	Y	注意单位：元
资产－总资产同比	float64	Y	注意单位：%
负债－应付账款	float64	Y	注意单位：元
负债－总负债	float64	Y	注意单位：元
负债－预收账款	float64	Y	注意单位：元
负债－总负债同比	float64	Y	注意单位：%
资产负债率	float64	Y	注意单位：%
股东权益合计	float64	Y	注意单位：%
公告日期	object	Y	—

以下载 2020 年国内 A 股上市公司利润表为例，代码如下：

```
# Akshare 资产负债表
import time
import akshare as ak
import pandas as pd

#调取 akshare 中的资产负债数据，起始时间为 2020 年 12 月 31 日
stock_em_zcfz_df = ak. stock_em_zcfz(date = "20201231")

#pandas 数据库操作，删除公告日期在 2021 年 5 月及以后的记录，确保剩余记录为
2020 年年报数据
stock_em_zcfz_df = stock_em_zcfz_df. drop(stock_em_zcfz_df[stock_em_zcfz_df. 公告日期
> = "2021 -05 -01 00：00：00"] . index)
stock_em_zcfz_df = stock_em_zcfz_df. sort_values(by = "股票代码")    #按股票代码排序
stock_em_zcfz_df["年度"] =2020    #增加年度一列，取值 2020

# 设置保存的文件名
```

```
savepath = "D:\\result\\"
current_time = time.strftime('%Y-%m-%d',time.localtime())
file_name = savepath + "资产负债表" + current_time + ".xlsx"

#业绩报表数据保存到 EXCEL 文件中
writer = pd.ExcelWriter(file_name)
stock_em_zcfz_df.to_excel(writer, "sheet1")
writer.save()
print("数据保存成功")
```

Excel 的数据结果示例如下：

	序号	股票代码	股票简称	产-货币资	产-应收账	资产-存货	产-总资产	-总资产	债-应付账	债-预收账	债-总负债	-总负债	资产负债率	东权益合	公告日期	年度
4252	4253	000001	平安银行				4.47E+12	13.44084			4.1E+12	13.19042	91.85118	3.64E+11	2021-04-2	2020
4124	4125	000002	万科A	1.95E+11	2.99E+09	1E+12	1.87E+12	8.049325	2.96E+11	9.12E+08	1.52E+12	4.110205	81.2835	3.5E+11	2021-04-2	2020
1654	1655	000005	ST星源	1.38E+08	3.25E+08	13592596	2.47E+09	-18.5849	3.19E+08		1.14E+09	-11.9329	46.04625	1.33E+09	2021-04-3	2020
2457	2458	000006	深振业A	1.95E+09	15313473	7.8E+09	1.54E+10	-1.9724	6.43E+08	2864230	7.6E+09	-11.409	49.21853	7.84E+09	2021-04-2	2020
2456	2457	000007	*ST全新	51169142		1424409	3.64E+08	-31.7222	5733743		2.97E+08	-7.57179	81.39322	67801985	2021-04-2	2020
3680	3681	000008	神州高铁	7.78E+08	2.98E+09	1.08E+09	1.28E+10	6.507241	9.5E+08	470267.7	6.16E+09	37.86137	48.01671	6.67E+09	2021-04-2	2020
3940	3941	000009	中国宝安	6.74E+09	1.98E+09	8.53E+09	3.19E+10	5.451243	2.32E+09	1432998	1.86E+10	-4.56886	58.42173	1.32E+10	2021-04-2	2020
2455	2456	000011	深物业A	4.21E+09	1.88E+08	5.31E+09	1.22E+10	13.31971	4.68E+08	473274.5	8.43E+09	12.26113	69.02588	3.78E+09	2021-04-2	2020
3939	3940	000012	南玻A	2.13E+09	6.81E+08	8.15E+08	1.79E+10	-1.7489	1.24E+09		7.27E+09	-12.817	40.63673	1.06E+10	2021-04-2	2020
3938	3939	000014	沙河股份	4.7E+08	1262234	1.73E+09	2.43E+09	23.38933	1.93E+08	334278.2	1.48E+09	45.59761	60.80958	9.54E+08	2021-04-2	2020
2454	2455	000016	深康佳A	5.43E+09	3.9E+09	4.52E+09	4.99E+10	17.1163	9.63E+09		3.92E+10	19.88691	78.50502	1.07E+10	2021-04-2	2020
1653	1654	000017	深中华A	19887978	55031425	7729326	91742770	46.24183	9606145		66100480	28.87089	72.0498	25642290	2021-04-3	2020
3679	3680	000019	深粮控股	1.9E+08	1.98E+08	3.42E+09	7.31E+09	7.886518	4.81E+08	3376263	2.51E+09	16.84815	34.39604	4.8E+09	2021-04-2	2020
3678	3679	000020	深华发A	60968054	1.28E+08	70166013	6.28E+08	2.216952	98318240		2.92E+08	2.386434	46.43841	3.36E+08	2021-04-2	2020

二、业绩报表数据获取

AKShare 的业绩报表接口为 stock_em_yjbb，获取的数据来源于东方财富网，可单次获取指定日期的业绩报表数据。stock_em_yjbb 的输入参数与利润表 stock_em_lrb 的输入参数相同，不再重述。stock_em_yjbb 的输出参数如表 17－3 所示。

表 17－3　　stock_em_yjbb 的输出参数

名称	类型	默认显示	描述
序号	int32	Y	—
股票代码	object	Y	—
股票简称	object	Y	—
每股收益	float64	Y	注意单位：元
营业收入－营业收入	float64	Y	注意单位：元
营业收入－同比增长	float64	Y	注意单位：%
营业收入－季度环比增长	float64	Y	注意单位：%
净利润－净利润	float64	Y	注意单位：元
净利润－同比增长	float64	Y	注意单位：%
净利润－季度环比增长	float64	Y	注意单位：%
每股净资产	float64	Y	注意单位：元

续表

名称	类型	默认显示	描述
净资产收益率	float64	Y	注意单位：%
每股经营现金流量	float64	Y	注意单位：元
销售毛利率	float64	Y	注意单位：%
所处行业	object	Y	—
最新公告日期	object	Y	—

以下载 2020 年国内 A 股上市公司业绩报表为例，代码如下：

```
# Akshare 业绩报表
import time
import akshare as ak
import pandas as pd

#调取 akshare 中的业绩报表数据，起始时间为 2020 年 12 月 31 日
stock_em_yjbb_df = ak. stock_em_yjbb( date = "20201231" )

#pandas 数据库操作,删除公告日期在 2021 年 5 月及以后的记录,确保剩余记录为 2020
年年报数据
stock_em_yjbb_df = stock_em_yjbb_df. drop( stock_em_yjbb_df[ stock_em_yjbb_df. 最新公
告日期 > = "2021 - 05 - 01 00:00:00" ]. index)
stock_em_yjbb_df = stock_em_yjbb_df. sort_values( by = "股票代码" )   #按股票代码排序
stock_em_yjbb_df[ "年度" ] = 2020   #增加年度一列,取值 2020

# 设置保存的文件名
savepath = "D:\\result\\"
current_time = time. strftime( '% Y - % m - % d' ,time. localtime( ) )
file_name = savepath + "业绩报表" + current_time + ". xlsx"

#业绩报表数据保存到 EXCEL 文件中
writer = pd. ExcelWriter( file_name)
stock_em_yjbb_df. to_excel( writer, "sheet1" )
writer. save( )
print( "数据保存成功" )
```

值得注意的是，业绩报表输出参数包括公司所处行业变量，该数据将有助于进行公司行业分析。

三、财务报表数据合并

进行公司财务分析时，通常需要将资产负债表、利润表、现金流量表等报表信息一并纳入分析范畴，为此进一步讲解各类财务报表的下载，并使用 pandas 的 merge 函数进行合并，整理成一个 Excel 文件。以下载 2020 年国内 A 股上市公司各类财务报表并合并为例，代码如下：

```
# AKShare 资产负债表、利润表、现金流量表和业绩报表合并
import time
import akshare as ak
import pandas as pd

begindate = "20201231"   #设置起始时间为 2020 年 12 月 31 日
enddate = "2021-05-01 00:00:00"   #设置结束时间为 2021 年 5 月 1 日

stock_em_zcfz_df = ak.stock_em_zcfz(date = begindate)
stock_em_zcfz_df = stock_em_zcfz_df.drop(stock_em_zcfz_df[stock_em_zcfz_df.公告日期 >=
enddate].index)

stock_em_lrb_df = ak.stock_em_lrb(date = begindate)
stock_em_lrb_df = stock_em_lrb_df.drop(stock_em_lrb_df[stock_em_lrb_df.公告日期 >=
enddate].index)

stock_em_xjll_df = ak.stock_em_xjll(date = begindate)
stock_em_xjll_df = stock_em_xjll_df.drop(stock_em_xjll_df[stock_em_xjll_df.公告日期 >=
enddate].index)

stock_em_yjbb_df = ak.stock_em_yjbb(date = begindate)
stock_em_yjbb_df = stock_em_yjbb_df.rename(columns = {'最新公告日期':'公告日期'})
stock_em_yjbb_df = stock_em_yjbb_df.drop(stock_em_yjbb_df[stock_em_yjbb_df.公告日
期 >= enddate].index)

report_df = [stock_em_zcfz_df,stock_em_lrb_df,stock_em_xjll_df,stock_em_yjbb_df]
for i in report_df:
    i = i.sort_values(by = "股票代码")   #按股票代码排序
```

```
finance = pd. merge( stock_em_zcfz_df, stock_em_lrb_df, how = "left", on = [ "股票代码" ])
finance = pd. merge( finance, stock_em_xjll_df, how = "left", on = [ "股票代码" ])
finance = pd. merge( finance, stock_em_yjbb_df, how = "left", on = [ "股票代码" ])
finance[ "年度" ] = 2020    #增加年度一列,取值 2020

# 设置保存的文件名
savepath = "D:\\result\\"
current_time = time. strftime('%Y-%m-%d', time. localtime( ))
file_name = savepath + "财务报表合并" + current_time + ". xlsx"

#业绩报表数据保存到 EXCEL 文件中
writer = pd. ExcelWriter( file_name)
finance. to_excel( writer, "sheet1")
writer. save( )
print( "数据保存成功")
```

值得注意的是，如果欲下载多个年度的财务报表数据，限于 AKShare 接口输入参数的限制，只能分年度下载。如欲下载 2019 年度的财务报表数据，可将起始时间为 2019 年 12 月 31 日，将结束时间为 2020 年 5 月 1 日。

第四节　货币、金融与汇率数据获取

一、货币供应量

AKShare 提供了我国货币供应量月度数据接口。货币供应量反映了某一时点流通中的现金量和存款量之和，表明货币供给程度，是各国中央银行编制和公布的主要经济统计指标之一。其中流通中现金（M0），指单位（指银行体系以外的企业、机关、团体、部队、学校等单位）库存现金和居民手持现金之和；狭义货币供应量（M1），指 M0 加上单位在银行的可开支票进行支付的活期存款；广义货币供应量（M2），指 M1 加上单位在银行的定期存款和城乡居民个人在银行的各项储蓄存款以及证券公司的客户保证金。它包括一切可能成为现实购买力的货币形式，通常反映的是社会总需求变化和未来通胀的压力状态。多数国家均将 M2 作为货币供应量的调控目标。因此，分析判断货币供应量，将有助于企业进行投融资决策。

AKShare 的我国货币供应量数据接口为 macro_china_supply_of_money，其无输入参数；输出参数如下：

名称	类型	默认显示	描述	名称	类型	默认显示	描述
统计时间	str	Y	年月	准货币	float	Y	亿元
货币和准货币（广义货币 M2）	float	Y	亿元	准货币同比增长	float	Y	%
货币和准货币（广义货币 M2）同比增长	float	Y	%	定期存款	float	Y	亿元
货币（狭义货币 M1）	float	Y	亿元	定期存款同比增长	float	Y	%
货币（狭义货币 M1）同比增长	float	Y	%	储蓄存款出	float	Y	亿元
流通中现金（M0）	float	Y	亿元	储蓄存款同比增长	float	Y	%
流通中现金（M0）同比增长	float	Y	%	其他存款	float	Y	亿元
活期存款	float	Y	亿元	其他存款同比增长	float	Y	%
活期存款同比增长	float	Y	%				

下载我国货币供应量的代码如下：

```
#我国货币供应量
import akshare as ak
macro_china_supply_of_money_df = ak. macro_china_supply_of_money( )
print( macro_china_supply_of_money_df)
```

结果如下：

```
    统计时间 货币和准货币（广义货币 M2）货币和准货币（广义货币 M2）同比增长
货币（狭义货币 M1）货币（狭义货币 M1）同比增长    \
    0      2021. 6      2317788. 36                  None   637479. 36           None
    1      2021. 5      2275538. 07                  8. 30  616828. 32           6. 10
    2      2021. 4      2262107. 12                  8. 10  605421. 89           6. 20
    3      2021. 3      2276488. 45                  9. 40  616113. 17           7. 10
    4      2021. 2      2236030. 26                 10. 10   593487. 46          7. 40
    ..       ...              ...                    ...         ...              ...
    517    1978. 5            None                  None      757. 93           None
    518    1978. 4            None                  None      808. 17           None
    519    1978. 3            None                  None      827. 83           None
    520    1978. 2            None                  None      833. 35           None
    521    1978. 1            None                  None      870. 53           None
```

二、社会融资规模增量统计

社会融资规模是全面反映金融与经济关系，以及金融对实体经济资金支持的总量指标。社会融资规模是指一定时期内（每月、每季或每年）实体经济从金融体系获得的全部资金总额，是增量概念。从机构类别分析，金融体系包括银行、证券、保险等金融机构；从市场类别分析，则包括信贷市场、债券市场、股票市场、保险市场以及中间业务市场等。社会融资规模增量反映了公司的外部融资环境，可为公司的投融资决策作参考。

AKShare 的我国社会融资规模增量数据接口为 macro_china_shrzgm，其无输入参数；输出参数如下：

名称	类型	默认显示	描述
月份	str	Y	年月
社会融资规模增量	float	Y	注意单位：亿元
其中 - 人民币贷款	float	Y	注意单位：亿元
其中 - 委托贷款外币贷款（折合人民币）	float	Y	注意单位：亿元
其中 - 委托贷款	float	Y	注意单位：亿元
其中 - 信托贷款	float	Y	注意单位：亿元
其中 - 未贴现银行承兑汇票	float	Y	注意单位：亿元
其中 - 企业债券	float	Y	注意单位：亿元
其中 - 非金融企业境内股票融资	float	Y	注意单位：亿元

下载我国社会融资规模增量的代码如下：

```
#我国社会融资规模增量
import akshare as ak
macro_china_shrzgm_df = ak.macro_china_shrzgm()
print(macro_china_shrzgm_df)
```

结果如下：

```
        月份   社会融资规模增量   其中 - 人民币贷款   其中 - 委托贷款外币贷款
(折合人民币)   其中 - 委托贷款   其中 - 信托贷款   \
  0   202105      19205      14294                  7      -408      -1295
  1   202104      18502      12840               -272      -213      -1328
  2   202103      33665      27511               282       -42       -1791
  3   202102      17239      13413               464       -100      -936
```

```
4    202101    51740    38182        1098    91     -842
..     ...      ...      ...          ...    ...     ...
72   201505    12397     8510          81    324    -195
73   201504    10582     8045        -265    344     -46
74   201503    12433     9920          -4   1111     -77
75   201502    13609    11437        -146   1299      38
76   201501    20516    14708         212    832      52
```

考虑到对社会融资规模增量的分析，主要指标为同比增速，故下载了历年来社会融资规模增量数据后，可自行利用 pandas 或 Excel 计算出社会融资规模增量同比增速，以供进一步分析。

三、主要央行利率

AKShare 提供了美联储利率决议报告、欧洲央行决议报告、中国人民银行利率报告、日本利率决议报告等主要央行利率数据接口，可为企业进行投融资决策作参考。以美联储利率为例，AKShare 的美联储利率接口为 macro_bank_usa_interest_rate，可单次获取美联储历年的利率决议报告，数据区间从 1982 年 9 月 27 日至今。macro_bank_usa_interest_rate 无输入参数；其输出参数包括日期和今值（当天利率）。下载美联储利率代码如下：

```
# 美联储利率
import akshare as ak
macro_bank_usa_interest_rate_se = ak.macro_bank_usa_interest_rate()
print(macro_bank_usa_interest_rate_se.name)
print(macro_bank_usa_interest_rate_se)
```

结果如下：

```
usa_interest_rate
1982-09-27    10.25
1982-10-01    10.00
1982-10-07     9.50
1982-11-19     9.00
1982-12-14     8.50
```

```
                ...
2021-01-28    0.25
2021-03-18    0.25
2021-04-29    0.25
2021-06-17    0.25
2021-07-29    0.25
Name: usa_interest_rate, Length: 259, dtype: float64
```

四、银行间拆借利率

AKShare 提供了上海银行同业拆借市场、中国银行同业拆借市场、伦敦银行同业拆借市场、欧洲银行同业拆借市场、香港银行同业拆借市场、新加坡银行同业拆借市场等市场的银行间拆借利率数据。银行间拆借利率的变动主要反映当前货币市场情况，也就是说，当货币宽松时，拆借利率下浮；货币紧缩时，拆借利率上升。银行间拆借利率作为已经市场化的利率，对银行的资金行为产生显著影响，而银行的资金的行为也将影响到整个宏观市场的资金流动与存量水平。因此公司可参考银行同业拆借利率的变动情况，进行资金管理。

AKShare 的银行间拆借利率接口为 rate_interbank，rate_interbank 的输入参数为：

名称	类型	必选	描述
market	str	Y	market = "上海银行同业拆借市场"；参见市场 - 品种 - 指标一览表
symbol	str	Y	symbol = "Shibor 人民币"；参见市场 - 品种 - 指标一览表
indicator	str	Y	indicator = "隔夜"；参见市场 - 品种 - 指标一览表
need_page	str	Y	need_page = "5"；默认 need_page = ""，为全量更新； 设置 need_page = "5" 则返回前 need_page 页的数据；e. g.，need_page = "5"，则只返回前 5 页的数据，此参数可以用于增量更新，以免被封 IP

市场—品种—指标一览表如下：

market	symbol	indicator	market	symbol	indicator
上海银行同业拆借市场	Shibor人民币	隔夜	欧洲银行同业拆借市场	Euribor欧元	1周
上海银行同业拆借市场	Shibor人民币	1周	欧洲银行同业拆借市场	Euribor欧元	2周
上海银行同业拆借市场	Shibor人民币	2周	欧洲银行同业拆借市场	Euribor欧元	3周
上海银行同业拆借市场	Shibor人民币	1月	欧洲银行同业拆借市场	Euribor欧元	1月
上海银行同业拆借市场	Shibor人民币	3月	欧洲银行同业拆借市场	Euribor欧元	2月
上海银行同业拆借市场	Shibor人民币	6月	欧洲银行同业拆借市场	Euribor欧元	3月
上海银行同业拆借市场	Shibor人民币	9月	欧洲银行同业拆借市场	Euribor欧元	4月
上海银行同业拆借市场	Shibor人民币	1年	欧洲银行同业拆借市场	Euribor欧元	5月
中国银行同业拆借市场	Chibor人民币	隔夜	欧洲银行同业拆借市场	Euribor欧元	6月
中国银行同业拆借市场	Chibor人民币	1周	欧洲银行同业拆借市场	Euribor欧元	7月
中国银行同业拆借市场	Chibor人民币	2周	欧洲银行同业拆借市场	Euribor欧元	8月
中国银行同业拆借市场	Chibor人民币	3周	欧洲银行同业拆借市场	Euribor欧元	9月
中国银行同业拆借市场	Chibor人民币	1月	欧洲银行同业拆借市场	Euribor欧元	10月
中国银行同业拆借市场	Chibor人民币	2月	欧洲银行同业拆借市场	Euribor欧元	11月
中国银行同业拆借市场	Chibor人民币	3月	欧洲银行同业拆借市场	Euribor欧元	1年
中国银行同业拆借市场	Chibor人民币	4月	香港银行同业拆借市场	Hibor港元	隔夜
中国银行同业拆借市场	Chibor人民币	6月	香港银行同业拆借市场	Hibor港元	1周
中国银行同业拆借市场	Chibor人民币	9月	香港银行同业拆借市场	Hibor港元	2周
中国银行同业拆借市场	Chibor人民币	1年	香港银行同业拆借市场	Hibor港元	1月
伦敦银行同业拆借市场	Libor英镑	隔夜	香港银行同业拆借市场	Hibor港元	2月
伦敦银行同业拆借市场	Libor英镑	1周	香港银行同业拆借市场	Hibor港元	3月
伦敦银行同业拆借市场	Libor英镑	1月	香港银行同业拆借市场	Hibor港元	4月
伦敦银行同业拆借市场	Libor英镑	2月	香港银行同业拆借市场	Hibor港元	5月
伦敦银行同业拆借市场	Libor英镑	3月	香港银行同业拆借市场	Hibor港元	6月
伦敦银行同业拆借市场	Libor英镑	8月	香港银行同业拆借市场	Hibor港元	7月
伦敦银行同业拆借市场	Libor美元	隔夜	香港银行同业拆借市场	Hibor港元	8月
伦敦银行同业拆借市场	Libor美元	1周	香港银行同业拆借市场	Hibor港元	9月
伦敦银行同业拆借市场	Libor美元	1月	香港银行同业拆借市场	Hibor港元	10月
伦敦银行同业拆借市场	Libor美元	2月	香港银行同业拆借市场	Hibor港元	11月
伦敦银行同业拆借市场	Libor美元	3月	香港银行同业拆借市场	Hibor港元	1年
伦敦银行同业拆借市场	Libor美元	8月	香港银行同业拆借市场	Hibor美元	隔夜
伦敦银行同业拆借市场	Libor欧元	隔夜	香港银行同业拆借市场	Hibor美元	1周
伦敦银行同业拆借市场	Libor欧元	1周	香港银行同业拆借市场	Hibor美元	2周
伦敦银行同业拆借市场	Libor欧元	1月	香港银行同业拆借市场	Hibor美元	1月
伦敦银行同业拆借市场	Libor欧元	2月	香港银行同业拆借市场	Hibor美元	2月
伦敦银行同业拆借市场	Libor欧元	3月	香港银行同业拆借市场	Hibor美元	3月
伦敦银行同业拆借市场	Libor欧元	8月	香港银行同业拆借市场	Hibor美元	4月
伦敦银行同业拆借市场	Libor日元	隔夜	香港银行同业拆借市场	Hibor美元	5月
伦敦银行同业拆借市场	Libor日元	1周	香港银行同业拆借市场	Hibor美元	6月
伦敦银行同业拆借市场	Libor日元	1月	香港银行同业拆借市场	Hibor美元	7月
伦敦银行同业拆借市场	Libor日元	2月	香港银行同业拆借市场	Hibor美元	8月
伦敦银行同业拆借市场	Libor日元	3月	香港银行同业拆借市场	Hibor美元	9月
伦敦银行同业拆借市场	Libor日元	8月	香港银行同业拆借市场	Hibor美元	10月
新加坡银行同业拆借市场	Sibor星元	1月	香港银行同业拆借市场	Hibor美元	11月
新加坡银行同业拆借市场	Sibor星元	2月	香港银行同业拆借市场	Hibor美元	1年
新加坡银行同业拆借市场	Sibor星元	3月	香港银行同业拆借市场	Hibor人民币	隔夜
新加坡银行同业拆借市场	Sibor星元	6月	香港银行同业拆借市场	Hibor人民币	1周
新加坡银行同业拆借市场	Sibor星元	9月	香港银行同业拆借市场	Hibor人民币	2周
新加坡银行同业拆借市场	Sibor星元	1年	香港银行同业拆借市场	Hibor人民币	1月
新加坡银行同业拆借市场	Sibor美元	1月	香港银行同业拆借市场	Hibor人民币	2月
新加坡银行同业拆借市场	Sibor美元	2月	香港银行同业拆借市场	Hibor人民币	3月
新加坡银行同业拆借市场	Sibor美元	3月	香港银行同业拆借市场	Hibor人民币	6月
新加坡银行同业拆借市场	Sibor美元	6月	香港银行同业拆借市场	Hibor人民币	1年
新加坡银行同业拆借市场	Sibor美元	9月			
新加坡银行同业拆借市场	Sibor美元	1年			

rate_interbank 的输出参数为日期、利率和涨跌（BP）。作为我国有代表性的上海银行间同业拆放利率（Shanghai Interbank Offered Rate，Shibor），是由信用等级较高的银行自主报出的人民币同业拆出利率计算确定的算术平均利率，是单利、无担保、批发性利

率。对社会公布的 Shibor 品种包括隔夜、1 周、2 周、1 个月、3 个月、6 个月、9 个月及 1 年。以下载上海银行同业拆借市场隔夜利率为例，代码如下：

```
# 上海银行同业拆借市场隔夜利率
import akshare as ak
rate_interbank_df = ak. rate_interbank( market = "上海银行同业拆借市场", symbol = "Shibor 人民币", indicator = "隔夜", need_page = "5")
print( rate_interbank_df)
```

结果如下：

```
           日期       利率      涨跌
0    2021-08-13   2.176    23.6
1    2021-08-12   1.940    -9.2
2    2021-08-11   2.032   -21.8
3    2021-08-10   2.250     3.8
4    2021-08-09   2.212    35.3
..          ...     ...     ...
95   2021-03-30   1.825     1.1
96   2021-03-29   1.814     5.2
97   2021-03-26   1.762   -26.7
98   2021-03-25   2.029    20.7
99   2021-03-24   1.822   -15.4

[100 rows x 3 columns]
```

五、人民币牌价数据

AKShare 中行人民币牌价历史数据的接口为 currency_boc_sina，可单次返回指定日期及以前的人民币汇率买入价、卖出价和中间价历史数据，为公司外币业务会计处理与财务管理作参考。currency_boc_sina 的输入参数为：

名称	类型	必选	描述
symbol	str	Y	symbol = "欧元"; choice of {'美元', '英镑', '欧元', '澳门元', '泰国铢', '菲律宾比索', '港币', '瑞士法郎', '新加坡元', '瑞典克朗', '丹麦克朗', '挪威克朗', '日元', '加拿大元', '澳大利亚元', '新西兰元', '韩国元'}
date	str	Y	date = "20210801"，此日期表示截止的指定日期

currency_boc_sina 的输出参数分别为日期、中行汇买价、中行钞买价、中行钞卖价/汇卖价和央行中间价。以下载人民币美元汇率为例，代码如下：

```
# 人民币美元汇率牌价数据
import akshare as ak
currency_boc_sina_df = ak.currency_boc_sina(symbol = "美元", date = "20210801")
print(currency_boc_sina_df)
```

结果如下：

```
          日期     中行汇买价   中行钞买价   中行钞卖价/汇卖价   央行中间价
0    2021-07-30     644.99      639.74        647.72          646.02
1    2021-07-29     644.39      639.14        647.12          649.42
2    2021-07-28     647.78      642.51        650.53          649.29
3    2021-07-27     649.83      644.54        652.58          647.34
4    2021-07-26     646.88      641.62        649.62          647.63
...        ...        ...         ..          ...       ...
2694  2012-01-06  629.21  624.17      631.74  631.66
2695  2012-01-05  628.79  623.75      631.31  631.15
2696  2012-01-04  628.02  622.98      630.53  630.01
2697  2012-01-03  627.42  622.39      629.93  630.09
2698  2012-01-02  627.42  622.39      629.93  630.09

[2699 rows x 5 columns]
```

本章习题

1. 请使用 AKShare 获得国内碳排放权数据。
2. 请使用 AKShare 获得 ESG 评级数据，并根据上市公司代码及年份，与利润表的数据进行合并。
3. 请使用 AKShare 获得义乌小商品指数和制造业 PMI 数据，并进行拟和度关联分析。

第六篇

场景应用

▶▶第十八章 杜邦分析

杜邦分析法是利用几种主要的财务比率之间的关系来综合地分析企业的财务状况。其是一种用来评价公司盈利能力和股东权益回报水平，从财务角度评价企业绩效的一种经典方法。杜邦分析法的基本思想是将企业净资产收益率逐级分解为多项财务比率乘积，这样有助于深入分析比较企业经营业绩。由于这种分析方法最早由美国杜邦公司使用，故命名杜邦分析法。

第一节 杜邦分析法主要指标

杜邦分析法的核心指标为净资产收益率，并将其分解为多项财务比率乘积。其中净资产收益率有两种计算公式：一种是全面摊薄净资产收益率；另一种是加权平均净资产收益率。全面摊薄净资产收益率 = 报告期净利润 ÷ 期末净资产；加权平均净资产收益率 = 报告期净利润 ÷ 平均净资产。本部分为简化考虑，采用全面摊薄净资产收益率进行杜邦分析。杜邦分析法的具体指标如图 18 – 1 所示。

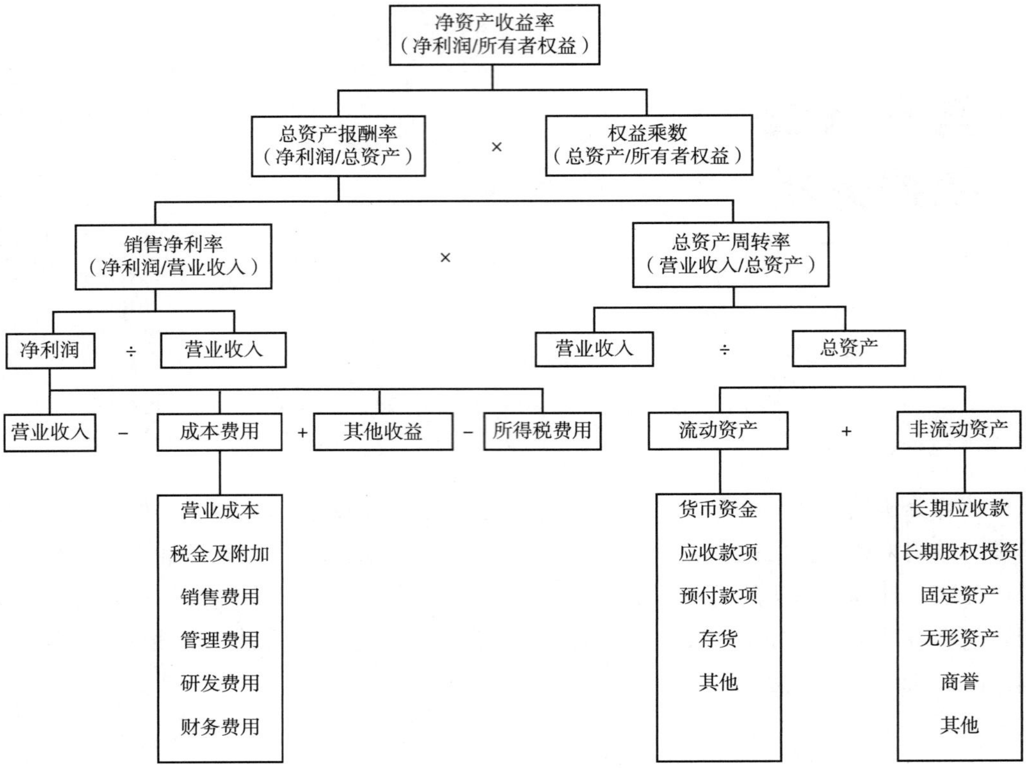

图 18－1　杜邦分析法的具体指标

第二节　行业杜邦分析

本部分以医药制造业为例，分别考察杜邦分析法的核心指标：净资产收益率、总资产报酬率、权益乘数、销售净利率、总资产周转率等。以前面介绍的财务报表下载的数据为原始数据，分析 2020 年医药制造业的杜邦分析法核心指标，代码如下：

```
import time
import pandas as pd
import matplotlib
import matplotlib. pyplot as plt
matplotlib. rc( "font" ,family = 'YouYuan' )   #解决 matplotlib 不显示中文的问题

def autolabel( rects):   #组每个柱自动标识其值
    for rect in rects:
        height = rect. get_height( )
```

```
        plt.text(rect.get_x() + rect.get_width()/2., 1.03 * height,'%s' % float
(height))

readpath = "D:\\result\\"   #年报文件所在位置
file = readpath + '财务报表合并.xlsx'
data = pd.read_excel(file)
data['所处行业'].fillna('missing')    # 缺失值填补为 missing
data = data[data['所处行业'] == '医药制造']   #仅保留医药制造行业

data['净资产收益率'] = data['净利润']/data['股东权益合计']
data['总资产报酬率'] = data['净利润']/data['资产 - 总资产']
data['权益乘数'] = data['资产 - 总资产']/data['股东权益合计']
data['销售净利率'] = data['净利润']/data['营业总收入']
data['总资产周转率'] = data['营业总收入']/data['资产 - 总资产']

roe = round(data['净资产收益率'].median(),3)
roa = round(data['总资产报酬率'].median(),3)
eoa = round(data['权益乘数'].median(),3)
ros = round(data['销售净利率'].median(),3)
soa = round(data['总资产周转率'].median(),3)

pltdata = [roe,roa,eoa,ros,soa]
labels = ['净资产收益率','总资产报酬率','权益乘数','销售净利率','总资产周
转率']

rect = plt.bar(range(len(pltdata)), pltdata, tick_label = labels)
plt.title('医药行业 2020 年杜邦分析')
autolabel(rect)
plt.show()

# 设置保存的文件名
savepath = "D:\\result\\"
current_time = time.strftime('%Y-%m-%d',time.localtime())
file_name = savepath + "杜邦分析" + current_time + ".xlsx"
```

```
#可能面临的风险数据保存到 EXCEL 文件中
writer = pd.ExcelWriter(file_name)
data.to_excel(writer, "sheet1")
writer.save()
print("数据保存成功")
```

其结果如下：

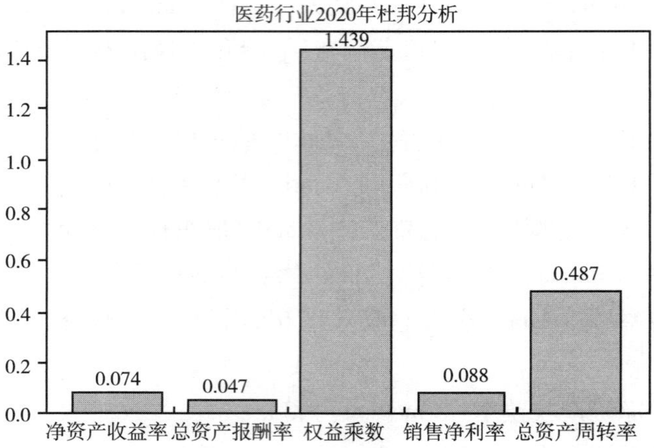

第三节 标杆杜邦分析

本部分以海正药业为分析主体，以恒瑞医药为标杆比较对象，通过时间序列分析，比较两者之间在杜邦分析中的差异。考虑到 AKShare 中基于东方财富网的数据来源接口 stock_em_zcfz、stock_em_lrb、stock_em_xjll 和 stock_em_yjyg 均为简表，如需要详细的财务报表进行杜邦分析，上述数据可能会存在缺失。故本部分选择 AKShare 基于新浪财经的 stock_financial_report_sina 接口，下载完整的财务报表，并进行分析。

stock_financial_report_sina 接口的输入参数如表 18－1 所示。从中可知，使用 stock_financial_report_sina 接口只能逐个下载一个公司的财务报表，亦可使用循环语句下载多个公司的报表。

表 18－1　stock_financial_report_sina 接口的输入参数

名称	类型	必选	描述
stock	str	Y	stock = "600004"；股票代码
symbol	str	Y	symbol = "现金流量表"；choice of {"资产负债表","利润表","现金流量表"}

stock_financial_report_sina 接口的输出参数包括报表日期、单位和各报表的财务指标，在此不再详述。

基于杠杆分析的需要，我们首先通过 stock_financial_report_sina 接口下载海正药业和恒瑞医药的历年年报，并将相合并，具体代码如下：

```
import time
import akshare as ak
import pandas as pd

code = ["600267","600276"]
for i in code:
    balance = ak.stock_financial_report_sina(stock = i, symbol = "资产负债表")
    balance["code"] = i
    print(balance)
    profit = ak.stock_financial_report_sina(stock = i, symbol = "利润表")
    profit["code"] = i
    cash = ak.stock_financial_report_sina(stock = i, symbol = "现金流量表")
    cash["code"] = i
    finance = pd.merge(balance, profit, how = "left", on = ["code","报表日期"])    #
merge 合并报表
    finance = pd.merge(finance, cash, how = "left", on = ["code","报表日期"])    #
merge 合并报表
    exec("finance% s = finance"% i)    #生成不同的变量,如 finance600267 和 fi-
nance600276
newfinance = finance600267.append(finance600276)  #append 合并两公司的报表
newfinance = newfinance[newfinance['报表日期'].str[4:] == '1231']  #仅保留年度报
告,删除中期报告
newfinance['year'] = newfinance['报表日期'].str[0:4]  #建立年份变量并赋值
newfinance['year'].astype('int')
newfinance['code'].astype('str')

# 设置保存的文件名
savepath = "D:\\result\\"
current_time = time.strftime('%Y-%m-%d',time.localtime())
file_name = savepath + "标杆财务报表" + current_time + ".xlsx"

#业绩报表数据保存到 EXCEL 文件中
writer = pd.ExcelWriter(file_name)
newfinance.to_excel(writer, "sheet1")
```

```
writer. save()
print("数据保存成功")
```

通过上述代码，将海正药业和恒瑞医药的年报数据下载到名为标杆财务报表 + 日期的 Excel 文件中，供下一步的分析调用。

具体的标杆杜邦分析需要进行相应的指标计算、分析范围的界定和数据类型的转换等数据处理工作。具体代码如下：

```
#标杆财务分析
import pandas as pd
import matplotlib
import matplotlib. pyplot as plt
matplotlib. rc("font",family = 'YouYuan')  #解决 matplotlib 不显示中文的问题

readpath = "D:\\result\\"  #年报文件所在位置
file = readpath + '标杆财务报表. xlsx'
data = pd. read_excel(file)
data['净资产收益率'] = data['净利润']/data['所有者权益(或股东权益)合计']
data['总资产报酬率'] = data['净利润']/data['资产总计']
data['权益乘数'] = data['资产总计']/data['所有者权益(或股东权益)合计']
data['销售净利率'] = data['净利润']/data['营业收入']
data['总资产周转率'] = data['营业收入']/data['资产总计']

data['code'] = data['code']. astype('str')
code1 = '600267'  #需要分析的公司代码
code2 = '600276'

data1 = data[(data['year'] > =2010) & (data['code'] = = code1)]  #保留需要分析的
公司代码和年份
data2 = data[(data['year'] > =2010) & (data['code'] = = code2)]

plt. figure(figsize = (15,15), dpi = 150) #设置画布的尺寸
plt. figure(1) #新建一个名叫 Figure1 的画图窗口
plt. legend(loc = 'best',frameon = False)

ax1 = plt. subplot(321) #设置子图,3 表示共 3 行图,2 表示每行 2 例,1 表示第 1 个子图
plt. xlabel('年份',fontsize = 12)#设置 x 轴,并设定字号大小
plt. ylabel('净资产收益率',fontsize = 12)#设置 y 轴,并设定字号大小
plt. plot(data1['year'],data1['净资产收益率'],color = "blue",linewidth = 2,linestyle =
```

```
':',label = code1, marker = 'o')
plt. plot(data2['year'],data2['净资产收益率'],color = "red",linewidth = 1,linestyle = '--',label = code2, marker = '+')
plt. legend(loc = 3,frameon = False) #loc = 3 表示图例设置为第 3 象限,frameon = Fals 表示无边框

ax2 = plt. subplot(322)
plt. xlabel('年份',fontsize = 12)
plt. ylabel('总资产报酬率',fontsize = 12)
plt. plot(data1['year'],data1['总资产报酬率'],color = "blue",linewidth = 2,linestyle = ':',label = code1, marker = 'o')
plt. plot(data2['year'],data2['总资产报酬率'],color = "red",linewidth = 1,linestyle = '--',label = code2, marker = '+')
plt. legend(loc = 3,frameon = False)

ax3 = plt. subplot(323)
plt. xlabel('年份',fontsize = 12)
plt. ylabel('权益乘数',fontsize = 12)
plt. plot(data1['year'],data1['权益乘数'],color = "blue",linewidth = 2,linestyle = ':',label = code1, marker = 'o')
plt. plot(data2['year'],data2['权益乘数'],color = "red",linewidth = 1,linestyle = '--',label = code2, marker = '+')
plt. legend(loc = 3,frameon = False)

ax4 = plt. subplot(324)
plt. xlabel('年份',fontsize = 12)
plt. ylabel('销售净利率',fontsize = 12)
plt. plot(data1['year'],data1['销售净利率'],color = "blue",linewidth = 2,linestyle = ':',label = code1, marker = 'o')
plt. plot(data2['year'],data2['销售净利率'],color = "red",linewidth = 1,linestyle = '--',label = code2, marker = '+')
plt. legend(loc = 3,frameon = False)


ax5 = plt. subplot(325)
plt. xlabel('年份',fontsize = 12)
plt. ylabel('总资产周转率',fontsize = 12)
plt. plot(data1['year'],data1['总资产周转率'],color = "blue",linewidth = 2,linestyle =
```

```
':',label = code1 , marker = 'o')
plt. plot( data2[ 'year' ] ,data2[ '总资产周转率' ] ,color = " red" ,linewidth = 1 ,linestyle = ' -
- ',label = code2 , marker = ' + ')
plt. legend( loc = 3 ,frameon = False)

plt. show( )#显示图像
```

上述代码将杜邦分析的五个核心指标进行了曲线图对比分析，结果如下：

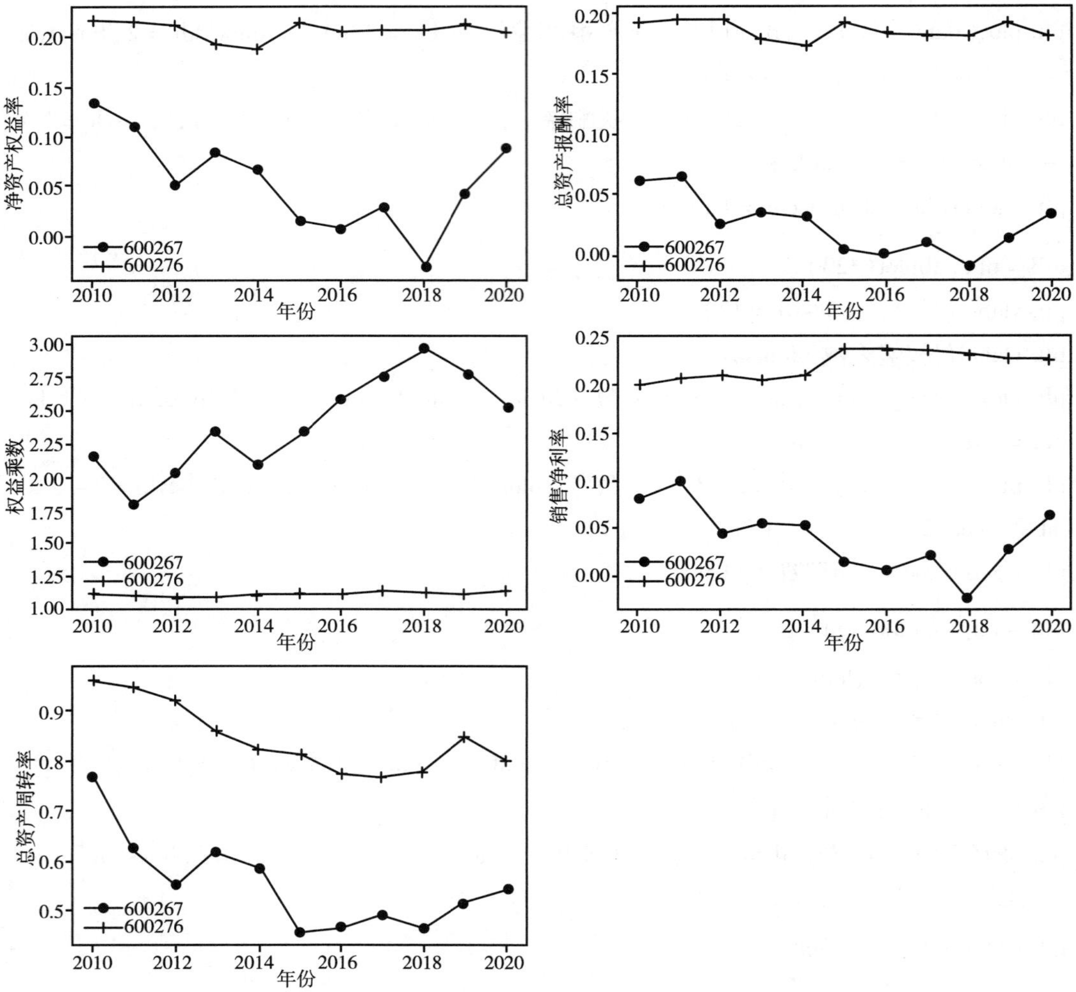

从结果可知，作为行业领先的恒瑞医药（600276），各项指标均遥遥领先于海正药业（600267）。特别在权益乘数方面，反映出海正药业过高的杠杆率，进一步拖累了其净资产收益率。

本章习题

1. 选择某行业的一家上市公司进行杜邦分析，并结合行业均值、行业头部企业进行比较分析。

2. 杜邦分析的不足之处在哪？能否结合现金流量表数据，对杜邦分析进行优化补充。

3. 选择某行业，比较行业毛利率与净利率之间的差异程度，并提出从期间费用提高净利率的建议。

第十九章 文本分析

【本章学习目标】

1. 了解文本分析的基本步骤；
2. 参考代码，利用 LDA 主题模型做文本分析；
3. 掌握基本的聚类算法，利用机器学习对文本进行聚类分析。

【本章学习重点】

1. 理解文档词频矩阵及聚类分析中机器学习的主要方法；
2. 聚类的效果评价及可视化。

【本章学习难点】

1. 文本向量化（文档词频矩阵），矩阵分解（奇异值分解）；
2. tfidf 的概念和 TfidfTransforme 的具体使用。

第一节 文本分析的主要步骤

一、数据获取

政策文本可以是归档的文字数据，也可以是平台的文本，对于网络上的文本数据，一般要利用爬虫手段进行数据抓取，首先要对主网页和详情页进行检查分析，然后确定爬取的方法，包括请求头设计、爬取内容的位置、变量设计、利用函数、Pandas 库的使用等。

二、文本分析的内容和方法

文本分析的内容比较广泛，目前有词法分析、文本分类、文本聚类、文本检索、文本相似度、情感分析、个性化推荐等文本分析与文本挖掘方面的理论方法。人工智能技术与互联网的发展更是为该领域研究提供了很多的方法和手段，相关理论和技术可以直接用于解决具体文本分析与文本挖掘的问题，也可以为进一步研究提供理论方法基础。根据研究的需要来确定方法和手段。

三、实体提取、分词和用户词典

有时候根据需要统计数字出现的次数，有时候要得到文本里涉及的公司名称等，这就要用匹配的方法得到实体的内容。在分词之前，要确定专业性有多强，如果专业性强，我们就要用到用户词典，不然得到的结果会产生很大的偏差。用户词典我们可以参考专业结构做好的，如大连理工大学做了一些专业的词典；如果没有合适的词典可用，则得组织专业人士编出比较可行的用户词典。

第二节　利用 LDA 主题模型做文本分析

一、简要的理论说明

在文本分类中，如果数据已经有了标题的内容，可以考虑根据标题的关键词进行分类；观察后结果比较理想的话，再根据数据量的多少确定是手工标注还是利用半监督学习来做标注。如果没有标题内容，我们可以试试利用 LDA 主题模型的方法来解决。下面主要是利用该模型来做数据分类或者聚类。

在机器学习领域，LDA 是两个常用模型的简称：Linear Discriminant Analysis 和 Latent Dirichlet Allocation。本书的 LDA 仅指代 Latent Dirichlet Allocation. LDA 在主题模型中占有非常重要的地位，常用来文本分类。

LDA 由 Blei, David M. 、Ng, Andrew Y. 、Jordan 于 2003 年提出，用来推测文档的主题分布。它可以将文档集中每篇文档的主题以概率分布的形式给出，从而通过分析一些文档抽取出它们的主题分布后，便可以根据主题分布进行主题聚类或文本分类。

现在简单地来理解怎样才能生成主题。

首先，可以用生成模型来看文档和主题。所谓生成模型，就是说，我们认为一篇文章的每个词都是通过“以一定概率选择了某个主题（或者理解为某个文档属于某个主题），并从这个主题中以一定概率选择某个词语”这样一个过程得到的。那么，如果我们要生成一篇文档，它里面的每个词语出现的概率为：

$$p(\text{词语}|\text{文档}) = \sum_{\text{主题}} p(\text{词语}|\text{主题}) \times p(\text{主题}|\text{文档})$$

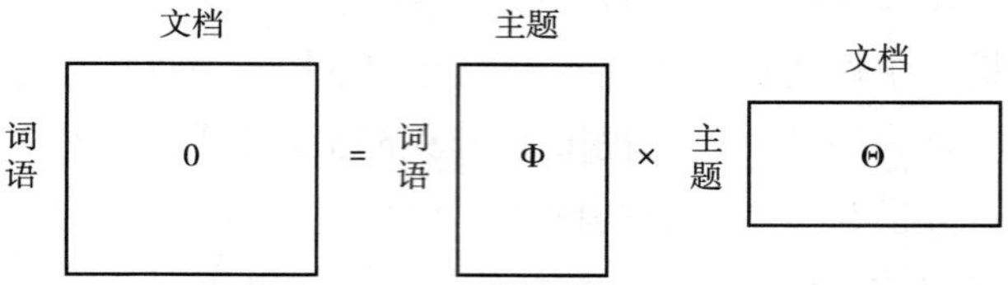

其中”文档—词语”矩阵表示每个文档中每个单词的词频，即出现的概率；“主题—词语”矩阵表示每个主题中每个单词的出现概率；“文档—主题”矩阵表示每个文档中每个主题出现的概率。一篇文档可能属于不同的主题，从概率来说属于某一个主题的可能性相对较大。

给定一系列文档，通过对文档进行分词，计算各个文档中每个单词的词频就可以得到左边这边“文档—词语”矩阵。主题模型就是通过左边这个矩阵进行训练，学习出右边两个矩阵（这就是所谓的机器学习）。

二、场景应用（文本聚类分析）

有了这些理解后，针对已经整理好的格式化的文本数据，结合代码进行简要的说明。

1. 导入相关包。

```
##加载相关包
import jieba
import re
import pandas as pd
from sklearn.feature_extraction.text import CountVectorizer
from sklearn.cluster import KMeans
from matplotlib import pyplot as plt
from sklearn.manifold import TSNE
from sklearn.decomposition import PCA
from sklearn.feature_extraction.text import TfidfTransformer
from sklearn import metrics
```

```
# 导入评价聚类效果的包

from sklearn.metrics import silhouette_score
from sklearn.metrics import calinski_harabasz_score
from sklearn.metrics import davies_bouldin_score
```

2. 导入数据。

```
#导入数据
data=pd.read_csv(r"C:\Users\lenovo\Desktop\000001--000737.csv",engine='python')
data=list(data['应对'])
data=data[:1000]
# data
```

3. 分词、去停用词及标点符号。

```python
#文本数据清理，主要包括分词、去除标点符号停用词等
# 加载停用词
def get_stop_words(stop_words_dir):
    stop_words = []
    with open(stop_words_dir, 'r', encoding='utf-8') as f_reader:
        for line in f_reader:
            line = delete_r_n(line)
            stop_words.append(line)
    stop_words = set(stop_words)
    return stop_words
# 去掉空字符，换行符
def delete_r_n(line):
    return line.replace('\r', '').replace('\n', '').strip()
# 加载停用词，stopwords为停用词列表
stopwords = get_stop_words(r'E:\TextMining\Data\stopwords.txt')
```

4. 正则匹配中文、利用结巴分词并做连接。

```python
# 正则匹配中文、利用结巴分词并做连接
text = [' '.join(re.findall(r'[\u4e00-\u9fa5]+', doc.encode('utf-8').decode('utf-8')
        for doc in data]


text = [' '.join(jieba.lcut(doc))
        for doc in text]
```

```
Building prefix dict from the default dictionary ...
Loading model from cache C:\Users\lenovo\AppData\Local\Temp\jieba.cache
Loading model cost 1.206 seconds.
Prefix dict has been built successfully.
```

5. 将文本转化为词频矩阵，通过机器学习形成特征矩阵。

首先我们要明白，计算机是不能从文本字符串中发现规律的。只有将字符串编码为计算机可以理解的数字，计算机才有可能发现文本中的规律。

实现思路：对文本编码，就是让词语与数字对应起来，建立基于给定文本的词典（fit 方法）。再根据词典对所有的文本数据进行转码（transform 方法）。scikit 库的 CountVectorize 类就是这种思路。

```python
#将文本中的词语转换为词频矩阵 矩阵元素a[i][j] 表示j词在i类文本下的词频
wordcounter = CountVectorizer()
matrix=wordcounter.fit_transform(text)
# print(matrix.toarray())
#查看下特征与词语对应关系
print(wordcounter.get_feature_names())
```

上面的代码就是学习特征（构建词典）fit 并转化为特征矩阵。

```python
#文档词频矩阵
pd.DataFrame(matrix.toarray(), columns = wordcounter.get_feature_names())

#  用shape看矩阵大小  # 1000 rows × 60 columns
```

	一下	一切权利	一定	一审	一审判决	一年	一并	一惯	一揽子	一方	…	高管	高级	高而于	高速公路	高风险	鲁地	麦田	黄金	齐全	齐备
0	0	0	0	0	0	0	0	0	0	0	…	0	0	0	0	0	0	0	0	0	0
1	0	0	0	0	0	0	0	0	0	0		0	0	0	0	0	0	0	0	0	0

当然，我们也可以考虑用 tfidf 方法来构建矩阵。

```
# tf-idf矩阵
transformer = TfidfTransformer()

tfidf = transformer.fit_transform(wordcounter.fit_transform(text))
```

```
# tfidf     # <1000x2854 sparse matrix of type '<class 'numpy.float64'>'
```

6. 利用肘部法则，确定分类（聚类）的数量。

```
##开始聚类
clf = KMeans(n_clusters=6)
s = clf.fit(matrix)
print(s)
```

聚类基本代码：

```
#  利用肘部法则，确定聚类的数量

SSE = []                            # 空列表，用于存放每次聚类结果的SSE
for k in range(2, 30):
    clf = KMeans(n_clusters=k)  # 更换不同的k值构建聚类模型
    clf.fit(matrix)
    SSE.append(clf.inertia_)    # 使用.inertia_接口获取SSE
k = range(2, 30)
plt.xlabel('n_clusters')
plt.ylabel('SSE')
plt.plot(k, SSE,"o-",c='black')
plt.show()
```

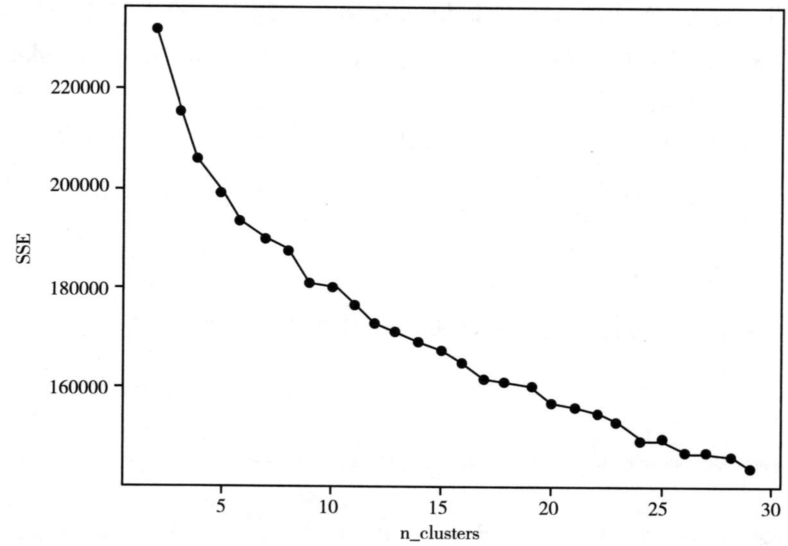

7. 利用 TSNE 进行降维，查看聚类的效果。

```
# 利用TSNE进行降维
tsne = TSNE(n_components=2) #  映射到二维空间
proj = tsne.fit_transform(matrix)
plot_kwds = {'alpha' : 0.7, 's': 40, 'linewidths':0,'cmap':'Set3'}  # 设置绘图参数
plt.scatter(*proj.T, **plot_kwds)
plt.show()
```

```
F:\anaconda\lib\site-packages\sklearn\manifold\_t_sne.py:783: FutureWarning: The default initialization in TSNE will change from 'random' to 'pca' in 1.2.
```

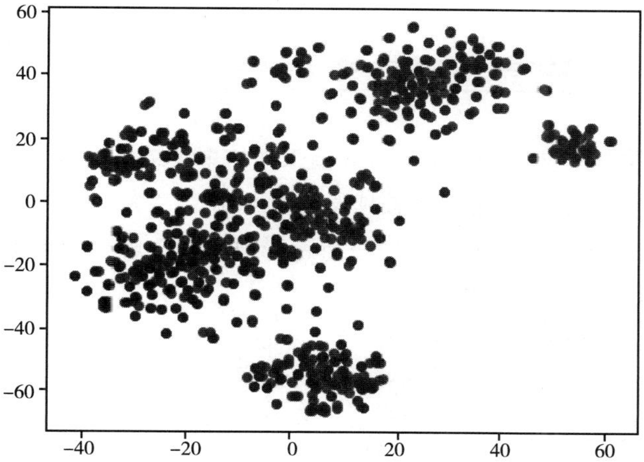

聚类效果评价：

```
#  下面的函数是定义一个效果评价，可以通用到其他地方的方法
def cluster_scores(n, data, label):
    s1 = silhouette_score(data, label) * 100         #越大越好(为了便于绘图进行了倍乘)
    s2 = calinski_harabasz_score(data, label)        #越大越好
    s3 = davies_bouldin_score(data, label) * 5       #越小越好(为了便于绘图进行了倍乘)
    return([n, s1, s2, s3])
```

```
scores = []
labels = []   # 类别标签是针对每次跑的结果不一样
for k in range(2, 10):
    clf = KMeans(n_clusters=k) # 更换不同的k值构建聚类模型
    clf.fit(matrix)
    label = clf.labels_
    scores.append(cluster_scores(k, matrix.toarray(), label))
    labels.append(label)
scores = pd.DataFrame(scores, columns=["n","s1","s2","s3"])
labels = pd.DataFrame(labels).T
plt.plot(scores["n"], scores["s1"], "o-", alpha=0.7, c='green', label="S")
plt.plot(scores["n"], scores["s2"], "o-", alpha=0.7, c='blue', label="C-H")
plt.plot(scores["n"], scores["s3"], "o-", alpha=0.7, c='pink', label="D-B")      #累积绘制,
plt.legend()    #显示图例
plt.show()
```

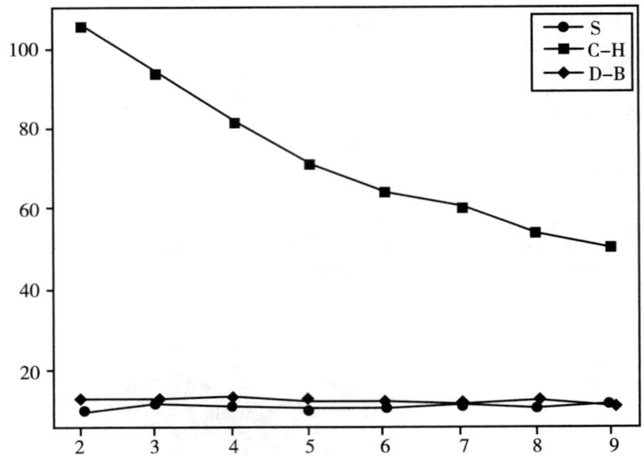

我们综合考量轮廓系数、CH 值以及 DB 值来评估聚类结果的质量，同样对这些指标随聚类中心数的变化进行了绘制。轮廓系数越大越好、CH 值越大越好以及 DB 值越小越好。

8. 如果感觉前面的效果不好，可以进行奇异值分解，解决效果不好的问题。

```
#奇异值分解 ，解决上面的效果不好的问题
from sklearn.decomposition import TruncatedSVD  # LSA
lsa = TruncatedSVD(n_components=10, algorithm='randomized', n_iter=200)
t1 = lsa.fit_transform(matrix)  # 训练并进行转化
print("--------lsa奇异值---------")
print(lsa.singular_values_)   #  显示奇异值
# 1000个文本，在10个话题向量空间下的表示
print("--------500个文本，在10个话题向量空间下的表示---------")
print(t1)
```

```
--------lsa奇异值---------
```

```
pca = PCA(n_components=2)   #  降维查看效果
proj = pca.fit_transform(t1)
# plt.scatter(*proj.T)  # 默认绘图
plt.scatter(*proj.T, **plot_kwds) # 加一些设定的参数，用字典传参。
plt.show()
```

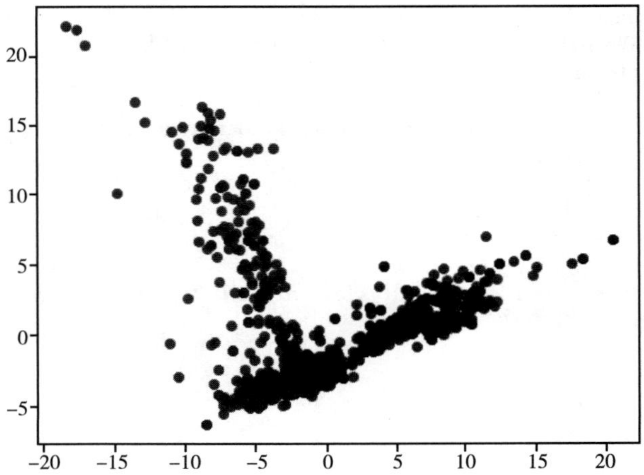

```
plt.scatter(*proj.T,c=label, **plot_kwds)
plt.show()
```

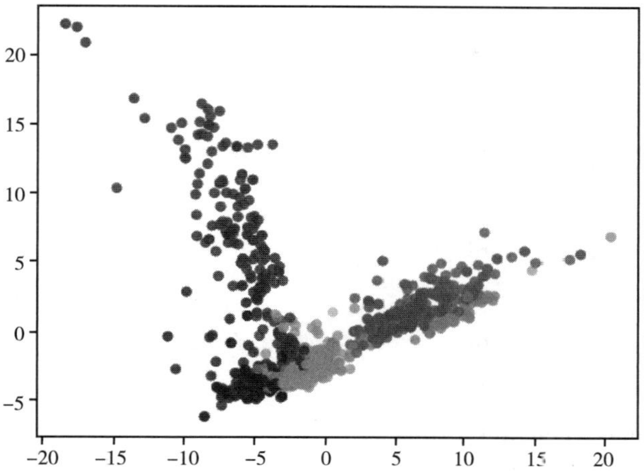

另外，在主题分析的过程中，在奇异值分解后，还可以做文本相似度的分析：

```
###基于余弦相似度的文本相似性计算
from sklearn.metrics.pairwise import cosine_similarity
sim=cosine_similarity(t1)
sim.shape  # (1000, 1000)
sim = pd.DataFrame(sim)
sim.to_csv('data/sim.csv')
```

参考代码：(此处有些内容的代码是处理英文的，大家根据需要调整代码)

```
##加载相关包
import jieba
import re
import pandas as pd
from sklearn.feature_extraction.text import CountVectorizer
from sklearn.cluster import KMeans
from matplotlib import pyplot as plt
from sklearn.manifold import TSNE
from sklearn.decomposition import PCA
from sklearn.feature_extraction.text import TfidfTransformer
from sklearn import metrics
# 导入评价聚类效果的包
from sklearn.metrics import silhouette_score
from sklearn.metrics import calinski_harabasz_score
from sklearn.metrics import davies_bouldin_score
```

```
#导入数据
data = pd.read_csv(r"C:\Users\lenovo\Desktop\000001 - -000737.csv",engine = 'python')
data = list(data['应对'])
data = data[:1000]
# data
#文本数据清理，主要包括分词、去除标点符号停用词等
# 加载停用词
def get_stop_words(stop_words_dir):
    stop_words = []
    with open(stop_words_dir, 'r', encoding = 'utf-8') as f_reader:
        for line in f_reader:
            line = delete_r_n(line)
            stop_words.append(line)
    stop_words = set(stop_words)
    return stop_words
# 去掉空字符，换行符
def delete_r_n(line):
    return line.replace('\r', '').replace('\n', '').strip()
# 加载停用词，stopwords 为停用词列表
stopwords = get_stop_words(r'E:\TextMining\Data\stopwords.txt')
# 正则匹配中文、利用结巴分词并做连接
text = [' '.join(re.findall(r'[\u4e00 - \u9fa5] + ', doc.encode('utf-8').decode('utf-8')))
        for doc in data]
text = [' '.join(jieba.lcut(doc))
        for doc in text]
#将文本中的词语转换为词频矩阵 矩阵元素 a[i][j] 表示 j 词在 i 类文本下的词频
wordcounter = CountVectorizer()
matrix = wordcounter.fit_transform(text)
# print(matrix.toarray())
#查看下特征与词语对应关系
print(wordcounter.get_feature_names())
#文档词频矩阵
pd.DataFrame(matrix.toarray(), columns = wordcounter.get_feature_names())
#  用 shape 看矩阵大小  # 1000 rows × 60 columns
```

```
# tf - idf 矩阵
transformer = TfidfTransformer( )
tfidf = transformer. fit_transform( wordcounter. fit_transform( text) )
#  利用肘部法则,确定聚类的数量
SSE = [ ]                          # 空列表,用于存放每次聚类结果的 SSE
for k in range(2, 30) :
   clf = KMeans( n_clusters = k) # 更换不同的 k 值构建聚类模型
   clf. fit( matrix)
   SSE. append( clf. inertia_)   # 使用 . inertia_接口获取 SSE
k = range(2, 30)
plt. xlabel( 'n_clusters' )
plt. ylabel( 'SSE' )
plt. plot( k, SSE," o - " ,c = 'black' )
plt. show( )
# 利用 TSNE 进行降维
tsne = TSNE( n_components = 2) #  映射到二维空间
proj = tsne. fit_transform( matrix)
plot_kwds = { 'alpha' : 0. 7, 's' : 40, 'linewidths' :0, 'cmap' : 'Set3' }  # 设置绘图
参数
plt. scatter( * proj. T, ** plot_kwds)
plt. show( )
#  下面的函数是定义一个效果评价,可以通用到其他地方的方法
def cluster_scores( n, data, label) :
   s1 = silhouette_score( data, label) * 100      #越大越好( 为了便于绘图进行了倍乘)
   s2 = calinski_harabasz_score( data, label)     #越大越好
   s3 = davies_bouldin_score( data, label) * 5    #越小越好( 为了便于绘图进行了倍乘)
   return( [ n, s1, s2, s3 ] )
scores = [ ]
labels = [ ]  # 类别标签是针对每次跑的结果不一样
for k in range(2, 10) :
    clf = KMeans( n_clusters = k) # 更换不同的 k 值构建聚类模型
    clf. fit( matrix)
    label = clf. labels_
    scores. append( cluster_scores( k, matrix. toarray( ), label) )
    labels. append( label)
scores = pd. DataFrame( scores, columns = [ "n", "s1", "s2", "s3" ] )
```

```
labels = pd.DataFrame(labels).T
plt.plot(scores["n"],scores["s1"],"o-",alpha=0.7,c='green',label="S")
plt.plot(scores["n"],scores["s2"],"o-",alpha=0.7,c='blue',label="C-H")
plt.plot(scores["n"],scores["s3"],"o-",alpha=0.7,c='pink',label="D-B")
#累积绘制,将三条线画在一张图里
plt.legend()    #显示图例
plt.show()
#奇异值分解,解决上面的效果不好的问题
from sklearn.decomposition import TruncatedSVD   # LSA
lsa = TruncatedSVD(n_components=10, algorithm='randomized', n_iter=200)
t1 = lsa.fit_transform(matrix)   # 训练并进行转化
print("------------lsa 奇异值-------------")
print(lsa.singular_values_)    #  显示奇异值
# 1000 个文本,在 10 个话题向量空间下的表示
print("--------500 个文本,在 10 个话题向量空间下的表示---------")
print(t1)
pca = PCA(n_components=2)    #  降维查看效果
proj = pca.fit_transform(t1)
# plt.scatter(*proj.T)   # 默认绘图
plt.scatter(*proj.T, **plot_kwds) # 加一些设定的参数,用字典传参。
plt.show()
plt.scatter(*proj.T,c=label, **plot_kwds)
plt.show()
###基于余弦相似度的文本相似性计算
from sklearn.metrics.pairwise import cosine_similarity
sim = cosine_similarity(t1)
sim.shape   # (1000, 1000)
sim = pd.DataFrame(sim)
sim.to_csv('data/sim.csv')
```

本章习题

利用自己的文本数据，进行文本聚类分析，并对效果进行评价。

1. 结合专业，上市公司存在哪些文本数据，从哪些途径可以获得这些数据。
2. 文本数据的处理中，你认为需要哪些步骤？其中哪个步骤是你认为比较难掌握的。
3. 文本处理中的分类和聚类方法有什么相同的地方，差异性体现在什么方面。

第二十章 公司风险分析

上市公司年报自2012年开始要求披露“可能面临的风险”，并在近年来逐步予以强化。上市公司可能面临的风险信息，是公司管理层基于自身的判断作出的披露。通过对同行业公司的可能面临的风险信息，有助于把握同行的整体风险状况，为企业的业财融合、财务决策服务。为此，本部分首先介绍如何使用文本分析工具，进行行业风险整体风险分析。在此基础上，对标行业领先公司的可能面临的风险信息，进行风险管理。

第一节 年报风险信息特征分析

年报风险信息分析的前提需要下载分析年度的上市公司年报文本。本书相关章节已介绍了爬虫下载方法，不再重述。而截取上市公司“可能面临的风险”信息则成为本章的研究重点。

首先考察“可能面临的风险”在年报中的位置特点，以海正药业2020年年报为例，其年报风险信息所处的位置如下：

三、公司关于公司未来发展的讨论与分析

（一）行业格局和趋势

…

（二）公司发展战略

…

（三）经营计划

…

（四）可能面对的风险

√适用 □不适用

1. 经营风险

（1）制剂产品的市场风险

近年来，公司加大实施向制剂业务的转型升级，制剂业务的产销规模逐年扩大，已成为公司主要的收入和利润来源。随着全国药品集中采购政策推广至全国，从历次中标结果看，入围和中选的药品价格均出现大幅下降，涉及的药品种类也进一步增加。因中标企业将取得较大市场份额，对未中标医药企业盈利能力将产生不利影响。此外，进入国家医保目录的药品，可使用医保基金报销，从而可大幅放量，促进销售。如果公司制剂未进入医保目录，或未在全国药品集中采购的招投标中竞标成功，有可能造成药品销售萎缩，从而给公司的经营业绩带来不利影响。

（2）原料药的市场风险

特色原料药的生产销售是公司的传统业务，公司 85% 以上的原料药销往国际市场。近年来，全球特色原料药的行业竞争呈现两大变化：一是原料药的产业转移加快，原料药的生产逐渐从西班牙等欧洲国家转移到中国、印度等生产成本相对较低的国家，随着竞争对手的增多，行业竞争趋于激烈；二是全球医药行业出现了纵向一体化的发展趋势，制剂生产企业与原料药生产企业之间的兼并收购日益增多，全球主流特色原料药企业也逐渐向高端的制剂药、专利药市场发展。原料药和制剂纵向一体化的全球制药企业的增加，导致原料药的客户基础有所萎缩，从而使得公司在原料药的销售上面临着更为激烈的市场竞争。

（3）医药商业业务的产品供应风险

公司的医药商业业务包括全资子公司省医药公司从事第三方药品的纯销、分销及零售业务（含连锁药房、电子商务等）和控股子公司瀚晖制药在过渡期内分销和推广按照合资协议由辉瑞公司拟注入瀚晖制药相关产品的业务（该业务在过渡期结束后将转为公司的自产制剂业务）。

若公司医药商业业务所需的主要产品品种出现供货不足且短期内不能解决，则可能对公司的市场份额、销售收入及净利润等产生不利影响。

（4）原材料供应或价格波动风险

公司原料药产品对粮食类和化工类等原材料供应的依赖性较强，而粮食类原材料有可能因天气、收成状况或自然灾害等出现大幅波动，从而对公司生产成本影响较大。另外公司采购的丙酮、醋酸乙脂等石油化工类产品受原油价格的影响，价格波动也较为频繁。因此，原材料价格的波动会在一定程度上影响公司的盈利水平。

（5）环保及安全生产风险

公司属于制药行业，在生产过程中会产生废水、废气、废渣及其他污染物，若处理不当，对周边环境会造成一定的不利影响。如果公司的污染物排放不符合国家环保政策规定，将面临被国家有关部门处罚、责令关闭或停产的可能。同时，国家及地方政府可能在将来实施更为严格的环境保护规定，这可能会导致公司为达到新标准而支付更高的环境保护费用，在一定程度上影响公司的经营业绩。

此外，由于原料药生产中涉及化学危险品，在装卸、搬运、贮存及使用过程中操作不当或维护措施不到位，可能会导致发生安全事故，进而影响公司正常生产经营，从而对公司的业绩造成一定的不利影响。

（6）产品质量控制风险

药品质量直接关系到患者的生命安全，因此质量控制是医药企业尤其是制剂企业生产和管理的重中之重。制剂如在国内销售，制剂生产线需通过我国 GMP 认证；若拟出口销售，生产线需通过欧美规范药政市场的 cGMP 认证。公司已建立完善的质量保证体系，但制剂生产毕竟是一种质量要求高、技术要求严格的生产过程，不能排除因控制失误、责任人员疏忽等原因出现产品质量问题，从而影响到公司的正常经营活动，并可能对公司业绩和声誉造成一定的影响。

2. 政策风险

（1）药品价格政策调整风险

近年来，政府为降低人民群众的医疗成本，加强了对药品价格的管理工作。随着药品价格改革，医药市场竞争的加剧，医疗保险制度改革的深入及相关政策、法规的出台或调整，以及集中采购等一系列药品价格调控政策的进一步推广，预计我国药品降价趋势仍将持续，医药行业的平均利润率可能会下降，从而对公司的经营业绩产生不利影响。

（2）国家基本药物目录或国家医保药物目录调整的风险

列入国家基本药物目录或国家医保药物目录的药品可由社保基金支付全部或部分费用，因此，列入目录的药品更具市场竞争力。国家基本药物目录及国家医保药物目录会不定期根据治疗需要、药品使用频率、疗效及价格等因素进行调整。公司制剂产品如需获得竞争力，在很大程度上取决于是否可以被列入目录中。如公司的制剂未被列入目录或现在目录中的制剂被剔除出目录，则可能导致该制剂无法快速放量或者销售额出现下降，从而对公司经营业绩造成不利影响。

（3）药品招标政策变化带来的风险

2019 年 1 月，国务院发布《国家组织药品集中采购和使用试点方案》，我国以 4 个直辖市和 7 个重点城市为试点，从通过质量和疗效一致性评价的仿制药对应的通用名药品中遴选试点品种，开展国家带量采购试点工作，核心是以量换价、以款换价、降低药价和医保控费，后续经过多次扩面，带量采购政策已逐步推广至全国，涉及药品种类也进一步增加。随着带量采购药品范围逐渐扩大，如果公司部分产品被纳入集采范围且未中标，将有可能对公司的销售收入和经营业绩造成不利影响。

（五）其他

□适用 √不适用

四、公司因不适用准则规定或国家秘密、商业秘密等特殊原因，未按准则披露的情况和原因说明

□适用 √不适用

第五节 重要事项

第二节　年报风险信息获取

从海正药业的年报可知，公司可能面对的风险信息，在“公司未来发展的讨论与分析”与“第五节 重要事项”之间。考虑到“重要事项”关键词在年报中出现的次数较少，且经过样本抽样验证，发现年报从开始的第二个“重要事项”通常为“公司可能面对的风险”的尾部，故首先在公司年报中从第二个“重要事项”往前截取；其次，从公司年报中的“公司未来发展的讨论与分析”开始往后截取，将文本范围缩小；最后在最新缩小的文本范围内，从“面对的风险”进一步往后截取，获得公司可能面对的风险信息。考虑到上海深圳上市的公司，其关键词表述有所差异，综合使用最大公约文本和逻辑或运算实施文本的查找。以下为所有 2020 年上市公司获取可能面对的风险具体代码：

```
# 截取可能面临的风险
import time
import os
import re
import pandas as pd

head = [ "code" , "year" , "risk" ]
df = pd. DataFrame( columns = head)   #建立 DataFrame

read_path = "D:\\年报\\txt 年报 2020\\"   #年报文件所在位置
dirs = os. listdir( read_path)
for filename in dirs:

    readfile = read_path + filename
    f = open( readfile, "r" ,encoding = 'utf - 8' )
    content = f. read( )   # 读取文件
    f. close( )
```

```
    pos = [pos.start() for pos in re.finditer(r'第.{1,8}重要事项', content)]
    if len(pos) >=2:
        content = content[0:pos[1]]  #查找字符截止到第二个 重要事项 为止

    pos = [pos.start() for pos in re.finditer(r'(公司未来发展的展望|公司未来发展的
讨论与分析)', content)]
    if len(pos) >0:
        content = content[pos[-1]:]   # 从公司未来发展的展望开始截取

    pos = [pos.start() for pos in re.finditer(r'(面对的风险|面临的风险)', content)]
    if len(pos) >0:
        content = content[pos[0]:]    # 从可能面对的风险开始截取

    code = filename[2:8] #提取公司代码
    year = filename[9:13]  #提取年份

    #查找
    risk = re.findall(r'(\d.{0,30}风险(。|:|\s)|\s[\u4E00-\u9FA5]{1,30}风险(。|:|\
s))',content,re.S)  #查找"风险"关键词
    if len(risk) >=1:
        for i in risk:
            record = {"code":code,"year":int(year),"risk":i[0]}
            df = df.append(record,ignore_index=True)
    else:
            record = {"code":code,"year":int(year),"risk":""}
            df = df.append(record,ignore_index=True)

# 设置保存的文件名
savepath = "D:\\result\\"
current_time = time.strftime('%Y-%m-%d',time.localtime())
file_name = savepath + "可能面临的风险" + current_time + ".xlsx"

#可能面临的风险数据保存到 EXCEL 文件中
writer = pd.ExcelWriter(file_name)
```

```
df.to_excel(writer, "sheet1")
writer.save()
print("数据保存成功")
```

在此基础上，通过正则表达式，将可能面对的风险中的各类风险提取出来。以2020年海正药业可能面对的风险信息为例，其结果如下：

	code	year	risk
10681	600267	2020	1. 经营风险 （1）制剂产品的市场风险
10682	600267	2020	（2）原料药的市场风险
10683	600267	2020	（3）医药商业业务的产品供应风险
10684	600267	2020	（4）原材料供应或价格波动风险
10685	600267	2020	（5）环保及安全生产风险
10686	600267	2020	（6）产品质量控制风险
10687	600267	2020	2. 政策风险 （1）药品价格政策调整风险
10688	600267	2020	（2）国家基本药物目录或国家医保药物目录调整的风险
10689	600267	2020	（3）药品招标政策变化带来的风险

本章习题

1. 选择某行业上一个会计年度，通过代码提取行业内公司可能面临的风险类别，并可视化结果。
2. 选择某一个公司，通过代码提取公司历年来可能面临的风险类别，并结合产业政策和公司管理层分析，分析风险变化的原因。
3. 上市公司年报还有哪些相对固定格式的文本信息可供挖掘，如何进行代码提取。

参考文献

[1] Ifac. the professional accountant's role in data [J]. 2021.

[2] Gamage P. Big Data: are accounting educators ready? [J]. Journal of Accounting and Management Information Systems, 2016, 15 (3): 588 -604.

[3] Ey. Financial Accounting Advisory Services Fifth Global corporate reporting survey [J]. 2018.

[4] Ey. How can corporate reporting connect your business to its true value? [J]. 2021.

[5] http: //wangming. qqq80. com.

[6] https: //www. cnblogs. com/wzjbg/p/6507497. html.

[7] https: //blog. csdn. net/ybw_2569/article/details/99839529.

[8] https: //blog. csdn. net/zhengalen/article/details/51428169.

[9] https: //blog. csdn. net/qq_22592457/article/details/95191430? utm_medium = distribute. pc_relevant_t0. none - task - blog - 2%7Edefault%7EBlog CommendFromMachine-LearnPai2%7Edefault - 1. control&depth_1 - utm_source = distribute. pc_relevant_t0. none - task - blog - 2%7Edefault%7EBlogCommendFromMachineLearnPai2%7Edefault - 1. control.

参考文献

[illegible]